Rumo ao ceticismo

FUNDAÇÃO EDITORA DA UNESP

Presidente do Conselho Curador
Mário Sérgio Vasconcelos

Diretor-Presidente
José Castilho Marques Neto

Editor-Executivo
Jézio Hernani Bomfim Gutierre

Conselho Editorial Acadêmico
Alberto Tsuyoshi Ikeda
Áureo Busetto
Célia Aparecida Ferreira Tolentino
Eda Maria Góes
Elisabete Maniglia
Elisabeth Criscuolo Urbinati
Ildeberto Muniz de Almeida
Maria de Lourdes Ortiz Gandini Baldan
Nilson Ghirardello
Vicente Pleitez

Editores-Assistentes
Anderson Nobara
Fabiana Mioto
Jorge Pereira Filho

OSWALDO PORCHAT PEREIRA

RUMO AO CETICISMO

© 2006 Editora Unesp

Direitos de publicação reservados à:

Fundação Editora da Unesp (FEU)
Praça da Sé, 108 – 01001-900 – São Paulo – SP
Tel.: (0xx11) 3242-7171
Fax: (0xx11) 3242-7172
www.editoraunesp.com.br
www.livrariaunesp.com.br
feu@editora.unesp.br

CIP – Brasil. Catalogação na fonte
Sindicato Nacional dos Editores de Livros, RJ

P493r

Pereira, Oswaldo Porchat
  Rumo ao ceticismo/Oswaldo Porchat Pereira. São Paulo: Editora Unesp, 2007.

  Artigos publicados entre 1969 e 2005
  Inclui bibliografia
  ISBN 978-85-7139-780-4

  1. Ceticismo. 2. Filosofia — Coletâneas. 3. Filosofia brasileira. I. Título.

07-3199.
CDD: 149.73
CDU: 165.72

Editora afiliada:

Asociación de Editoriales Universitarias
de América Latina y el Caribe

Associação Brasileira de
Editoras Universitárias

Dedico este livro a meus estudantes,
a todos os meus estudantes.
Ao longo de mais de quarenta anos,
o convívio com eles tem sido uma
das melhores coisas de minha vida.

Sumário

Prefácio 9

Prefácio de 1993 11

1 O conflito das filosofias 13

2 Prefácio a uma filosofia 25

3 A filosofia e a visão comum do mundo 41

4 Saber comum e ceticismo 73

5 Ceticismo e mundo exterior 89

6 Sobre o que aparece 117

7 Ceticismo e argumentação 147

8 Verdade, realismo, ceticismo 173

9 O ceticismo pirrônico e os problemas filosóficos 219

10 Ainda é preciso ser cético 259

11 A autocrítica da razão no mundo antigo 275

12 Empirismo e ceticismo 289

13 O argumento da loucura 323

Referências bibliográficas 345

Prefácio

Os artigos que compõem esta coletânea foram publicados entre 1969 e 2005, sua sequência segue a ordem cronológica de sua publicação. Eles são aqui reproduzidos com bem pequenas alterações, a maioria para corrigir falhas de digitação, outras para corrigir alguns erros de redação, umas poucas para melhor precisar o significado de certas sentenças. Nesses artigos se retrata fielmente a evolução de minhas ideias filosóficas. O que significa que neles se retrata meu diálogo de quase quarenta anos com o ceticismo.

Como qualquer um que enveredou um dia pelos domínios da filosofia, anelei sempre por descobrir o alcance e a natureza do que nos é possível saber, buscando enfrentar, com todo o empenho de que fui capaz, a problemática do conhecimento e da verdade. Nesse anseio e nessa busca, mantive sempre, obstinada e permanentemente, uma severa atitude autocrítica, sempre disposto a reexaminar minhas posições, a reavaliar meus pontos de vista. Entendo que um tal procedimento é imperativo para o filósofo e uma exigência que inelutavelmente decorre de um natural dever de honestidade intelectual para consigo mesmo – mas também para com todos os seus ouvintes ou leitores. Por outro lado, continuadamente alimentei um temor grande de desastradamente incidir em alguma complacência dogmática com os resultados a que me levavam minhas indagações filosóficas.

Isso explica por que nunca hesitei em voltar atrás, em desdizer-me, em abandonar posições anteriores, em criticar acerbamente o que antes tinha com ardor defendido, em defender com ardor o que antes tinha acerbamente criticado. Relendo agora com vagar meus artigos para preparar esta edição, pude rever outra vez os caminhos que percorri, de novo acompanhar a amplitude das transformações que pautaram meu itinerário filosófico, a evolução tortuosa de minhas relações com o ceticismo. Tendo-o sempre no horizonte de minhas reflexões, primeiro resistindo vigorosamente a ele, criticando-o e condenando-o, mas reinterpretando-o e rendendo-me a ele depois.

Esse singular itinerário conduziu-me progressivamente a finalmente assumir uma postura cética empirista e naturalista, definindo uma doutrina que reelabora e repensa, à luz da problemática filosófica contemporânea, as intuições básicas do antigo ceticismo pirrônico, do ceticismo de Sexto Empírico em particular. Isso conforme uma leitura sob alguns aspectos nova que proponho do velho pirronismo. Minha interpretação dele, como toda interpretação historiográfica, é uma hipótese de trabalho, a ser discutida e julgada pelos especialistas. De qualquer modo, porém, e independentemente da historiografia, minha proposta neopirrônica é minha filosofia.

Como indiquei no *Prefácio* de 1993 a *Vida comum e ceticismo*, desde sempre eu quis encontrar nas investigações filosóficas uma filosofia para a minha vida, para essa vida cotidiana e comum que todos os seres humanos vivemos, essa vida cotidiana e comum "que a filosofia não pode nem deve trair se não quer converter-se em mero jogo de palavras". Por isso, sempre entendi que é preciso filosofar em terra, que a filosofia é coisa do mundo, é artefacto produzido pelos homens, em sua busca da felicidade. Encontrei no ceticismo empírico (ou empirismo cético) o que eu procurava. Porque o ceticismo empírico humaniza decididamente a razão, descobrindo sua vocação eminentemente *mundana*, pensando-a a serviço dos seres humanos. Desfazendo os sonhos e os mitos extramundanos da perversão dogmática do *Lógos*.

Por outro lado, não quero deixar de assinalar quão gratificante é para mim acompanhar o grande desenvolvimento em nosso país, nos dias que correm, de estudos e debates sobre questões concernentes à problemática do ceticismo filosófico. Parece-me que uma boa contribuição está sendo dada para o progresso da filosofia brasileira.

São Paulo, novembro de 2006

Oswaldo Porchat Pereira

Prefácio de 1993[1]

Os artigos que compõem esta coletânea foram escritos e publicados nos últimos vinte e cinco anos. Neles se retratam os caminhos filosóficos que vim percorrendo, tortuosos por vezes, como os caminhos filosóficos costumam ser.

Acredito que o leitor poderá perceber, por detrás das voltas e contravoltas, também por sob as autocríticas, uma temática persistente que sempre ocupou minhas reflexões: a da vida cotidiana e comum, que a filosofia não pode nem deve trair se não quer converter-se em mero jogo de palavras.

Foi na busca dessa conciliação necessária entre a Filosofia e a Vida que acabei por render-me ao pirronismo. A ele resisti por muito tempo. Mas, quando o conheci mais a fundo, quando se me descobriu o seu sentido mais profundo, não tive como não me assumir como um cético pirrônico.

Aparece-me hoje claramente que a mensagem da *Sképsis* grega continua plenamente atual, que ela responde às necessidades filosóficas também de nosso tempo. Por isso falo em neopirronismo. Assim designando um pirronismo repensado e rearticulado conforme a linguagem e os problemas filosóficos da contemporaneidade, que preserva, no entanto, uma total consonância com a inspiração original do pirronismo histórico.

O maior obstáculo que o neopirronismo tem de enfrentar é o da incompreensão de sua proposta filosófica. Séculos de incompreensão sobre o pirronismo têm seu peso. Não é fácil dissipar mal-entendidos inumeráveis que se devem à difusão secular e generalizada de uma versão caricata da postura cética. O atual renascimento do interesse pelo ceticismo antigo nos dá, porém, alguma esperança. É crescente o

---

1   Este texto prefaciou a coletânea de sete artigos (precisamente os sete primeiros deste livro) publicada em 1993 pela Brasiliense, São Paulo, sob o título *Vida Comum e Ceticismo*.

número de pesquisas importantes e esclarecedoras sobre os textos pirrônicos e acadêmicos.

Os caminhos filosóficos devem levar a algum lugar. Que esse lugar seja o do diálogo e da compreensão recíproca entre os homens, entre os filósofos também. Entendo que a *Sképsis* abriu caminho nessa direção. Se eu pudesse dar alguma contribuição...

São Paulo, novembro de 1993

Oswaldo Porchat Pereira

1

O conflito das filosofias[1]

1. Eu afirmo que a Verdade é tal como a escrevi: cada um de nós é medida das coisas que são e das que não são, de mil modos entretanto um do outro diferindo, por isso mesmo que, para um, umas coisas são e parecem, mas outras, para outro. (cf. Platão, *Teeteto* 166d)

Dessas palavras, proferidas por Sócrates em nome de Protágoras na famosa Apologia de Protágoras contida no *Teeteto*, não creio seja incorreto dizer que elas antecipam, de algum modo, na história do pensamento, a reflexão crítica sobre o problema de que nos vamos ocupar. E é verdade, entretanto, que, ao constatar o conflito das opiniões e das verdades dos homens umas com as outras, ao procurar mostrar que o verdadeiro é sempre, para cada homem, o que tal lhe parece e o que como tal, portanto, assume e propõe aos outros, Protágoras não visava especificamente as oposições e divergências que dividiam o pensamento filosófico anterior ou contemporâneo; conforme a sua doutrina, ao contrário, tal diferença de perspectivas sobre a verdade e o saber não configuraria mais do que um caso particular da infinda e irredutível diversidade das opiniões humanas. Mas também é certo que, reduzindo dessa maneira a Verdade às verdades particulares, o conhecimento certo às certezas de cada um, Protágoras desqualificava resolutamente a oposição parmenidiana entre o verdadeiro saber do Ser e as *dóxas brotéias*, as opiniões dos mortais que não se

---

1 Aula inaugural do Departamento de Filosofia da Universidade de São Paulo, proferida em março de 1968 e publicada na *Revista Brasileira de Filosofia*, v.XIX, fasc. 73, São Paulo, jan.-mar., 1969, p.3-15. Publicada também em PRADO JR., B.; PORCHAT PEREIRA, O.; SAMPAIO FERRAZ, T. *A filosofia e a visão comum do mundo.* São Paulo: Brasiliense, 1981, p.9-21. E em PORCHAT PEREIRA, O. *Vida comum e ceticismo.* São Paulo: Brasiliense, 1993, p.5-21.

alçaram à sabedoria:[2] é a segunda parte do poema de Parmênides que triunfa sobre a primeira. E, ao mesmo tempo, repelia a condenação heraclitiana da maior parte dos homens, que vivem como se tivessem uma sabedoria própria, ao invés de seguir o *comum*, o que a todos é *comum*, o saber *comum*, atributo não humano mas divino, graças ao qual se faz sábio querer e não querer ser chamado do nome de Zeus.[3] Com essa recusa em distinguir entre a *alétheia* e a *dóxa*, insurgindo-se contra a pretensão dos filósofos de fazer-se passar, junto aos homens, por intérpretes da divindade, tornava-se Protágoras o pioneiro de uma luta secular e inglória que oporia uns poucos pensadores à extensa galeria dos metafísicos de todos os tempos, cujo traço fundamental de união talvez possa dizer-se o comungarem, de alguma maneira, da crença grega na divindade da razão especulativa. Ignorando se os deuses são ou não,[4] dos homens, filósofos ou não, Protágoras verificava apenas que as opiniões sempre divergem e que eles não se põem de acordo. Mas também descobria, mestre de retórica e de eloquência, que os homens se deixam persuadir com frequência pelo discurso e que é sempre possível opor persuasivamente a um argumento um argumento contrário[5] ou tornar mais forte a razão anteriormente mais fraca.[6] Uma primeira formulação assim se propunha do que seria a contribuição fundamental da sofística para a filosofia, a saber: a descoberta de que *se pode provar tudo que se quer*, de que todas as teses se podem demonstrar, se se domina de modo adequado e conveniente a técnica da argumentação. Górgias não pretenderá dizer outra coisa, ao proclamar, no famoso *Elogio de Helena*, que "o *Lógos* é um grande senhor".[7]

Mas a sofística mereceu dos filósofos a reação que se conhece. Ridicularizaram-na, ao mesmo tempo que, por sua vez, desqualificavam, total ou parcialmente, as pretensões da arte retórica. Perseverando em desempenhar as funções de sacerdotes leigos da palavra de Zeus, que a sofística lhes contestara, eles não descreram da capacidade humana de obter, através da simples reflexão, conhecimentos seguros e absolutos, suscetíveis de exprimir-se num discurso que traduzisse uma como intuição divina. Assim procedeu a filosofia clássica grega, assim procederam os grandes sistemas dogmáticos do helenismo, assim os imitaram as filosofias medieval e moderna. Também sob esse prisma, não há como recusar razão a Heidegger, quando

---

2 Cf. PARMÊNIDES, fragm. 8, 51. Os fragmentos dos autores pré-socráticos são aqui citados com referência a DIELS, H.; KRANZ, W. (Eds.). *Die Fragmente der Vorsokratiker*, Weidmannsche Verlagsbuchhandlung, Berlin-Neukölln, 1956.

3 Cf. HERÁCLITO, fragm. 2, 114, 113, 78, 32.

4 Cf. PROTÁGORAS, fragm. 4.

5 Cf. D. L. IX, p.51. Sirvo-me, como de praxe, da sigla "D.L." para referir-me ao *Vitae Philosophorum* de Diógenes Laércio, historiador grego do século III d.C., uma das mais importantes fontes da doxografia antiga, cf. DIÓGENES LAÉRCIO (1964).

6 Cf. ARISTÓTELES, *Retórica* II, p.24, 1402 a 24-5.

7 Cf. GÓRGIAS, fragm. 11.

nos diz que a filosofia é grega na sua essência e que a expressão "filosofia europeia ocidental" é uma tautologia.[8] E, de fato, a história da filosofia brinda-nos com o desfile quase ininterrupto dos grandes sistemas que, uns com os outros sempre incompatíveis, se apresentam animados, todos e cada um, da mesma pretensão de representar a verdadeira solução dos problemas do ser e do conhecer, a edição nova e definitiva da realidade.

Nesse sentido, teve importância relativamente pequena, no que diz respeito à sua repercussão e influência na história do pensamento, a denúncia que o ceticismo grego propôs, ao longo dos séculos helenísticos, do conflito insuperável das filosofias dogmáticas. Como sabemos por Sexto Empírico (cf. H.P. I, 1-4), embora não sustentassem, como os membros da Nova Academia, que a Verdade é inapreensível, os céticos opuseram sua perseverança continuada na *Sképsis*, na investigação e na pesquisa, à desenvoltura dos filósofos dogmáticos que proclamam sua descoberta e conhecimento da verdade. Os filósofos céticos tinham-se lançado, como os outros, à busca de um discernimento definitivo entre o verdadeiro e o falso, mas cedo constataram, a propósito de cada objeto e de cada questão investigada, que proposições umas com as outras conflitantes e incompatíveis se lhes propunham à aceitação com igual força persuasiva, tornando-lhes impossível uma opção fundamentada (cf., ibidem, I, 26). Donde caracterizar-se como princípio fundamental do ceticismo essa atitude que consiste em descobrir e contrapor, a cada proposição e argumento, o argumento e a proposição que os neutralizam (cf., ibidem, I, 8-10): a suspensão cética do juízo não é mais do que o corolário natural dessa experiência sempre renovada com sucesso. Assim, o ceticismo leva a cabo uma aplicação radical e sistemática da descoberta protagórica da ambiguidade e indefinibilidade irredutível da argumentação e do discurso. Ora, a história do pensamento antigo lhe fornecia um campo mais do que adequado para a "experimentação" do caráter "indecidível" do discurso filosófico; não por outra razão, o primeiro dos cinco tropos de Agripa, isto é, a primeira das cinco razões que levam à suspensão do juízo enumeradas por esse filósofo cético cuja época precisa se desconhece e, posteriormente, definitivamente incorporadas ao arsenal do ceticismo, é justamente a que se retira da *diaphonía*, da discrepância sem fim tanto entre os filósofos como entre os homens comuns, a respeito de todas as coisas (cf., ibidem, I, 164-5). Não lhes era difícil, aos céticos, constatar o desacordo permanente entre as diferentes posições da filosofia dogmática da antiguidade, as recíprocas condenações e desmentidos, a infinita multiplicidade de suas opiniões inconciliáveis, a contestação incessante dos argumentos adversários. Polêmica secular e sempre renascente, que concernia, não apenas ao conteúdo material da Verdade procurada e pretensamente descoberta, mas à própria noção de verdade e à natureza do ou dos critérios válidos para estabelecê-la: Sexto Empírico

---

8   Cf. HEIDEGGER, M. 1967, p.15.

ocupar-se-ia longamente do problema do critério nas *Hipotiposes Pirronianas* (cf., I, 21-4; II, 14-78) e, sobretudo, em sua obra *Contra os lógicos.*[9]

2. Muitos séculos se passaram desde que aquele filósofo-médico grego arremeteu contra a especulação dogmática e redigiu a Suma do ceticismo antigo. No entanto, se nós, homens do século XX, nos debruçamos hoje sobre a história do pensamento filosófico, torna-se-nos imediatamente evidente que essa história é, não a história do conflito entre o dogmatismo e o antidogmatismo, mas, precípua e essencialmente, a história das filosofias dogmáticas. A sofística, o ceticismo e os outros movimentos do pensamento posterior que se lhes pudessem assemelhar parecem constituir tão somente momentos relativamente apagados da reflexão filosófica ao longo dos séculos, que apenas merecem um lugar secundário – quando o merecem – nos manuais de história da filosofia e nos programas universitários em que a filosofia se diz transmitida e ensinada. É a essência da filosofia grega que triunfa, ainda que guiada, no mundo moderno, para retomar uma vez mais as palavras heideggerianas, por representações cristãs.[10]

E, com efeito, se nos colocamos na posição do espectador que acompanha, do exterior e anteriormente a qualquer opção de natureza filosófica, as manifestações do pensamento filosófico através dos tempos, a filosofia se nos oferece como uma pluralidade de sistemas, concepções e atitudes que se sucedem no tempo histórico com diferentes graus e matizes de interpenetração, sem nenhuma unidade de método ou de temática e sem outro liame além de uma generalidade comum de intenção, conceitualmente indeterminável, e da comum pretensão, fundamentada em análoga confiança nos discursos de que se servem e na razão que os ordena, de corresponder de modo exclusivo e pertinente à significação, definida cada vez como unívoca, do nome comum que as designa. Em outras palavras, a filosofia aparece-nos como uma multiplicidade historicamente dada de filosofias, identicamente empenhadas, todas elas, na elucidação da própria noção de filosofia e identicamente confiantes na própria capacidade de resolver essa questão de princípio e de executar de maneira adequada o programa que o mesmo empreendimento de autodefinição implicitamente lhes traça. Essa pretensão, que lhes é essencial, leva-as necessariamente, então, a uma mútua e recíproca excomunhão e exclusão, na mesma medida em que pertence a cada filosofia o dever de impor-se como a única e verdadeira Filosofia.

Daí também decorre a essencial necessidade, para cada filosofia, de abordar criticamente as outras filosofias; em face da presença irrecusável de suas rivais e

---

9   Os dois livros *Contra os lógicos* constituem, respectivamente, os livros VII e VIII *Contra os homens de saber* (*Adversus Mathematicos* (A.M.)). Todo o livro II *Contra os Lógicos* é dedicado à discussão do problema do critério.

10   Cf. HEIDEGGER, M. 1967, p.15.

concorrentes, cada filosofia assume um caráter polêmico, ainda que de maneira implícita ou dissimulada. Martial Guéroult colocou com exatidão o problema ao escrever:

> A filosofia não pode, com efeito, pôr-se em sua liberdade autônoma sem determinar-se em relação ao que a precedeu – como filosofia ou não filosofia – segundo um processo de repulsão e de acomodação. Essa necessidade de antagonismo e de comparação une indissoluvelmente, desde a origem, em toda filosofia, o presente ao passado; numa palavra, confere-lhe um aspecto histórico. (cf. Guéroult, "Le Problème de la Légitimité...", 1956, p.48)

Ocorre, assim, que ao mesmo tempo que sempre reparte de zero e reconstrói, por seu turno, os caminhos da Verdade, cada filósofo é levado a elaborar sua doutrina através de uma reflexão polêmica sobre a filosofia já existente. Nesse sentido, não é falso dizer que a Filosofia se alimenta continuamente de si mesma e de sua própria história, ainda que esta se recorte, em cada caso, segundo as conveniências e exigências peculiares a cada nova manifestação criadora do pensamento filosófico. Mas essa tematização crítica das outras filosofias a que cada filosofia procede é levada a efeito através de uma "redução" dessas outras às razões que lhe são próprias e às dimensões do universo instaurado pelo seu próprio discurso; rivais e concorrentes são assim despojadas de sua autonomia e privadas de qualquer fundamentação possível para as teses correspondentes às intenções originais que as animam. Não é por outra razão que os filósofos criadores se fazem, muito frequentemente, maus historiadores da filosofia, unicamente preocupados em ler as outras filosofias através dos prismas desenhados pelos esquemas e métodos de suas próprias doutrinas.

3. Porque as diferentes filosofias assumem, por necessidade de essência, essa autonomia exclusivista, derivada da mesma universalidade de sua intenção e postura – e isso é verdade, não apenas dos grandes sistemas metafísicos que "editam" a totalidade do real, mas também de todas as doutrinas filosóficas, ainda mesmo quando, decididas a fugir ao espírito de sistema, se concebem como não sistemáticas, ou como meramente descritivas, ou como atividade metódica de elucidação e análise da linguagem comum ou científica –, torna-se impossível a interpretação *filosófica* de qualquer filosofia se se permanece no exterior de seu universo de discurso próprio e se não se refaz, do seu interior, o movimento de pensamento que a articula como doutrina.

Por isso mesmo, torna-se *filosoficamente* desprovida de sentido qualquer tentativa de julgamento e apreciação crítica das doutrinas filosóficas a partir do chamado mundo da experiência comum, ou a partir de um discurso comum, que se ponha como exterior aos universos filosóficos em causa; e descobre-se o caráter contraditório da empresa na ignorância que ela implica do fato, entretanto indiscutível, de que esse mesmo mundo da experiência comum e esse mesmo discurso comum são, de um modo ou de outro, sempre tematizados em cada filosofia, a qual desse modo lhes confere, ainda que implicitamente, o estatuto filosófico adequado à sua inserção no universo de seu discurso ou, pelo menos, à sua "tradução" em termos compatíveis com as posições e métodos da doutrina. Eis a razão, também, por que se configura como *filosoficamente* irrelevante uma qualquer tentativa de fundamentar uma opção entre as diferentes filosofias em razões de ordem não filosófica extraídas da experiência e do senso comuns, na mesma e exata medida em que as diferentes "promoções" filosóficas do "comum" neutralizam necessariamente suas possíveis pretensões a servir como base de referência e como fundamento de critério para a resolução do conflito das filosofias.

Ora, sob esse aspecto, as *ciências* revelam-se igualmente impotentes para fornecer, por si mesmas, um critério válido de opção filosófica. Pois, embora não se desconheça a vinculação de diferentes concepções filosóficas do passado – ou mesmo da modernidade – às formulações de natureza científica superadas ou condenadas à luz dos resultados obtidos pela investigação científica contemporânea, não é menos certo que *a*) não é evidente a impossibilidade de uma desvinculação, ainda que parcial, entre as conclusões ditas metafísicas das doutrinas e os elementos de natureza científica que as informaram ou informam; *b*) a mesma natureza de determinadas meditações filosóficas a que se atribui costumeiramente a denominação ambígua de "metafísica" impede, graças aos próprios métodos de que elas se utilizam, que se lhes venha aplicar qualquer juízo de apreciação científica; e *c*) os mesmos resultados das ciências contemporâneas são, também eles, passíveis de diferentes interpretações de natureza filosófica, a bibliografia da chamada filosofia da ciência contemporânea mostrando sobejamente como o conflito das filosofias se transpõe, sempre insuperável, para esse novo domínio de riqueza e complexidade sempre crescentes. E, na mesma medida em que as filosofias tematizam a reflexão e os métodos científicos, cuja fundamentação se propõem a fornecer e cuja significação última se julgam capazes de elucidar – ou, ainda, quando não alimentam essa pretensão, na mesma medida em que definem sua posição em relação às ciências que elas "situam" e "julgam" no interior do universo filosófico –, nessa exata medida, a reflexão científica, recuperada da exterioridade do mundo da experiência comum e filosoficamente "promovida", vê-se também neutralizada como sistema de referência válido para uma apreciação crítica das filosofias.

Eis também por que é *filosoficamente* estéril qualquer tentativa de explicação e interpretação genética das doutrinas filosóficas a partir de métodos que se determinem como não filosóficos, a fim de permanecerem rigorosamente científicos. Com efeito, ainda que se pressuponha a possibilidade de obter-se um conhecimento rigoroso e adequado das condições psicológicas, sociais, econômicas etc. de que emergem as obras filosóficas e ainda que se admita a possibilidade de explicar-se, através de métodos tidos como cientificamente aceitáveis por acordo entre os cientistas especializados, independentemente de qualquer opção filosófica prévia, a produção das diferentes atitudes filosóficas assim como das teses em que elas se exprimem e dos mecanismos próprios às argumentações que conduzem a essas teses – e é preciso reconhecer que as tentativas contemporâneas nesse sentido, como, por exemplo, as que se têm feito no campo da sociologia do conhecimento, por enquanto nos têm tão somente oferecido, em razão talvez de seu caráter incipiente, resultados bem magros e, de um ponto de vista rigorosamente científico, extremamente discutíveis –, mesmo com esses pressupostos, a explicação genética condena-se, pelas exigências de sua própria natureza, a permanecer silente no que concerne a uma decisão sobre a validade filosófica da doutrina que aborda, isto é, a permanecer incapaz de afrontar o problema que constitui o objeto primordial do interesse filosófico por qualquer doutrina. Em outras palavras, não se vê como poderia o discurso científico enfrentar, criticar o discurso filosófico *na sua especificidade*, ou simplesmente dialogar com ele, sem fazer-se filosófico por sua vez e, consequentemente, sem renunciar ao rigor e às limitações que lhe impõe a sua mesma cientificidade. E nem sequer se mencionou o fato de que a mesma filosofia cientificamente "explicada" teria, como qualquer outra filosofia, sua palavra a dizer sobre o sentido, o alcance e o valor da explicação que, em nome da ciência, dela se tivesse proposto.

Um dos principais méritos da comunicação apresentada por Victor Goldschmidt ao 11° Congresso Internacional de Filosofia, intitulada "Tempo Histórico e Tempo Lógico na Interpretação dos Sistemas Filosóficos" (cf. Goldschmidt, 1963), foi precisamente o de ter mostrado a necessidade de nunca se dissociar a interpretação das obras filosóficas do conhecimento e análise de seu modo próprio de constituição, isto é, do conhecimento da maneira particular por que se estruturam os discursos através dos quais elas se exprimem e se oferecem à nossa leitura e meditação. Ora, esses diferentes discursos filosóficos constroem-se segundo diferentes "lógicas" que, em se constituindo, vão também instaurando; e, assim, as teses que engendram se tornam indissoluvelmente solidárias dos métodos que as produzem e fundamentam. Se, por outro lado, uma doutrina apresenta rupturas ou lacunas, se uma "contradição" desponta no interior de seu discurso, convém não esquecer que é medida da coerência de um sistema a *responsabilidade filosófica* que assume aquelas rupturas, lacunas e "contradições" (cf., ibidem, p.13). Entender de outro modo a doutrina que não como ela se nos apresenta e se nos propõe segundo a intenção de seu autor, querer aplicar-lhe critérios externos ou julgá-la segundo uma teoria da contradição que lhe é estranha, na pretensão de assim melhor julgá-la *filosoficamente*, implica, em verdade, a recusa prévia e *pré-judicial* de sua "lógica" própria e, consequentemente, a rejeição antecipada e irrecorrível de seu universo de discurso. Opta-se desde o início contra ela, em benefício de um outro discurso em que ela se vai traduzir.

Do mesmo modo, o recurso à lógica formal como instrumento de compreensão e crítica *filosófica* de uma doutrina pressupõe o desconhecimento de que toda filosofia "inventa" sua "lógica" e de que, portanto, também decide, ainda que o faça apenas implicitamente, no interior do universo de discurso que instaura, do alcance e valor filosófico da própria análise lógica. Donde a incapacidade da lógica, enquanto disciplina científica e autônoma, de oferecer qualquer critério *filosoficamente* decisivo para uma opção entre as filosofias.

4. Ora, a compreensão da autonomia das doutrinas filosóficas, da anterioridade de direito sempre assumida pelo discurso filosófico em relação às outras formas de discurso; o reconhecimento dessa característica comum às diferentes filosofias que é o serem "invenção" e instauração de um universo próprio que nega e exclui todos os demais e ao qual, de algum modo, tudo é reduzido; a compreensão, enfim, dessa indissociabilidade entre cada doutrina e a "lógica" que a estrutura, sempre revelada por uma leitura atenta e rigorosa, nos tornam fácil verificar que uma solução não filosófica para o conflito das filosofias é, *do ponto de vista filosófico*, isto é, do ponto de vista das filosofias, pura e simplesmente incompreensível. Mas nos tornam possível verificar também que as condições de possibilidade para a solução *filosófica* do conflito não parecem poder cumprir-se senão pelo recurso ao *dogmatismo filosófico*, isto é, pelo exercício de uma opção filosófica, a qual pode traduzir-se seja pela preferência concedida a uma das filosofias em conflito, seja pela criação original de uma nova filosofia, por sua vez, ao que tudo indica, também ela entretanto condenada a ser de mil formas por outras contestada e a fazer-se, portanto, parte no eterno conflito. Que quer isto dizer se não que o conflito das filosofias não se resolve e decide senão no interior de cada uma delas, na medida em que se instaura como recusa inexorável da validade das outras e como desqualificação radical de suas oponentes? Nem se poderia conceber, com efeito, uma decisão *filosófica* para o conflito das filosofias que não fosse, pelo mesmo fato de ser decisão e *filosófica*, "invenção" e instauração ou, pelo menos, adesão a uma forma filosófica já instaurada. Mas isto significa também que o conflito das filosofias não constitui, em verdade, um problema realmente sério para as filosofias dogmáticas, porque estas já o têm, por definição, resolvido: a justificação da multiplicidade das filosofias adversárias, já implícita ou explicitamente desqualificadas, efetua-se sem maiores dificuldades no interior do discurso instituído. Sob esse aspecto, toda filosofia dogmática compartilha, com as diferentes formas de crença, da tranquilidade que confere a posse da Verdade.

O conflito das filosofias só se põe realmente como problema, não para os que proclamam ter alcançado o saber, mas para os que não o alcançaram e o buscam, para os que não se tornaram ainda *sophoí* e não se pretendem mais do que *philósophoi*, para os espectadores da história da filosofia que nela descobrem a história do desacordo entre os filósofos quanto às soluções, aos problemas e ao mesmo objeto de sua especulação. A descoberta da polêmica eterna entre os filósofos enche-os de perplexidade e espanto, mas de um espanto que, por vezes, temem não venha a ser fecundo para a sabedoria. Constrange-os o constatar que os filósofos, em verdade, nunca dialogam, apenas polemizam. Dialoga o mestre com o discípulo, dialoga Sócrates com Teeteto, dialoga o mais velho que conduz e orienta com o mais jovem que se deixa conduzir e orientar: Platão não dialoga nunca. Duas filosofias em contato são sempre dois mundos que se enfrentam, visceralmente incompatíveis e ordenados sempre à negação um do outro. Não se espera, da discussão entre filósofos, mais do que uma mútua benevolência na clarificação dos fundamentos e raízes de sua oposição irredutível.

Por isso mesmo, quando não se descobriu ainda a Verdade, quando não se optou ainda por uma Verdade, como diria Protágoras, poderá temer-se que a opção desejada não se possa plenamente justificar. E, quando se descobre o poder mágico da argumentação e do discurso, sobre que tanto insistiram sofística e ceticismo no mundo antigo, quando se acrescenta a essa descoberta uma meditação serena sobre a natureza do discurso filosófico e sobre a lógica das filosofias, quando se depara com a autonomia invencível desses universos filosóficos, irremediavelmente votados a permanecer um ao outro estranhos, quando se compreende, enfim, que a argumentação que se pretendesse propedêutica e fundamento de uma qualquer opção já constituiria uma forma de opção primeira, sente-se homem tentado a desesperar da validade e sentido da tarefa filosófica que inicialmente se propusera, daquela confiança original em sua inventividade criadora que o impelia a compor e publicar uma nova edição da Verdade. Tendo-se intimamente familiarizado com diferentes universos filosóficos, parecer-lhe-á, ao nosso *philósophos* sem filosofia, que o empreendimento criador ou a simples opção lhe são vedados, enquanto permanecer atento à pluralidade irredutível das filosofias. O conhecimento meditado da natureza do conflito das filosofias fa-lo-á renunciar a dele participar. *Philósophos*, não se fará filósofo.

Buscar-se-á acaso na história da filosofia um sucedâneo para a investigação criadora a que se terá renunciado? Mas não, por certo, naquelas formas de investigação histórica que conseguem explicar e "compreender" a pluralidade historicamente dada das manifestações do pensamento filosófico ao preço de uma prévia determinação da própria essência da filosofia, isto é, graças a uma nova forma de instauração filosófica que pretende superar o conflito das filosofias na exata medida em que se propõe como uma filosofia da história da filosofia. Não se evitará, é evidente, a opção dogmática mediante soluções dessa natureza.

O que pensar, por outro lado, de uma solução como a que é proposta pela *dianoemática* guéroultiana, isto é, da instituição de uma disciplina que estudasse "as condições de possibilidade das filosofias ... como objetos de uma história possível"? (cf. Guéroult, "Le Problème de la Légitimité...", 1956, p.68). Como a realidade de que as filosofias se ocupam é instituída a cada vez, diz-nos Guéroult, pelo pensamento filosófico, como este não poderia "fundamentar sua validade sobre sua pretensa conformidade a um real já feito, anterior ao seu decreto", a *dianoemática*, "como filosofia das filosofias efetivamente dadas, deve constituir-se como uma problemática da realidade". Ela definir-se-ia como "ciência das condições de possibilidade das obras filosóficas enquanto elas possuem um valor filosófico indestrutível". Entretanto, se uma tal disciplina viesse efetivamente a constituir-se e *na medida em que* não se transformasse numa nova concepção filosófica e dogmática da história da filosofia, parece que não poderia ir além de uma análise descritiva e comparativa das formas e estruturas das filosofias conhecidas. Não se vê como o conflito das filosofias pudesse nela encontrar qualquer solução.

Poderia imaginar-se, ainda, que essa análise comparativa devesse estender-se a formas e estruturas ainda não instauradas e converter-se destarte no estudo das formas filosóficas possíveis, tornando-se capaz de orientar, inclusive, a efetiva instauração dessas formas e dos discursos filosóficos correspondentes. Mas parece lícito perguntar se não se trata de empresa por definição humanamente irrealizável, a desse percurso sem fim dos caminhos da reflexão filosófica possível. Porque nada nos obriga a supor limitado e finito o número das estruturas e formas filosóficas possíveis. Ora, uma eventual postulação dessa limitação, que pareceria representar a condição necessária para que o estudo das estruturas filosóficas pudesse alimentar a pretensão de propor uma solução para o problema representado pela multiplicidade das filosofias, evidenciaria também, pela mesma introdução do postulado, que o método estruturalista de interpretação estaria renunciando à sua isenção originária e convertendo-se *ipso facto* numa filosofia das estruturas, isto é, numa forma mais sutil e requintada de dogmatismo filosófico.

5. Mas é certo também que nem o conflito das filosofias historicamente dadas nem o desafio representado pelo número supostamente ilimitado das formas e estruturas filosóficas possíveis se poderiam utilizar, sem decisão dogmática, como argumento contra a validade da reflexão filosófica. Por um lado, não é difícil vislumbrar tematizações filosóficas possíveis desse estado de coisas. Por outro, o *philósophos* que recusou os caminhos do dogmatismo sabe impossível qualquer demonstração que visasse a validar a recusa da filosofia. Terá frequentemente verificado como os movimentos de superação da filosofia que estão na moda do dia escondem mal as toscas metafísicas de que no mais das vezes se sustentam. E, com efeito, a recusa da filosofia corre o risco de converter-se facilmente na filosofia dessa recusa. A esse propósito, será talvez pertinente lembrar o célebre fragmento do *Protréptico* de Aristóteles, em que nos diz o filósofo: *Ei mèn philosophetéon philosophetéon kaí ei mè philosophetéon philosophetéon*; *pántos ára philosophetéon* ("Se se deve filosofar, deve-se filosofar e, se não se deve filosofar, deve-se filosofar; de todos os modos, portanto, se deve filosofar").[11]

---

11   A passagem pertence ao fragmento 2 do *Protreptikós* (segundo Elias *in* Porph. 3, 17-23), cf. *Aristotelis Fragmenta Selecta*, 1958, p.27

Além disso, se constitui um empreendimento contraditório a demonstração da validade da recusa da filosofia, também não parece haver razões aceitáveis para esperar que o homem histórico renuncie a filosofar. O fim da filosofia não é mais do que uma esperança e uma promessa piedosa. O homem busca incessantemente a palavra de Zeus para fazer-se seu intérprete; e não menos que os filósofos de profissão os homens comuns, na metafísica bruta que espontaneamente formulam, e os homens de ciência, que com tanta frequência fazem filosofia como M. Jourdan fazia prosa. Num certo sentido, é lícito dizer que somente o nosso *philósophos* se absterá de filosofar. Tendo conhecido de perto a problemática filosófica, tendo longamente meditado sobre o conflito insuperável das filosofias, consciente também do caráter contraditório de qualquer empreendimento que se constituísse como uma filosofia da recusa de filosofar, incapaz de apostar na consumação histórica da filosofia, somente lhe restará o ato heroico da recusa não filosófica e *filosoficamente* injustificável da filosofia. Dirá respeitoso adeus ao *Lógos* que o enfeitiçara e que lhe inspira ainda grande temor. Temor de que as sublimes aventuras do discurso filosófico não sejam mais que exemplos particulares das infinitas combinações possíveis de um prodigioso jogo de palavras. Um jogo em que os filósofos brincam com as palavras, o *Lógos* com os filósofos. Continuará a ouvir os apelos do *Lógos*, mas não mais lhes responderá. Recusará doravante a servidão antiga, embora sinta nostalgia dos jogos de filosofia em que tanto se deleitara. E olhará com compreensão os que não podem seguir o seu exemplo, presos nas delícias de seu cativeiro inconsciente. Porque o *Lógos*, como dizia Górgias, *é um grande senhor*.

2

Prefácio a uma filosofia[1]

1. Despertei para a filosofia com a ingenuidade de quantos para ela despertaram, do fundo de uma experiência religiosa profundamente vivida. Como tantos outros meninos, recebi uma formação religiosa tradicional e fui educado nos preceitos de uma rígida moral cristã. Mas, diferentemente de outros meninos, lembra-me ter levado extremamente a sério os dogmas da religião e os imperativos morais. Não tinha ainda dez anos e já lecionava o catecismo na escola paroquial. Quando a primeira crise religiosa se somou às outras crises que vêm com a adolescência, a uma fase passageira de descrença sucedeu, ao lado de uma fé renovada e fortalecida, um interesse profundo e continuado pelas coisas de Deus.

Dediquei-me então com afinco à leitura dos grandes místicos e dos tratados de teologia. Fiz no tomismo minha iniciação filosófica. Deus foi, durante muitos anos, o objeto único de minha reflexão e eu nela consumia horas a fio. Os pecados da adolescência me faziam sofrer porque maculavam a imagem de Deus em mim e dele me separavam. Toda essa experiência religiosa iria marcar-me de maneira indelével.

Deus era para mim, antes de tudo, a Verdade. A segurança da verdade possuída era o conforto e o deleite de minha inteligência. E eu amava minha racionalidade porque ela vinha do Criador, que me fizera à sua imagem e semelhança. Conhecer era conhecer Deus e a sua obra. As mesmas ciências, revelando-me o Mundo, proclamavam Sua glória, que o Mundo manifestava. A teologia racional me apaixonava porque nela eu encontrava a concordância profunda entre a razão e a fé.

---

1 Texto publicado em *Discurso* n.6, São Paulo, 1975, p.9-24. Também em PRADO JR., B.; PORCHAT PEREIRA, O.; FERRAZ, T. S.; *A filosofia e a visão comum do mundo.* São Paulo: Brasiliense, 1981, p.41-57. E em PORCHAT PEREIRA, O. *Vida comum e ceticismo.* São Paulo: Brasiliense, 1993, p.22-45.

Mas Deus era também Amor. O amor do Cristo aos homens era o modelo de meus sonhos generosos de adolescente. Deus amara os homens a ponto de, para salvá-los, mandar o Filho à morte. A mensagem da caridade cristã me impregnava inteiramente e, odiando o pecado, eu compartilhava do amor divino aos pecadores. O cristianismo criou em mim a paixão pela Justiça. O drama da humanidade sofredora tocava-me de muito perto. A maldade do homem para com seus semelhantes, a exploração do homem pelo homem me apareciam como uma subversão da ordem desejada por Deus para a cidade dos homens.

Por outro lado, a visão cristã do Mundo não me fazia valorizar apenas a pessoa humana, mas a obra inteira da Criação. Não somente a experiência cotidiana da vida ganhava uma dramaticidade cósmica e uma significação infinita. Eu aprendia também a estimar as próprias coisas ordinárias, os pequenos e os grandes objetos que me circundavam, os fenômenos portentosos ou insignificantes do mundo físico, como obras admiráveis da inteligência e do amor divino, que as sustentava na Realidade pelo mistério da Criação continuada. O cristianismo me transmitiu o senso do mundo comum da experiência, o apego à Realidade que o senso comum reconhece. Datam dessa época meus primeiros contatos com a filosofia idealista. Sua problemática me era radicalmente estranha, sua postura toda me deixava perplexo. Devo confessar que o idealismo, sob todas as suas múltiplas formas, me pareceu então – e ainda hoje me parece – uma curiosa perversão da razão humana.

A experiência religiosa também me propiciou uma consciência firme e inabalável da finitude humana. O homem era pó, que voltaria ao pó. Um abismo sem medida separava a pequenez humana da positividade infinita de Deus, que somente o Amor divino pudera transpor. A inteligência divina, não a humana, era a medida de todas as coisas. O enfraquecimento da razão pelo pecado original criara uma situação de fato, irreparável na vida terrena, mas que apenas viera agravar a nossa condição finita. A meditação dos mistérios divinos proporcionou à minha razão uma lição contínua de humildade.

Tantos anos passados após a perda da fé, percebo que muitos daqueles valores ainda se me impõem com força tenaz e que a eles não renunciei. Continuo a ansiar pela Verdade, tenho a paixão da Humanidade, acredito firmemente na Realidade das coisas e nos eventos da experiência cotidiana e tenho uma consciência brutal da finitude de nossa razão. Reconhecendo a gênese dessa minha postura, nem por isso me sinto obrigado a abandoná-la. Nenhum argumento jamais encontrei que me persuadisse a fazê-lo.

A crise religiosa veio com o começo da idade adulta. Seus germes se desenvolveram sem que eu deles me apercebesse. O contato com a crítica racionalista da fé, a leitura de pensadores que não podiam aceitar se convertesse a filosofia em serva da teologia me obrigavam a um reexame minucioso e constante dos argumentos de que lançavam mão a metafísica cristã e a teologia racional. Meu primeiro interesse pela lógica data desse tempo. Procurei estudar cuidadosamente os mecanismos da demonstração e da prova, o alcance e os limites de nossa capacidade de demonstrar. Com efeito, minha formação tomista me ensinara a confiar, apesar de tudo, na capacidade da razão natural e a desprezar a irracionalidade do *credo quia absurdum*. Levei semanas e meses passando e repassando em revista, examinando e tentando reformular e aperfeiçoar, as argumentações que me haviam convencido, submetendo-as a uma crítica cerrada. Angustiava-me ir descobrindo que eram bem menos conclusivas do que eu supusera, para não dizer inconclusivas. Passei a temer a perda da fé, por força do exercício crítico da razão. Mas temia ainda mais a desonestidade intelectual para comigo mesmo. Recusava-me decididamente a permitir que a fé que professava tivesse qualquer influência no exame da evidência racional dos argumentos filosóficos. Minhas crenças religiosas tinham até então repousado sobre a certeza sincera de uma concordância natural entre a razão e a fé. E essa concordância era o que estava agora em questão. Vivi meses longos e angustiosos em meio a uma curiosa contradição: pedia diariamente a Deus que amparasse a minha fé, mas não aceitava que Ele o fizesse ao preço de uma desonestidade de minha inteligência. Foi uma experiência demorada e dolorosa da qual me restou, entretanto, o hábito salutar de submeter a uma análise rigorosa e a uma crítica impiedosa toda argumentação que me é proposta. Não me deixo persuadir facilmente.

Nessa época travei conhecimento com uma das formas mais falazes e desonestas de quantas lança mão o espírito dogmático para tentar desqualificar o exercício da razão crítica. Mais tarde viria muitas e muitas vezes a deparar de novo com ela, a serviço, não mais de dogmatismos religiosos, mas de dogmatismos pretensamente filosóficos e, sobretudo, de dogmatismos políticos. Trata-se da falácia que consiste em "explicar" nossa não aceitação dos dogmas e pretensas verdades que nos querem impor, mediante a alegação dos fatores que seriam responsáveis pelo obscurecimento e enfraquecimento de nosso espírito objetivo. Nossas dúvidas não seriam mais do que a expressão de nossa subjetividade deformada, nossa postura crítica traduziria apenas nossa incapacidade, aliás perfeitamente "compreensível" e "explicável" a partir de nossos condicionamentos, de obter uma visão correta dos fatos e de compreendê-los adequadamente. Com isso, o dogmatismo tenta subtrair-se a uma discussão crítica de seus argumentos e conclusões, graças a uma recusa e a uma desqualificação *a priori* de qualquer tentativa racional de pô-lo em questão.

Essa falácia me repugnava e ainda me repugna. Porque eu não podia, nem posso ainda, nem acredito que uma mente filosófica honestamente o possa, dissociar racionalidade e espírito crítico. A "explicação" de nossa postura crítica tem, também ela, de ser criticamente examinada e discutida; aliás, tais explicações são, via de regra, inteiramente solidárias com os dogmatismos a cujo serviço se põem. Pouco me interessava que "explicassem" minhas dúvidas sobre a fé, os motivos de minha progressiva descrença. Eu buscava uma solução racional de minhas dúvidas, não uma explicação delas; eu queria razões, não motivos. Sempre me pareceu razoavelmente fácil, a partir de um dogmatismo que se conhece e de dentro dele, "explicar" todo desvio e descrença em relação a ele; mas, quando ele próprio se põe em xeque, tais "explicações" se tornam obviamente irrelevantes. Minhas experiências posteriores com os dogmatismos políticos viriam a ser sintomaticamente semelhantes. Não suportando que o espírito crítico se arrogue o direito de discutir e exigir razões de seus dogmas, desqualificam-no imediatamente como mera expressão de uma formação pessoal, de um contexto cultural, político ou econômico, de um interesse de grupo ou de classe social. É o procedimento a que sempre se recorre para tentar silenciar a racionalidade. Isso sempre pareceu-me – e isso ainda hoje me parece – constituir uma odiosa perfídia intelectual.

Minha fé religiosa se perdeu porque sobrepus a tudo o primado de minha razão crítica, como um imperativo de minha mesma racionalidade. E lembra-me bem o dia em que, só comigo mesmo, me confessei ateu. Particularmente sereno e tranquilo, descobri minha espantosa solidão. Minha mente percorria os espaços infinitos que nenhum deus mais habitava. Pensei na ínfima pequenez de nosso sistema solar perdido numa galáxia imensa, pensei no minúsculo planeta de que eu era um mísero habitante, apenas um entre centenas de milhões de homens. Considerei a grandiosidade do universo e pensei na vida e na morte. A minha vida e a minha morte me interessavam a mim e a muito poucos, a Realidade não precisava de mim nem me conhecia. Nenhum infinito me amparava. E eu me senti só com minha mente e meu corpo, em meio a coisas, mentes e corpos. Também uma enorme alegria me possuiu, por ter sido fiel a mim mesmo, por ter assumido a minha humanidade racional. Creio que, nesse dia, me tornei um Homem.

2. A partir daí, meu interesse se voltou exclusivamente para a filosofia. Tendo perdido a Verdade, eu queria de outro modo reavê-la. Buscava novos parâmetros que substituíssem os que não pudera conservar. Queria conhecer o que pode conhecer a razão humana, descobrir os seus limites. Queria encontrar a minha resposta para as grandes questões que a filosofia secularmente se propusera. A filosofia veio ocupar o lugar que o abandono da religião deixara vago.

Dediquei-me, pois, com entusiasmo à leitura dos grandes filósofos. Procurei refazer, de dentro de seus sistemas, os movimentos de suas razões e os detalhes de seus percursos. Ainda hoje, acredito que esse é o melhor caminho para entender-se a filosofia e aprender-se a filosofar. Meu negócio era a filosofia; a história da filosofia, como tal, jamais me interessou. Nem me preocupei em conhecer muitas filosofias, mas em conhecer bem algumas delas. Sempre tive uma enorme desconfiança da erudição. Hoje ainda, não posso deixar de sorrir em meu íntimo quando vejo alguém exibir a riqueza de sua informação "filosófica". Muitos há, com efeito, que substituem a reflexão pessoal pela citação dos autores e que, ao invés de pensar, se contentam em recordar e comparar os pensamentos dos outros. É óbvio, para mim, que eles não têm parte com a filosofia.

Longos anos levou-me o estudo de alguns filósofos. Estudando-os, eu buscava apenas a Verdade. Querendo fazer-me filósofo, eu assumia a postura de um *philósophos* que ainda não chegou à *sophía*. Ainda não tendo efetuado uma opção filosófica, buscava elementos para fundamentar uma opção que se impusesse. A filosofia se me oferecia como uma pluralidade de filosofias e eu me pus em face delas como um espectador neutro e interessado. Um espectador perplexo diante dessa

> pluralidade de sistemas, concepções e atitudes que se sucedem no tempo histórico com diferentes graus e matizes de interpenetração, sem nenhuma unidade de método ou de temática e sem outro liame além de uma generalidade comum de intenção, conceitualmente indeterminável, e da comum pretensão, fundamentada em análoga confiança nos discursos de que se servem e na razão que os ordena, de corresponder de modo exclusivo e pertinente à significação definida cada vez como unívoca, do nome comum que as designa.[2]

Compreendi que essa mesma pretensão comum levava necessariamente as filosofias ao anátema e à exclusão recíproca, pertencendo a cada filosofia o dever de impor-se como a única e verdadeira Filosofia. Apresentar-se como a única e verdadeira solução dos problemas do Ser ou do Conhecer, a edição nova e definitiva do *Lógos* filosófico. Donde ser-lhe essencial uma postura polêmica, que a faz situar-se em relação às outras e abordá-las criticamente. "Inventando" seu universo próprio, cada uma se instaura como negação e recusa inexorável das demais, condenadas a uma radical desqualificação. E essa tematização crítica é levada a efeito pela "redução" delas às razões próprias à filosofia que as critica e às dimensões do universo instaurado pelo seu discurso próprio, mediante uma reinterpretação conveniente das linguagens em que as outras se exprimem.

Espectador crítico do conflito secular e sempre renascente que desde os começos opôs as filosofias umas às outras, o aprendiz de filósofo compreendeu que uma solução filosófica para o conflito somente poderia surgir de uma opção filosófica particular, seja pela adesão a alguma entre as filosofias existentes, seja pela proposta de uma nova concepção. E toda opção, em verdade, se poria como uma decisão filosófica sobre o conflito. Pois, de um lado, todas as filosofias instauradas já o têm, como por definição, resolvido, na medida em que sua mesma instauração necessariamente implica, para cada uma entre elas, a desqualificação das outras, se não explicitamente efetuada, implicitamente ao menos sempre pressuposta. A partir de seus universos, a justificação da multiplicidade das filosofias rivais, com a descoberta e

---

2   Cf. "O Conflito das Filosofias", p.16.

denúncia das fontes de seus "erros" e "incorreções", pode levar-se a cabo sem maiores dificuldades, no interior do discurso instituído. Por outro lado, uma decisão sobre as filosofias e um julgamento crítico de suas teses e metodologias, sem adesão a nenhuma delas, se traduziria automaticamente em proposta de um novo discurso e instauração de uma nova forma filosófica a competir com elas; por isso mesmo, como elas condenada a fazer-se também um objeto de polêmica e de contradição, a ser recusada, reinterpretada e "reduzida", a fazer-se parte, em suma, do eterno conflito. Em outras palavras, a natureza particular do conflito das filosofias exige que uma solução para ele somente se possa propor no interior de uma das partes conflitantes.

Não querendo aderir acriticamente a qualquer concepção, eu buscava critérios válidos e objetivos para resolver as questões filosóficas e julgar das respostas que as filosofias lhes dão. Mas cada filosofia define seus próprios critérios de validade e de objetividade, solidários com o restante de seus enunciados e em harmonia com a estrutura de todo o edifício. Todas as questões que eu podia propor tinham, sob esta ou aquela forma, respostas coerentes em todas elas, umas com as outras também inconciliáveis, como o são as próprias filosofias. Diverti-me muitas vezes, tentando eu próprio construir, de dentro de uma das teorias filosóficas que conhecia, respostas adequadas e ainda não formuladas a objeções que se lhes podiam fazer. E descobri que era sempre possível encontrar respostas razoáveis e coerentes. Cada crítica podia ser tratada pelo sistema a partir de seus próprios pressupostos e convenientemente "reduzida".

Essa coerência das grandes filosofias me seduzia. Coerência, aliás, que recebe definições diferentes em cada uma delas. Mas a justificação que cada uma propõe de seu próprio sistema não me pôde persuadir. Porque eu conhecia as razões das outras. E descobrira que nenhuma fundamentação era absoluta, nenhuma legitimação era definitiva. O que aqui é aceito como evidente e certo é ali rejeitado como enganoso e falaz. Que pretensas evidências e certezas puderam jamais resistir ao embate das filosofias? Também eu, por isso mesmo, me descobria incapaz de fornecer uma justificação decisiva para minhas convicções pessoais, para os enunciados que, entretanto, me pareciam justos e verdadeiros. E assim foi que cheguei à plena consciência do caráter não demonstrativo do discurso filosófico. Em que pesassem as decididas pretensões em sentido contrário de tantos pensadores, tornou-se-me manifesto e irrecusável que as filosofias jamais poderiam pretender a algo mais que a uma argumentação razoavelmente persuasiva, ainda que sistematicamente elaborada numa ordem consistente de razões. Capazes, em grau variável, de impor-se à aceitação de muitos espíritos, nenhuma delas jamais lograria a adesão do auditório universal. E não se tratava de uma mera impossibilidade de fato. Eu descobrira que, em sentido rigoroso, nunca há demonstração fora da lógica formal. Um outro modo de dizer que, em sentido pleno, não há lógica fora da lógica. Demorando-me longamente no estudo da sofística grega, pude aprender seu significado profundo, aprender sua lição aos filósofos de todos os tempos: a de que, em filosofia, tudo se pode provar. O que vale dizer que nada se prova verdadeiramente em filosofia.

Por isso mesmo, a pretensão dos grandes sistemas filosóficos a uma fundamentação definitiva de seus discursos, a uma posse legitimada da Verdade, pareceu-me apenas testemunhar de sua religiosidade essencial e profunda, ainda que laicizada. Ainda que eventualmente conjugada com uma profissão de fé ateia ou agnóstica. Na sua pretensão oracular de editar o *Lógos* eterno, apareceu-me que os filósofos continuam a comungar da crença grega na divindade da razão especulativa. Sacerdotes leigos de Zeus e intérpretes do Verbo divino, cada um deles proclama a única e verdadeira Sabedoria, no desprezo do "falso" saber do homem comum e de suas opiniões mortais. E em cada um deles, assim, se consuma a filosofia. Libertado a duras penas dos dogmas da religião, a revelação dessa religiosidade filosófica deixou--me perturbado. E a *hýbris* filosófica não pôde seduzir o *philósophos* que trilhava, em busca da Verdade, os caminhos da filosofia.

Se a fundamentação filosófica definitiva de qualquer visão do Mundo se revelava inviável, ao mesmo tempo parecia-me também manifesta a incompetência da não filosofia para legitimar qualquer opção filosófica. Com efeito, ciência e senso comum são igualmente incapazes de pronunciar-se sobre questões filosóficas sem que *ipso facto* se promovam filosoficamente e se constituam como filosofia. Donde a recolocação automática do problema da fundamentação a evidenciar a circularidade do procedimento. Por outro lado, não me era menos evidente que essa promoção filosófica se pode fazer – e comumente se faz – segundo diferentes leituras filosóficas que efetuam uma integração coerente dos enunciados do senso comum e dos resultados da ciência nos diferentes sistemas e visões filosóficas do Mundo. E as filosofias tematizam criticamente o senso comum e a ciência, situando-os e julgando-os no interior de seus universos de discurso, a cujas dimensões os reduzem. O que implica neutralizar toda e qualquer pretensão deles à exterioridade.

Foi natural, então, que o ceticismo grego tenha tentado o *philósophos* em aporia. Na leitura de Sexto Empírico, encontrei a ocasião de confirmar minha experiência do conflito insuperável dos dogmatismos, de sua perpétua *diaphonía*. Quem longamente meditou sobre as *Hipotiposes* não mais ousará cometer-se à edição do Discurso derradeiro. Mas a mera exposição do aparecer, do *phainómenon*, sempre me pareceu insatisfatória. E a crônica da vida comum não se faz desacompanhada de crenças, como os céticos pretenderam. Nunca pude compreender como lhes seria possível dizer sem asserir. Nem pude aceitar sua proposta filosófica de uma investigação continuada. Por que prosseguir na busca, quando nenhuma esperança se justifica e nada mais se tem que a experiência repetida do fracasso? A *ataraxía* cética, eu fui incapaz de atingi-la.

Em meio a tão insondáveis aporias, os caminhos que julgava percorrer subitamente me pareceram não caminhos. A filosofia, uma quimera. Recusando a religiosidade filosófica, nem mesmo me restou a possibilidade de demonstrar a validade dessa recusa. Porque um tal procedimento imediatamente se converteria numa filosofia da recusa de filosofar.

Mas restava-me a possibilidade do silêncio. Desesperando da filosofia e de seus problemas, renunciei a buscar-lhes soluções. Abatido por um profundo desencanto, o temor me possuiu de que os discursos da filosofia não mais fossem que prodigiosos e sublimes jogos de palavras. Um brinquedo dos filósofos com as palavras, do *Lógos* com os filósofos. O feitiço que me prendera se quebrava, desfazia-se uma antiga servidão. E tomei, então, o partido do silêncio. Uma opção pragmática e existencial, fruto de uma angústia filosófica profunda. Uma decisão drástica que reconheci ser filosoficamente injustificável, mas que me pareceu justificavelmente não filosófica. E como tal eu a assumi. Se não se pode falar, calar-se é imperativo. Mas isso tinha de ser dito no começo, não no fim. Se não se tem a escada, não se pode nela subir. Nem se podem jogar fora escadas que não existem. A metáfora da escada sempre me pareceu enganosa.

E foi assim que o *philósophos* se proclamou não filósofo e disse um adeus nostálgico ao *Lógos* em que durante tanto tempo se perdera. Foi quando a velha paixão pela lógica se reavivou em mim. As linguagens formais pareceu-me exibirem toda a perfeição de que a linguagem natural era essencialmente incapaz. Encontrei nos sistemas lógicos muitas das virtudes que eu buscara em vão nos discursos filosóficos. Mas eu tinha consciência do preço que pagava por essas virtudes e perfeições. Aquelas linguagens me apaixonavam enquanto não diziam nada sobre o Mundo.

Em verdade, nunca deixei de ler filosofia. Mas como uma literatura de estilo diferente, ao mesmo tempo sublime e perversa. As obras filosóficas pareciam-me agora admiráveis romances de ideias, cujas estranhas aventuras me enchiam de grande prazer. Mas eu deixara atrás a filosofia. Eu me tornara um homem comum.

3. Foi realmente uma experiência nova e, sob certos aspectos, fascinante. Passei a saborear a vida cotidiana, com suas alegrias e tristezas, com seus problemas grandes e pequenos. Eu sempre valorizara a experiência do cotidiano, as coisas e os eventos ordinários que nos circundam. Nunca aceitara pôr em dúvida, em xeque ou entre parênteses, a realidade do Mundo que a nossa experiência imediata tem por objeto. Pôr o Mundo entre parênteses sempre me parecera uma extraordinária figura de retórica, literalmente ininteligível. A renúncia à filosofia emprestou a meu apego às coisas ordinárias uma dimensão mais humana e mais vivida. Não mais substituindo a reflexão à Vida, a Vida agora possuía-me integralmente. E meus pensamentos todos se integraram nela, pondo fim a um mórbido dualismo, a um divórcio esquizofrênico entre o pensador e o homem. Amei minha vida com intensidade, amei o dia a dia. O Mundo tornou-se também o objeto de uma experiência estética consciente e profunda, antes desconhecida. Em meio às correrias de uma existência

comum, o espetáculo de coisas e fatos sob outros prismas talvez insignificantes me propiciou frequentes vezes momentos estranhamente agradáveis. Sem categorias nem conceitos, era como se neles me fosse dado contemplar gostosamente os fatos e as coisas unicamente em sua Realidade e em seu darem-se a mim. Era como se eu assistisse em mim à vitória feliz do homem sobre os conceitos, da matéria sobre o espírito, da vida comum e dura sobre as sofisticações intelectuais. A vitória do espírito da carne... Essa vitória, eu celebrei-a com frequência e prazer. Homem comum, senti--me em terra firme. E prometi-me que a filosofia dela não mais me arrancaria os pés.

Tornara-me um homem como os outros, vivendo a vida comum dos homens. Redescobri plenamente o homem comum em mim, assumi plenamente o homem comum que era. Era como se se consumasse agora uma humanização havia tanto começada. Senti-me igual a todo o mundo. Não de uma igualdade abstrata, posta pela razão filosofante, mas de uma igualdade concreta e sentida. Nenhum sentimento de superioridade me animava, não mais via os outros do alto de uma torre fictícia de filósofo. Perdi-me deliberadamente no seio de sua multidão, enchia-me de gozo ser apenas um indivíduo no meio da multidão. E pareceu-me que viver a vida dos homens era o único meio para entender a Vida e os homens. Por isso mesmo, o distanciamento pretensamente crítico, a meditação solitária no ócio dos desertos filosóficos apareciam-me tão somente como matrizes de perspectivas viciosas que eu soubera em boa hora abandonar. Eu mergulhei no Mundo. A razão quisera dele separar-me, eu a vencera. Emoções e sentimentos vários, esperanças e temores, prazeres e sofrimentos, alegrias e frustrações, trabalhos e repousos, fases de tranquilidade e momentos de sobressalto, amores e ódios eram o conteúdo corriqueiro de uma vida que decorria como a de qualquer um, mas que eu assumia com volúpia porque era tudo que eu tinha.

O saber dos homens comuns encantou-me. Suas opiniões mortais tinham a minha simpatia. E considerava com atenção e respeito suas crenças. Não me impedindo de crer com espontaneidade, eu compartilhava com eles muitas delas. Aceitava com eles a Realidade das coisas, dos objetos e eventos ordinários, crendo com eles que, boa parte do que ocorre, ocorre como se crê. Aceitando tranquilamente que as outras mentes se assemelham à minha. Acreditando com eles que a nossa vida, a nossa paixão e a nossa morte se dão num Mundo que nos transcende, numa Realidade que não depende de nosso pensamento ou de nossa vontade. Cria, sem envergonhar-me de crer, cria no sentido forte desse termo, sem adotar a atitude artificial de fingir que não se crê. E dava-me um grande conforto ter essas crenças de homem comum, sem os entraves da razão filosófica. Crer no que se me impunha, crer sem justificação outra. Sem buscar fundamentos para a crença, sem querer legitimá-la por uma teoria da intuição ou da evidência. E, como o comum dos homens, depositei uma grande confiança no bom discurso comum e cotidiano, na sua capacidade de dizer muitas verdades.

Organizei minha visão do Mundo ao modo do homem comum, uma visão necessariamente incompleta, que o correr do tempo vinha aqui e ali modificar. Corrigia tais ou quais de minhas crenças, desfazia-me de opiniões que se revelavam errôneas, procurava resolver eventuais inconsistências que descobria, tal como procede a maioria dos homens. Não me faltava o espírito crítico, que o homem comum também possui, em dose maior ou mais pequena. Assimilava com serenidade os ensinamentos da experiência, comprovando humildemente minha falibilidade. Integrava a cultura que possuía em minha visão do Mundo. Igual ao comum dos homens, tinha respeito pela ciência, um respeito algo desconfiado.

Entretanto, minha postura em nada se assemelhava a uma promoção filosófica do senso comum, que alguns filósofos empreenderam. Não me era desconhecida a variação infinda do senso comum no espaço e no tempo, sua relatividade sociológica e histórica. Por isso mesmo, muitas crenças comuns me eram inaceitáveis, porque nelas somente podia reconhecer os frutos da tradição e da cultura. Não se me impôs o comum por ser comum, por ser o objeto de um consenso mais ou menos extenso. Fazer-me homem comum significara, sobretudo, assumir uma postura radicalmente nova. Um deixar-me ir ao Mundo, como o faz o comum dos homens. Ou, dizendo melhor, um deixar o Mundo vir a mim, como vem aos homens que não lhe opõem a razão filosófica. Significara a recusa consciente e decidida a opor o discurso filosófico ao discurso comum, como a um inimigo. E dar-me assim a permissão de crer o que se me impunha como verdadeiro e correto e justo e irrecusável, tal como se impõe ao comum dos homens. Deixar humildemente as coisas e os fatos dizerem-se em meu discurso, ou reconhecer que o discurso comum os diz com simplicidade. Significara reconhecer o primado do Mundo sobre o discurso, o primado da Vida sobre a reflexão. Assim como de fato procede a maioria dos homens. Eu quisera salvar minha alma de homem, eu a tinha perdido. A renúncia à filosofia fez-me reencontrá-la.

Daí em diante, passei a desprezar o intelectualismo com intensidade cada vez maior, porque ele confere um privilégio absurdo às especulações da razão sobre a experiência do Mundo, aos devaneios da reflexão abstrata sobre o bom senso e os ensinamentos da vida. Em verdade, ainda o desprezo. As complicações sutis das filosofias abstrusas pareceram-me um desperdício da inteligência. Seu linguajar estranho e esdrúxulo, uma perversão da linguagem. Sua divinização da razão, um mito infeliz. A soberba dos filósofos passou a irritar-me. Aborrecia-me especialmente seu menosprezo pela vida comum, pelo homem comum, pelo discurso comum. Porque não há outra vida de homem, não há outro homem, não há outro discurso competente. Donde a alienação intrínseca e irremediável de um grande número de filosofias. Cegas de não ver o Mundo em que os homens vivem, surdas de não ouvir o discurso que eles proferem, elas se perdem na verborragia ociosa e inútil de suas falas delirantes. E o gemido dos que sofrem nelas não encontra um eco. Tales observava os astros e, olhos no céu, acabou por cair num poço, provocando o riso de uma jovem trácia, que zombou de sua preocupação pelas coisas celestes, quando o que estava a seus pés lhe escapava (cf. Platão, *Teeteto* 174a). Os filósofos converteram Tales em pai da filosofia e, desde Platão, fizeram desse cômico incidente o símbolo da sublime altanaria do espírito filosófico, que se ergue acima das vicissitudes da vida e cuja profundidade escapa à compreensão do vulgo. Mas cabe da mesma fábula uma outra interpretação. Cabe nela ver o prenúncio daquela trágica alienação que levou a filosofia ao esquecimento do Mundo. Passei a admirar a sabedoria da pequena trácia. Ela merece, ainda hoje, toda a minha simpatia.

Fazendo-me um homem comum, eu quisera recuperar sua ingenuidade. A ingenuidade que os filósofos lhe atribuem e que tão altivamente desdenham. Mas não a encontrei. Porque ela não passa de uma invenção engenhosa da malícia filosófica. Um mito conveniente à soberba da razão especulativa. O que se chamava de "ingenuidade" era tão somente a simplicidade humilde com que o homem comum reconhece o Mundo e nele encontra o seu lugar. Os filósofos sorriam do homem comum, eu passei a sorrir dos filósofos. Tendo longamente jogado os jogos de suas filosofias, eu não lhes opunha, como a maioria, apenas uma desconfiança desarmada. Pois suas artimanhas me eram familiares, seus métodos me eram conhecidos. E eu pude descobrir a enorme ingenuidade da filosofia que recusa reconhecer o Mundo e a Vida. Mas também sua espantosa desumanidade. E sua carência de um real espírito crítico. A despeito de os filósofos terem pervertido os significados das palavras "Mundo" e "Vida", assim como perverteram o vocabulário da racionalidade. Porque a racionalidade da razão se manifesta no reconhecimento de seu lugar próprio, não no culto narcísico de sua divindade imaginária. E eu me arrisco a dizer que a divinização da razão é tão somente a mais requintada entre as formas que assume a irracionalidade. Por isso mesmo, não precisaria acrescentar que o irracionalismo confesso de alguns filósofos jamais me tentou. Porque sempre me foi evidente que eles incidiram na mesma lamentável confusão entre a racionalidade e a postura comum às diferentes formas do espírito racionalista, num sentido mais amplo desse termo. Porque julgaram corretamente dever opor-se a este, sentiram-se obrigados a condenar aquela. Mas racionalismo e irracionalismo são apenas as duas faces de uma mesma moeda.

E assim eu opunha criticamente à filosofia dos sábios a minha humilde não filosofia. Veio a acontecer, entretanto, que eu assumi sobre a minha mesma postura uma outra perspectiva. Sou incapaz de dizer com exatidão quando essa decisiva inversão de ponto de vista se consumou. Minha visão do Mundo se me impunha como verdadeira e justa. E eu a achava razoável e aceitável aos olhos de outros. Mas também sabia impossível dela fornecer uma justificação definitiva e última. E nunca busquei o impossível. O discurso que a exprimisse jamais a imporia demonstrativamente à aceitação de quem quer que fosse. Por isso mesmo, eu insistia em considerá-la uma não filosofia, uma visão criticamente não filosófica do Mundo e das filosofias. Nisso com frequência meditando, um grande prazer me advinha de rememorar o longo itinerário que definitivamente me afastara da *hýbris* filosófica, levando-me para longe de suas tentações. Um dia então me ocorreu que, resistindo embora à *hýbris*, eu dela também fora uma vítima, na minha mesma recusa de filosofar. E que, em verdade, eu o era ainda, na mesma modéstia injustificável e excessiva daquele modo de descrever minha visão das coisas e dos fatos.

Porque subitamente descobri que eu não desesperara senão por ter esperado em demasia. Renunciando ao sonho impossível das legitimações derradeiras, das evidências primeiras e certezas indiscutíveis, das edições definitivas do *Lógos* filosófico, parecera-me estar renunciando a filosofar. Porque os filósofos da *hýbris* me haviam convencido a identificar a filosofia com o sonho de suas filosofias. Ao tomar o projeto da *hýbris* como o projeto da filosofia, o seu *Lógos* como o modelo do discurso filosófico. Eu me assumira criticamente como homem comum, eu reconhecera criticamente o Mundo comum e o primado da Vida. O fato de recusar-me a descrever essa minha postura com um vocabulário filosófico me testemunhava agora que eu continuara a reconhecer implicitamente nos sacerdotes do *Lógos* os representantes autorizados e exclusivos do empreendimento filosófico. A respeitar seu pretenso direito ao monopólio da reflexão que se diz "filosófica". Ou ao monopólio do uso correto e adequado da palavra "filosofia". E ocorreu-me que nada justificava fazer-se à palavra uma tal injustiça. Muitos dirão, talvez com razão, que se trata de uma mera questão de terminologia. Seja como for, a verdade é que decidi um dia assumir *filosoficamente* a minha "não filosofia", conferir cidadania filosófica à minha visão crítica de homem comum. Endossar *filosoficamente* suas implicações e seus pressupostos. As etapas de um itinerário pessoal que a ela tinham levado projetando-se, transmudadas, em ordens de argumentos. Nada mais proibindo-o de filosofar injustificadamente, o homem comum fez-se homem-filósofo, com simplicidade.

4. Confesso que não vejo outro caminho para uma sã filosofia. Não vejo outro ponto de partida se não o que consiste em assumir decididamente e sem rebuços aquela visão *comum* do Mundo, fazendo-lhe justiça. Mas ousar fazê-lo é desafiar toda uma tradição filosófica. É opor a uma filosofia de falsos deuses uma filosofia de homem, uma filosofia consciente de sua necessária humanidade. É reconhecer, desde o início, o primado do Mundo sobre o *Lógos*. E, no Mundo dos homens, o primado da Vida, promovendo com brutalidade crítica a máxima vulgar e supostamente grosseira que nos ordena *primeiro viver*, *depois filosofar* à condição de expressão autêntica de um saber verdadeiro e profundo. Uma tal filosofia será insensível às tentações do idealismo. Entendo como idealista toda postura filosófica que privilegia o conhecimento sobre seu objeto, o pensamento e o discurso sobre as coisas e os fatos. Que faz da realidade do Mundo um problema e se condena a perdê-la, por não ter sabido *reconhecê-la*. A sombra idealista tem obscurecido

secularmente a razão ocidental. O desprezo pelo Objeto e pelo Fato, no sentido forte e metafísico desses termos, tem sido o vício corruptor da filosofia moderna. Qual um paradigma oculto mas onipresente, que manifesta nos mais diversos domínios sua natureza proteiforme, o espírito idealista tem impregnado toda a nossa cultura. Projetos científicos inúmeros, por ele de algum modo afetados, têm visto assim comprometida sua desejada cientificidade. A negação idealista do Mundo culminou no culto abusivo da linguagem, que contamina uma tão grande parte do pensamento contemporâneo e ameaça esterilizá-lo. Uma consequência natural dessa atitude foi também o desprezo filosófico pelos problemas dos homens.

Uma filosofia que assume a visão *comum* do Mundo e nela se enraíza não se erige em instauração do Real. Não quer *editar* e *pôr*, mas contenta-se em *reconhecer* e *dizer*. Ela diz o Mundo que está aí, que o comum dos homens conhece e em que *todos* os homens vivem. E de que *todos* os homens falam, em seu discurso de todos os dias. Ela se constrói como um projeto humano, irremediavelmente contingente e precário, de uma visão crítica e universal da Realidade que reconhece. O que necessariamente implica assumir-se como segunda, em relação a um Mundo que vem primeiro. Uma tal filosofia obriga-se a confessar sua posterioridade. Desde o início, ela se faz tranquilamente metafísica, sem arrepiar-se de falsos pudores. O repúdio contemporâneo à metafísica é tão somente o fruto malsão de um espírito que pavoneia sua falsa positividade. Não encontro consistência numa filosofia carente de alicerces metafísicos, em que o discurso não explicita nem tematiza os seus próprios pressupostos. Ao assumir a visão *comum* do Mundo, o filósofo se comete a construir a metafísica que subjaz implícita ao discurso comum em que aquela visão se exprime. Não se trata, para ele, de recuperar o Mundo para a filosofia. Exatamente ao contrário, trata-se de recuperar a filosofia para o Mundo. Não creio haver outra maneira de prevenir-nos eficazmente contra os desvarios especulativos da má metafísica.

Trata-se de uma postura filosófica plenamente consciente de sua particularidade. Ela se sabe uma escolha primeira que se manifesta, desde o ponto de partida, como uma recusa deliberada, radical e drástica das posturas da *hýbris* e do endeusamento do *Lógos*. Nascida de uma meditação sobre as filosofias, não menos que de uma meditação sobre o Mundo, a decisão que instaura a nova filosofia é polêmica em sua mesma natureza e como tal se confessa. A nova filosofia integra-se no conflito das filosofias, sabendo-se originária de uma reflexão crítica sobre ele, cujo diagnóstico assume integralmente. Por isso mesmo, ela pode ousar sem ingenuidade, do interior de sua precariedade assumida e explicitamente tematizada, propor sua solução particular do conflito. Mas ela não pensa consumar a filosofia. Ela é uma filosofia sem *hýbris*.

Buscando a Verdade (*alétheia*), ela se assume como Opinião (*dóxa*) e se pretende a opinião verdadeira de um filósofo mortal, em desafio aberto à condenação parmenidiana. Porque o filósofo a crê verdadeira, como tal ele a propõe aos outros e argumenta por ela. Ele a propõe num discurso de homem-filósofo, que é o mesmo discurso cotidiano de todos os homens, apenas um pouco mais crítico e mais autoconsciente. E, do interior de sua *dóxa*, como tal confessada, ele se pronuncia sobre o Mundo e sobre as outras filosofias. Ele conhece a precariedade de seu discurso, mas confia nele. De qualquer modo, não dispõe de outro. Ele o apresenta como um discurso, não como o Discurso. E o discurso será também autorreferente, tematizando-se autocriticamente, esclarecendo seu lugar no mundo, dizendo sua posterioridade e sua dependência, a posterioridade e a dependência de todo discurso em relação ao Mundo. Quebrados os antigos laços, o *Lógos* não mais é o Senhor, mas o escravo do filósofo. O filósofo confia no discurso filosófico porque soube sujeitá-lo ao Mundo.

A filosofia assume, então, com destemor, sua contingência. Ela se reconhece, desde o início, *situada* no tempo e no espaço, proposta por um homem particular e numa linguagem particular. Ela faz conscientemente do *hic et nunc* o seu ponto de partida. Mas que outro ponto de partida haveria para o filosofar de um homem? Muitos há que parecem não compreender que isso em nada desqualifica o empreendimento filosófico, em nada compromete sua busca da Verdade, precisamente quando e porque se assume a contingência sem ingenuidade, se reconhece a precariedade com espírito autocrítico. Muito ao contrário, o que viria a comprometer irremediavelmente a universalidade do projeto seria o esquecimento ingênuo da particularidade que nele também se exprime. Reconhecida a *situação* do empreendimento, daí não decorre então uma inadequação qualquer do discurso filosófico para a busca da Verdade e da Objetividade. Evidencia-se apenas a necessidade de continuamente cuidar por que a visão que obtemos do Mundo não seja viciada e deformada pela particularidade necessária de nossa perspectiva e dela não se torne uma mera projeção. A consciência da *situação* não justifica nenhum relativismo. Uma pretensa desqualificação da filosofia em virtude de seu caráter *situacional* é tão inaceitável e absurda quanto uma imaginária desqualificação e recusa, por motivos análogos, do discurso comum. Recusa e desqualificação impossíveis, que em verdade se desmentem, quando ele simplesmente se utiliza.

Isso dito, impõe-se nunca esquecer que filosofamos sempre de nosso ponto de vista. Eis por que entendo que propor uma filosofia é sempre algo como uma confissão. É contar aos homens de boa vontade uma estória de argumentos e ideias, que vieram organizar-se em nossa visão do Mundo. É dizer-lhes como entendemos superar os particularismos e limitações de nossa subjetividade, no anseio de aprender as coisas e os fatos sob um prisma universal e objetivo. A filosofia representará o esforço máximo de dessubjetivização de que somos capazes, ela será o lugar privilegiado do encontro crítico de nossa subjetividade com o Mundo objetivo. O paradoxo aparente está em que o caminho em direção à objetividade exige o reconhecimento de que estamos presos a uma subjetividade de que nunca poderemos escapar completamente. Não posso sair de mim mesmo. Devê-lo-ia acaso? Reconhecer minhas limitações e as de meu discurso, eis o único antídoto que possuo contra os demônios do subjetivismo. Se isso se esquece, encerra-se o filósofo para sempre em sua subjetividade e seu discurso dogmático e pretensamente objetivo converte-se em mera expressão de sua paranoia inconsciente. Reconhecendo que a Verdade tem de ser sempre para mim o que assim me aparece, parecerá que não posso reconhecer outros juízes que não os do tribunal de minha razão. Mas, proclamando que não sou a medida das coisas e propondo-me a medir por elas o meu discurso, todo o meu empenho será por deixar o Mundo dizer-se nele, deixar a Verdade transparecer-me através dele, convertendo o pretenso juiz em testemunha ocular.

A postura confessional parece-me um imperativo da racionalidade filosófica e crítica. Uma decorrência necessária da consciência de nossa finitude e da precariedade de nosso discurso filosófico. E ele encerra intrinsecamente um convite à crítica e ao diálogo. Diálogo e crítica externa desempenharão um papel importante na contenção desejável da subjetividade do filósofo, corrigindo deformações eventuais da perspectiva que assume. Testar-se-á assim a aceitabilidade da formulação proposta para o discurso que procura exprimir a visão *comum* do Mundo. Assumindo a postura confessional, o filósofo estará sempre disposto a rever suas formulações, a emendar o seu discurso. Não se trata, pois, de definir a objetividade pela intersubjetividade, mas de reconhecer o significado e o valor de esforços conjugados no sentido de encontrar-se a linguagem adequada à tarefa que se tem em vista. O filósofo, porém, não ignora a dificuldade de chegar-se a um diálogo autêntico.

Buscando o diálogo, o filósofo construirá seu discurso com simplicidade. Não recorrerá a termos esdrúxulos nem a um jargão complicado. Ele tem uma enorme desconfiança dos que falam difícil em filosofia. O linguajar ininteligível, no mais das vezes, apenas dissimula mal a confusão mental e a indigência filosófica. É o disfarce externo e verbal de um oco interior. O que não se pode dizer com clareza não se pode pensar. Nem há que buscar uma tradução, se não há nada a traduzir. Somente o tolo sente calafrios de admiração diante do discurso "filosófico" que escapa a toda compreensão. Não podendo alçar-se à inteligência do que lhe parece tão sublime e profundo, desconfia de si mesmo. Com razão, porque é tolo. Mas não há arcanos indizíveis em filosofia.

Senhor de seu discurso e intérprete de uma visão *comum* do Mundo, o filósofo se põe resolutamente a caminhar pelos campos da filosofia. Mas sua caminhada não é gratuita, porque foi longamente preparada na crise das aporias filosóficas e no silêncio da não filosofia. É um caminhar simples e despreocupado ao encontro do Mundo. De uma simplicidade que é, talvez, o fruto de uma requintada sofisticação.

3

A filosofia e a visão comum do mundo[1]

a Bento Prado

1. Se me disponho a filosofar, é porque busco compreender as coisas e os fatos que me envolvem, a Realidade em que estou imerso. É porque quero saber o que posso saber e como devo ordenar minha visão do Mundo, como situar-me diante do Mundo físico e do Mundo humano e de tudo quanto se oferece à minha experiência. Como entender os discursos dos homens e meu próprio discurso. Como julgar os produtos das artes, das religiões e das ciências.

Mas não posso esquecer todos os outros que filosofaram antes de mim. Num certo sentido, é porque eles filosofaram que me sinto estimulado a retomar seu empreendimento. O legado cultural da espécie põe à minha disposição uma literatura filosófica extremamente rica e diversificada, de que minha reflexão se vai alimentando. Se me disponho a filosofar, tenho também de situar-me em relação às filosofias e a seus discursos, tenho de considerar os problemas que eles formularam e as soluções que para eles propuseram.

Nesse contato com as filosofias e no seu estudo, faço a experiência de sua irredutível pluralidade, de seu conflito permanente e de sua recíproca incompatibilidade. A consciência desse conflito e dessa incompatibilidade exprime-se em seus discursos, aliás, de modo quase sempre bastante explícito. Porque cada filosofia emerge no tempo histórico, opondo-se polemicamente às outras filosofias, que ela rejeita e anatematiza no mesmo movimento pelo qual se instaura. Contra os outros discursos

---

1 Texto publicado inicialmente em *Manuscrito*, v.III, n.1, Campinas, 1979, p.115-49. Foi publicado posteriormente em *Filosofia e Epistemologia* III. Lisboa, 1981, p.113-60; também em PRADO JR., B.; PORCHAT PEREIRA, O.; SAMPAIO FERRAZ, T. *A filosofia e a visão comum do mundo*. São Paulo: Brasiliense, 1981, p.101-37; e em PORCHAT PEREIRA, O. *Vida comum e ceticismo*. São Paulo: Brasiliense, 1993, p.46-95.

filosóficos, cada novo discurso vem propor-se como o "bom" discurso. Qualquer que seja seu projeto, o de "editar" o Real ou o de propor uma crítica do conhecimento, o de orientar a *práxis* humana ou o de efetuar uma análise "terapêutica" da linguagem, pertence, em geral, a todo discurso filosófico o dever impor-se como a única maneira correta de filosofar. Sob esse prisma, vale dizer que cada um deles de algum modo se propõe como a solução adequada do conflito das filosofias. Por isso mesmo, obriga-se a argumentar em causa própria, no afã de legitimar-se em face dos rivais e de validar a posição privilegiada que para si reivindica na arena filosófica. Pretensão que os outros discursos evidentemente desqualificam, opondo argumentos aos seus argumentos e reacendendo o conflito.

Dispondo-me a filosofar, abordo criticamente os discursos filosóficos. E cedo descubro, então, que nenhum discurso filosófico é demonstrativo, mesmo num sentido fraco da palavra, contrariamente ao que tantos filósofos pretenderam. Dou-me conta de que a retórica é a "lógica" da filosofia. De que, com um pouco de boa vontade e algum engenho, sempre se pode construir um discurso filosófico bem argumentado a favor de ou contra qualquer ponto de vista. Por outro lado, jamais se persuade o auditório que se tem em mente. Os critérios de autovalidação próprios a cada discurso são sempre discutidos e rejeitados pelos outros. Donde a perpetuação inevitável do conflito das filosofias, num testemunho eloquente de sua indecidibilidade básica. Situação essa que parece condenar inexoravelmente as filosofias, todas e cada uma delas, a uma insuperável precariedade, dificilmente compatível com a natureza mesma dos projetos por que elas costumeiramente se definem. Seus discursos, em última análise, parecem impotentes para efetivamente resolver os problemas que elas inventaram. Os céticos, de há muito, tinham feito sobre isso seu severo diagnóstico.

É natural, então, que eu seja tentado a ver, nos discursos das filosofias, meros jogos de palavras, jogos engenhosos e complicados mas que, uma vez apreendidos e analisados, não posso mais levar a sério. Brinquedos dos filósofos com a linguagem, da linguagem com os filósofos, que ela enfeitiçou. É natural, então, que eu desespere de poder filosofar. Por que daria minha adesão a tal visão do Mundo e não a tal outra? Por que assumiria tal atitude filosófica e não tal outra? Assumir qualquer posição filosófica configuraria uma escolha e uma escolha, em última análise, arbitrária, uma vez que sua justificação não constituiria senão um exercício a mais de habilidade retórica. Não vendo como aderir criticamente a um discurso de outrem, por que me cometeria a editar um discurso original e novo, sabendo-o de antemão condenado, por sua própria natureza, à sorte adversa de que todos os outros compartilham? Por que continuar o empreendimento, por que insistir em buscar soluções filosóficas para os problemas das filosofias?

O ceticismo antigo, apesar de sua crítica acerba aos "dogmatismos", definiu-se por uma investigação continuada e incansável, caracterizou-se como uma filosofia "zetética" (cf. Sexto Empírico, H.P. I, 7). Entendeu que suas razões valiam tanto quanto as do dogmatismo filosófico e que não lhe era possível validar sua própria argumentação cética (cf., ibidem, I, 14-5 *et passim*). Propôs, por isso, a suspensão do juízo, a *epokhé*, sobre cada uma das questões examinadas. Para seu propósito de abalar o dogmatismo, isso lhe era suficiente. Mas, por isso mesmo, a lógica interna de seu procedimento condenava-o a prosseguir investigando. Essa atitude me parece pouco natural e nada razoável. Porque o razoável e natural é que a experiência repetida do fracasso engendre o desânimo e o abandono da empresa. Se somos mais do que ratos de laboratório, também dependemos, entretanto, das contingências de reforço: sem nenhuma recompensa, desistimos.

Resta-me, ao que parece, dizer adeus às pretensões filosóficas que em vão alimentei, deixar atrás a filosofia. Optar pelo silêncio da não filosofia e nele recolher-me. Numa decisão de ordem prática e existencial, que se me impõe como justificada, ainda que não seja, por certo, justificável filosoficamente. Contentar-me-ei em ser apenas um homem entre os outros homens. Deixando-me viver, em sua plenitude, a vida comum dos homens. Redescobrindo e revivendo o homem comum em mim.

Os céticos tinham entendido que sua postura filosófica não implicava a renúncia à vida comum (*koinòs bíos*, cf. Sexto, H.P. I, 23-4; 237-8). Pondo em xeque os critérios da pretensa objetividade dogmática, tomaram o *phainómenon*, o que aparece, como critério da ação, segundo os ditames da vida. De fato, porém, seu retorno à vida comum não foi completo, porque não souberam mergulhar em sua não filosofia. A permanência no empreendimento filosófico, a proposta de investigação continuada atestam que eles ficaram a meio caminho. Os céticos não desesperaram da filosofia. Por isso mesmo, não se permitiram suprimir definitivamente o distanciamento que o dogmatismo instaurou entre a filosofia e a vida. Contestaram as soluções dogmáticas, mas preservaram seu quadro teórico. Guardaram a nostalgia de um espaço extramundano reservado para a investigação filosófica, em oposição ao espaço banal da vida comum à qual, na condição de homens, se apegavam.

Proponho uma ruptura com a filosofia bem mais radical que a do ceticismo. Um mergulho profundo, definitivo e de alma inteira na vida cotidiana dos homens. Não me limito a suspender meus juízos mas, em face dos jogos filosóficos, ouso dizer: "Não jogo mais".[2] Regresso à humanidade comum e assumo integralmente a sua não filosofia.

2. Desenvolvi esse tema num trabalho anterior, o "Prefácio a uma Filosofia" (cf. p.25-39). Sob determinado prisma, muitos o entenderam corretamente, sabendo

---

2   Assim Tércio Ferraz descreve, em "A filosofia como discurso aporético" (cf. FERRAZ, T. S. 1981, p. 27s), a postura que assumo no parágrafo final de meu artigo "O Conflito das Filosofias" (cf. p.23). A crítica de Tércio Ferraz foi-me deveras estimulante e desempenhou um papel importante no desenvolvimento de minhas reflexões.

ver que uma exposição autobiográfica era, sobretudo, proposição de um itinerário de ideias e discussão de uma problemática básica para quem se dispõe a filosofar. O conflito das filosofias e sua efetiva indecidibilidade, a inexistência de critérios aceitos para validar as soluções – e os problemas – que elas propõem, a tentação do ceticismo e, bem mais radical, a tentação do silêncio filosófico oferecem-se à "experiência" de qualquer um que empreenda um dia meditar com seriedade sobre a natureza da filosofia.

A atmosfera cultural de nossa época, mais ainda talvez do que ocorreu em outras épocas, parece contribuir para alimentar uma desconfiança sensata e uma justa insatisfação com respeito aos sistemas ou aos métodos filosóficos. Por um lado, os discursos das filosofias não escapam indenes ao crivo das técnicas modernas de análise linguística, retórica ou lógica do discurso qualquer, nem às investidas da psicologia e da sociologia do conhecimento. Por outro, as grandes transformações que convulsionam, num ritmo vertiginoso, o Mundo dos homens parecem recomendar um primado da prática e da ação sobre a teoria e o discurso. Tudo parece induzir-nos a que nos apliquemos de preferência aos problemas reais e angustiantes da vida comum de nossa espécie, renunciando aos discursos vãos. Redescobrindo o homem comum em nós, quando dele nos tenhamos afastado. Outra postura seria de fuga e alienação.

Essa redescoberta da vida comum, essa reconversão do filósofo ao homem comum que sempre fora, mas que sempre ignorara em sua filosofia e agora reencontra, foi o que propus no texto que mencionei (cf. p. xxss). Num segundo momento, eu propunha também uma promoção filosófica da não filosofia do homem comum, uma revalorização filosófica de sua visão comum do Mundo. Entretanto, o estilo demasiado sucinto de um texto apenas programático, também algumas imprecisões nas ideias propostas deram origem a mal-entendidos e confusões. Proponho-me agora a reelaborar algumas noções e explicitar meu pensamento de modo mais claro e amplo sobre alguns pontos mais importantes, corrigindo alguma formulação porventura menos feliz. Tentarei responder a críticas e objeções que me foram feitas, quase sempre oriundas de uma interpretação menos atenta de minhas palavras. Em particular, espero deixar bem patente que minha posição não se pode interpretar, sem mais, como uma mera variante da chamada filosofia do senso comum, ao contrário do que se pretendeu.[3]

---

3 Bento Prado assim pretendeu em seu texto "Por que rir da filosofia?", cf. PRADO JR., B. 1981, p.59-97. Trata-se de um texto de rara elegância e profundidade, no qual o autor procura analisar e criticar, dentro do quadro mais amplo de uma crítica às filosofias do senso comum, as ideias que expus no "Prefácio a uma Filosofia". O artigo de Bento Prado, do qual essencialmente discordo, obrigou-me, no entanto, a aprofundar minhas ideias e a desenvolver com mais precisão muitos pontos daquele meu trabalho. O presente texto, sob vários aspectos, é uma resposta a Bento Prado, ainda que não me tenha sido possível abordar aqui todas as dificuldades que ele formulou.

3. Renunciando à filosofia, torno-me apenas um homem comum. A vida comum e cotidiana é tudo aquilo que me resta, ao renegar as filosofias e suas pompas. Assumo-a e vivo-a integralmente. E, ao modo de homem comum, organizo minha visão do Mundo, necessariamente falha e incompleta, necessariamente pessoal e minha. Mas nada me impede de, *enquanto homem comum*, considerá-la em sua totalidade e com um olhar mais abrangente, buscando fixar alguns de seus traços mais gerais.

Apreendo-me imerso numa totalidade que me contém e que como tal se me manifesta, numa experiência que é, ao mesmo tempo, de integração e alteridade. Reconheço-a, essa totalidade que me cerca, engloba e transcende, como outra que não eu, como maior e mais poderosa que eu. Experimento essa Realidade, de que sou parte integrante, de modo continuado e irrecusável. É a experiência de minha vida cotidiana, experiência não pontual, mas que se prolonga indefinidamente na memória do passado. Essa Realidade, chamo-a de *Mundo*. Uma mera expressão, que me facilita o discurso. Direi, então, que minha experiência é, toda ela, experiência do Mundo; que minha vida, eu a vivo no Mundo. Que nele estou irremediavelmente imerso.

O Mundo se me dá numa experiência de riqueza e complexidade. A Realidade se me manifesta cheia de multiplicidades e de unidades, de variações infindas, de diferenças e de semelhanças, estas ao menos relativas. O Mundo me oferece a experiência continuada de um devir no espaço e no tempo. Tempo e espaço que me aparecem como dimensões do Mundo. E eles dimensionam minha vida.

A totalidade, que é o Mundo, se me apresenta constituída por coisas (ou objetos) e processos (ou fatos ou eventos). As coisas me aparecem como semelhantes umas às outras, umas das outras dessemelhantes, umas com as outras integradas, umas das outras separadas. O mesmo se dá com os processos ou eventos. Semelhanças e dessemelhanças, integrações e separações, dão-se em graus diversos e sob aspectos variados. Coisas e processos se combinam e continuamente interagem de modo mais simples ou mais complexo. Se a existência ou devir de uma coisa se pode também dizer um processo ou fato, direi também que o Mundo é a totalidade dos fatos.

A Realidade se me manifesta primeiramente a partir dos processos e coisas que me são mais próximos, por isso mesmo mais familiares. Os eventos do dia a dia, os fatos e os objetos ordinários que povoam minha experiência do Mundo. Tudo aquilo que mais imediatamente me circunda e contém. Minha vida, eu a vejo como um processo em meio a esses processos, minha existência, como a de uma coisa em meio a essas outras coisas. Essa porção da Realidade, esse Mundo mais próximo em que minha vida mais imediatamente se insere, é-me por isso mesmo mais importante, tenho por ela um maior interesse existencial.

Esse Mundo mais próximo de mim se me apresenta também como um Mundo habitado por coisas que me são semelhantes, segundo graus diversos de semelhança. Por corpos físicos, como o corpo físico que sou. Por seres vivos, como o ser vivo que sou. Mas, em particular, por homens como eu, seres fundamentalmente seme-lhantes a mim, seres que sentem, pensam e falam, corpos pensantes como eu, em meio às outras coisas e processos do Mundo. Seres humanos que, como eu, intera-gem com o Mundo físico que os cerca e, em particular, interagem continuadamente uns com os outros, inextricavelmente imbricados na vida social da espécie. Suas vidas imergem como a minha na experiência cotidiana do Mundo. Nele os homens nascem, sofrem, trabalham, gozam e morrem.

Quanto aos processos de minha vida interior e psíquica, sensações, emoções, prazeres, dores, desejos, sentimentos, cuja existência me é tão manifesta e irrecusá-vel quanto a das coisas e processos físicos, eu os tenho como fundamentalmente análogos aos processos que experimentam os outros homens, em sua vida psíquica e interior. Suas mentes, tenho-as como substancialmente semelhantes às minhas. Em verdade, é porque assim os vejo que os reconheço como homens.

Eu me comunico com eles e eles se comunicam comigo e uns com os outros através da linguagem, a cujo uso foram introduzidos e na qual foram treinados des-de a infância pela sociedade, geralmente pela família. Essa linguagem humana se diversifica sob a forma das várias línguas particulares, próprias às diferentes etnias ou nações. E, frequentemente, os homens aprendem as línguas uns dos outros e as traduzem em suas línguas próprias. Essa linguagem, que meu pensamento interio-riza, vejo-a como analogamente interiorizada nos pensamentos dos outros homens.

Fundamentalmente semelhantes, os homens são também extremamente di-ferentes uns dos outros. Diferentes fisicamente, economicamente, culturalmente, moralmente. Fortes ou fracos, ricos ou pobres, exploradores ou explorados, ativos ou ociosos, cultos ou ignorantes, inteligentes ou medíocres, honestos ou perversos. Valores vários impõem-se à sua aceitação, mas que diferem de um para outro ho-mem, de um para outro grupo social. Os mais variados pontos de vista, opiniões, crenças e doutrinas recebem acolhida entre os homens, destarte diferençando-os individual e coletivamente.

Aparece-me também que a maioria dos homens se preocupa egoisticamente apenas com seus problemas pessoais, embora alguns homens se preocupem também com os problemas dos outros. Mas todos buscam seu bem-estar próprio ou felicidade. A vida humana é, em verdade, de prazer e dor, de alegrias e tristezas. Os homens amam-se e odeiam-se, confraternizam e guerreiam-se. O Mundo humano encerra muito de sofrimento. E a violência de uns contra outros e a exploração de uns por outros. E a brutalidade das opressões e repressões, das torturas e das guerras. Os homens têm a dura experiência de uma realidade por vezes brutal. Ainda assim, encontra-se neles muita esperança.

Minha imersão no Mundo me aparece irrecusavelmente como mediada por esse Mundo humano, de que faço parte com todos os homens. Apareço-me como um recém-chegado à vida da espécie, à sua cultura e civilização, trazido à vida pela sociedade humana e por ela integrado na sua história. Acolhendo-me, transmitiram-me práticas e costumes, modos de pensar, a linguagem de que me sirvo, os conceitos que nela expresso. Neles eu nasci e por eles fui condicionado. Por isso mesmo, minha experiência do Mundo humano me aparece como absolutamente fundamental. Uma experiência que inteiramente me modela e me leva a dizer espontaneamente "nós", em lugar de "eu".

4. Em verdade, tudo *nos* leva a falar de uma experiência *comum* do Mundo, de uma experiência humana comum do Mundo. Caráter esse comum que lhe advém, de um lado, daquela semelhança básica que os homens entre nós reconhecemos, mas, de outro, da própria presença do Mundo que se nos manifesta, a todos e a cada um, como o objeto comum de nossa experiência continuada. Esse Mundo-totalidade, Realidade irrecusável que nos transcende, maior e mais poderoso do que nós, nós o conhecemos enquanto seus habitantes, conhecemo-lo como o lugar de nossa vida, o lugar de nosso mesmo reconhecimento uns dos outros como homens. Nós somos uns com os outros no Mundo. Como indivíduos e como espécie, fomos por ele engendrados e a ele pertencemos. Nele vimos a ser, vivemos e perecemos, assistindo ao desaparecimento uns dos outros. E nos aparece que essa realidade Mundana de que dependemos em nada depende de nós. Nosso desaparecimento individual ou coletivo em nada a afetaria, exceção talvez feita para aspectos superficiais da minúscula região que mais proximamente nos contém. O Mundo aparece-nos com dimensões quase infinitas e, se nelas atentamos, aparece-nos que a *práxis* humana não o modifica senão minimamente. Assim se nos manifesta a presença permanente do Mundo aos homens, a presença contingente dos homens no Mundo. A experiência comum do Mundo nos revela nossos limites e nossa finitude.

Mas essa experiência comum é-o também de nossa inserção e integração no Mundo humano, ancorado naquela Realidade maior. Experiência de uma sociedade que nos precedeu, nos acolheu e formou e nos deverá sobreviver a cada um de nós, como sobreviveu a milhões de outros homens. Experiência, ainda que parcial e limitada, de uma História humana que nos situa, nos define e nos ultrapassa. O mundo humano se nos manifesta, inserido no Mundo-totalidade, como um produto histórico e milenar dos próprios homens, de sua civilização e cultura. Obra comum que, desde tempos imemoriais, os homens vêm construindo. Povoam-no as instituições que inventaram e que evoluem sem cessar no espaço da geografia e no tempo da história. A *práxis* humana transforma profunda e substancialmente o Mundo dos homens. Técnicas, modos de produção, formas de relacionamento social. Artes, religiões, ciências, filosofias. Atividades que buscam também conhecer o Mundo.

Porque humanos, privilegiamos naturalmente esse Mundo humano, fragmento humano do Mundo. Privilégio que em nada contradiz nosso reconhecimento do Mundo-totalidade, pano de fundo necessário sobre o qual projetamos nossa história e nossa humanidade. Privilégio que apenas traduz nossa preferência por nós mesmos, em meio às coisas e aos processos do Mundo. Pois o que ocorre no Mundo humano nos diz sempre respeito e, às vezes, muito de perto. Se, com frequência, podemos modificá-lo substancialmente por meio de nossa ação individual ou coletiva, também ocorre com muita frequência que ele se transforme profundamente de modo a contrariar nossas vontades individuais ou nossos programas coletivos. E as mais sólidas de nossas instituições devêm e se desfazem ao longo de nossa história.

Com relação ao Mundo humano, nossa experiência comum é também a experiência de nossa contingência e precariedade. Precariedade de nossa vida e de nossas instituições. Imersos na história dos homens, contingência de nosso pensamento e de nossa linguagem, de nossas crenças e de nossos discursos, de nossos pontos de vista. Precariedade e contingência de nossa situação.

Parte importante de nossa experiência comum do Mundo concerne ao uso de nosso *discurso comum*, que nos serve de meio de comunicação, ao mesmo tempo que reflete e registra essa mesma experiência. Ele se exprime através das várias línguas particulares que traduzimos umas nas outras. O discurso comum está sempre a dizer o mundo, seu eterno pressuposto, seu referencial permanente. Ele é parte do Mundo, mas o Mundo se diz através dele. E é essa remissão congênita do discurso comum ao Mundo que lhe confere significatividade e inteligibilidade. A significatividade e inteligibilidade que espontaneamente lhe atribuímos, na medida mesma em que dele nos servimos. O Mundo é o universo de nosso discurso cotidiano. Nossa experiência comum do Mundo é continuadamente o tema de nosso relacionamento linguístico com os outros homens. É sobre o Mundo que estamos uns com os outros sempre a conversar e a contar-nos estórias. Os homens estão sempre a informar-se uns aos outros sobre o estado do Mundo.

Esse nosso discurso comum, somos os homens que o reconhecemos todos como nosso e como comum. Como um comportamento humano no Mundo, evento do Mundo como qualquer outro comportamento humano. Seu objeto, o Mundo, é também o seu lugar. E conhecemos sua contingência, pois nos aparece que nosso discurso não faz falta ao Mundo. Não nos parece que as galáxias se preocupem com ele. E conhecemos sua precariedade, sua frequente impotência para dizer corretamente as coisas e os fatos do Mundo, embora o consideremos basicamente adequado ao Mundo. Pois nos servimos dele com confiança espontânea e o temos como fundamentalmente veraz.

Nele dizemos nossa percepção do Mundo, nele registramos nossas observações do que se oferece à nossa experiência, nele formulamos as certezas e evidências da vida cotidiana. Nele exprimimos nossos pensamentos, formulamos nossas opiniões e nossas crenças, que dizem o Mundo sob este ou aquele prisma. Com ele raciocinamos e inferimos, segundo regras que aceitamos e reconhecemos, reflexiva ou espontaneamente. Com ele nos aventuramos a propor explicações sobre as coisas e processos do Mundo, que buscamos melhor conhecer. Nele construímos nossas teorias e doutrinas, nossas ciências e filosofias, produtos superiores de nossa atividade pensante. Pensamentos, opiniões e crenças, teorias e doutrinas, ciências e filosofias constituem sempre, deste ou daquele modo, pontos de vista nossos sobre o Mundo que o nosso discurso exprime. Explícita ou implicitamente, o Mundo é sempre o seu objeto único e permanente. Eventos do Mundo humano, são processos, portanto, do Mundo que a ele revertem. Assim os conhecemos.

Alguns homens partilham muitas das nossas opiniões e crenças, muitos também compartilham conosco algumas entre elas. E há todas aquelas – e elas não são poucas – que toda a nossa comunidade, ou a maior parte dela, aceita conosco. Algumas crenças e pontos de vista parecem-nos de algum modo merecer mesmo a aceitação comum da espécie. Essas opiniões e crenças compartilhadas pela comunidade constituem o que chamamos costumeiramente de senso comum. De modo geral, podemos, no entanto, dizer que o senso comum varia muito no espaço e no tempo, no interior de uma comunidade ou de uma comunidade para outra.

Nossa confiança no discurso comum é grande, porém não ilimitada. E nele mesmo dizemos a consciência que temos de suas limitações, que são nossas. Reconhecemo-lo capaz de verdade e acertos, mas também de falsidade, erros e enganos. Mudamos com frequência nossos modos de pensar, voltamos atrás em nossas opiniões, abandonamos velhas crenças que rejeitamos como falsas e substituímos por crenças novas. Corrigimos continuamente nossos pontos de vista, tanto sobre as coisas mais banais e triviais quanto sobre as mais sérias e importantes. A consciência de nossos enganos e desacertos não nos leva à descrença e à dúvida generalizada ou à desconfiança sistemática do discurso, recomenda-nos somente uma prudência maior.

Uns dos outros com muita frequência divergimos, assistimos continuamente ao choque de opiniões, ao conflito de ideias entre os homens. Criticamos e rejeitamos os pontos de vista uns dos outros, denunciando-os como falsos ou mal fundamentados. Discutimos, argumentamos, lançamos mão da experiência, de testemunhos, invocamos a autoridade. Procuramos persuadir-nos uns aos outros, às vezes em parte conseguimos. As divergências entre teorias científicas ou outras, o conflito incessante das filosofias aparecem-nos apenas como aspectos particulares, ainda que importantes, desse panorama geral. Crítica e autocrítica permanentes são a vida cotidiana do discurso.

Essa pluralidade de pontos de vista contrários ou mesmo contraditórios configura, portanto, um traço particularmente notório da prática humana do discurso, que não nos parece senão muito natural. Esses numerosos pontos de vista se nos apresentam como tematizações diferentes da leitura de um mesmo texto básico, como variantes na interpretação mais geral de uma mesma experiência fundamental e comum, porquanto experiência *de um mesmo Mundo*. Pois nossas opiniões e doutrinas, nossas crenças velhas e novas, nossos acordos e divergências dizem sempre respeito ao mesmo e velho Mundo, que lhes serve sempre de pano de fundo.

5. Eis alguns traços gerais de minha visão do Mundo, que considero particularmente relevantes e julguei oportuno fixar. Essa visão do Mundo se me manifesta, ela própria, como *minha*, conforme as perspectivas que nela mesma para mim se desenham sobre o Mundo físico e o Mundo humano nos quais minha experiência da vida cotidiana se insere. É a visão do Mundo de um homem não inculto, com alguma dose de espírito crítico, situado geográfica, histórica, social e culturalmente, expressa num discurso que reflete inegavelmente essa situação e os condicionamentos de vária natureza que ela envolve. Esse discurso tem uma coloração fortemente pessoal e subjetiva, ele traz a marca de minha personalidade e de minha biografia. Por isso mesmo, nele se retratam de algum modo o espaço e o tempo em que vivo, a sociedade a que pertenço, o grupo social em que estou mais diretamente integrado, tanto quanto as idiossincrasias de minha formação e cultura. Um discurso que ao mesmo tempo manifesta o caráter cultural das categorias de que se serve e as particularidades características da própria língua em que se escreve.

Entretanto, eu pretendo que não se trata de uma visão do Mundo meramente pessoal e subjetiva. Ou de mera expressão de uma situação histórica e social particular. Em verdade, ouso mesmo dizer que se trata, de um certo modo, de uma *visão comum* do Mundo. Sei quanto essa expressão pode chocar espíritos filosoficamente prevenidos ou demasiadamente influenciados por um relativismo sociológico ou antropológico exacerbado. Por isso, quero explicar um pouco o que tenho em mente, tentando desarmar alguns preconceitos.

Quero primeiro relembrar que essa visão minha do Mundo, cujos traços mais gerais acima esbocei, foi muito espontaneamente que eu a organizei quando, tendo renunciado à filosofia, quis ser apenas um homem como os outros, retornando decididamente à vida comum e cotidiana para vivê-la em sua plenitude. Uma visão do Mundo que tranquilamente se me impôs, sem nenhuma opção ou decisão de minha parte. Que não exprime adesão a teoria ou preferência por doutrina. E que pacificamente aceito e assumo, expressão inteligente e natural de meu mesmo relacionamento com a Realidade.

O que pretendo é que essa minha visão do Mundo tem muito em comum com as visões que os outros homens, meus semelhantes, têm do Mundo, eles que estão imersos como eu na experiência cotidiana da vida comum. Visões do Mundo que se lhes impõem tranquilamente, sem opções ou decisões de sua parte. Visões em que espontaneamente registram, antes de qualquer adesão a teoria ou preferência por doutrina, sua experiência básica da Realidade em que se reconhecem integrados. Em verdade, todos sabemos que essas múltiplas visões do Mundo são, também, extremamente diferentes e variadas, refletindo a infinda diversificação das situações humanas, incorporando elementos de toda procedência e natureza, exibindo as mais diversas ontologias. Nem concebemos que pudesse ser de outra maneira. E experimentamos todos quanto nossas próprias visões particulares do Mundo se modificam substancialmente no decorrer de nossa vida, por exemplo, rejeitando velhas entidades ou acolhendo outras novas.

O que pretendo é que há muita semelhança, também, entre as diferentes visões que os homens têm no Mundo. Que há como uma intersecção de todas elas, inclusive a minha, que não é pequena. Descontadas as particularidades próprias a cada um, minha visão do Mundo me aparece como algo que eu compartilho com os outros homens. E assim aparece a cada homem sua visão do Mundo. As diferentes visões do Mundo exibem algo como um núcleo básico, razoavelmente rico e denso, comum a todas elas. Aqueles traços gerais de minha visão do Mundo que acima julguei relevante fixar aparece-me que integram esse núcleo central e comum. Todos ou uma boa parte deles, num grau maior ou menor, sob este ou aquele aspecto. Por certo não tentei – seria acaso possível? – um inventário rigoroso e exaustivo, propus apenas algumas indicações que me parecem fundamentais. Aparece-me que se encontram esses mesmos ingredientes, desta ou daquela maneira, em cada visão humana do Mundo. Algo como o mobiliário-padrão da experiência humana do Mundo. Trivialidades de nossa vivência do Mundo físico e humano, sobre as quais estamos todos basicamente de acordo, coabitantes confessos da mesma Realidade. Que incluem boa parte do conteúdo de nossa experiência mais imediata da vida cotidiana, nós mesmos e as coisas e eventos que mais de perto nos cercam e afetam, os outros seres com que temos constante comércio, sobretudo os outros homens. Não vejo por que se precisaria de uma definição rigorosa quanto ao que deve ou pode ser incluído nele, ou dele ser excluído.

Na exata medida em que nos reconhecemos uns aos outros como homens que vivem a experiência comum do Mundo, podemos falar de uma *visão comum do Mundo*, decorrência imediata dessa experiência comum, assim como da comunicação que nos une através de nosso discurso comum. Nós todos a postulamos implicitamente – quando não a tematizamos explicitamente – a cada passo, a cada gesto, a cada palavra. A existência de uma visão comum do Mundo é um fato da vida cotidiana, não um ponto de doutrina. Em verdade, experiência comum do Mundo e visão comum do Mundo são as duas faces de uma mesma moeda. Temos cada uma delas ao ter a outra. A visão comum do Mundo não é mais que nossa consciência humana da experiência comum da Realidade. Essa experiência nos apareceu como fundamentalmente comum, enquanto experiência de um mesmo Mundo. E nossas visões particulares do Mundo desenham uma visão comum, enquanto visões *do Mundo*, reflexos naturalmente multiplicados da presença do mesmo Mundo a todos nós. O Mundo nos aparece como o objeto uno e comum de nosso olhar humano e múltiplo, suporte objetivo e sólido de nossas visões particulares. O Mundo sustenta os "Mundos" dos homens.

Nada leva a supor que o fato inegável de haver uma visão comum do Mundo requeira uma forma privilegiada de discurso para descrevê-la. Discursos variados podem adequadamente propor-se para o mesmo efeito, desde que digam fundamentalmente a mesma coisa. A descrição sucinta, que acima propus, de alguns dos aspectos mais gerais que caracterizam a visão comum constitui apenas uma entre muitas formas possíveis de organizar um discurso que a exprima.

Por outro lado, não posso obviamente alimentar a pretensão de tornar acessível a qualquer um o discurso que para aquele fim utilizei. Sua compreensão adequada requer, por certo, um grau de cultura e um certo poder de abstração de que boa parte dos homens não é capaz. Mas somente por um grosseiro sofisma se poderia sustentar que, sob pena de contradição, a descrição da visão comum do Mundo se devesse formular num discurso acessível ao comum dos homens. Apenas posso pretender que meu discurso possa ser retomado por um homem suficientemente culto e inteligente para entendê-lo e fazê-lo seu. Isto é, que ele possa ser reconhecido, por quem tenha as condições culturais e intelectuais para apreciá-lo, como uma descrição razoavelmente adequada, ao menos em linhas gerais e, eventualmente, após tal ou qual modificação, reformulação ou mesmo correção, da perspectiva comum que o homem tem sobre o Mundo. Ainda que, em muitos e muitos homens, a visão do Mundo seja reconhecidamente tosca, mal organizada ou mesmo desconexa e confusa.

Espero ter dissipado em parte o mal-estar que pode acometer alguns espíritos mais finos e delicados por causa da expressão "visão comum do Mundo". Explicado que foi o seu uso, parece-me que podemos usá-la sem escrúpulos exagerados. Aos que gostam de insistir nas diferenças e particularidades culturais, históricas, sociais, psicológicas e outras que efetivamente distinguem e opõem mesmo umas às outras as visões particulares que os homens têm do Mundo, peço apenas que não se esqueçam de que o mesmo reconhecimento e especificação dessas particularidades e diferenças pressupõe a representação de uma experiência comum da qual os homens somos os sujeitos e na qual nos reconhecemos como coabitantes do mesmo Mundo. Em outras palavras, o próprio reconhecimento das visões particulares pressupõe o fato da visão comum.

E os homens comuns sabemos todos que assim se passam as coisas. Não fiz mais que explicitar postulados e pressupostos. Aquilo que todos vivemos e pensamos e dizemos sobre o assunto. Inclusive os filósofos, quando se rendem às exigências da vida diária e põem momentaneamente de lado suas especulações. Quando se esquecem de fazer filosofia.

Até aí, nenhuma filosofia. Estamos apenas com o homem comum, nos domínios de sua não filosofia.[4] Para quem se cansou do conflito das filosofias e a elas renunciou, dizendo adeus a seus discursos, essa renúncia significou um contentar-se com a visão comum do Mundo, um assumir gostosamente a não filosofia dessa

---

4 Espero ter ficado claro, nesta exposição, que a ideia de homem comum não é uma simples "ficção operativa, ou seja, um projeto pedagógico", como quer Bento Prado, cf. PRADO JR., B. 1981, p.90.

visão comum. Tal o sentido do mergulho profundo na vida cotidiana, para saborear sua rica e plena realidade. Um contentar-se com a ingenuidade do homem comum. Ou com o que os filósofos assim apelidaram. E que, entregues às suas especulações, eles quase sempre desprezaram em suas teorias.

6. Eis que se pôde operar, então, o grande salto qualitativo que descrevi no "Prefácio a uma Filosofia" (cf. p.35s). Em poucas palavras, a promoção filosófica da visão comum do Mundo. Sua valorização filosófica, mediante sua transmutação em visão filosófica do Mundo. Como é isso possível? Parece-me que foi esse um dos pontos, naquele meu trabalho, que mais dificuldades suscitaram e foram menos compreendidos. Tenho, no entanto, a convicção de que, se ele se apreende corretamente, se obtêm as condições para tentar uma verdadeira revolução filosófica.

Ao *philósophos* que se tornou homem comum e tranquilamente compartilha da visão comum do Mundo ocorre um dia que, em sua renúncia desesperada à filosofia, em face da indecidibilidade insuperável do conflito dos discursos filosóficos, ele fora vítima da mesma *hýbris* que os alimenta. Ele não desesperara senão por ter esperado em demasia (cf., ibidem, p.36), seu desespero proviera da esperança excessiva e injustificada que o *Lógos* nele incutira. Ele não escolhera pensar a questão da filosofia na forma de conflito das filosofias,[5] mas deparara com o espetáculo desse conflito, constatara a incompatibilidade mútua e radical entre os universos filosóficos em disputa. Ele não nutrira a pretensão de construir uma metafilosofia exaustiva, ele aspirara somente a encontrar uma definição filosófica particular cujo discurso se pudesse justificar, de modo filosoficamente decisivo e irrecusável, contra os discursos rivais: outra não é a pretensão de todo discurso filosófico. Assim, ele não escolhera pensar a filosofia na forma do poder argumentativo, ele travara conhecimento com as argumentações retóricas por que os discursos filosóficos tentam validar-se e impor-se. Ele fizera a experiência que se oferece imediatamente a quantos se dispõem a filosofar e procuram, para tanto, familiarizar-se com as diferentes posturas filosóficas.

Mas ele se apercebe, agora, de que as filosofias o tinham sub-repticiamente persuadido a identificar a filosofia com os sonhos de seus projetos. A crer que o destino da filosofia se jogava inteiro no espaço que forjaram para o seu conflito, se associava de modo indissolúvel à autonomia radical que o *Lógos* se atribuía, dependia por completo da vitória impossível de um entre os muitos contendores. Em suma, ele fora levado a acreditar que a sorte da filosofia se jogava ao nível dos discursos filosóficos. E fora convencido de que a visão comum do Mundo constituía algo como um ponto zero do filosofar. Como se ela fosse vaga, essencialmente ambígua

---

5 Contra Bento Prado, cf. PRADO JR., B., ibidem, p.95.

ou mesmo contraditória e sua preservação literal fosse, por isso mesmo, incompatível com todo e qualquer empreendimento filosófico. Como se ela em nada pudesse servir à filosofia, antes de ser filosoficamente "interpretada" e explicada. Como se o discurso comum que a exprime fosse filosoficamente opaco enquanto a filosofia não se interrogasse sobre o seu sentido para desvendá-lo em resposta. Apenas sob essa ótica, a renúncia aos discursos em conflito, uma vez descoberta sua impotência para dirimi-lo, se pôde configurar como uma recusa da filosofia. Não lhe tendo restado mais que a visão comum e não filosófica do Mundo, a que ele firmemente se apegou, nosso homem comum se crera, por isso mesmo, proibido de filosofar.

Agora, porém, lhe ocorre que nada justifica assim brindar as filosofias em conflito com o monopólio e o privilégio do uso adequado e correto do nome "filosofia" (cf. "Prefácio a uma Filosofia", p.36). Nada justifica que se faça a essa palavra uma tal injustiça. Ele dá-se conta de que aquela sua condição de espectador do conflito das filosofias lhe assegurava, em verdade, uma posição privilegiada que, cegado pelos feitiços do *Lógos* prepotente, ele não soubera ou pudera aproveitar. Vivendo a aporia do conflito, perdera-se nela, tendo no entanto, ao alcance das mãos, a chave que lhe permitiria desfazê-la. Mas o *Lógos* o havia manietado. Enquanto não aderia a nenhuma das filosofias em disputa, ele era apenas um homem comum em busca de uma filosofia, um homem situado no espaço da vida comum e que não tinha como seu senão o discurso comum dos homens. Mas a magia sedutora dos discursos filosóficos o tornara incapaz de valorizar filosoficamente sua própria condição, de olhá-la com olhos simples de filosofia. E as filosofias marcavam seu discurso de homem comum com o estigma da ingenuidade.

Eis que ele se decide, então, a promover filosoficamente a visão comum do Mundo, convertendo-a em base firme para uma visão filosófica do Mundo. Ele lhe confere a cidadania filosófica, dispõe-se a endossar suas implicações e pressupostos. Assume, reflexivamente e em nível teórico, o que, na visão do homem comum, era o produto de uma atividade quase sempre espontânea. Assume, decidida e confessadamente, as certezas e evidências da visão comum como certezas e evidências filosoficamente legítimas. Aceita como real, do ponto de vista de uma semântica filosófica, isto é, no sentido metafísico e forte do termo, o que se impõe como real à visão comum. Aceita as verdades da visão comum como verdades filosóficas. E assim outorga às verdades "práticas" e às certezas "morais" da visão comum o estatuto de verdades e certezas teóricas.[6] Ele o faz com a mesma segurança tranquila,

---

6   Bento Prado julgou, entretanto, que eu reputava inacessível a certeza metafísica ou absoluta, substituindo-a por uma certeza meramente moral, cf. ibidem, p.95. E entendeu, também, que eu tomava a ideia de verdade exclusivamente no sentido de "certeza moral", cf., ibidem, p.94. Mas a promoção filosófica da visão comum do Mundo transforma as certezas e verdades comuns em certezas e verdades metafísicas. Entretanto, não se trata de uma metafísica especulativa, eis toda a diferença.

com a mesma convicção e firmeza com que o homem comum sustenta a visão comum do Mundo. O novo filósofo assume essa visão comum como um *conhecimento*, reconhece-a como um *saber*. Ele a leva filosoficamente a sério, acolhendo suas pretensões como filosoficamente válidas. Ele acolhe a "ingenuidade" na filosofia.

Essa filosofia vê o Mundo, então, como presença inexorável que se manifesta e impõe irrecusavelmente. Presença imediata e absoluta, que se não pode deixar de aceitar e reconhecer, irremediavelmente manifesta. Fato bruto e primeiro, objetividade plena, que se dá imediatamente, numa evidência absoluta e primeira, imune a qualquer dúvida. Realidade que *é em si e por si*, cuja autonomia radical prescinde absolutamente de nosso conhecimento e de nosso discurso. E o Mundo ou Realidade que assim se assume, essa filosofia não o assume como um grande X desconhecido, qual uma incógnita misteriosa sobre que se pronunciaria abstratamente e cuja natureza e conteúdo lhe coubesse eventualmente tentar investigar e desvendar. Ela não se limitará a repetir obsessivamente que há o Mundo,[7] ela assume o que o Mundo é, o que há no mundo. Ela assume o Mundo em carne e osso... Porque ela assume o Mundo como a totalidade dos fatos e coisas em que os homens estamos mergulhados e que se abre diante de nós a partir da esfera familiar dos fatos e objetos ordinários que mais de perto nos cercam. Assume-se a realidade plena e absoluta dos aspectos e modos do Mundo que a visão comum recobre, em suas linhas gerais. Esse Mundo assumido contém, então, todos os ingredientes fundamentais de nossa vida cotidiana, agora filosoficamente promovidos. Porque essa filosofia entende que nossa experiência cotidiana, no que ela tem de mais básico, é experiência do "realmente real".[8]

Ela vê o Mundo, ao mesmo tempo, como o objeto dessa experiência imediata e como o seu suporte e fundamento manifesto. Realidade inexorável que nos contém, engloba e transcende. Realidade rica e complexa, de que nosso Mundo humano é apenas um aspecto. E o homem se assume plenamente, portanto, como um ser no Mundo e do Mundo, numa autorrevelação que vai de par com a própria manifestação do Mundo. O homem se dá a si próprio no mesmo movimento pelo qual apreende o Mundo. E sua mesma visão do Mundo e seu mesmo discurso que a exprime e diz o Mundo lhe são, ao mesmo tempo, presenteados. E essa visão do Mundo se lhe dá como fundamentalmente semelhante às visões que os outros homens têm do mundo, configurando uma visão comum. Ele se apreende, assim, como homem

---

7   Conforme Bento Prado dá a entender, cf., ibidem, p.79.

8   No *Fedro* (249c), apresentando a teoria das Ideias sob a forma do mito da reminiscência, Platão nos fala do que a alma viu na grande procissão celeste em que ela acompanhava o passeio de um deus, quando ela olhava de cima tudo que presentemente dizemos ser (*eînai*) e erguia a cabeça para o alto, em direção ao realmente real (*tò òn óntos*). Desconhecendo essa dicotomia, a promoção filosófica da vida comum leva-nos a identificar o "realmente real" com o que "presentemente dizemos ser".

comum e como portador de uma visão comum do Mundo. E o que o homem comum conhece, a filosofia não desconhecerá. Como o homem comum, a filosofia olha e vê o que está diante de nós. O saber assumido consiste, pois, em bem mais de que na simples recusa da autoridade ilimitada do princípio de razão suficiente.[9]

Assumindo o saber e conhecimento da visão comum como tais, a filosofia se põe como saber e conhecimento. Em verdade, porque o acolhe como um conhecimento anterior e originário, ela efetua um *reconhecimento*. Ela vem assumir e refletir sobre conhecimentos que sempre foram nossos, ela é aceitação reflexionante e crítica do que já se tinha e sabia. Reconheço alguém quando me dou conta de que é quem, de algum modo, eu já conhecia. A nova filosofia se propõe como uma *filosofia do reconhecimento do Mundo*. Nela, a aceitação do Mundo não decorre de um eventual progresso no discurso filosófico, mas é o seu ponto de partida. Ancorada na certeza e evidência desse saber originário, a filosofia do reconhecimento aspira somente a deixar o mundo dizer-se em seu discurso. Ela quer ser apenas o instrumento humano do autorreconhecimento do Mundo.

Sempre conforme a visão comum, a nova filosofia proclama, pelo simples fato de assumi-la, o primado absoluto do Mundo sobre o saber, do Objeto sobre o sujeito, do Conhecido sobre o conhecimento. Em suma, o primado do Mundo sobre o discurso comum, que tem no Mundo o seu referencial necessário e o seu pressuposto permanente. Ela assume o discurso, todo discurso, como um evento do Mundo, como um aspecto do comportamento humano no Mundo. E assim assume a posterioridade absoluta do discurso em relação ao Mundo, a anterioridade correlata do Mundo em relação ao discurso. E entende que o discurso está sempre a dizer o Mundo. Reconhece sua precariedade e contingência, sua capacidade de acertar e errar, seu poder e sua falibilidade. Mas ela o toma como basicamente veraz e assume a confiança espontânea que o homem comum nele deposita. Mas assume, também, que nosso discurso não faz falta ao Mundo.

Ao assumir teoricamente a visão comum do Mundo, a filosofia assume *ipso facto* sua expressão no discurso humano e comum como fundamentalmente adequada. Assume necessariamente essa porção do discurso como verdadeira e transparente, literalmente significativa. Acolhe-a como um discurso cuja boa compreensão dispensa totalmente qualquer esforço de interpretação e busca de sentido. Tal como, na visão comum do mundo, se vê o seu próprio discurso. O Mundo, para a filosofia do reconhecimento, é presença imediata que torna ocioso, torna em verdade absurdo qualquer projeto de legitimação outra do discurso que a exprime. Presença impositiva,

---

9   Falando do saber comum do Mundo, tal como o concebo em "Prefácio a uma Filosofia", Bento Prado diz: "Só nos resta supor que esse saber consiste na recusa da autoridade ilimitada do princípio de razão suficiente,..." (cf. PRADO JR., B. 1981, p.79).

cujo reconhecimento prescinde de qualquer outra justificação ou fundamentação. Existência primeira e absoluta, que não tem de ser interpretada e cuja facticidade bruta faz mesmo da busca de sua interpretação um empreendimento sem sentido. Significação transparente que torna, por isso mesmo, obscura e incompreensível a pergunta pela significação.[10]

Por outro lado, reconhecendo o discurso como um evento do Mundo, como um aspecto humano do Mundo, a filosofia vê sob o mesmo prisma quanto nele se constrói e propõe. Teorias e doutrinas, ciências e filosofias não são, para ela, senão discursos humanos, eventos do Mundo humano, facetas do comportamento dos homens. Expressões contingentes da Opinião (*dóxa*), pontos de vista humanos sobre o Mundo. Práticas opinativas mais ou menos felizes, que se devem mensurar pelo Mundo: a Opinião ora é verdadeira, ora é falsa... Ao Mundo elas dizem sempre respeito, o Mundo é seu objeto único e permanente, explícito ou implícito. Assim, em conformidade com a visão comum, a filosofia do reconhecimento *humaniza* e *mundaniza* todo saber e conhecimento, toda pretensão a saber e conhecer.

Em particular, ela *humaniza* e *mundaniza* todas as filosofias, sem excluir-se obviamente a si própria. Ela assume, com a visão comum, que *tudo* que possam dizer os discursos filosóficos é mera opinião de um homem, ainda quando opinião verdadeira. Opinião de um homem *real* num Mundo que *está aí*, o que quer que dele digam as filosofias. De um homem real que vive, antes de filosofar. No princípio, o Verbo não era... As filosofias são *apenas* produtos da prática teórica dos homens, fatos da vida humana, em que pese sua excelsa dignidade de saber mais alto. Elas estão irremediavelmente *situadas*. O conflito indecidível em que os discursos filosóficos incansavelmente se empenham se trava, de fato, no espaço e no tempo da vida

---

10   Contra Bento Prado, cf., ibidem. Entretanto, Bento Prado interpreta mal minhas ideias ao atribuir-me a recusa de um estatuto filosófico para a interpretação e a tese de que somente há fatos brutos ou interpretações vazias (cf., ibidem, p.94). Porque a filosofia do reconhecimento reconhece, aliás de acordo com a visão comum do Mundo, que o discurso comum *também* comporta vagueza, ambiguidades e contradições. Ela apenas assume que há um fato bruto primeiro, a presença do Mundo com seu mobiliário de fatos e objetos que se oferecem à experiência imediata e se apreendem na visão comum. É o reconhecimento desse fato bruto que dispensa qualquer hermenêutica. Mas essa mesma facticidade bruta fornece, ao mesmo tempo, a base necessária e sólida que servirá de referencial para a análise e interpretação de outras porções do discurso. Entendo, aliás, que a existência dessa base que dispensa uma hermenêutica é a condição necessária e suficiente para toda hermenêutica possível. Por outro lado, não me parece correta a interpretação que Bento Prado oferece (cf. p.79-80) da distinção introduzida por Moore entre, de um lado, a compreensão de uma proposição e a apreensão de sua verdade e, de outro, a sua análise correta (cf. MOORE, G. E. 1966, "A Defence of Common Sense", p.32-59). Sobre a noção de *análise* em Moore, leia-se o cap. 5 ("Sentido Común, Datos Sensoriales y Propiedades no Naturales") do livro de Eduardo Rabossi intitulado *Análisis Filosófico, Lenguaje y Metafísica*, cf. RABOSSI, E. 1975.

comum. Mera disputa entre opiniões de homens, que tem sempre, como pano de fundo, o velho Mundo. Mas a sorte do Mundo não se joga nesse conflito. Assim vê as filosofias a visão comum dos homens, assim as vê também a nova filosofia.

Eis aí, pois, algumas indicações sobre o que se pode entender por promoção filosófica da visão comum do Mundo. Ela significa assumir na filosofia o Mundo *como ele é*, como ele se dá à nossa experiência imediata, *anteriormente a qualquer filosofia*. O filósofo assume, enquanto filósofo, o que não pode deixar de aceitar e de reconhecer, enquanto homem comum. Acolhe, em sua filosofia, a visão comum do Mundo que se lhe impõe, quando não faz filosofia. A visão comum do Mundo que se impôs ao espectador do conflito das filosofias, quando este a elas renunciou. E que "resistiu", pois, a essa renúncia. A filosofia vem assumir o que sempre se tem, mesmo quando dela se desiste.

7. Ao descrever a renúncia às filosofias do *philósophos* que se deixara vencer pela indecidibilidade de seu conflito, falamos várias vezes de retorno à vida comum, de reingresso, de volta. Ao ver-nos discorrer sobre esta redescoberta do amplo espaço da vida comum, um filósofo, leitor intrigado, veio maliciosamente perguntar-nos onde se estava antes.[11] E, vendo-nos tematizar a visão comum e nela insistir, vendo-nos reafirmar suas verdades comuns, ele nos perguntava perplexo: "Mas quem jamais disse o contrário?".[12] Tanto mais que todos reconhecemos que os próprios filósofos, enquanto homens comuns, evidentemente compartilham da visão comum. Eles nunca pretenderam negar que Wittgenstein usasse uma cueca sob a calça.[13]

Ora, tudo indica que se tratava de uma volta ao lugar de onde nunca se saíra, de um reencontro do espaço onde sempre se vivera. Pois não se tinha, por certo, deixado a vida nem se abandonara a condição humana: o *philósophos* nunca quisera ou pudera renunciar à vida cotidiana e comum. E tudo parecia indicar, também, que ninguém "disse o contrário", que nenhum filósofo reconhecido jamais ousara proferir tão estranho discurso. Por que, então, insistir no trivial, repetir o óbvio? Por que lembrar o que ninguém esquece, reafirmar aquilo de que ninguém duvida? Porque o Mundo da visão comum, todos o reconhecem e ninguém dele duvida. Se ninguém nega a experiência comum, de que pode servir enumerar truísmos?[14] Dá-se a impressão

---

11 Cf. PRADO JR., B. 1981, p.78.

12 Cf., ibidem, p.62 e 79.

13 John Wisdom relata que, ao ouvir a prova de um mundo exterior proposta por Moore, disse Wittgenstein: "Those philosophers who have denied the existence of Matter have not wished to deny that under my trousers I wear pants", cf. WISDOM, J. 1942, p. 431. Bento Prado toma essa passagem como epígrafe da parte II de "Por que rir da filosofia?", cf. PRADO JR., B. 1981, p.69.

14 Cf., ibidem, p.79: "De que nos serviu o trabalhoso inventário dos truísmos de que partiu Moore, se no final e ao cabo nos reencontramos no ponto de partida de qualquer filosofia?".

de que se combate uma metafísica delirante, que recusaria a existência do Mundo da experiência cotidiana e a vida comum. Mas, se isso não corresponde a nenhuma filosofia histórica,[15] estaríamos perdendo nosso tempo a convocar banalidades para guerrear fantasmas.

O que tínhamos em mente, entretanto, era a tradicional e frequente desqualificação filosófica da vida comum, do homem comum, do discurso comum, do saber comum, tal como ocorre em muita filosofia. Desqualificação falaciosa que quer converter a experiência comum do Mundo, por exemplo, em "fé perceptiva", a visão comum do Mundo em "realismo ingênuo", toda a perspectiva da atitude espontânea sobre o Mundo em mera ilustração do simplismo e ingenuidade filosófica. As certezas do homem comum, as verdades comuns da experiência cotidiana, os filósofos vivem-nas, por certo, e não as negam, enquanto homens. Mas, *enquanto filósofos*, não as assumem. Desprezando-as teoricamente, nesse sentido ignoram-nas *em suas filosofias*, ignoram-nas enquanto verdades e enquanto certezas. Nesse sentido em que as desqualificam, pode-se dizer que as recusam. Desqualificação *teórica*, recusa *filosófica*, empreendidas em nome da racionalidade que postulam para a filosofia. Assim é que boa parte das filosofias opta por esquecer "metodologicamente" a visão comum do Mundo, recusando-se a integrá-la ao seu saber racional e teórico. Não podendo furtar-se, enquanto homens, à experiência do Mundo, não o reconhecem como filósofos. O Mundo não é, para eles, o universo reconhecido de seus discursos.

Repugna a tais filósofos integrar a prática cotidiana e a experiência da vida comum a suas filosofias. Desconsiderando filosoficamente as verdades cotidianas, o bom senso, o senso comum, instauram de fato o dualismo do prático e do teórico, da vida e da razão filosófica. Instauram, consciente e propositalmente, o divórcio entre o homem comum que são e o filósofo que querem ser. Não querendo assumir suas filosofias como meras práticas humanas no Mundo reconhecido, empenham-se em tentar esquecê-lo, obscurecê-lo, "pô-lo entre parênteses" no interior de seus projetos teóricos.

Tais projetos consubstanciam, assim, uma tentativa de criar um espaço próprio e privativo para a filosofia *fora do Mundo* que o filósofo conhece, enquanto homem comum. A concepção desse *espaço extramundano*[16] é o fruto necessário do primado concedido à razão sobre o Mundo. É o resultado imediato de a filosofia reivindicar para si uma liberdade absoluta e um desprendimento total em relação ao Mundo. Como se o pleno desabrochar da racionalidade exigisse um total distanciamento em relação ao Mundo, um distanciamento teórico *sui generis* que, se não se exige explicitamente, implicitamente ao menos sempre se postula. Somente a constituição desse

---

15   Cf., ibidem, p.62.
16   Tomo de Danto a expressão, cf. DANTO, A. C. 1968, p.IX-X.

espaço extramundano permitiria o exercício do olhar crítico do filósofo, somente a existência de tão privilegiado mirante ensejaria à filosofia debruçar-se sobre seu Objeto, reconhecê-lo e investigá-lo, ou mesmo instaurá-lo. E o relacionamento da filosofia com o Objeto se daria, portanto, fora do Mundo.

Em tais filosofias, na melhor das hipóteses, o Mundo é apenas o ponto de partida que se vai deixando para trás, ou o porto de embarque que se perde logo de vista, na medida em que o discurso filosófico vai tomando forma e a viagem filosófica progride. Procuram-se formas de expressão, métodos, critérios; buscam-se certezas, verdades, intuições; tudo se empreende, menos recorrer ao que lá atrás se deixou e se desqualifica. Se se utilizam as verdades comuns, é a contragosto e sempre como se fora provisório. Qual verdades em trânsito, sem direitos a um visa de permanência no discurso da filosofia. Verdades cujos préstimos se tolera aproveitar como que acidentalmente, mas a que se recusa conferir a cidadania filosófica. Associa-se-lhes, no máximo, uma certeza "moral".

É natural, então, em consequência desse distanciamento do Mundo forjado no nível da razão filosofante, que se cave um abismo entre o *lógos* da filosofia e o discurso do homem comum. E muitos filósofos de fato opõem, quase sempre muito explicitamente, ao discurso comum o discurso filosófico. Qualificam o discurso comum de vago, de incerto, de obscuro, quando não de contraditório e inconsistente. Isto é, desqualificam-no. Recusam-lhe qualquer transparência, qualquer significatividade clara e imediata que se pudesse, *sem mais*, filosoficamente assumir. Procedem como se toda e qualquer porção do discurso comum exigisse sempre uma análise e uma interpretação filosófica, para que se lhe possa desvendar a significação oculta. A busca da significação e a construção da interpretação tornam-se tarefas primeiras da filosofia. É sempre de má vontade que os filósofos se veem obrigados a mover-se na esfera do discurso comum e a dele servir-se. Pagam-lhe o devido tributo, mas sempre buscando escapar e, em não escapando, fingem tê-lo abandonado, de corpo e alma empenhados em construir um reino verbal à parte para as suas construções racionais. Comprometem-se a conformar um discurso diferente, profundo e luminoso, que não querem contaminado pelo discurso ordinário. É um só e o mesmo o movimento que pretensamente instaura o espaço extramundano da filosofia e que constitui o seu discurso alegadamente específico, rigoroso e competente. E a filosofia assim adentra e explora o reino da Linguagem.

A filosofia terá eventualmente por Objeto – eventualmente, mas não necessariamente – um aspecto ou conjunto de aspectos do Mundo, eventualmente o próprio Mundo. Assim, por exemplo, a matéria, a vida, o homem, a linguagem, a história, o próprio Mundo em sua totalidade são, por certo, os objetos privilegiados de muita filosofia. Mas considerados supostamente do exterior, para serem, por assim dizer, recriados, reconstruídos, instaurados, *postos* em sua mesma objetividade pelo *Lógos* filosófico. Ou, pelo menos, tal é a pretensão que este último alimenta.

Em sua *hýbris* sem peias, a filosofia, que se concede aquele pretenso distanciamento crítico e que não assume nem reconhece o Mundo, com isso se condena a tudo problematizar. O filósofo parece esquecer-se de que o projeto originário da filosofia era o de compreender melhor e bem esse Mundo de nossa experiência cotidiana. Ele se esquece de que os homens se puseram a filosofar, em última análise, apenas para compreender melhor seu dia a dia, para enriquecer e articular melhor sua visão comum do Mundo. Procede-se, então, ao questionamento radical e absoluto de todo o conteúdo dessa visão comum, convertendo-se o Mundo num grande X desconhecido. Problematizam-se as certezas todas e as evidências mais triviais. O Eu e o Outro, as outras mentes e a existência dos mesmos objetos físicos ordinários. O pensamento e a linguagem, as noções de percepção, de existência, de verdade, de conhecimento. A capacidade referencial e a significatividade do discurso, a própria lógica e todo o saber.

Problematiza-se o Mundo em sua totalidade, a própria existência do Mundo exterior. Já se terá refletido suficientemente sobre quão estranha – e sintomática – é esta expressão: "mundo exterior?".[17] O Mundo transforma-se num problema a ser resolvido, sua aceitação e reconhecimento numa mera crença a ser julgada. Nossa certeza quanto ao mundo exterior se apelida, com alguma condescendência, de "certeza prática" ou de "certeza moral". Vive-se a extravagante aventura de projetar-se a razão para fora do Mundo, nas asas da imaginação filosófica, para eventualmente tentar a ele voltar no discurso da filosofia. Ou para decidir da impossibilidade do regresso. Na melhor das hipóteses, que nem sempre ocorre, parte-se em busca de uma recuperação filosófica do Mundo, para um esforço de legitimação filosófica da aceitação de sua existência. Empreende-se a grande busca do fundamento último, concebem-se os estranhos projetos de fundamentação.[18] Tenta-se, num certo sentido, a mágica da recriação, como se o Mundo se pudesse extrair de dentro do discurso, qual o coelho se tira da cartola do artista.

Eis o grande desvio da razão libertina, quando ela se comete a tentar engendrar a Realidade, sob o pretexto de salvá-la. Quando, divinizando o *Lógos*, ela se propõe como editora do Mundo. Em verdade, ela perde o Mundo, porque o retorno que

---

17 Veja-se o comentário de Moore sobre a expressão *external things* (coisas exteriores) e outras equivalentes, cujo uso o autor lembra ocorrer já em Descartes, cf. MOORE, G. E. 1966, "Proof of an External World", p.128. É interessante notar que uma expressão equivalente se utilizava na linguagem do ceticismo grego. Sexto Empírico, com efeito, nos diz que o cético se limita a dizer o que lhe aparece (*tò heautò phainómenoi*), nada afirmando sobre as realidades ou substâncias exteriores (*tà éxothen hypokeímena*), cf. H.P. I, 15.

18 Bento Prado formula com justeza a posição das "filosofias do senso comum" quanto ao *desvio* que leva a filosofia ao delírio idealista: "O desvio começa quando se considera o mundo como problemático ou insuficientemente fundado, como uma aparência a ser salva por uma instância supostamente superior", cf. PRADO JR., B. 1981, p.64.

eventualmente arrisque não será mais que artifício verbal. E ela se perde para o Mundo, porque recusou ser apenas um saber do Mundo. Dele libertada, a imaginação filosófica se entrega prazerosa à exploração das riquezas inesgotáveis da linguagem humana, multiplicando filosofias. E assistimos, assim, àquela guerra sem fim entre os universos filosóficos, num espaço de ficção. A ave de Minerva alça voo ao cair da tarde. Essa imagem animal foi infelizmente, parece, bem escolhida. Ela retrata bem a aventura do *Lógos*.

Moore lembrava o fato estranho de filósofos terem sido capazes de sustentar sinceramente, como parte de seus credos filosóficos, proposições inconsistentes com o que sabiam ser verdadeiro.[19] O paradoxo não oferece maior dificuldade. É que é grande o poder da linguagem e o *Lógos* é um grande Senhor.[20] Por ele enfeitiçado, o espírito humano é levado a acreditar que quanto ocorre com as palavras, assim também se passa com as coisas.[21] Aristóteles parece ter-nos prevenido em vão contra os desvarios do discurso.

8. Há um sentido bastante preciso, portanto, no qual se pode falar de uma desqualificação filosófica da visão comum do Mundo, de uma recusa do Mundo pelas filosofias. Chamo de idealista toda postura filosófica que empreende essa desqualificação, que efetua uma tal recusa, mercê da primazia concedida às palavras sobre as coisas, à razão sobre o Real (cf. "Prefácio a uma Filosofia", p.36). O idealismo resume, assim, o delírio da razão libertina, a sua ilusão essencial, a sua *hýbris* mais perversa. Em outras palavras, o idealismo é a recusa de integrar a visão comum do Mundo ao discurso filosófico, como componente fundamental e irrecusável. O que leva ao fechamento da filosofia sobre seu próprio discurso, que ela hipostasia e no qual se instala, tendo posto o Mundo "entre parênteses". É a problematização filosófica do Mundo. Ele implica sempre na postulação explícita ou implícita daquele espaço extramundano para a filosofia a que acima nos referimos. Implica sempre na decidida recusa de qualquer remissão ao Mundo para a solução de seus problemas.

O idealismo apresenta-se historicamente sob os mais variados matizes. Nem todas as filosofias que desqualificam a visão comum do Mundo o fazem de igual maneira, havendo gradações sem fim no distanciamento teórico do Mundo que elas se permitem. O espaço de suas construções teóricas se acopla mais ou menos mal,

---

19   Cf. MOORE, G. E. 1966, "A Defence of Common Sense", p.41. Esse paradoxo foi chamado por Lazerowitz "o paradoxo de Moore", cf. LAZEROWITZ, M. 1942, p.369-93.

20   Como disse GÓRGIAS, cf. fragm. 11, em DIELS, H.–KRANZ, W. (Eds.). *Die Fragmente der Vorsokratiker*, Weidmannsche Verlagsbuchhandlung, Berlin-Neukölln, 1956.

21   Cf. ARISTÓTELES, *Ref. Sof.* 165a. Nessa bela passagem, o filósofo explica-nos por que os homens se deixam enganar pelas palavras.

segundo diferentes arranjos que variam muito de uma para outra, ao da vida cotidiana que dimensiona nossa experiência do Mundo. Sua alienação em relação ao Mundo não se dá sempre sob a mesma forma ou em igual amplitude. Algumas vezes, depara com a desqualificação aberta e franca da visão e do discurso comuns, no mais das vezes procede-se com muito mais sutileza. Em muitos casos, o temor da alienação proíbe ao filósofo uma consciência clara das implicações e pressupostos de sua mesma postura. Donde o recurso a uma sofisticada autodissimulação e a recusa tácita de levar a cabo uma autoanálise mais profunda. Em verdade, somente uma análise cuidadosa dos discursos filosóficos permitirá tornar manifesto, em cada caso, seu maior ou menor grau de comprometimento com a postura idealista.

Torna-se, pois, evidente que a riqueza e complexidade da produção filosófica tornam impraticável qualquer tentativa de dar conta, mediante uma descrição esquemática geral, das variadas formas históricas do idealismo. Se não empreendemos o exame particular e minucioso das doutrinas caso a caso, temos de ater-nos a indicações gerais e forçosamente menos precisas sobre o denominador comum que as aproxima e aparenta, enquanto variantes diversificadas de uma mesma postura básica. Assim, nem tudo quanto acima dissemos sobre o idealismo se aplica adequadamente, ou mesmo analogamente, a todas elas. Mas nem por isso aquela descrição geral é menos válida, na medida em que um certo esquecimento teórico do Mundo configura o seu lote comum. A alienação que denunciamos permanece de longe o que há de mais bem repartido entre as filosofias. Porque o bom senso é, por certo, a coisa do Mundo mais bem partilhada, filósofos à parte...

Parece-me ficar claro como se responderá àquela pergunta perplexa do leitor--filósofo que estranhou nossa demorada insistência na visão comum do Mundo: "mas quem jamais disse o contrário?". Respondo-lhe que todas as filosofias da recusa do Mundo, todas as filosofias que desqualificam a visão comum do Mundo, num certo sentido que acima precisei, "dizem o contrário". De algum modo elas "dizem o contrário", na medida em que se recusam a dizer o Mundo. O idealismo não diz o Mundo, ele "diz o contrário". A filosofia moderna, de um modo geral, tem sempre "dito o contrário". Desta ou daquela maneira, sob este ou aquele aspecto, numa forma mais ou menos explícita, com um grau maior ou menor de consciência. Pois, no sentido em que acima o definimos, o idealismo tem sido, de fato, o paradigma oculto, mas onipresente, de toda a modernidade (cf. "Prefácio a uma Filosofia", p.37).

É certo que boa parte dos filósofos modernos ou contemporâneos que tenho em mente recusariam indignados o epíteto de "idealista". Muitos deles fazem mesmo profissão de fé anti-idealista. Mas creio ter deixado bem claro o sentido em que uso a expressão. Eles se movem no interior do universo espiritual do idealismo, eles consomem sua energia – e a de seus leitores – na tentativa de resolver os problemas e quebra-cabeças que o idealismo inspirou. E que somente adquirem sentido dentro do projeto idealista, se ele se aceita como legítimo. Projeto que de tal modo impregna – ou infesta – o mundo filosófico, que as questões pertinentes à sua problemática interna e própria acabam por transvestir-se em problemas espontâneos e naturais da reflexão filosófica.

Sob esse prisma, portanto, não hesitarei em chamar de "idealistas" doutrinas quanto ao mais tão diferentes como o empirismo inglês, a filosofia crítica, o pragmatismo americano ou o positivismo lógico. Este último, por exemplo, quando rejeita como "metafísicas" e desprovidas de significado as proposições sobre o mundo exterior que se não podem verificar empiricamente segundo os padrões e critérios estritos de verificabilidade que ele define. Também chamarei de "idealistas" bom número das filosofias contemporâneas da linguagem, quando julgam poder prescindir do reconhecimento filosófico do Mundo para tematizar e compreender a linguagem filosoficamente. Direi o mesmo de certas correntes da filosofia marxista de nossos dias que se comprazem paradoxalmente em abordar temas marxistas nos moldes da problemática idealista e a partir de seus pressupostos, infiéis por certo ao espírito e à letra da obra adulta de Marx. E não é senão muito natural que tudo isso ocorra, já que a atitude idealista define a postura básica e constitui a dimensão mais essencial da racionalidade filosófica moderna.

Essa postura básica, a filosofia moderna deve-a sabidamente ao cartesianismo, que constitui a fonte de inspiração profunda de seu idealismo visceral. E, sem sombra de dúvida, pode-se falar de um cartesianismo profundo do pensamento ocidental. Foi a genialidade de Descartes que deu nascimento e forma consistente ao grande projeto da contestação filosófica do reconhecimento do Mundo. O *Cogito* pode, a justo título, ser tomado como o símbolo historicamente privilegiado dessa extraordinária empresa da alienação da *razão* humana. Inventando a dúvida hiperbólica, a filosofia do *Cogito* abriu decididamente o caminho pelo qual as filosofias posteriores não cessaram de avançar, seguindo as suas pegadas. Pouco importa que elas não retomem temas ou soluções cartesianas, ou que venham mesmo a rejeitar explicitamente o *Cogito*. É sempre o espírito profundo do cartesianismo que as anima, é dele, em verdade, que elas continuamente se alimentam. Seu estilo e sua postura fundamental as fazem herdeiras, diretas ou indiretas, da grande tradição cartesiana. Deve-se à filosofia do *Cogito* a perversão secular da razão ocidental.

A filosofia cristã, ao tematizar o dogma bíblico da criação, exigindo uma causalidade e explicação extramundana para o Mundo em sua totalidade, subordinando a existência do Mundo – e sua permanência nela – à vontade inteligente de um Deus criador, iniciara de algum modo o processo de desestabilização filosófica do Mundo, cujo reconhecimento, no entanto, ela assumia. Com o pensamento cristão, a mesma matéria do Mundo deixou de bastar-se filosoficamente a si mesma. Sob esse prisma, o cristianismo filosófico preparou o terreno para a filosofia do *Cogito*, para tanto apropriando e reinterpretando, à luz da Revelação, as categorias da filosofia clássica grega, que também se aplicavam, por certo, ao Mundo filosoficamente reconhecido (isso era verdade também para o platonismo, embora nele tenha lugar uma certa desqualificação ontológica do Mundo da experiência cotidiana). O cartesianismo, então, recorrendo ao arsenal do ceticismo grego, que a filosofia da Renascença repusera em moda, e exacerbando a dúvida cética até o limite extremo, operou a grande inversão idealista, pondo filosoficamente em xeque o mesmo reconhecimento do Mundo. E a razão filosófica passou a precisar da bondade divina até mesmo para assumir a existência do Mundo. O cartesianismo fez, assim, passar ao ato potencialidades de algum modo inscritas no discurso filosófico cristão sobre a Criação. Ele proclamou a independência da razão e de seu discurso em relação ao Mundo, dissolvendo no *lógos* humano o lugar divino da exterioridade. Nesse sentido, ele divinizou o discurso dos homens. Ou humanizou o Verbo de Deus... E o reconhecimento do Mundo se converteu expressamente, pela vez primeira, num problema filosófico.

A filosofia posterior veio a rejeitar os préstimos da bondade divina e acabou de perder o Mundo... Por várias vezes, ela tenta recuperá-lo, reinstaurá-lo, recriá-lo em seus discursos. Creio lícito dizer que, nesse empreendimento, ela de fato se erige em sucedânea laica da teologia da criação. Ela se faz o instrumento da vontade do homem de ser Deus. A filosofia do *Cogito* cavou um abismo entre a razão e o Mundo e a filosofia posterior se encarregou de alargá-lo e aprofundá-lo. A história do pensamento pós-cartesiano é a estória de como esse abismo se alargou e aprofundou continuamente. A oposição histórica da razão ao Mundo veio a resultar na filosofia contemporânea da linguagem. E o grande confronto filosófico de nossos dias se dá entre o Mundo e a linguagem, que tomou o lugar do *Cogito*. O linguisticismo da filosofia contemporânea é o último triunfo de Descartes.

9. Creio poder, agora, responder também àquela pergunta intrigada do leitor que estranhou falássemos do retorno do *philósophos* à sua condição de homem comum, de seu reencontro com o espaço da vida comum, quando desesperou de encontrar uma solução para o conflito das filosofias e decidiu renunciar a elas: o leitor malicioso nos perguntou onde se estava antes. Respondo-lhe que, antes, arrastado para o turbilhão "extramundano" dos universos filosóficos em conflito, o *philósophos* vivia um distanciamento malsão entre a razão e a vida, entre o Mundo dos homens e os universos dos discursos filosóficos. O dualismo esquizofrênico do filósofo que ele aspirava a ser e do homem que ele era, mas com o qual a filosofia não permitia que ele se identificasse integralmente. A metáfora da volta à vida comum se entende bem, quando se considera o processo de desqualificação filosófica da visão comum do Mundo, quando se reflete sobre o empreendimento secular de alienação da razão em relação à Vida. Trata-se, por certo, de uma volta ao lugar de onde nunca se saíra, a não ser nas asas da imaginação filosófica...

O *philósophos* fora induzido ao distanciamento "teórico" em relação ao Mundo, ao esquecimento "metodológico" da visão comum do Mundo, vivera a extravagante experiência do "espaço extramundano" que as filosofias pretenderam para si forjar. Ele se enredara na problematização filosófica do Mundo, nas tentativas filosóficas de "editar" o Real, ele se deixara seduzir pela tentação da exterioridade. Empenhado na busca de uma definição filosófica que se pudesse efetivamente validar, ele vivera a dolorosa experiência intelectual da indecidibilidade essencial do conflito das filosofias, da inocuidade dos projetos de autolegitimação de seus discursos.

A renúncia à filosofia e a opção pelo silêncio da não filosofia representaram para ele, ao mesmo tempo, o abandono dos jogos da linguagem filosófica e a recusa daquele espaço de ficção no qual as filosofias travam obstinadamente o seu eterno debate. Significaram o abandono do estranho privilégio de ser cidadão de dois mundos. Foi como se, deixando atrás a noite escura da fabulação, ele pudesse agora imergir de corpo e alma na luz que ilumina o dia dos homens. Para reviver com justificada alegria a experiência humana comum do Mundo em sua plenitude, sem mais a estranha tentação de pôr o Mundo entre parênteses, como se fosse uma sentença. Longe da companhia dos que se recusaram a aprender com o Mundo. Por tudo isso, não creio descabida a metáfora da volta à vida comum.

10. Mas voltemos à filosofia que reconhece o Mundo. Algum filósofo virá dizer-nos que a consulta da filosofia ao saber da visão comum deixa "as coisas como estão" e nos deixa, a nós, no grau zero da filosofia.[22] Responder-lhe-ei que a filosofia do reconhecimento "deixa" confessadamente as coisas como estão, pois as reconhece como *coisas* dotadas de plena realidade e objetividade. Não alimenta a pretensão de delas fazer *tabula rasa*, pois entende que "não pode com elas". Mas, por outro lado, ao reconhecer as coisas e processos do Mundo, a filosofia se confere um ponto privilegiado de partida. Esse ponto de partida não é um vácuo de saber, mas uma plenitude de manifestação e presença. Em verdade, não se trata de um ponto, mas de uma base sólida de partida. A promoção filosófica da visão comum é, precisamente, a sua transmudação em base para uma visão filosófica do Mundo. Reconhecendo o Mundo, a filosofia se dá a si mesma essa base extraordinariamente rica sobre a qual se erguerá o edifício filosófico. Fundamento forte, alicerce sólido plantado em terra firme. O Mundo reconhecido é o fundamento que a filosofia exibe e descreve, para sobre ele construir-se, não o tendo construído. Tomando-o como necessário Objeto, a filosofia vê nele o seu suporte e raiz, fonte e alimento. O mundo reconhecido é o pressuposto explicitado do discurso filosófico, o referencial imediato

---

22   Cf. PRADO JR., B. 1981, p.78: "A consulta que fazemos ao senso comum nada nos informa, portanto, a respeito do Mundo, deixa "as coisas como estão" e, a nós, no grau zero da filosofia".

que o norteará e lhe dará sentido. Dando às palavras de Wittgenstein um sentido por certo diferente daquele que o filósofo lhes atribuía, direi também que, em filosofia, "conhecemos, no ponto de partida, todos os fatos que precisamos conhecer".[23] Tudo isso leva-me justificadamente a dizer que não existe o grau zero da filosofia.

Mas não é verdade que toda a filosofia está ainda por fazer? Sim, num certo sentido. Mas a filosofia *se pode agora fazer*, porque ela dispõe de um fundamento firme. Não tem que procurar por certezas e evidências primeiras, porque as tem em seu ponto de partida. Não perseguirá no ar o que tem como chão: o solo não se inventa, mas sobre ele se caminha. Não sairá à busca de critérios para legitimar o seu discurso, na medida em que este imediatamente se legitima, enquanto expressão do reconhecimento do Mundo. Pois vimos acima como, ao assumir teoricamente a visão comum do mundo, a filosofia assume *ipso facto* sua expressão no discurso comum como fundamentalmente adequada, assume *ipso facto* a significatividade imediata e transparente deste discurso que ela faz seu. Não mais forjando o extravagante projeto de procurar alhures o chão que já pisa, a filosofia partirá da visão assumida do Mundo para explicitá-la sempre mais, articulá-la sempre melhor, constantemente aperfeiçoá-la e, nesse sentido, enriquecê-la, tornando-a mais sistemática, autoconsciente e crítica. Explicitação, articulação, aperfeiçoamento, sistematização e crítica que a preservarão, no entanto, de qualquer desqualificação, clara ou dissimulada. A partir daí, a filosofia procurará definir suas tarefas e fixar seus programas, formular seus problemas e propor suas soluções. O mundo reconhecido, *que não é um problema*, será o referencial permanente para a formulação de problemas e a proposição de soluções. Alfa e Ômega da filosofia, origem e fim não questionáveis dos questionamentos filosóficos. E a filosofia remeterá constantemente ao Mundo para orientar, aperfeiçoar ou mesmo corrigir suas formulações. O caminhar da filosofia tem agora parâmetros bem fixos que o balizam. Dentro deles, poderão abordar-se os problemas históricos e clássicos da filosofia, seja para orientar sua solução, seja para desmascarar eventualmente sua falsa problematicidade. Mas se caminhará sempre por terra conhecida. O reconhecimento do Mundo terá sido apenas o ponto de partida.[24] Mas ele é o único ponto de partida possível para uma sã filosofia.

E se procurará construir, assim, o discurso crítico da filosofia. A razão filosófica encontrará sua força e grandeza nessa submissão ao Mundo que ela reconhece como

---

23 Palavras de Wittgenstein, citadas por Moore, cf. MOORE, G. E. 1966, "Wittgenstein's Lectures in 1930-33", p.317.

24 Comentando o "Prefácio a uma Filosofia" (particularmente p.37), Bento Prado entendeu, no entanto, que a filosofia que eu propunha se restringia à explicitação da visão comum, cf. PRADO JR., B. 1981, p.61: "Necessariamente diferente, a perspectiva do filósofo não é inteiramente *outra*, já que se limita a explicitar o que estava presente na perspectiva anterior" (isto é, na da "atitude espontânea").

anterior e transcendente a ela, maior e mais poderoso que ela. Relativa ao Mundo, a filosofia sabe que o Mundo não lhe é relativo.[25] Ela se constituirá num ato de humildade, como rendição da razão ao Mundo. "Porque a racionalidade da razão se manifesta no reconhecimento de seu lugar próprio, não no culto narcísico de sua divindade imaginária" (cf. "Prefácio a uma Filosofia", p.35). E, com isso, se opera um verdadeiro redimensionamento da racionalidade filosófica.

11. Virão dizer-nos, também, que a promoção filosófica da visão comum do Mundo exprime a esperança de reconstituir-se uma "metafísica natural do espírito humano".[26] Mas é lícito perguntar se cabe realmente falar de uma filosofia natural e espontânea do homem comum. Entendo que, a menos que se queira usar a palavra "filosofia" num sentido extremamente vago e descomprometido, não se deve dizer que a visão comum do Mundo é, em si mesma, de natureza filosófica. O homem comum, em geral, não é filósofo, não faz filosofia. À sua visão comum do Mundo, mesmo quando ele é civilizado e culto, faltam a sistematicidade construída, a sofisticação da análise, o aprofundamento da reflexão crítica que caracterizam costumeiramente os empreendimentos filosóficos. Mas, sobretudo, não nos é permitido esquecer que a filosofia tem uma história e que essa história foi sucessivamente definindo rumos e problemáticas e quadros de referência para a reflexão dita filosófica. Ainda que a rica pluralidade das distintas tendências filosóficas não autorize uma definição inequívoca e aceita do nome "filosofia" (cf. "O Conflito das Filosofias", p.16), não parece conveniente aplicar-se o termo senão ao produto de uma atividade de reflexão consciente de sua inserção naquela história e capaz de explicitamente determinar-se em relação a ela. Capaz de tematizar crítica e comparativamente problemas e soluções, de aproximar semelhanças e opor diferenças,

---

25   Ao estudar a categoria da *relação*, Aristóteles nos diz que os relativos se caracterizam pela reciprocidade de sua relação a seus correlativos (isto é, estes também lhes são relativos) e pela sua simultaneidade com eles: o ser dos relativos não se dissocia da relação, cf. *Cat.* 7, 6 b28s; 7 b15s. De um modo geral, o ser do relativo consiste no "estar numa certa relação com alguma coisa", cf. *Tóp.* VI, 4, 142 a29. Mas Aristóteles entende que alguns relativos, como a ciência, o pensamento, a medida, são exceções a essa regra geral: embora sejam relativos, respectivamente, ao conhecível, ao pensável, ao mensurável, essas relações não possuem aquelas propriedades da reciprocidade e da simultaneidade. Assim, por exemplo, o conhecível se dirá relativo à ciência unicamente para significar-se que a ciência lhe é relativa, numa relação que define e constitui a ciência, não o próprio conhecível, que é anterior à ciência e independente dela, cf. *Met.* V, 15, 1021 a29-b2; *Cat.* 7, 7 b22-35. O que pretendo exprimir no texto, ao dizer que a filosofia é relativa ao Mundo, mas que o Mundo não lhe é relativo, é o fato de que a relação da filosofia ao Mundo é exatamente análoga à que Aristóteles reconhece existir entre a ciência e o conhecível: anterior à filosofia e independente dela, o Mundo não se constitui pela relação que a filosofia com ele mantém; e, se dissermos que o Objeto da Filosofia (isto é, o Mundo) é relativo à filosofia, será apenas para significar que a filosofia é relativa ao Objeto, numa relação que a constitui, mas que não constitui o Objeto.

26   Bento Prado atribui-me essa esperança, cf. PRADO JR., B. 1981, p.78.

posicionando-se em relação às outras correntes de pensamento. Aliás, é sabidamente assim que procederam e procedem as várias doutrinas que se propõem – e que são reconhecidas – como filosofias. Essas características essenciais faltam, obviamente, à visão comum do Mundo. Não vejo, então, como se possa, num sentido um pouco mais rigoroso, falar de uma "metafísica natural do espírito humano" ou de uma "filosofia espontânea do homem comum".

Mas, se é verdade que a visão comum do Mundo não é, em si mesma, filosófica; se ela não constitui uma reflexão sobre o ser ou sobre o conhecimento, sobre o discurso ou sobre a verdade; se ela ignora, em suma, as questões tradicionais da filosofia, não é menos verdade, contrariamente ao que alguns também sustentam, que ela contém, por assim dizer, uma potencialidade filosófica específica, ela abriga em si o germe de uma filosofia. E ela se pode, sem maior esforço, prolongar nessa filosofia, que lhe permanecerá extraordinariamente fiel. A filosofia que reconhece e assume o Mundo, promovendo a visão comum, se propôs exatamente nesse sentido. Eis porque me parece válido dizer que, se optamos por não opor-lhe resistência filosófica, a visão comum do Mundo "força" uma filosofia.[27] Tanto ao expor, páginas acima, de que modo entendia essa promoção filosófica da visão comum, quanto ao demorar-me numa análise sucinta de sua desqualificação pela filosofia que chamei de "idealista", penso ter deixado suficientemente manifesto o caráter *positivo* da filosofia que emerge da orientação que proponho. Positividade essa que se exprime sob a forma de teses sobre o Mundo, sobre o conhecimento, sobre o discurso, sobre a própria natureza da filosofia.[28]

Essa positividade se contrapõe precisamente, pois, à positividade idealista. A filosofia do reconhecimento não se caracteriza mais pelo seu caráter reativo[29] contra todas as formas da filosofia idealista que por seu conteúdo positivo manifesto. Em verdade, caráter reativo e conteúdo positivo constituem as duas faces de uma mesma moeda. É um só e o mesmo o movimento pelo qual a promoção da visão comum "força" uma filosofia e exclui muita filosofia. Curiosamente, alguns parecem experimentar uma certa dificuldade em perceber aquele conteúdo filosófico latente na visão comum do Mundo, teimando em atribuir-lhe uma "inocência" filosófica absoluta, uma potencialidade totalmente neutra em relação às diferentes posturas filosóficas, inclusive em relação às idealistas. Entretanto, uma releitura mais rigorosa dos grandes textos idealistas e mais atenta a esta questão deveria trazer claramente à luz a incompatibilidade radical e insuperável entre, de um lado, a visão comum, se literalmente

---

27 Segundo Bento Prado, o senso comum, tal como Moore o entende, não "força" uma filosofia, cf., PRADO JR., B. 1981, p.72.

28 Invocando a "descontinuidade" entre o conhecimento científico e a consciência comum, Bento Prado entende que não se pode estabelecer uma teoria positiva do senso comum como forma de conhecimento: defini-lo como conhecimento nos conduziria a ter de interpretar a experiência comum como alienação, cf. PRADO JR., B. 1981, p.77.

29 Cf. PRADO JR., B. 1981, p.72.

assumida a sério no discurso filosófico, e, de outro lado, grande parte das asserções e a mesma orientação básica que definem a posição idealista. Não é por outra razão que se procede à desqualificação que apontamos, ora efetuando-a explicitamente, ora mascarando-a sob o disfarce de uma "reinterpretação": buscam-se, então, para a visão comum, significações que ela imediatamente não comporta e propõe-se, das proposições que a exprimem, uma "análise" cujo sentido é, precisamente, o de torná-las compatíveis com o discurso idealista. Esse procedimento constante das filosofias idealistas testemunha de sua percepção correta daquela incompatibilidade.

Não oporei maior objeção a que se agracie a filosofia do reconhecimento com o velho epíteto de *"realista"*. Desde que, com isso, se queira apenas insistir no fato de que essa filosofia reconhece a anterioridade do Real, assumindo a significatividade transparente do discurso que diz imediatamente sua presença reconhecida. Mas rejeitarei firmemente que se trate minha posição de *"naturalista"*, quer se designe por esse termo uma forma qualquer de biologismo,[30] quer se pretenda, com seu uso, atribuir à nova filosofia um parentesco qualquer com as ciências da natureza, como é o caso da epistemologia "naturalizada" de Quine.[31] E a recusa do espaço extramundano para as filosofias, se é isso que se entende por naturalismo,[32] não tem de significar a renúncia à metafísica: a filosofia do reconhecimento assenta confessadamente numa metafísica descritiva.[33] Mas, uma vez estabelecido esse ponto, permito-me confessar, em seguida, minha crença sincera de que essa posição filosófica representa, de fato, o triunfo da animalidade sadia da espécie contra os delírios e devaneios da razão filosofante.

A inversão idealista negara o realismo grego e cristão, o novo realismo nega a negação idealista. Mas não se trata de um simples retorno à postura original da filosofia clássica grega, que assumia espontaneamente a visão comum do Mundo e a incorporava serenamente ao discurso filosófico. Após a queda, não se pode mais querer reencontrar a "inocência" original.[34] Mas se pode sempre salvar a filosofia, libertando-a do demônio idealista e recuperando a visão comum do Mundo. O novo realismo tem necessariamente de construir-se contra o idealismo, donde o seu caráter essencialmente reativo. O que explica, também, a sua necessária sofisticação. Não se pode voltar a Aristóteles ignorando Kant ou Descartes.

---

30   Bento Prado quer acuar-me entre o idealismo e o biologismo, cf. PRADO JR., B. 1981, p.76.

31   Cf. QUINE, W. van. 1990, p.69-90. Nesse artigo, Quine propõe sua concepção da epistemologia, que desloca de seu velho estatuto de filosofia primeira (cf. p. 87) e a integra à ciência natural, como um capítulo da psicologia (cf. p.82-3).

32   Como é o caso com Danto, cf. DANTO, A. C. 1968, p.XI.

33   Como se sabe, a expressão "metafísica descritiva" foi introduzida por Strawson, cf. STRAWSON, P. F. 1964, p.9.

34   Bento Prado lembra o dito de Wittgenstein segundo o qual a filosofia do senso comum só emerge depois da queda, "quando a inocência adâmica do senso comum se tornou inacessível", e acrescenta: "A filosofia do senso comum é a tentativa desesperada de um impossível retorno", cf. PRADO JR., B. 1981, p.73.

12. Ainda uma última lembrança de Sexto Empírico. Ele nos diz (cf. H.P. I, p.28-9) que ao filósofo cético sobreveio a mesma experiência que ao pintor Apeles. Deste se contava que, pintando um cavalo e desejando representar a escuma do animal, desesperou de consegui-lo e arremessou sobre a pintura a esponja com que costumava limpar seu pincel. Ora, sucedeu que a marca feita pela esponja sobre a pintura produziu a imagem da escuma. Do mesmo modo, o filósofo cético buscava atingir a quietude d'alma (*ataraxía*), tentando decidir sobre o verdadeiro e o falso, sobre o conflito entre as aparências e as ideias. Descobrindo-se incapaz de uma tal decisão, procedeu à suspensão de seu juízo (*epokhé*) e lhe sobreveio inesperadamente, então, a *ataraxía* que buscara em vão.

Eu direi algo semelhante da filosofia. Quando nos dispomos a filosofar, deparamos com o conflito das filosofias, tornamo-nos seus espectadores e nos deixamos enfeitiçar pelos discursos filosóficos. Buscando uma decisão para o conflito, fazemos a experiência de sua indecidibilidade. Renunciamos, então, ao filosofar e redescobrimos a vida comum. Eis senão quando incidentalmente nos damos conta de que a filosofia buscada nas nuvens esperava, de algum modo, desde sempre por nós, na terra dos homens. Donde promovermos a nossa visão humana e comum do Mundo, conferindo-lhe um estatuto filosófico. A possibilidade de filosofar nos foi assim brindada, depois que renunciamos à filosofia. Quando julgamos tê-la perdido, aconteceu-nos recuperá-la. Repetindo, de algum modo, a experiência do pintor Apeles.

É como se houvesse um *tempo* lógico[35] da instauração filosófica. Descoberta do conflito das filosofias, experiência de sua indecidibilidade, tentação do ceticismo, renúncia à filosofia, redescoberta da vida comum, silêncio da não filosofia, promoção filosófica da visão comum. Uma sequência ordenada de etapas que não vejo como se pudessem *logicamente* dispensar. Não teria sido, com efeito, possível começar diretamente pela promoção filosófica da visão comum e pelo reconhecimento filosófico do Mundo. Porque se estaria apenas lançando uma filosofia a mais na arena do conflito. Ora, não se tratava de obter *no* conflito uma vitória impossível, mas de vencer o conflito, superando-o. Somente nossa renúncia à filosofia pôde consegui-lo. E o silêncio da não filosofia pôde, então, obscuramente preparar a restauração filosófica. A promoção filosófica da visão comum se faz por sobre o conflito e a nova filosofia não vai integrar-se a ele.[36]

Um salto qualitativo verdadeiramente se opera. E a filosofia vence a barreira da linguagem.

---

35 A noção de *tempo lógico* foi introduzida por V. Goldschmidt no contexto de um método "estruturalista" de interpretação dos sistemas filosóficos, cf. GOLDSCHMIDT, V. 1963, p.7-14.

36 Quando escrevi o "Prefácio a uma Filosofia", eu não tinha ainda claro para mim esse ponto e afirmei, incorretamente, que a nova filosofia se integraria ao conflito das filosofias, cf. p.37.

4

Saber comum e ceticismo[1]

Suponhamos alguém que, cansado das infindáveis disputas filosóficas e consciente da impossibilidade de encontrar um critério aceito para resolvê-las, tenha renunciado ao filosofar. E que tenha imergido, então, de corpo e alma na vida comum e se tenha reencontrado como um homem comum e qualquer. Plenamente reconciliado com sua experiência cotidiana do Mundo, nada o impede, por certo, de tentar adequadamente descrevê-la e precisá-la para si próprio, procurando realçar suas linhas de força e seus aspectos mais gerais. Empenhado, destarte, em delinear sua visão do Mundo, não lhe escapará o fato de que uma porção considerável dela é compartilhada, tanto quanto pode perceber, por um bom número de seus semelhantes, se não pela maioria deles. E de que essa intersecção das visões que os homens têm do Mundo, razoavelmente extensa, se assume de fato como um Saber do Mundo e se configura, para quantos o detêm, como o seu Saber Comum.[2] Que se me permita assumir tal personagem e refletir por ele.

Tentando caracterizar esse Saber Comum, volto minha atenção para seus notáveis mecanismos de autorreformulação, mediante os quais ele continuamente se corrige e se enriquece. Pois se trata, com certeza, de um Saber em permanente evolução, manifestamente dotado de uma história e que obviamente depende de múltiplos fatores de variada natureza: culturais, sociais, linguísticos etc. E ele encerra um

---

1 Este texto foi publicado em *Manuscrito*, v.IX, n.1, São Paulo, 1986, p.143-59; também em *Crítica* n.1, 1987, Lisboa, p. 57-77; e em PORCHAT PEREIRA, O. *Vida comum e ceticismo*. São Paulo: Brasiliense, 1993, p.96-120. Uma versão para o espanhol – "Saber Comun y Escepticismo" – foi publicada na *Revista Latinoamericana de Filosofía*, v.XII, n.3, Buenos Aires, 1986, p.283-99.

2 Desenvolvi, em textos anteriores, esse itinerário que leva da experiência do conflito insanável das filosofias à redescoberta da vida comum e de seu Saber do Mundo, cf. "O Conflito das Filosofias", p.13-23; "Prefácio a uma Filosofia", p.25-39 e "A Filosofia e a Visão Comum do Mundo", p.41-71.

sistema de crenças de tal modo incorporadas a nosso universo interior que elas operam em nós qual uma segunda natureza e definem nosso modo "espontâneo" de ver as coisas. Muito do senso comum de nossa época se integra, evidentemente, a esse nosso Saber Comum do Mundo.

Uma vez que abandonei a filosofia, que optei por viver nossa vida comum sem filosofar, disponho-me a orientar despreocupadamente minhas práticas cotidianas por esse Saber, utilizando-o criticamente na medida de minhas capacidades e somente nele próprio buscando os recursos para sua adequada reformulação, onde quer que ela se faça exigida, conforme seus próprios padrões e exigências. Tenho-me como definitivamente reconciliado com o Mundo Comum e disponho-me a nunca mais permitir que a filosofia dele venha arrancar-me os pés.

Entretanto, se abandonamos a filosofia, ela não aceita abandonar-nos tão facilmente. Ela vem desafiar-nos no seio mesmo da vida comum em que achamos abrigo, ela vem contestar nossas certezas cotidianas e nosso mesmo direito de tê-las. E ela contesta o direito de nossa Visão Comum do Mundo a assumir-se, como esta de fato se assume, como um Saber do Mundo. Ora, *é essa contestação filosófica do Saber humano e comum do Mundo que define essencialmente o ceticismo*. Assim, de fato, ele se definiu historicamente, desde a Grécia antiga, conforme nos atestam os escritos de Sexto Empírico. O ceticismo opõe-se, por certo, às filosofias "dogmáticas", a quantas comungam da pretensão de terem encontrado a Verdade. Mas ele propõe a suspensão de juízo, a *epokhé*, não apenas sobre os *dógmata* das filosofias, mas sobre toda e qualquer opinião ou asserção que se pretenda verdadeira, ou capaz de dizer as coisas como elas realmente são.

Para induzir-nos a essa *epokhé* generalizada, fazendo-nos cessar de dogmatizar, seu princípio básico consiste em opor a todo discurso um discurso igual, isto é, de igual força persuasiva, manifestando a equipotência (*isosthéneia*), no que respeita à credibilidade, dos argumentos conflitantes que sempre se podem aduzir de um lado e outro de qualquer questão (cf. Sexto Empírico, H.P. I, 12; 10), nenhum deles revelando-se mais digno de fé. Para tanto, opor-se-ão de todas as maneiras possíveis aparências a aparências, juízos a juízos, aparências a juízos (cf. H.P.I, 8-9). E mobilizar-se-ão as figuras e tropos todos que gerações de pensadores céticos foram compilando. Invocar-se-ão as ilusões dos sentidos, os argumentos baseados nos sonhos e nas alucinações (cf. H.P. I, 36-128).[3] Far-se-á apelo às diferenças inegáveis entre as tradições, leis e costumes (cf. H.P. I, 164-5).[4] Lembrar-se-á o caráter relativo de todas as coisas.[5]

---

3   Os sete primeiros entre os dez tropos atribuídos a Enesidemo lidam, sobretudo, com as discrepâncias das percepções. Para o argumento baseado nos sonhos, cf. H.P. I, 104.

4   Este é o objeto do 10º tropo de Enesidemo.

5   A relatividade das coisas é tematizada no 8º tropo de Enesidemo (cf. H.P. I, 135-40) e é também objeto de um dos cinco tropos atribuídos ao cético Agripa (cf. H.P. I, 175-7).

Um dos tropos fundamentais do ceticismo é o da discordância (*diaphonía*), que nos exibe o insanável conflito e discrepância de opiniões a respeito de todos os assuntos, tanto entre as pessoas ordinárias quanto entre os filósofos (cf. H.P. I, 165). Estes, aliás, negam credibilidade às proposições do homem ordinário (cf. H.P. I, 98) e contestam-nas filosoficamente. O conhecimento dessa universal *diaphonía* nos torna incapazes de escolher ou rejeitar qualquer opinião e nos induz à suspensão do juízo. Aliás, as coisas controvertidas, na medida mesma em que são controvertidas, exibem sua não evidência (cf. H.P. II, 182). Estreitamente conjugado com o tropo da *diaphonía* vem o tropo da hipótese (*ex hypothéseos*) (cf. H.P. I, 168), que nos proíbe assumir simplesmente algo, como ponto de partida e sem demonstração. Pois não merecerá menos crédito quem propuser a hipótese contrária (cf. H.P. I, 173). Aliás, a *diaphonía* que existe acerca de todas as coisas mostra que nada se apreende por si mesmo (cf. H.P. I, 178). O que se aceita sem prova não obterá, pois, assentimento (cf. H.P. II, 35). Mas, se nada se pode assumir sem demonstração, os tropos do regresso infinito e da circularidade (cf. H.P. I, 166, 169) mostrarão, por seu lado, a inexistência de demonstrações: se não lhe concedemos o direito de assumir um ponto de partida por hipótese, condena-se o dogmático a ter de fornecer novas provas para as premissas de suas provas, numa regressão sem fim. Ou a de algum modo postular aquilo mesmo que pretende demonstrar; mas é absurdo tentar estabelecer o que está em questão através do que está em questão (cf. H.P. I, 161).[6] Todo um arsenal de argumentos como esses mostrará a inexistência de um critério de realidade, ou de um critério para a apreensão da verdade.[7] O cético abster-se-á de qualquer asserção positiva acerca das realidades exteriores (cf. H.P. I, 15, 19, 99, 128, 134 etc.). Não havendo como justificar opiniões ou legitimar asserções que se pretendam verdadeiras, quer se trate de nossas crenças e opiniões banais e cotidianas, quer de asserções e teses filosóficas, somente nos resta o caminho de uma universal suspensão de juízo (*epokhé*).

Mas há um outro sentido da palavra "critério" que não diz respeito à crença na realidade ou irrealidade nem ao discernimento da verdade (cf. H.P. I, 21s). Pois há também o critério da ação, conforme o qual na conduta da vida praticamos certas ações e nos abstemos de outras. Este critério de ação, que é o critério da escola cética, é o "fenômeno" (*tò phainómenon*), isto é, aquilo que nos aparece; em verdade, assim denominamos o que é virtualmente a representação (*phantasía*) do que aparece (cf. H.P. I, 22), de fato uma afecção (*páthos*) nossa e uma afecção

---

6 Sobre a inexistência de demonstrações, cf. a longa série de argumentos desenvolvidos em H.P. II, 144-192.

7 Sobre os diferentes significados de "critério", cf. I, 21s.; II, 14-7. Sobre a inexistência de um critério da verdade, cf. II, 18-21. Para uma discussão geral da problemática do critério, cf. II, 22-79 e o primeiro dos dois livros que compõem a obra de Sexto Empírico intitulada *Contra os Lógicos* (AM VII e VIII, respectivamente).

involuntária. E essa representação passiva (*phantasía pathetiké*) induz nosso assentimento involuntário a ela (cf. H.P. II, 10; I, 19). Indubitável e incorrigível, ela não é objeto de disputa nem se põe em questão (cf. H.P. I, 20, 22; II, 10), ela não envolve a realidade das coisas concebidas (cf. H.P. II, 10). Dúvidas e disputas não concernem ao "fenômeno", mas ao que se diz do "fenômeno", a algo ser conforme aparece (cf. H.P. I, 19-20), a uma não evidência.

Já que não podem permanecer inativos, os céticos aderem então aos "fenômenos", na observância da vida, e vivem "adoxasticamente", isto é, sem opinar (cf. H.P. I, 15, 23, 231). Vivem a vida comum (*ho bíos ho koinós*) e sua observância da vida comum consiste no deixar-se guiar por suas faculdades naturais, pelas afecções compulsórias, pela tradição das leis e costumes, pelos ensinamentos das artes (cf. H.P. I, 23-4, 231, 237-8). Seu discurso, que diz sem asserir, é mero instrumento de ação, atividade vital, forma de vida. E as mesmas fórmulas céticas que pareceriam assertivas, como "todas as coisas são indeterminadas" ou "a todo argumento opõe-se um argumento igual", se entenderão como enunciados que apenas dizem o que aos céticos aparece, como anúncios de suas humanas afecções (cf. H.P. I, 15, 202-5).[8] Não se postula sua verdade e nenhum significado absoluto lhes deverá ser atribuído (cf. H.P. I, 206-7). Aliás, elas de tal modo são enunciadas que, potencialmente, a si próprias se suprimem, quais aquelas drogas purificadoras que não somente eliminam humores do corpo mas também a si mesmas com os humores se expelem (cf. H.P. I, 15, 206).

Assim, o ceticismo não pretende que seus argumentos destrutivos sejam realmente conclusivos – pretendê-lo seria um dogmatismo às avessas –, mas procura apenas mostrar que eles são equiparáveis, em força argumentativa, aos argumentos das filosofias "dogmáticas" e a quantos se podem construir em defesa de formulações assertivas quaisquer. Assim, por exemplo, em face dos argumentos "dogmáticos" aparentemente plausíveis em favor da existência de um critério de verdade, os céticos desenvolverão contra-argumentos que parecerão igualmente plausíveis, sem pretender que sejam verdadeiros ou mais plausíveis que seus contrários (cf. H.P. II, 79). Do mesmo modo, os argumentos céticos contra a existência de signos indicativos ou de demonstrações, ou de causas, destinam-se apenas a exibir a equipotência (*isosthéneia*) aparente que se estabelece entre eles próprios e os argumentos contrários formulados pelos "dogmáticos": para tais impasses a *epokhé* parece impor-se, então, como a única solução (cf. H.P. II, 103, 192; III, 29). A comparação com os medicamentos purgativos cabe mais uma vez: argumentos céticos de algum modo se suprimem a si próprios, juntamente com aqueles outros que se pretendem probativos (cf. H.P. II, 189; também A.M. VIII, 480. A esse propósito, Sexto Empírico lança mão da metáfora da escada, que Wittgenstein retomaria quase dois milênios depois: assim como um

---

8   Sobre como entender corretamente as fórmulas da filosofia cética em geral, cf. H.P. I, 187-209.

homem pode, após ter subido a um lugar alto por meio de uma escada, desfazer-se dela, assim também o cético, ao atingir, por via de argumentação, sua "tese", que contradiz e portanto suprime uma formulação "dogmática", também suprime, no mesmo movimento, sua própria argumentação (cf. A.M. VIII, 481).

Em verdade, o ceticismo concebe-se a si próprio como uma terapêutica que se serve do discurso para curar os homens de sua propensão ao dogmatismo (cf. H.P. III, 280-1).[9] Mas não se trata de uma terapêutica contra a filosofia e, sim, de uma terapêutica filosófica, de uma filosofia que se assume como tal (cf. H.P. III, 280). De fato, porque não sustentam como verdadeiras nem mesmo suas próprias fórmulas, porque não se pretendem capazes de estabelecer definitivamente nenhum ponto, nem mesmo a inapreensibilidade da verdade, mas optam sempre pela suspensão do juízo, os céticos paradoxalmente se condenam a uma investigação filosófica permanente, donde o nome de "zetética" com que denominam sua própria Escola.[10] Enquanto tantos os que julgam ter encontrado a Verdade quanto os que pretendem ter estabelecido que ela é inapreensível põem, de algum modo, um fim ao seu filosofar, os céticos continuam incansavelmente a filosofar. Pois sua *epokhé*, sempre provisória, traduz apenas o que, no momento, lhes aparece.

Os temas céticos da *epokhé*, enquanto voltada sobre a própria armação conceitual que baliza nossa visão comum do Mundo, e da observância "adoxástica" da vida comum foram recentemente reelaborados, em terminologia moderna, num belo livro de Ernest Gellner (cf. Gellner, 1974). Curiosamente, o autor não faz nenhuma referência ao ceticismo grego, ao qual, no entanto, alguns elementos essenciais de sua postura filosófica estão estreitamente aparentados e cuja problemática ele retoma e aprofunda com recursos conceituais mais ricos, proporcionados pelo arsenal filosófico de nosso tempo.

Gellner aborda essa temática mais diretamente no decorrer de uma reflexão sobre o significado da "Revolução Copernicana" da filosofia moderna (cf., ibidem, cap. 2, p.24-45), a qual passa a ver o Mundo dentro do conhecimento e não ao

---

9   Cf. a expressão literal de Sexto Empírico: "O cético, porque ama a humanidade, quer curar pelo discurso, o melhor que pode, a presunção e a temeridade dos dogmáticos". (cf. H.P. III, 280). A propósito dessa concepção de filosofia como terapêutica, vale a pena lembrar, não apenas que Sexto Empírico era médico, mas sobretudo que ele dedica todo um capítulo das *Hipotiposes* ao estudo da proximidade doutrinária entre o ceticismo e a medicina Metódica, à qual estava associado. O tema da filosofia como terapêutica, a concepção da linguagem e a metáfora da escada são indicadores suficientes de quão proveitoso seria aprofundar a comparação entre o ceticismo grego e a filosofia wittgensteiniana.

10 Cf. H.P. I, 1-7. O verbo grego *zeteîn* significa "procurar", "buscar". No mesmo início das *Hipotiposes*, Sexto Empírico distingue as três principais formas de filosofia: a dogmática, que pretende ter descoberto a Verdade; a acadêmica, que a declara inapreensível; e a cética, que permanece investigando, cf. H.P. I, 2-4.

inverso: o Mundo passa através da lente de nosso aparato cognitivo e nada mais no Mundo é tido como básico, fundamental, sagrado, imóvel, último. O assento último da legitimidade passa ao conhecimento e a preeminência da epistemologia na filosofia moderna é um simples eco dessa mudança (cf., ibidem, p.28-9). Qualquer aura de autoridade que um traço qualquer do mundo possua, ele o deve sempre à sua única fonte independentemente e verdadeiramente final, localizada nos critérios da verdade e do conhecimento. A consequência desse aumento de poder e ganho de autonomia por parte do conhecimento é a desumanização do Mundo (cf., ibidem, p.196), sua transformação, a perda de seu antigo estatuto. As linguagens do conhecimento e da vida se tornam diferentes e o "mundo ordinário", o objeto do discurso ordinário, se torna suspeito e problemático. Em suma, após a eliminação primeira das crenças religiosas transcendentais, assiste-se, com essa problematização do *Lebenswelt*, a uma segunda dessecularização. A um conflito agudo entre a visão do senso comum do Mundo e uma atitude mais crítica, que requer que o aparentemente óbvio seja explicado (cf., ibidem, p.103).

Esse conflito entre as doutrinas filosóficas e o Mundo ordinário proíbe que a epistemologia, lidando com os critérios ou princípios básicos da verdade, se presenteie com um mundo determinado, "dado" (cf., ibidem, p.42). Ela tem de dizer-nos antes que espécies de conhecimentos são possíveis ou válidos, para que possamos então descobrir em que espécie de mundo vivemos (cf., ibidem, p.46). Trata-se de uma tarefa imposta ao pensamento por uma situação histórica real, que nos levou a não mais saber em que mundo habitamos (cf., ibidem, p.44). Donde dois terem sido os grandes problemas fundamentais que ocuparam persistentemente o pensamento moderno: o problema da validação e o problema do encantamento (cf. Gellner, 1979, p.2, 3, 11-2). O primeiro diz respeito à legitimação e justificação de nossas crenças e doutrinas; o segundo, à perda de calor, idiossincracia, magia, encantamento, que sofre o Mundo ordinário, uma vez sujeito a esquemas e explicações propostos por uma ciência conformada aos padrões epistemológicos das novas posturas filosóficas.

E não se trata apenas de um conflito entre pontos de vista filosóficos e as outrora certezas do *Lebenswelt*. Isto porque muitas são as fés e visões que nos vêm dizer como é o Mundo em que habitamos, e nós temos razões para desconfiar de todas e para não pressupor nenhuma delas (cf. Gellner, 1974, p.44): não há apenas um, mas muitos mundos "vividos" reais (cf., ibidem, p.79). Não somente há mais do que um "mundo real", mas esses vários mundos também variam com a fé e a cultura e estão frequentemente em conflito, o que torna inútil uma fácil aceitação do mundo (cf., ibidem, p.80). Aliás, num mundo em rápida mudança como o nosso atual, nem mesmo haveria como identificar uma visão do Mundo definida, que nos pudesse servir de referência (cf., ibidem, p.49).[11]

---

11 Num mundo como o nosso, a injunção relativista que nos diz "quando em Roma, aja como os Romanos" se descobre vazia de conteúdo, porquanto, simplesmente, não há "Roma" nem "Romanos",

Ora, quando, pelas razões que vimos, tais mundos se dissolvem ao redor de nós (cf., ibidem, p.42), quando não mais dispomos de um Mundo objetivo e bem delineado e o conjunto familiar das opções e dos objetos duros e identificáveis nos parece agora um mito (cf., ibidem, p.43), quando o *Lebenswelt* se tornou uma abstração (cf., ibidem, p.196), temos de fato uma situação em que o Mundo ordinário já foi posto em *sursis* e está *sub judice*, em que *já* se procedeu a uma suspensão da "realidade" (cf., ibidem, p.42, 43, 46, 197), em que *já* foi suspenso ou posto entre parênteses "o mundo exterior e interpretado, hipotético, permanente, público, 'natural'" (cf., ibidem, p.112). Para Gellner, essa suspensão do Mundo não decorre do *fiat* de algum pensador nem resulta de um experimento intelectual, mas *já* ocorreu e ocorreu por necessidade: o homem moderno tem praticado a *epokhé* (é Gellner quem usa o termo) faz já alguns séculos e isso aconteceu em decorrência de uma situação objetiva, em virtude do "fato sem precedente e não previsto de que o conhecimento se tornou poderoso e autônomo e de que, no decorrer desse processo, em parte erodiu, em parte se destacou a si próprio do 'mundo ordinário' que um dia tinha sido sua matriz" (cf., ibidem, p.197).[12]

Como, entretanto, situar-nos existencialmente em face dessa *epokhé* histórica e inelutável? Como se situaram face a ela os filósofos que uma situação histórico-epistemológica objetiva constrangeu a efetuá-la? Ora, diz-nos Gellner, já que precisamos agir em termos de algo,[13] "continuamos a agir em termos das identidades, critérios, mundos, que herdamos do passado"; mas porque eles estão *sub judice*, nós os retemos sem confiança e com sofrimento e eles adquirem um caráter meramente interino (cf. Gellner, 1974, p.42). Tendo consentido na dissolução de nosso Mundo, fazemos "apenas um uso tentativo, irônico, interino, de qualquer coisa dele tirada" (cf., ibidem, p.43). Não temos outra escolha nem alternativa e, por isso, "continuamos a viver no mundo ordinário e usamos seus conceitos ordinários" (cf., ibidem, p.198), mas sempre com desconfiança. Se parecemos aceitar a armação conceitual do Mundo, de fato usamo-la ao estilo do faz de conta e não a levamos a sério. Toda a nossa reflexão sobre nossa situação e nossa avaliação dela são, por certo, levadas a cabo numa linguagem que está bastante próxima do pensamento ordinário (cf., ibidem, p.199), cujos conteúdos ordinários empregamos, parecendo destarte conferir à linguagem

---

não há mais "cidades" identificáveis, isto é, unidades identificáveis, em termos das quais a alegada relatividade possa operar, cf. ibidem, p.48-9.

12 E Gellner aponta, por isso, para a representação inadequada da situação real por parte da fenomenologia husserliana, cuja *epokhé* constitui, em verdade, uma vindicação do Mundo ordinário enquanto tal.

13 Compare-se com o que diz Sexto Empírico dos céticos: "Aderindo, então, aos fenômenos, vivemos sem opinar segundo a observância da vida, já que não podemos ser completamente inativos" (cf. H.P. I, 23).

ordinária o estatuto de forma fundamental do pensamento, já que sempre temos de começar por ela. Entretanto – e também Gellner não se furta ao uso da metáfora famosa –, "*essa* espécie de escada pode ser, e frequentemente é, jogada fora, uma vez que a tenhamos subido" (cf. Gellner, 1979, p.219).

Comentando essa adoção "adoxástica" dos ditames da vida comum (para retomar a velha linguagem cética), Gellner relembra com razão a *morale par provision* de Descartes (cf. Gellner, 1974, p.42), adotada pelo filósofo enquanto se propunha construir uma nova morada filosófica, tendo derrubado o velho edifício, "*afin que je ne demeurasse point irrésolu en mes actions, pendant que la raison m'obligerait de l'être en mes jugements*" (cf. Descartes, 1953, *Discours de la Méthode*, p.140). Gellner enriquece a noção cartesiana, estendendo a atribuição de um estatuto *par provision*, para além da moral no sentido estreito e literal, a toda uma "ética do conhecimento": a aceitação interina de um mundo *par provision*, complementando a *epoché*, é inerente ao método associado à postura epistemológica da filosofia (cf. Gellner, 1974, p.43).

Gellner tem razão ao dizer que Kant de algum modo exagerou sua originalidade no que concerne à "Revolução Copernicana" que concebeu e anunciou. Ele nos lembra que, respeitada a especificidade da execução kantiana dessa ideia, de fato "a transferência da sede última da legitimidade para dentro, para o homem, para os poderes cognitivos humanos, caracteriza, não só a filosofia de Kant, mas o todo da tradição epistemológica desde Descartes até nossos próprios dias" (cf., ibidem, p.28). Levantando a questão do valor objetivo de todos os nossos conhecimentos, exigindo que todas as nossas certezas sejam submetidas ao crivo de uma crítica rigorosa e colocando à prova o domínio inteiro da certeza, Descartes, nas *Meditações*, propôs rumos para a filosofia que tornam imperiosa a aproximação entre seu pensamento e a filosofia kantiana.[14]

Em verdade, Descartes e os cartesianos representam uma apenas das vertentes da epistemologia clássica moderna que vai culminar no kantismo e que se caracteriza fundamentalmente pela exigência de justificação e fundamentação do que quer que se proponha como saber; a outra vertente é a empirista, a qual, privilegiando embora a luz da experiência como fonte única do conhecimento, não é menos exigente em suas demandas fundamentacionistas. Os filósofos de uma e outra vertente, a racionalista e a empirista, enquanto assumem aquela mesma postura epistemológica básica e mantêm sob alguma forma, uns e outros, "que o que quer que se não possa sustentar por razões positivas é indigno de ser acreditado, ou mesmo de ser tomado em consideração séria", Karl Popper reuniu-os sob o nome comum de "justificacionistas" (cf. Popper, 1974, "Truth, Rationality..."), p.228.[15] A Popper se

---

14 A esse respeito, cf. GUÉROULT, M. 1956, I, p.32-3.
15 Cf. também POPPER, K. 1974, "On the Sources of Knowledge and of Ignorance", p.3-30.

deve, aliás, como foi assinalado,[16] o reconhecimento do "justificacionismo" como uma das mais poderosas tradições do pensamento moderno. E coube a um popperiano, Imre Lakatos, escrever das melhores páginas que temos sobre a emergência dessa tradição justificacionista, particularmente sob sua forma empirista.[17]

Ora, Lakatos não esquece a presença marcante do ceticismo nesse grande debate epistemológico e acentua a importância da controvérsia cético-dogmática no seio da epistemologia clássica (cf. Lakatos, 1978, "Changes...", p.130, n.1). Mais que isso, ele explica, a meu ver adequadamente, pela necessidade de enfrentar o desafio cético e sua recusa, ou questionamento, de todo conhecimento e do pensamento objetivo, "o enorme esforço investido pelos racionalistas clássicos, na tentativa de salvar os princípios sintéticos *a priori* do intelectualismo, e pelos empiristas clássicos, na tentativa de salvar a certeza de uma base empírica e a validade da inferência indutiva (cf. Lakatos, 1978, "Falsification and...", p.11). Mas Lakatos incorre, a meu ver, numa verdadeira inversão de perspectiva, quando pensa poder caracterizar o dogmatismo e o ceticismo como os dois polos do justificacionismo (cf. Lakatos, 1978, "Newton's effect...", p.193-5). Conforme o seu prisma, o ceticismo não recusa o justificacionismo, ele é em verdade ceticismo justificacionista; o ceticismo não recusa o equacionamento justificacionista entre conhecimento e conhecimento provado, mas, simplesmente, pretendendo que não há conhecimento provado, infere que não há, portanto, conhecimento (cf. Lakatos, 1978, "Falsification and...", p.11). Como se a postura justificacionista tivesse precedido as formulações céticas e o ceticismo tivesse surgido como um desafio a um dogmatismo justificacionista prévio.

Historicamente, entretanto, foi bem outra coisa que ocorreu. Recentes estudos historiográficos[18] têm posto em evidência cada vez maior o papel crucial do ceticismo renascentista na criação da atmosfera intelectual de que resultou a formação da filosofia moderna. O dogmatismo justificacionista surgiu, em verdade, como uma resposta às exigências justificacionistas dos filósofos céticos que fizeram reviver, nos albores da modernidade, os velhos argumentos das *Hipotiposes* de Sexto Empírico.[19]

---

16 Por Lakatos, cf. "Newton's effect on scientific standards", no v. 1 de seus *Philosophical Papers*, cf. LAKATOS, I. 1978, p.193, n.1.

17 Além do artigo citado na nota anterior, cf., no mesmo volume, "Falsification and the Methodology of Scientific Research programmes" e também "Changes in the problem of inductive logic", no v. 2 dos *Philosophical Papers*, cf. LAKATOS, I. 1978.

18 Cf., especialmente, POPKIN, R. H., 1979.

19 Uma tradução latina das *Hipotiposes*, devida a Henri d'Estienne, é publicada em 1562, a que se seguem várias outras, cf. POPKIN, R. H. 1979, p.19. Segundo Popkin (cf. ibidem, p.33), "foi somente depois que as obras de Sexto Empírico foram publicadas que o ceticismo se tornou um movimento filosófico importante, especialmente como um resultado de Montaigne e seus discípulos". Bayle, citado por Popkin (cf., ibidem, p.XVII), viu na reintrodução dos argumentos de Sexto o começo da filosofia moderna.

E, no caso particular de Descartes, Popkin conseguiu mostrar como o desenvolvimento de sua filosofia se deve, ao que tudo indica, ao seu confronto com a crise pirrônica de seus contemporâneos.[20] Descartes, aliás, descreveu-se como o primeiro dos homens a derrubar as dúvidas dos Céticos.[21] Para fazê-lo, sua metodologia percorre uma primeira etapa cética e a *Primeira Meditação* exacerba até o último limite a desqualificação cética de nossas certezas: os dados da percepção sensorial, a própria existência de uma realidade exterior, a verdade de nossas ideias em si mesmas, as próprias noções matemáticas se tornam objeto de dúvida. Sob certo ângulo, talvez caiba dizer que a dúvida hiperbólica de Descartes marca um ponto alto da dúvida cética. Este foi, como se sabe, o caminho cartesiano para manifestar a certeza indubitável do *Cogito* e permitir, uma vez obtido um critério de verdade, edificar o sistema metafísico e o sistema físico do conhecimento verdadeiro. A genialidade cartesiana definiu para o racionalismo justificacionista moderno os rumos que se conhecem e exerceu sobre o desenvolvimento da filosofia ocidental a influência que se reconhece. Com isso, se é correta a leitura proposta da emergência da postura justificacionista a partir da crise cética da Renascença, se o justificacionismo apenas se "justifica" enquanto assume a validade do questionamento cético do conhecimento humano, então é correto também dizer que, sob esse prisma, o dogmatismo justificacionista, no mesmo movimento pelo qual se constitui, preserva de algum modo o ceticismo de que ele se alimenta e que ele se propõe a superar. É correto, por isso mesmo, pretender que foi decisiva a contribuição de Descartes para que o ceticismo assim viesse embutir-se no processo mesmo de constituição moderna da filosofia ocidental.

Mas o papel da filosofia cartesiana na incorporação, por assim dizer, permanente da mensagem cética ao pensamento moderno me parece bem mais amplo. Isto porque, ao fazer a edificação de seu sistema filosófico repousar sobre uma prévia suspensão cética da realidade "exterior" e sobre o questionamento cético de todas as nossas certezas, inclusive obviamente as mais banais e cotidianas, Descartes instituiu, em suas *Meditações*, um modelo que a posteridade pós-cartesiana viria a assumir de modo quase unânime. Esse modelo é completado pela adoção interina e "adoxástica" da vida comum, isto é, pela *morale par provision* anunciada pelo *Discurso do Método*. Suspensão do Mundo e adoção provisória e "adoxástica" do Mundo segundo uma ética do conhecimento provisória (se aceitamos o enriquecimento gellneriano da noção cartesiana) constituem, assim, o modelo cartesiano da propedêutica cética ao filosofar, determinando o ponto necessário de partida para qualquer empreendimento filosófico positivo.

---

20   Ver o cap. IX ("Descartes Conqueror of Scepticism") da citada obra de POPKIN, R. H. p.172-93.

21   Numa réplica ao Pe. Bourdin, cf. DESCARTES, R. *Objectiones Septimae cum Notis Authoris sive Dissertatio de Prima Philosophia, Oeuvres*, Adam-Tannery VII, p.550, *apud* POPKIN, R. H. 1979, p. 172.

Esse modelo cético-cartesiano – e nós vimos como ele foi definido nas *Hipotiposes* de Sexto Empírico – tornou-se, então, um paradigma onipresente no pensamento moderno e contemporâneo, algo como um senso comum filosófico, uma espécie de lugar comum da filosofia. Tudo se passa como se a etapa metodológica cética da *Primeira Meditação* se tivesse definitivamente incorporado aos nossos hábitos filosóficos. A *epokhé* sobre o Mundo comum – e, paralelamente, a adoção de um mundo apenas *par provision* – vieram a parecer ao filósofo moderno, e isso até aos nossos dias, como a única atitude correta e, por assim dizer, filosoficamente "natural" para quem se dispõe a filosofar.

Entretanto, enquanto a metodologia cartesiana da *Primeira Meditação* percorreu sua etapa cética por via argumentativa, repassando os velhos argumentos pirrônicos e enriquecendo-os, demorando-se em utilizar e exacerbar a dúvida cética, a filosofia pós-cartesiana, via de regra, não mais se deu a esse trabalho. Porque tudo se passa como se tratasse de um ponto definitivamente adquirido, de um pressuposto necessário que, em geral, nem mesmo se precisa comentar e discutir. Quase como uma base axiomática – de conteúdo negativo – a que se pode mesmo omitir a referência. Nesse sentido, porque assim se formou e determinou a consciência filosófica da modernidade, cabe plena razão a Gellner quando nos fala de uma *epokhé* histórica, que o homem moderno vem praticando há alguns séculos e que de algum modo se lhe impõe como resultado de uma "situação objetiva". Algo análogo se pode dizer para a ética cognitiva provisória.

O sentido da história, porém, perdeu-se. É-se metodologicamente cético, sem sabê-lo; é-se cético "espontaneamente". Desconhece-se que, na postura que "naturalmente" se adota para filosofar, vem embutida toda uma história da filosofia, uma história a que essa postura está umbilicalmente ligada e da qual ela é o produto hoje cristalizado. Um produto, portanto, razoavelmente datável, mesmo se secularmente vitorioso. O fruto cultural de uma época, como tantos outros traços da problemática filosófica moderna.[22] O ceticismo metodológico se tornou, assim, um paradigma, não somente onipresente, mas oculto, porque adotado inconscientemente.[23] Não admira, pois, que

---

22 Um exemplo conspícuo é o da invenção da mente e do mental pela filosofia moderna, tema estudado com abrangência e profundidade num belo e recente livro de Rorty, *Philosophy and the Mirror of Nature*, cf. RORTY, R. 1980.

23 Em "A Filosofia e a Visão Comum do Mundo" chamei o idealismo de "paradigma oculto, mas onipresente, de toda a modernidade", servindo-me do termo "idealista" para designar toda postura filosófica que empreende a desqualificação filosófica da visão comum do Mundo, "que efetua uma tal recusa, mercê da primazia concedida às palavras sobre as coisas, à razão sobre o real" (cf. p.62). Parece-me necessário reformular essa definição, chamando de idealista toda *construção filosófica positiva* que se constrói *a partir de* uma tal suspensão *cética* da Realidade e do Saber Comum. Nesse sentido, parece-me correto dizer que, embora o Ceticismo não conduza necessariamente ao idealismo – sempre há os filósofos que se instalam permanentemente na *zétesis*

o próprio Gellner, a quem se deve tão lúcida e brilhante descrição dessa "situação objetiva", não faça referência ao ceticismo e não pareça ter consciência de quão cética – no sentido próprio e histórico do termo – é sua postura metodológica inicial.[24]

Essa postura preliminar, assumem-na não somente os "dogmatismos" sistemáticos, mas assim procedem igualmente quase todas as modalidades de empreendimento filosófico. Com efeito, os filósofos modernos e contemporâneos, em sua maioria, sejam metafísicos ou positivistas, marxistas ou freudianos, filósofos da ciência ou da linguagem, proíbem-se, em suas filosofias, de assumir a realidade do Mundo cotidiano e de reconhecer um Saber humano e comum do Mundo. Nesse sentido, eles procedem, na medida em que lhes repugna um tal ponto de partida, a uma desqualificação teórica, a uma recusa filosófica do Mundo.[25] Se algo dele tiram, é sempre furtivamente e com desconfiança. Porque essa recusa se tornou natural, o apego ao Mundo se tornou "ingênuo". E os "dogmatismos", sistemáticos ou não, se constroem, então, *fora do Mundo* que o filósofo conhece enquanto homem comum, num espaço próprio e privativo que a filosofia para si mesma cria, num espaço extramundano.[26] Filosoficamente, na melhor das hipóteses, o Mundo será apenas um problema, e um problema que o filósofo enfrenta de *fora do Mundo*, já que, como quer Danto, "os homens existem sem o mundo, quando o que eles conhecem é o mundo" (cf. Danto, 1968, p.ix).[27] Algumas filosofias ainda se darão por

---

cética –, o Idealismo pressupõe sempre o Ceticismo, ao menos como etapa metodológica preliminar, percorrida conscientemente (é o caso de Descartes), ou inconscientemente pressuposta (como na maioria dos pós-cartesianos). Naquele texto escrevi também: "Foi a genialidade de Descartes que deu nascimento e forma consistente ao grande projeto da contestação filosófica do reconhecimento do Mundo" (cf., ibidem, p.64), qualificando e restringindo, porém, em seguida, o escopo dessa passagem, ao lembrar que Descartes operou essa "grande inversão idealista", "recorrendo ao arsenal do ceticismo grego, que a filosofia da Renascença repusera em moda" (cf., ibidem, p.65).

24 O que não significa que Gellner seja um filósofo cético. É certo que ele diz ser "provavelmente impossível" que a teoria do conhecimento possa desempenhar com rigor absoluto sua tarefa de fundamentação e legitimação do conhecimento sem incorrer na circularidade ou no regresso ao infinito (cf. GELLNER, E. 1974, p.46; também p.44 e 204). Entretanto, feito esse cumprimento às exigências justificacionistas do ceticismo, Gellner recusa convictamente o argumento de *diaphonía* e não aceita que a todo argumento ou opinião se possa sempre opor outro argumento ou opinião, igualmente persuasivo. Ao contrário, para ele, do naufrágio dos velhos sistemas que Descartes e a epistemologia moderna puseram a pique, se não resultou uma nova embarcação confiável e em boas condições de navegabilidade, restos ao menos sobraram dos quais "alguns pedaços são melhores que outros" e podem, convenientemente reunidos e amarrados, compor "uma jangada passável" (cf. ibidem, p.206). Nas páginas finais de seu livro (p.206-8), Gellner enumera esses elementos que, a seu ver, acabaram sendo destilados por um consenso emergente de alguns séculos de reflexão filosófica, elaborada sob o impacto da epistemologia moderna.

25 Cf. "A Filosofia e a Visão Comum do Mundo", p.59s.

26 Cf., ibidem, p.59-60.

27 Foi a essa obra de Danto que tomei de empréstimo a expressão "espaço extramundano".

tarefa a recuperação do velho Mundo. A maioria delas, porém, parece ter-lhe voltado definitivamente as costas.

Donde o abismo que necessariamente se cava entre a especulação filosófica que se constrói e a vida comum que o filósofo vive "adoxasticamente". Entre o filósofo *qua* filósofo e o homem comum que ele é, quando não filosofa. Entre o *lógos* filosófico e o discurso comum, no mais das vezes estigmatizado como obscuro, opaco, inconsciente. Dele faz-se um uso implicitamente cético: ele é mero instrumento, não veículo de verdade; diz-se com ele, porém não se assere verdadeiramente.[28] Tenta-se subir na escada da metáfora.

É bem verdade que, nas últimas décadas, o assim chamado senso comum vem ganhando alguma voga e encontrando defensores, mormente entre filósofos de algum modo ligados à filosofia analítica. Assim é que Karl Popper entende que "ciência, filosofia, pensamento racional, todos devem partir do senso comum" (cf. Popper, 1981, p.33). Contra os partidários das "rupturas epistemológicas", ele sustenta que "toda ciência, e toda filosofia, são senso comum esclarecido" (cf., ibidem, p.34). Também para Quine, a ciência não é mais do que o senso comum feito autoconsciente, valendo dizer o mesmo para a filosofia, já que ela não se distingue essencialmente da ciência pelo propósito ou pelo método, mas tão somente pelo seu escopo universalmente abrangente (cf. Quine, 1960, p.3-40, 275). Mas, num e noutro caso, não se trata por certo de reconhecer um autêntico Saber do Mundo, nem de reconhecer a realidade de um Mundo "dado", mas tão somente de acentuar que, para fazer ciência ou filosofia, o senso comum constitui o ponto necessário de partida. Ponto de partida indispensável, mas vago e inseguro, diz-nos Popper, que envolve frequentemente opiniões falsas e inadequadas, forçando-nos a construir sobre fundamentos inseguros (cf. Popper, 1981, p.33-4). Resta sempre que, para um Popper ou para um Quine, a autocrítica sistemática do senso comum define o caminho para a filosofia.

Mas o paradigma cético-cartesiano domina ainda a postura filosófica da maioria dos pensadores de nosso tempo. Provocadas, suas filosofias retomam velhas armas do arsenal cético e brandem-nas de novo para desqualificar o senso comum. E, *a fortiori*, não hesitam em fulminar qualquer defesa que porventura se empreenda de uma postura de apego ao velho Mundo familiar. Ou qualquer pretensão que se tenha de identificar nossa visão cotidiana das coisas com um Saber humano e comum do Mundo. Se ousamos enveredar por esse caminho, as filosofias repetem contra nós seus procedimentos históricos e, na medida do que lhes é conveniente, consentem mesmo em desvelar e explicitar o paradigma de que se alimentam.

Iniciamos esta reflexão, assumindo um personagem que, desencantado do debate infindável das filosofias, a elas renunciou e mergulhou de corpo e alma na vida

---

28   Cf. "A Filosofia e a Visão Comum do Mundo", p.60.

comum e se reencontrou como homem comum e qualquer. Partilhando com seus semelhantes a experiência do Mundo comum, ele define para si próprio sua visão do Mundo e descobre quanto ela tem de comum com as visões do Mundo dos outros homens. Ele atenta também no fato de que ele próprio e quantos detêm essa visão comum do Mundo a identificam espontaneamente, ao menos em parte, como um Saber humano e comum do Mundo. Falamos, a seguir, do desafio cético a esta pretensão de saber, um desafio que vem contestar-nos o direito, mesmo no nível da vida cotidiana, de efetivamente opinar, de crer e de asserir, de reivindicar, em suma, qualquer posse de verdades. Lembramos a invenção cética de todo um arsenal de tropos e figuras, utilizados ao longo de argumentações demolidoras, quais potentes baterias que o ceticismo assesta contra todas as nossas certezas. E mostramos como, mediante o uso desse seu poder argumentativo, a filosofia cética pretende induzir-nos a uma suspensão de juízo, não apenas sobre teses ou asserções filosóficas, mas sobre nossas mesmas opiniões e certezas cotidianas. E mostramos também como essa *epokhé* se acompanha, na proposta cética, de uma observância "adoxástica" da vida comum, em substituição à nossa costumeira vivência "dóxica" da experiência cotidiana. Tentamos descrever, finalmente, o processo pelo qual esses elementos essenciais da proposta cética, sobretudo por obra e graça do cartesianismo, se enraizaram entranhadamente no pensamento filosófico moderno e contemporâneo, consubstanciando algo como uma postura metodológica básica e comum, mesmo se no mais das vezes apenas implícita. Uma postura de tal modo e tão profundamente assimilada que a filosofia não mais se detém em rediscutir e reavaliar a velha argumentação cética que a justificou historicamente.

Ora, como situar-me, perguntará nosso personagem, eu que renunciei às filosofias e me apeguei ao Mundo comum, eu que partilho o Saber humano desse Mundo, ao desafio que o ceticismo a eles – e a mim, portanto – representa? Reflito sobre a diferença entre a postura cética e a minha. Como os céticos, eu fiz a experiência da *diaphonía* das doutrinas filosóficas; como eles, dei-me conta desse extraordinário e infindável processo pelo qual as filosofias umas às outras se desqualificam, com argumentações igualmente plausíveis e insoluvelmente conflitantes. A essa situação das filosofias, o ceticismo respondeu com a *epokhé* sobre cada tese filosófica, enquanto persevera numa investigação incansável. Minha reação foi diferente: a experiência repetida do fracasso levou-me a desesperar da busca de uma solução para os conflitos das filosofias, arrastou-me ao cansaço, ao desânimo, ao abandono do empreendimento. Não me pareceu razoável nem natural prosseguir na experiência, não me atraiu o projeto de preservar um esforço "zetético" numa caminhada sem perspectivas. Optei pela renúncia pura e simples ao filosofar. Uma atitude humana e existencial, nada filosófica e que, por certo, não se pretendia filosófica; uma atitude filosoficamente injustificável e que eu jamais quis justificar filosoficamente (cf. "A Filosofia e a Visão Comum do Mundo", p.43).

No que concerne à vida comum em que me reencontrei, ela é certamente para mim coisa bem outra que não o *bios koinós*, tal como os céticos a concebem após a *epokhé* a que me querem arrastar. Porque eu a assumi a sério e "pra valer", ao estilo do homem comum. Vivendo suas opiniões, suas crenças, suas certezas, mesmo se devendo utilizar, aqui e ali, ao sabor da necessidade, os recursos de autocrítica que o Saber Comum coloca a meu dispor. Não creio possível viver sem efetivamente opinar e sem crer, sem crer séria e convictamente. Não creio possível viver sem conhecer, nem dizer sem asserir. A mera observância "adoxástica" das necessidades da vida aparece-me como uma aberração patológica. Nem me parece aceitável crer, fingindo-se que se não crê; asserir, fingindo-se que se não assere. A *adoxia* cética tem para mim o sabor de uma ficção.

Vivo, então, "doxicamente" minha vida de homem, sem filosofar. Ora, o estranho e curioso paradoxo do ceticismo está em que ele instala decididamente a filosofia no seio da vida comum. Se me permitem a expressão, ele a infesta de filosofia, para fazer a filosofia triunfar sobre ela e *reduzi-la*. Ele o consegue, mediante o ardiloso estratagema que consiste em tratar a visão comum do Mundo, que reflete nossa experiência cotidiana, como se ela fosse uma teoria do Mundo; em equiparar o uso ordinário do discurso ao seu uso filosófico; em tratar as asserções e opiniões do homem comum em pé de igualdade com as teses dos filósofos. Sob o pretexto de que os filósofos argumentaram contra elas e as contestaram ou, inversamente, de que argumentaram em seu favor e as defenderam, os céticos logram integrar as proposições ordinárias ao conflito das filosofias. A "promoção" insidiosa dessas proposições ao estatuto, pouco recomendável, de teses filosóficas propicia-lhes, então, a ocasião de a umas e outras oferecer um destino comum: o de serem igualmente objeto da dúvida cética e da suspensão de juízo. Tentando convencer-nos de que os homens comuns fazemos filosofia sem saber, o ceticismo rejeita toda pretensão humana ao saber, ao conhecimento, à verdade.[29]

Com relação à filosofia e com relação à vida comum, minha atitude é, portanto, bem mais radical que a do ceticismo. Minha renúncia à filosofia se quer total e definitiva, o ceticismo permanece nela; meu regresso à vida comum quer-se absoluto e sem compromissos, o ceticismo a *reduz* filosoficamente, ele é o triunfo da filosofia sobre a Vida. Se nela logro manter-me, apegado ao humano Saber do Mundo, se consigo resistir com êxito à investida cética, poderei ter a certeza de que me libertei para sempre do canto da sereia, de que me reencontrei realmente como homem.

---

29 O significado dessa contaminação da vida comum pelo filósofo e dessa "promoção" das proposições ordinárias ao estatuto de teses filosóficas é inteiramente outro – apresso-me a dizê-lo – que não o que conferi à promoção filosófica da visão comum do Mundo, tal como a delineei em "A Filosofia e a Visão Comum do Mundo" (cf. p.54s.), em que pese a semelhança das expressões de que me sirvo.

Terei vencido a luta contra a corrente. Em caso contrário, porém, meu retorno à plenitude da vida comum terá sido passageiro e ilusório. Vitorioso o ceticismo, as filosofias saberão servir-se dele para fazer-me rever minha renúncia a elas. Tal é, como tal sempre foi, o perigo do ceticismo: ele se faz facilmente – ele se fez, historicamente – porta de entrada, vestíbulo, propedêutica metodológica, a certas formas de dogmatismo. Ele "limpa o terreno" para essas filosofias, oferece-lhes o ensejo para a criação de seus espaços extramundanos. E muita filosofia dogmática soube espertamente pô-lo a seu serviço.

5

Ceticismo e mundo exterior[1]

I

Tornou-se um lugar bastante comum da filosofia moderna e contemporânea exigir, no ponto de partida de toda e qualquer reflexão filosófica e como condição *sine qua non* de seu mesmo desenvolvimento livre de predeterminações e prejuízos, a "suspensão metodológica de juízo sobre o mundo exterior". Não se proíbe ao filósofo, por certo, que viva a sua vida cotidiana como um homem qualquer, nem que continue a pautar sua conduta pelas regras costumeiras que presidem ao comportamento comum dos homens. O que se lhe pede, porém, é que – enquanto filósofo e não enquanto homem – não assuma em sua reflexão filosófica as opiniões, crenças e pretensões ao conhecimento próprias ao vulgo e que delas decididamente se dispa, por uma exigência de método, no decorrer de seu empreendimento de filosofar e desde o seu próprio início.

Poderia acaso ser de outra maneira, se a filosofia sempre se quis e se quer eminentemente crítica? Proceder de outro modo não seria o mesmo que prejulgar, ao menos em parte, aquilo mesmo que se quer submeter ao crivo da análise e da crítica filosófica? Predeterminar os rumos de nossa reflexão, os parâmetros de seu equacionamento e, numa medida importante, muitos já de seus resultados? Se assim é, não parecerá senão muito natural que a própria existência de um mundo exterior seja objeto de uma suspensão filosófica de juízo. Por um compreensível imperativo

---

1 Este texto foi publicado em *Análise* n.4, Lisboa, 1986, p.75-109; também em *Discurso* n.16, São Paulo, 1987, p.33-68; e em PORCHAT PEREIRA, O. *Vida comum e ceticismo*. São Paulo: Brasiliense 1993, p.121-65. Uma versão para o espanhol – "Escepticismo y Mundo Exterior" – foi publicada em *Cuadernos de Filosofía y Letras*, Bogotá, 1989, p.127-62.

metodológico, por-se-á, então, o mundo "entre parênteses". Não assumindo o mundo exterior como objeto de conhecimento ou saber, o filósofo reservar-se-á para, no momento oportuno, de dentro de seu sistema e coerentemente com ele, proferir uma decisão filosófica sobre o estatuto ontológico daquela "exterioridade" ou, pelo menos, sobre o real significado epistemológico da crença ordinária nela. Tão habitual se tornou essa postura metodológica e tão natural ela nos parece que não vislumbramos, à primeira vista, como se poderia assumir alguma outra sem incorrer num dogmatismo ingênuo e bem pouco crítico. De tal modo se incorporou à nossa tradição filosófica esse modo de ver as coisas que muitas filosofias nem mesmo se demoram em considerá-lo e esclarecê-lo, menos ainda em discuti-lo. A exigência metodológica, não menos presente, se torna aqui implícita. Não será exagerado, por isso mesmo, sustentar que ela desempenha o papel de um axioma básico da metodologia filosófica, cuja aceitação não se teria como nem por que questionar.

Entretanto, uma consideração mais atenta do desenvolvimento histórico do pensamento moderno nos faz facilmente ver que, nessa postura metodológica "natural" que se adota para filosofar, vem embutida toda uma história da filosofia, à qual ela está umbilicalmente ligada e da qual ela é um produto, por assim dizer, cristalizado.[2] Não mais se percebe isso tão somente porque o sentido da história se perdeu. Recordá-la, porém, nos leva a reconhecer que normas metodológicas que nos parecem obviamente impor-se representam, em verdade, o resultado datável de uma orientação filosófica particular, ainda que amplamente difundida e secularmente vitoriosa.

A origem *moderna* dessa postura metodológica encontra-se incontestavelmente na *1ª Meditação* de Descartes. Na busca de um fundamento firme para o saber, Descartes *suspende o juízo* sobre todas as opiniões que outrora recebera como verdadeiras (cf. Descartes, 1953, *Méditations*, p.271). Por mais prováveis que sejam e por mais difícil que seja recusar-lhes crença, Descartes empenha-se metodologicamente em destruí-las, bastando-lhe, para rejeitá-las, que não se manifestem como absolutamente certas e indubitáveis, isto é, que surja uma razão, por menor que seja, para delas duvidar (cf., ibidem, p.267-8). Sua dúvida se exerce sobre o conhecimento sensível, mediante os argumentos baseados nas ilusões dos sentidos e nos sonhos, e atinge os próprios conhecimentos matemáticos, graças à hipótese do gênio maligno. Assim, a suspensão de juízo se efetua universalmente sobre todas as nossas aparentes verdades costumeiras, incluindo explicitamente a mesma existência do mundo exterior: "Pensarei que o céu, o ar, a terra, as cores, as figuras, os sons e todas as coisas exteriores que nós vemos não são senão ilusões e enganos" (cf., ibidem,

---

2   As considerações que seguem resumem alguns pontos que abordamos em "Saber Comum e Ceticismo", cf. p.73-88.

p.272). A sequência, todos a conhecemos: a certeza irrecusável do *Cogito* resistirá à dúvida hiperbólica e triunfará sobre ela, constituindo o alicerce inabalável sobre que se erguerá todo o edifício filosófico e científico.

Um admirador de Descartes, o abade François Para du Phanjas, escreveu, em 1779, o que se pode tomar como um comentário lúcido e pertinente da estratégia cartesiana nas primeiras páginas das *Meditações:* "Descartes ensinou a seu tempo a arte de fazer o Ceticismo dar nascimento à Certeza filosófica" (cf. Popkin, 1979, p.172). O próprio Descartes, aliás, descreveu-se como o primeiro dos homens a derrubar as dúvidas dos céticos (cf., ibidem).[3] E, no intuito de derrubá-las, sua estratégia consistiu precisamente em retomar a velha argumentação cética, baseada nas ilusões dos sentidos e nos sonhos, contra nosso pretenso conhecimento das coisas exteriores, parecendo exacerbar a dúvida cética até o extremo limite, por meio da ficção metafísica do gênio maligno; em retomar a prática cética da suspensão do juízo, aplicando-a aparentemente de modo universal e radical, fazendo-a incidir expressamente sobre a própria existência das coisas exteriores, para finalmente manifestar a impotência do ceticismo ante a evidência irresistível do *Cogito*. Devemos a Richard Popkin páginas esclarecedoras sobre o confronto de Descartes com a crise pirrônica de seus contemporâneos e sobre o papel desse confronto no desenvolvimento de sua filosofia.[4] A Renascença fizera reviver o ceticismo grego, o novo pirronismo disseminou-se e achou guarida em boa parte dos mais brilhantes espíritos da época. Descartes, porém, assimila e utiliza instrumentalmente o arsenal cético para fazê-lo de algum modo voltar-se contra o próprio ceticismo, minando nossas certezas comuns para "limpar o terreno" e permitir que a certeza do *Cogito* venha a servir de fundamento para uma filosofia positiva e sistemática.

Inaugurando um estilo de filosofar basicamente justificacionista[5] e fundamentacionista,[6] que requer, como condição prévia para a constituição do saber filosófico, uma *tabula rasa* de nossas certezas comuns, em geral – e de nossas certezas sobre o mundo exterior, em particular –, o cartesianismo reservou ao ceticismo um curioso destino. Porque, ao utilizar instrumentalmente o ceticismo de que metodologicamente

---

3 Popkin nos remete a DESCARTES, R. *Objectiones Septimae cum Notis Authoris sive Dissertatio de Prima Philosophia, Oeuvres,* A.-T. VII, p.550.

4 Leia-se o cap. IX ("Descartes, Conqueror of Scepticism", p.172-92) de POPKIN, R. H. 1979.

5 Popper, a quem se deve a atual voga do termo "justificacionismo", caracteriza como justificacionistas aqueles filósofos que sustentam "roughly speaking, that whatever cannot be supported by positive reasons is unworthy of being believed, or even of being taken in serious consideration", cf. POPPER, K. 1974, "Truth, Rationality...", p.228.

6 Para Rorty, foi com o empirismo lockeano que a epistemologia fundamentacionista emergiu como o paradigma da filosofia, cf. RORTY, R. 1980, p.59. Mas é certo que o racionalismo cartesiano não é menos fundamentacionista em sua epistemologia.

se alimenta, ele estranhamente o preserva, embora pretendendo superá-lo. A suspensão cética de juízo sobre o mundo exterior converteu-se em estratégia padrão e em preliminar metodológico ao filosofar. Com isso, o cartesianismo deu um passo decisivo para a incorporação da mensagem cética ao pensamento moderno, o que nos permite mesmo falar adequadamente de um *modelo cético-cartesiano* estabelecido no início das *Meditações*.

Esse modelo, a filosofia pós-cartesiana adotou-o com extraordinária frequência.[7] Entretanto, com uma diferença fundamental: enquanto a metodologia cartesiana da *1ª Meditação* percorre sua etapa cética por via argumentativa, o pós-cartesianismo, de um modo geral, houve por bem prescindir dessa argumentação. Tudo se passa como se ela não tivesse mais de ser retomada, como se os resultados por meio dela alegadamente obtidos não tivessem mais de ser revistos, como se um novo empreendimento filosófico, qualquer que ele seja, devesse necessariamente ter princípio *já no fim da 1ª Meditação de Descartes*. A "suspensão metodológica de juízo sobre o mundo exterior" tornou-se algo como o axioma básico e indiscutível da metodologia filosófica ao qual me referia no início. E, desse modo, o ceticismo metodológico se fez um paradigma onipresente, por vezes um paradigma oculto, mas pelo menos pressuposto sempre. E pressuposto em plena ignorância de suas origens, como se ele não fosse o resultado histórico de uma determinada postura filosófica, construído sobre um estilo de argumentação muito particular.

II

Essa suspensão de juízo sobre as coisas exteriores, que a filosofia cartesiana de tal modo valorizou, foi sabidamente uma atitude característica e fundamental do ceticismo grego. Em verdade, a *epokhé* (suspensão de juízo) cética dizia respeito a todas as opiniões e crenças humanas, sustentadas por filósofos ou por homens comuns. Sexto Empírico descreve-nos o cético como um filósofo que, na esperança de obter a quietude e a imperturbabilidade (*ataraxía*), saiu a campo para investigar o que é verdadeiro e o que é falso nas coisas, porque perturbado pelas anomalias e contradições que nelas encontrava e pela dúvida sobre a que alternativas dar seu assentimento (cf. H.P. I, 12). Ele pôs-se a filosofar no intuito de efetuar um julgamento crítico

---

7 Em "Saber Comum e Ceticismo" cf. p.73-88, procurei mostrar como esse modelo é complementado pela "moral provisória" do *Discurso do Método*, a que corresponde, por sua vez, no ceticismo antigo, a adoção "adoxástica" da vida comum (*koinòs bíos*). A noção cartesiana de "morale par provision" é enriquecida por Gellner, que nos fala de uma "ética do conhecimento provisória", a qual constitui a outra face da suspensão de juízo sobre o mundo característica da postura epistemológica pós-cartesiana, cf. GELLNER, E. 1974, p.43.

de suas representações (*phantasíai*) das coisas e de aprender quais as verdadeiras e quais as falsas (cf. H.P. I, 26). O cético não suprime, por certo, as aparências (*tà phainómena*), isto é, aquilo que o conduz involuntariamente ao assentimento segundo a representação passiva (*phantasía pathetiké*) (cf. H.P. I, 19; também II, 10): ele dá assentimento às afecções (*páthe*) que se produzem necessariamente segundo a representação (cf. H.P. I, 13; também I, 193).

Em verdade, a aparência fenomênica (*tò phainómenon*) é o critério da escola cética, "assim chamando ao que é virtualmente sua representação" (cf. H.P. I, 22).[8] Mas tal gênero de concepção não envolve a realidade do que é concebido (cf. H.P. II, 10), os "fenômenos" por si mesmos "meramente estabelecendo o fato de que aparecem, mas não sendo capazes de indicar também que realmente existem (*hypókeitai*)" (cf. A.M. VIII, 368). A aparência fenomênica, porque repousa em assentimento e afecção involuntária, não é objeto de dúvida ou investigação (cf. H.P. I, 22).[9] Não se discute sobre o "fenômeno", que se reconhece, mas sobre sua interpretação: concedendo-se que algo aparece, investiga-se sobre se o objeto *é* tal qual *aparece*. O cético sente a doçura do mel e assente a que o mel lhe aparece como doce, mas é matéria de dúvida e investigação se ele é doce, no que concerne à sua essência ou *razão* (*lógos*), "o que não é o 'fenômeno', mas o que se diz do 'fenômeno'" (cf. H.P. I, 19-20). A dúvida se põe a propósito de um discurso (*lógos*) que, falando do "fenômeno", pretende desvelar sua essência ou razão (*lógos*), isto é, a propósito de um *discurso humano* que se propõe como interpretação da aparência fenomênica e como desvelamento do *discurso interno* do objeto, manifestando o *ser* para além do *aparecer*. E os filósofos pretendem, com efeito, que os "fenômenos" são significativos das coisas não evidentes (*tà ádela*), que por meio delas seriam apreendidas: segundo eles, "os 'fenômenos' são a visão das coisas não evidentes" (cf. H.P. I, 138).

Ora, é precisamente essa pretensa passagem do nível fenomênico ao do ser não evidente que o cético vai pôr em xeque, recordando aliás que é objeto da própria investigação filosófica a questão sobre se as aparências fenomênicas têm existência real (cf. A.M. VIII, 357). Filósofos e mesmo pessoas comuns polemizam sobre se as aparências fenomênicas são sensíveis ou inteligíveis (cf. A.M. VIII, 362). E é grande

---

8   Sexto Empírico identifica aqui o "fenômeno" e sua representação, não distinguindo entre o que nos aparece e o que seria virtualmente nossa representação do que nos aparece. Em outras palavras, nossas representações são os próprios objetos de nossa experiência. A respeito dessa identificação entre *phantasía* e *phainómenon* por Sexto Empírico, em contraposição a Enesidemo, que os distinguiu, leiam-se as excelentes considerações de STOUGH em seu livro *Greek Skepticism*, University of Califórnia Press, 1969, p.115-25.

9   Anteriormente aos céticos, os cirenaicos haviam sustentado, como nos lembra Sexto Empírico, a infalibilidade de nossas afecções (*páthe*) e somente delas, cf. A.M. VII, 191.

e manifesta a discordância (*diaphonía*) das posições: alguns negam às aparências fenomênicas uma existência real, enquanto outros lhes atribuem a existência real e tentam provar por argumentos que elas são verdadeiras (cf. A.M. VIII, 365; também VII, 369). E a mesma comparação entre as aparências fenomênicas, de que se poderia querer tirar alguma luz, revela apenas um insanável conflito entre elas (cf. A.M. VIII, 362-3) e nos deixa perplexos sobre onde fundamentar nossa confiança nelas (cf. A.M. VIII, 365-6),[10] de modo a transcender o nível puramente fenomênico. A *diaphonía* generalizada entre os discursos, filosóficos ou apenas comuns, que se querem veículos de uma tal transcendência, o filósofo cético a descobre, em cada caso, insuscetível de ser resolvida (cf. H.P. I, 165).[11] Pois sua experiência é sempre a da igual força (*isosthéneia*) dos discursos e razões que se aduzem e podem aduzir, em cada caso, a favor das partes em conflito (cf. H.P. I, 8-10, 26; também A.M. VIII, 363). Usando uma de suas fórmulas preferidas, o cético dirá então que "a todo discurso se opõe um discurso igual", tendo em vista os discursos que se propõem a estabelecer algo "dogmaticamente", isto é, com remissão a uma não evidência, e entendendo essa igualdade no sentido da credibilidade ou não credibilidade e aquela oposição como conflito (cf. H.P. I, 1, 202-3).[12] Essa prática de opor a todo discurso um discurso de igual força, Sexto Empírico nô-la descreve como o princípio fundamental do ceticismo (cf. H.P. I, 12). Assim, ao reconhecimento da *diaphonía*, que por si só já exibe a não evidência,[13] sucede, em cada caso, a manifestação da *isosthéneia*.

Incapaz de decidir entre alternativas de igual peso, não tendo como aceitar uma opinião ou rejeitá-la, o cético é levado à suspensão de juízo, à *epokhé* (cf. H.P. I, 26).[14] Como nos explica Sexto Empírico, a *epokhé* é "um estado de repouso do intelecto (*diánoia*), devido ao qual nada afirmamos nem negamos" (cf. H.P. I, 10); ao dizer que suspende o juízo, o cético quer simplesmente significar que é incapaz de dizer no que deve acreditar ou não acreditar entre quantas coisas se lhe apresentam, já que lhe aparecem iguais as alternativas no que respeita à sua credibilidade ou não credibilidade (cf. H.P. I, 196). Ocorre assim que, em virtude da *isosthéneia* e da consequente inevitabilidade da *epokhé*, o cético deixa de "dogmatizar" (cf. H.P. I,

---

10   Cf. H. P. I, 227: "Quanto às representações, nós dizemos que elas são iguais quanto à credibilidade ou não credibilidade, no que respeita à razão (*lógos*)".

11   O tropo da *diaphonía* é, como se sabe, um dos cinco tropos gerais da argumentação cética que se devem a Agripa, cf. H.P. I, 164-77.

12   Sobre "dogma" no sentido de assentimento a um dos objetos não evidentes de que se ocupam as ciências, cf. H.P. I, 13.

13   Cf. H.P. II, 182: "pois as coisas controversas, na medida em que são controvertidas, são não evidentes".

14   E o cético descobre que a *ataraxía*, que ele buscava na verdade sobre as coisas, sobrevém como por acaso à *epokhé* sobre a verdade e a realidade, cf. H.P. I, 26-30.

12), isto é, não mais dá assentimento a nenhuma das coisas não evidentes. Ele não encontrou um critério de verdade, um critério que regule a crença na realidade ou irrealidade.[15] O cético se confinará, então, se assim nos permitimos expressar-nos, ao universo de suas representações. Mesmo ao proferir suas fórmulas, estará apenas anunciando, sem opinar (*adoxástos*) o que lhe aparece, "sem fazer nenhuma asserção positiva sobre os objetos exteriores" (*perí tôn éxothen hypokeiménon*, cf. H.P. I, 15) e sobre sua natureza (cf. H.P. I, 208; também I, 215):[16] ao dizer, por exemplo, que a todo discurso se opõe um discurso igual, sua proferição não é "dogmática", mas meramente "o anúncio de uma afecção humana (*anthropeíou páthous apaggelían*) que aparece (*hó esti phainómenon*) a quem a experiencia" (cf. H.P. I, 203). Mesmo ao discorrer sobre o ceticismo, o cético não está afirmando positivamente que as coisas são como ele as diz, mas apenas anunciando, à maneira de um cronista, o que lhe aparece no momento (cf. H.P. I, 4). Seu discurso nunca é assertivo nem opinativo, ele não visa a uma realidade, ele se produz como mero "discurso da representação", expressão da pura fenomenicidade. E, o que é mais, esta análise do seu discurso, o cético deve em verdade estendê-la a todos os discursos, em que pesem as pretensões de seus autores. Assim, por exemplo, um filósofo que se diz critério da verdade está apenas dizendo o que lhe aparece (*tò phainómenon hautô*) e nada mais (cf. A.M. VII, 336), o mesmo ocorrendo com cada um dos outros filósofos que o contradizem. A fenomenicidade adquire destarte uma dimensão universal, ela recobre igualmente ambos os domínios do sensível e do inteligível. E a *epokhé* nada mais faz senão traduzir a incapacidade humana para transcendê-la.

Para manifestar a efetiva *isosthéneia* dos discursos todos que se propõem a transcender a esfera fenomênica e desse modo mostrar a inevitabilidade da *epokhé*, o ceticismo grego constituiu, como se sabe, um conjunto extraordinário de argumentos, que ele foi sistematizando ao longo de sua história e cuja ordenação final nós encontramos nas obras de Sexto Empírico. Este autor expõe-nos as figuras gerais da argumentação cética, elaboradas pelos velhos e pelos novos céticos, particularmente os dez tropos de Enesidemo (cf. H.P. I, 36-163) e os cinco tropos de Agripa (cf. H.P. I, 164-77). E passa longamente em revista as posições "dogmáticas" nas diferentes ramificações do pretenso saber humano, sobretudo na Lógica, na Física e na Ética, que correspondem às três divisões da filosofia tornadas tradicionais pelo

---

15   Sobre a inexistência de um critério de verdade, cf. H.P. II, 18-21; sobre os vários significados de "critério", cf. I, 21s; II, 14-7. Para uma discussão geral da problemática do critério, cf. II, 22-79 e todo o A.M. VII.

16   Sexto Empírico usa diferentes expressões para referir-se às coisas exteriores, *tò éxothen hypokeímenon*, (cf. H.P. I, 15), *tò ektòs hypokeímenon* (cf. H.P. I, 48, 61, 99, 102, 113, 117, 128, 134, 144), *tò hypokeímenon* (cf. H.P. I, 47, 58, 59, 78, 80, 87, 106, 140), *tò ektós* (cf. H.P. I, 46, 80, 99), *tò prâgma* (cf. H.P. I, 107, 118, 132, 140), *tò ektòs hypokeímenon prâgma* (cf. H.P. I, 163).

pensamento estoico (cf. H.P. II, 13; A.M. VII, 1-26). Alguns entre aqueles argumentos, sobretudo os que se contêm em boa parte dos tropos de Enesidemo – e deles fazem precisamente parte os argumentos que se fundamentam nas ilusões dos sentidos – pareceriam, à primeira vista, pôr em xeque tão somente nosso conhecimento da real natureza dos objetos exteriores, não porém a sua própria realidade.[17] Pois não é assim que se deveria interpretar uma passagem como esta: "Serei capaz de dizer como me aparece cada um dos objetos, mas sobre como ele é quanto à sua natureza serei compelido... a suspender o juízo" (cf. H.P. I, 78)? Desse tipo são os argumentos baseados nas diferenças entre os animais ou entre os seres humanos, na diferente constituição dos órgãos dos sentidos, nas diferenças entre as condições e disposições humanas (incluindo-se aqui o argumento dos sonhos), na diferença das percepções conforme a posição, distância e localização dos objetos[18] etc. A suspensão de juízo diria respeito, não propriamente à realidade de um mundo exterior, mas aos recortes que nossa percepção sobre ele efetua. Creio, no entanto, que uma análise mais atenta e aprofundada desses argumentos nos revela que eles sugerem claramente a distinção entre objeto fenomenal e objeto real, nossas impressões dizendo respeito ao primeiro, nossa *epokhé* traduzindo a impossibilidade de afirmar *o que quer que seja* sobre o último: nem mesmo caberia, por exemplo, dizer que temos a percepção *de* objetos exteriores. Como disse Ch. L. Stough, concluindo sua lúcida análise da doutrina do *phainómenon* de Enesidemo, a meu ver com inteira razão: "O método de Enesidemo... fornece uma base para uma epistemologia puramente fenomenista, na qual o objeto exterior, privado de qualquer função, se tornou totalmente desnecessário" (cf. Stough, 1969, p.105).[19]

Seja como for, numerosos outros textos de Sexto Empírico são absolutamente decisivos no sentido de mostrar-nos que a *epokhé*, tal como preconizada pelo ceticismo grego (deste excluindo-se, por certo, a filosofia probabilista da nova Academia),[20] punha em xeque a exterioridade do mundo, em geral. Contra os filósofos que, para defender o caráter adequado e suficiente da percepção sensível, argumentavam que a Natureza fizera os sentidos comensuráveis com seus objetos, Sexto Empírico pergunta "qual Natureza?" e lembra a *diaphonía* indecidível entre os "dogmáticos" acerca da mesma realidade da Natureza (cf. H.P. I, 98). Mas são sobretudo

---

17   Cf., por exemplo, H.P. I, 61, 78, 93, 124, 132 etc.

18   Correspondendo, respectivamente, aos 1° (cf. H.P. I, 40-78), 2° (cf. I, 79-91), 3° (cf. I, 91-9), 4° (cf. I, 100-17) e 5° (cf. I, 118-23) tropos de Enesidemo. O argumento dos sonhos, utilizado no 4° tropo (cf. I, 104), não recebe aqui um tratamento privilegiado, como na 1ª *Meditação* de Descartes. Recebe-o, no entanto, na crítica de Carnéades à noção estoica de representação apreensiva, cf. A.M. VII, 402-3.

19   Leia-se todo o cap. 4 ("Skepticism of Aenesidemus"), p.67-105.

20   Sexto Empírico insiste na distinção entre a filosofia cética e a filosofia acadêmica de Arcésilas e Carnéades, cf. H.P. I, 3 e, mais particularmente, 226-35.

os dois livros *Contra os Físicos* (respectivamente A.M. IX e X) e o terceiro livro das *Hipotiposes Pirronianas* que se podem aqui invocar. Neles, Sexto passa sucessivamente em revista os argumentos que se podem aduzir para mostrar o caráter inapreensível da realidade dos deuses ou de uma divindade qualquer, de uma causalidade ou passividade real nos objetos, dos princípios materiais, dos corpos, das várias formas do movimento e do repouso, do devir e do perecer, do lugar e do tempo, do número;[21] sobre todos esses tópicos da filosofia "dogmática" e do pretenso saber comum, não resta ao cético senão a *epokhé*. Mesmo aqueles discursos que pareceriam estar plenamente fundamentados nas aparências fenomênicas, como os que afirmam a realidade do movimento, se veem contestados por igualmente fortes argumentos filosóficos, não tendo o cético como entre uns e outros decidir (cf. H.P. III, 81).[22] A filosofia estoica havia identificado o Todo (*tò hólon*) com o mundo (*kósmos*), mas sólidos argumentos também se podem formular em favor da irrealidade de todos e de partes (cf. H.P. III, 98-101 e A.M. IX, 331-58, part. 331-2). Nunca tendo como justificar qualquer pretensão do discurso de transcender a esfera da fenomenicidade, *o cético suspende necessariamente seu juízo sobre a própria existência de uma realidade exterior.* Compreende-se que nenhum argumento aparentemente mais radical como o do gênio maligno cartesiano se faz necessário; aliás, a realidade mesma de uma divindade qualquer já é objeto da *epokhé* cética e um argumento dessa natureza não haveria por que considerar-se particularmente relevante.

III

Deixemos por alguns momentos as questões históricas e reflitamos um pouco sobre a noção mesma de realidade do mundo exterior. É, por certo, uma estranha noção. Em relação a que se dirão exteriores certos objetos? Em relação a que se dirá exterior o mundo? "Mundo exterior" parece imediatamente contrapor-se a "mundo interior" e, em que pesem as conotações espaciais dessas expressões, uma tal distinção e oposição parece que imediatamente nos remetem, se queremos servir-nos de uma terminologia moderna, à distinção e oposição entre mental e não mental, entre a *mente* humana (o que quer que a expressão "mente" possa designar) como "universo interior" e tudo aquilo que dela não faz parte, isto é, a realidade "fora da

---

21 Sobre os deuses, cf. A.M. IX, 13-194 e H.P. III, 2-12; sobre a causalidade e a passividade, cf. A.M. IX, 195-330 e H.P. III, 13-29; sobre os princípios materiais, cf. H.P. III, 30-7; sobre os corpos, cf. A.M. IX, 359-440 e H.P. III, 38-55; sobre o movimento e o repouso, cf. A.M. IX, 37-168 e H.P. III, 63-97, 102-8, 115-8; sobre o devir e o perecer, cf. A.M. X, 310-51 e H.P. III, 109-14; sobre o lugar, cf. A.M. X, 6-36 e H.P. III, 119-35; sobre o tempo, cf. A.M. X, 169-237 e H.P. III, 136-50; sobre o número, cf. A.M. X, 248-309 e H.P. III, 151-7.

22 Sexto desenvolve considerações análogas acerca da existência do lugar, cf. H.P. III, 135.

mente", o mundo. Desta realidade extramental entende-se fazer parte, então, o nosso corpo, objeto exterior como os outros que o são, parte do mundo e mundo, também ele.[23] A natureza e o alcance de uma tal bipolarização se tornam bastante patentes quando se considera a questão do mundo exterior sob o prisma da dúvida ou da suspensão de juízo sobre sua existência. Ou mesmo quando nos propomos simplesmente a examinar, ainda que sem suspender o juízo ou duvidar, quais seriam os fundamentos de nossa crença numa realidade exterior e que razões se podem invocar para validá-la; ou quando fazemos a mera asserção de que temos boas razões para acreditar que há objetos exteriores.[24] Com efeito, a análise da mesma linguagem de que nos servimos, em cada um desses casos, parece muito claramente indicar que se está, desde o início, reconhecendo e assumindo aquela bipolaridade. Pois, dizendo que temos dúvida sobre a existência de uma realidade exterior, ou que sobre ela suspendemos o juízo, ou que buscamos razões para justificar nossa crença nela, ou mesmo apenas proclamando que as temos, também estamos ao mesmo tempo *ipso facto* pressupondo que, se uma vez mais nos permitimos uma metáfora espacial, o lugar onde se dão essas diversas operações é a nossa mente, espécie de "universo interior" a que se contrapõe um mundo que concebemos como "exterior" e inteiramente outro que não ela, unicamente em relação à qual se define essa "exterioridade".

Em outras palavras, uma simples reflexão sobre um qualquer desses procedimentos de problematização, explícita ou meramente implícita, da existência do mundo "exterior" imediatamente descobre – e isso como condição *sine qua non* da própria inteligibilidade de nossa linguagem – que ele necessariamente repousa sobre o reconhecimento e a aceitação *prévia* de uma distinção radical entre a mente e o mundo. Aquela, como o "lugar" da própria dúvida ou crença, este como o seu objeto. Aquela, como uma espécie de "espaço interno" onde se dá a representação do mundo, este como o seu correlato intencional, a investigação dizendo respeito à eventual realidade ou não realidade de um tal correlato. Mas a mente, também, como o que é *dado* e não é problematizado, enquanto o mundo, ao contrário, como o que não é *dado*, já que é, ou pode ser, problematizado. E o próprio vocabulário da exterioridade já sugere, de si mesmo, uma tal problematização e a ela convida. De fato, precisamente porque pressupõe – e se contrapõe a – uma "interioridade" *dada*, a noção de exterioridade

---

23 Referindo-se ao que chama de "teoria oficial" sobre a mente ("o dogma do Fantasma na Máquina", cuja origem atribui à filosofia cartesiana) e à concepção de um mundo mental em oposição ao mundo físico, em ambos os quais se desenrolaria a história particular de cada pessoa, escreve Ryle: "It is customary to express this bifurcation of his two lives and of his two worlds by saying that the things and events which belong to the physical world, including his own body, are external, while the workings of his own mind are internal", cf. RYLE, G. 1949, p.14.

24 Como na seguinte passagem de Malebranche, a propósito dos corpos exteriores: "Nous avons... plus de raison de croire qu'il y en a, que de croire qu'il n'y en a point. Ainsi il semble que nous devions croire qu'il y en a", cf. MALEBRANCHE, N. 1976, III, 63.

emerge, por assim dizer, já prenhe de problematicidade e a possibilidade desde logo se insinua de questionar-se a realidade dessa "exterioridade".

De outro lado – e na medida mesma em que nosso corpo está incluído nessa "exterioridade" problemática ou problematizável –, parece também inegável que, a cada vez que exprimimos um daqueles procedimentos de problematização da existência do mundo "exterior", estamos pressupondo que a referencialidade do pronome "eu", ingrediente por certo necessário de nossas formulações linguísticas e utilizado para falarmos daquela dúvida ou suspensão de juízo ou investigação ou crença, diz primordialmente respeito a nossa mente. Com efeito, operada a distinção entre a mente e o corpo e problematizado o corpo, é àquela que o pronome então imediatamente remete, destarte assinalando a consumação de uma como ruptura entre o *eu* e o corpo próprio. O corpo, que eventualmente cremos "ter", aparece assim como outra coisa que não verdadeiramente o nosso *eu*, como fazendo parte, não deste, mas, sim, do mundo que está "fora de nós" e no qual, por isso mesmo, parece devermos também dizer que, de algum modo, não estamos. Além disso, precisamente porque a "interioridade" é *dada* e não o é a "exterioridade", diremos que somente àquela temos acesso imediato e não a esta, não portanto também a nosso corpo. Nosso acesso privilegiado é ao "universo de nossa mente", isto é, a nossos pensamentos, ideias, impressões, afecções, representações; em suma, à esfera da representação, não às coisas e aos objetos representados.

Essas considerações, ainda que sucintas, parecem-nos claramente indicar que a problematização cética do mundo "exterior" – como também, aliás, a mera concepção de uma tal "exterioridade", mesmo se acompanhada de crença firme em sua existência real – implica efetivamente a oposição nítida entre mente e mundo, a distinção radical entre mente e corpo, a contraposição entre representação e objeto representado; em resumo, uma doutrina positiva da mente e uma concepção da representação a ela associada, mesmo se apenas em germe e não explicitamente formuladas. Mas creio podermos dizer mais do que isso: é porque se adere *de início* a uma tal doutrina e a uma tal concepção, mesmo se apenas entrevistas e não desenvolvidas, que a "exterioridade" pode conceber-se e emergir como problema e as diferentes modalidades de problematização podem ter lugar. Porque perguntar pela existência de uma realidade "exterior" é o mesmo que perguntar se ao "mental" que nos é "dado" corresponde algo de "não mental", isto é, se o "mental" representa efetivamente algo real e outro que não ele, se a partir dele podemos inferir a existência desse outro, transcendendo a representação e atingindo o representado. Como se disse recentemente, esta é a pergunta "profissional" do ceticismo.[25]

---

25 Cf. RORTY, R. 1980, p.49: "skepticism in the manner of Descartes' *First Medilation* was a perfectly definite, precise, 'professional' question: How do we know that anything which is mental represents anything which is not mental?". Rorty entende, porém, que o ceticismo antigo não formulou essa pergunta "profissional".

Assim, a investigação sobre a existência de uma realidade "exterior" não é mais que a investigação sobre como responder a essa pergunta. E a suspensão cética do juízo sobre aquela realidade é a confissão de que para essa pergunta não se encontrou uma resposta. Analogamente, dizer que se têm boas razões para crer numa tal realidade é dizer que se encontrou para essa pergunta uma boa resposta. Mas tudo isso somente se compreende se uma distinção nítida entre "mental" e "não mental" já está postulada, firmada e assumida previamente. Se já se aceitou, de algum modo, desde o início aquilo que Place denominou "a falácia fenomenológica", isto é, a ideia de que "descrições das aparências das coisas são descrições do atual estado de coisas (*state of affairs*) num misterioso ambiente interno" (cf. Place, 1970, p.42), a suposição de que,

> quando o sujeito descreve sua experiência, quando ele descreve como as coisas se dão a seu olhar, ouvido, olfato, gosto ou tato, ele está descrevendo as propriedades literais de objetos e eventos numa espécie peculiar de tela interna de cinema ou televisão. (cf., ibidem, p. 49)[26]

São essa aceitação e essa suposição prévias que dão sentido à tarefa proposta de buscar o mundo a partir de nossas representações. Assim como são elas, também, que permitem uma asserção como a de que "eu não me contradigo ao sustentar positivamente que *eu* não conheço nenhum fato externo" (cf. Moore, 1970, p.159). O "exterior" se torna problema porque se privilegiou decididamente o "interior". Não fosse essa opção – e trata-se de uma nítida opção filosófica – e outra teria necessariamente de ser a maneira de lidar-se com os argumentos baseados nas ilusões dos sentidos, nos sonhos, nas "contradições" da experiência perceptiva em geral, na eventual perfídia de um deus enganador, na discordância infindável das opiniões dos filósofos e dos homens comuns, ou na eventual força igual de persuasão dos discursos em conflito. Não fosse ela e não haveria como justificar a ideia, afinal de contas bastante estranha, de que a existência e a natureza das coisas se devem discutir a partir da consideração e análise de nossos processos mentais. Em outras palavras, estou defendendo a tese de que a problematização cética do mundo, concebido como "exterior", repousa em verdade, em que pese a pretensão dos céticos de haverem procedido a uma *epokhé* universal sobre *todas* as opiniões e doutrinas, sobre uma opção filosófica particular, isto é, sobre *alguma forma de filosofia da mente*, no sentido mais geral que se possa conferir a essa expressão. Uma tal filosofia da mente pode obviamente assumir distintas configurações, mas me parece que duas alternativas mais imediatamente se desenham: pode optar-se por uma teoria substancialista

---

26 Lembre-se a comparação humeana da mente com um teatro: "The mind is a kind of theatre, where several perceptions successively make their appearance; pass, re-pass, glide away, and mingle in an infinite variety of postures and situations", cf. HUME, D. 1992, p.253.

da mente, identificando-se *eu* e substância pensante, recusando-se *ipso facto* abertamente a postura cética inicial ou, pelo menos, rejeitando-se sua extensão para além da problemática do mundo "exterior"; ou pode optar-se por uma noção de mente como mero feixe e sucessão de *data* incorrigíveis e indubitáveis, eventualmente suscetíveis de serem integrados e sistematizados em maior ou menor grau. Esta segunda maneira de conceber a mente faz dela uma coleção de "representações" ou "percepções", com a qual se pode identificar o *eu* – e o homem.[27]

IV

Tudo isso parece-me resultar de uma consideração mais atenta da questão da assim chamada exterioridade do mundo e de sua problematização filosófica. E não vejo como se pudessem evitar tais conclusões. Retornemos, porém, ao ceticismo histórico, tal como ele nos foi preservado e explicitado na obra de Sexto Empírico. Parece-me que tudo quanto acima expus a propósito da *epokhé* cética sobre a existência de uma realidade "exterior" já nos propicia elementos mais que suficientes para mostrar que a reflexão teórica há pouco esboçada se vê plenamente confirmada pela análise histórica. Isso salta-nos tanto mais aos olhos quando recordamos que a postura crítica do ceticismo se definiu fundamentalmente contra um pano de fundo constituído pelo sistema filosófico estoico, reconhecidamente predominante naquela época, e quando atentamos na estreita relação que facilmente se descobre entre a formulação de problemática cética e a teoria estoica do conhecimento. Esta, como se sabe, construiu-se sobre a noção de representação (*phantasía*) e uma de nossas principais fontes para reconstitui-la é precisamente a obra de Sexto Empírico (cf. A.M. VII, 227-62, 370-439: H.P. II, 70-9).[28] Inicialmente entendida como uma impressão (*týposis*) na alma, posteriormente como uma alteração (*heteróiosis*) nela, a *phantasía* estoica, a partir de sucessivas discussões entre os filósofos da Escola e

---

27 Cf. HUME, D. 1992, *Appendix*, p.634: "When I turn to *myself*, I never can perceive this *self* without some one or more perceptions; nor can I ever perceive any thing but the perceptions. 'Tis the composition of these, therefore, which forms the self". Acerca dos homens em geral, cf., ibidem, p.252: "they are nothing but a bundle or collection of different perceptions which succeed each other with an inconceivable rapidity, and are in a perpetuai flux and movement". Sobre a mente, cf. ibidem, p.207: "what we call a *mind*, is nothing but a heap or collection of different perceptions, united together by certain relations, and suppos'd, tho' falsely, to be endowed with a perfect simplicity and identity".

28 Sobre o significado da noção de *phantasía* para a teoria estoica do conhecimento, diz Stough: "The notion of impression (*phantasía*) is of major importance in the Stoic theory. It is central to their account of the origin of knowledge and is, accordingly, the most important component in the resulting definition" (cf. STOUGH, Ch. L. 1969, p.36). Preferimos traduzir *phantasía* por "representação" antes que por "impressão", como faz Stough.

outras tantas reformulações da doutrina (cf. A.M. VII, 227s), veio a ser definida como uma alteração passiva na parte regente (*tò hegemonikón*) da alma, estando nesta definição implicado que essa passividade é o resultado de um impacto produzido pelos objetos exteriores (*tà ektós*) ou das afecções (*páthe*) em nós, como, por exemplo, no caso dos sonhos. E as representações são classificadas (cf., ibidem, 241s) em persuasivas ("prováveis", *pithanai*), não persuasivas ("improváveis", *apíthanoi*), tanto persuasivas como não persuasivas e nem persuasivas nem não persuasivas; as persuasivas produzem um movimento brando na alma, o que não ocorre com as não persuasivas, as quais nos fazem declinar do assentimento. Das representações persuasivas ou "prováveis", umas são verdadeiras (aquelas a cujo respeito é possível fazer uma asserção verdadeira), outras falsas (a respeito das quais é possível fazer uma asserção falsa, como, por exemplo, a de que o remo sob a água está torcido), outras verdadeiras e falsas (como a representação que Orestes teve de Eletra, verdadeira porque produzida por um objeto real, mas falsa na medida em que pareceu a Orestes, em sua loucura, ter a representação de uma Fúria), outras ainda nem verdadeiras nem falsas (como as representações genéricas). E uma representação verdadeira dir-se-á apreensiva (*kataleptiké*) ou não apreensiva. Esta noção de representação apreensiva é básica, como se sabe, para a teoria estoica do conhecimento – os estoicos dela fizeram o critério da verdade (cf., ibidem, 227) – e contra ela se concentrou particularmente a crítica cética. Os estoicos entenderam a representação apreensiva como "aquela que provém de um objeto real e é modelada e estampada conforme ao próprio objeto real, sendo tal que não poderia provir de algo irreal" (cf., ibidem, 248),[29] uma representação que, por assim dizer, reproduz "artisticamente" todas as peculiaridades do objeto. E alguns estoicos acrescentaram à definição a expressão "não tendo nenhum obstáculo", para levar em conta aqueles casos em que uma representação, em si mesma verdadeira e apreensiva, pode no entanto aparecer ao sujeito como "improvável", em virtude das circunstâncias do momento.

Mas, não havendo obstáculo, a representação apreensiva, "sendo evidente e impressiva, quase nos toma pelos cabelos, dizem eles, arrastando-nos ao assentimento e de nada mais precisando para de tal modo sobrevir-nos, ou para indicar sua diferença em relação às outras" (cf., ibidem, 257-8), qual uma luz que a Natureza nos deu para o conhecimento da verdade. Essa representação é de tal natureza que, além de ser verdadeira, é incapaz de tornar-se falsa (cf., ibidem, 152). E os estoicos dirão que, tanto quanto é absurdo alguém conceder a existência das cores mas abolir a visão como irreal ou indigna de confiança, ou dizer que os sons existem mas negar a existência da audição, é-o também reconhecer a existência dos objetos, investindo

---

29   Cf., também A.M. VII, 152, 402, 426. Sexto explica demoradamente essa definição em 248-60.

porém contra as representações, por meio das quais eles se apreendem (cf., ibidem, 260). O conhecimento se entenderá, então, como uma apreensão firme e infalível do objeto, esta apreensão não mais sendo do que assentimento a uma representação apreensiva (cf., ibidem, 151).

Temos assim, no estoicismo, de um lado, uma clara oposição entre a alma e os objetos "exteriores" (*tà ektós*) e uma nítida teoria causal da percepção – é o próprio Sexto quem expressamente nô-lo aponta;[30] de outro, uma concepção especular do conhecimento perceptivo, entendido como apreensão infalível do objeto, sob forma de assentimento à representação apreensiva que ele produz na alma, numa luminosa evidência que torna inquestionável a experiência e compulsório o assentimento. O que nos permite dizer que, para o estoicismo, o conhecimento do "exterior" se constrói, de algum modo, como uma experiência "interior" de natureza toda peculiar.[31]

Os filósofos da Nova Academia, Arcésilas e Carnéades em particular, rejeitarão a teoria estoica da representação apreensiva e negarão a existência de um critério qualquer de verdade.[32] Carnéades lembrará que um tal alegado critério não subsiste independentemente da afecção (*páthos*) da alma produzida pela evidência sensorial, nela, em verdade, devendo ser buscado; enquanto a representação estoica se propõe como uma afecção do ser vivo que seria indicativa tanto de si própria quanto do objeto evidente que a produz (cf. A.M. VII, 160-2). Por outro lado, já argumentara Arcésilas que nenhuma representação é tal que não possa ser falsa (cf., ibidem, 154). E Carnéades insistirá em que sempre será possível descobrir, em face de qualquer representação aparentemente verdadeira, uma outra que, embora falsa, é exatamente semelhante àquela primeira e é dela, portanto, indistinguível (cf., ibidem, 164). Consideremos as representações de um homem que sonha ou em estado de loucura (cf., ibidem, 402-8): elas são tão evidentes e impressivas quanto as de outro homem qualquer, essa igual evidência e impressividade testemunhando de sua indistinguibilidade em relação às outras; por outro lado, o fato de que essas representações, além de impelirem ao assentimento, conduzem a ações que lhes são conformes, como é obviamente o caso da loucura, indica seu alto grau de evidência e impressividade. Em outras palavras, a análise das afecções da alma que constituem as representações não descobre nenhum traço característico, nenhuma diferença real

---

30   Cf., ibidem, 383: "A representação é um efeito do objeto representado (*tò phantastón*) e o objeto representado é a causa da representação".

31   Deixamos de lado, por não dizer diretamente respeito a nosso propósito, a difícil teoria estoica dos *lektá* ("exprimíveis"), entidades incorpóreas tais como as proposições (*axiómata*), que produzem na alma as "representações racionais" (*phantasíai logikaí*), através das quais pode a razão a elas aceder, cf. A.M. VIII, 69s; Sexto expõe a crítica cética dessa teoria em 75s; 258s; 404s.

32   Sobre a crítica de Arcésilas à noção estoica de representação, cf. A.M VII, 150-8; sobre a de Carnéades, cf. 159-66, 402s.

que permita efetivamente distinguir as representações ditas apreensivas daquelas a que se não confere esse estatuto.

A recusa do critério estoico da verdade sobre o mundo "exterior" não obstou, entretanto, a que os filósofos da Academia assumissem a base mesma da teoria da representação, sobre ela desenvolvendo sua doutrina "probabilista".[33] Carnéades, com efeito, retoma a noção de *phantasía*[34] e lembra seu caráter duplamente relativo: a representação é sempre *de* um objeto (um objeto sensível externo, por exemplo), mas ela é também *de* alguém (do homem no qual ela se dá). Sua verdade ou falsidade – da qual não temos critério – diz respeito à sua relação com o objeto; com relação, porém, ao sujeito que as experimenta, algumas representações lhe são aparentemente verdadeiras e se dirão persuasivas (ou "prováveis", *pithanai*), outras lhe são aparentemente falsas e se dirão não persuasivas (ou "improváveis", *apíthanoi*). Entre as representações "prováveis", algumas são obscuras e vagas, outras ao contrário exibem a aparência de verdade de modo intenso, de uma intensidade que pode assumir diferentes graus, permitindo-nos distinguir entre representações mais ou menos "prováveis", conforme a sua maior ou menor vivacidade (cf. A.M. VII, 171-2).[35] E Carnéades toma, então, a representação "provável" como critério (cf., ibidem, p.173), não por certo para o conhecimento da realidade, mas para a conduta da vida e a aquisição da felicidade (cf., ibidem, p.166). Em face, porém, de questões não triviais, mas de maior importância, não nos satisfaremos com regular nossa conduta por representações meramente "prováveis"; nesses casos, dado que nossas representações se combinam umas com as outras como os elos de uma cadeia, formaremos nosso juízo a partir da concorrência (*syndromé*) de várias representações e de sua integração consistente umas com as outras: nosso critério será, então, uma representação "inabalável" (*aperíspastos*), isto é, uma representação que, além de "provável", está também integrada num sistema de representações consistente. Em questões de importância máxima, quando nossa própria felicidade está em jogo, exigiremos ainda mais de nossas representações, procedendo ao escrutínio sistemático e atento de cada uma daquelas que se acham mais estreitamente concatenadas com a representação que nos interessa, isto é, nós testaremos nossa representação, obtendo destarte uma representação com o grau máximo de confiabilidade: além de "provável" e "inabalável", ela estará também "testada" (*diexodeuméne*) (cf., ibidem, p.176-89).

---

33   Cf. STOUGH, Ch. L. 1969, p.41: "But the Academics made no effort to repudiate the psychology at the base of the doctrine (isto é: da doutrina estoica do conhecimento). In fact, they accepted the theory of impressions as such and the perceptual model that it suggests".

34   Sobre a doutrina da representação de Carnéades, cf. A.M. VII, 166s.

35   É impossível não fazer a aproximação entre a doutrina da representação de Carnéades e a teoria humeana das percepções e da crença, tal como exposta no livro I do *Tratado da Natureza Humana*.

Ao conhecimento infalível dos estoicos sucede assim o conhecimento "provável" dos Acadêmicos. Assume-se sempre, por certo, a "exterioridade" e mantêm-se a teoria da representação e a concepção de verdade. Mas, ao preservar-se a noção de conhecimento como experiência "interior", fundada sobre a natureza peculiar de nossas afecções (*páthe*), descobre-se a impossibilidade de tomar as representações como base para um critério absoluto de verdade. As representações servirão apenas de critério para a vida cotidiana, a partir das diferenças que entre elas se manifestam no que respeita à aparência de verdade, com grau maior ou menor de vivacidade, individualmente ou concatenadas em sistema.

O ceticismo propriamente dito dará um passo adiante. De fato, os céticos não dirão, como os Acadêmicos, que a verdade é inapreensível e que dela não há critério em sentido absoluto; contentar-se-ão com a suspensão de juízo (*epokhé*), não querendo incidir num dogmatismo às avessas. Argumentarão fortemente contra as várias concepções de critério, mas não pensarão, como os Acadêmicos, que seus argumentos são conclusivos e definitivos. Em verdade, reconhecerão que os argumentos "dogmáticos" em favor da existência de critérios para o conhecimento da realidade e da verdade são tão fortes e persuasivos como os que se lhes podem opor; mas esta mesma *isosthéneia* entre argumentos "dogmáticos" e argumentos "céticos" contará em seu favor, compelindo-os irrecusavelmente à *epokhé* (cf. H.P. II, 79; A.M. VII, 443s). De qualquer modo, enfrentarão decididamente a problemática do critério e se ocuparão extensamente dela.

Considerando mais particularmente os critérios "lógicos" introduzidos para a pretensa apreensão da verdade, Sexto Empírico dentre eles distingue (cf. H.P. II, 16, 21; A.M. VII, 34-7, 261) o critério do agente (o homem, pelo qual se daria a captação da realidade e da verdade), o critério do instrumento (os sentidos (*aisthéseis*) e o intelecto (*diánoia*), por meio dos quais a realidade se apreenderia) e o critério da aplicação e uso (ou critério da representação (*phantasía*), cuja aplicação corresponderia ao uso daqueles instrumentos, já que se supõe que o homem apreende a realidade por meio de seus sentidos e intelecto, conforme a representação).

E Sexto investe contra todos eles.[36] Argumenta para mostrar o caráter inconcebível do homem, a partir da *diaphonía* existente entre os "dogmáticos" e da frequente ininteligibilidade de suas concepções do homem (cf. H.P. II, 22-8; A.M. VII, 263-82). Mesmo que fosse concebível, não seria o homem apreensível, já que não o são o corpo e a alma, que se dizem compô-lo (cf. H.P. II, 29). Aliás, sobre a própria existência da alma, há entre os filósofos controvérsia (cf., ibidem, 31). Dir-se-á que

---

36 Sobre o critério do agente (o homem), cf. H.P. II, 22-47 e A.M VII, 263-342; sobre o critério do instrumento (sentidos e intelecto), cf. H.P. II, 48-69 e A.M VII, 343-69; sobre o critério da representação, cf. H.P. II, 70-79 e AM VII, 470-9. Os argumentos que, de modo sucinto e resumido, exponho no texto são tirados dessas passagens.

julgamos as coisas pelos sentidos, ou pelo intelecto, ou por ambos conjuntamente? Ora, há *diaphonía* entre os filósofos no que concerne à realidade dos objetos dos sentidos, discute-se sobre a capacidade de apreensão dos sentidos ou sobre o caráter eventualmente "vazio" de suas afecções (cf., ibidem, 49-50). Se os sentidos apreendem algo, será tão somente as suas afecções (cf., *ibidem*, 72, 74). Meramente passivos e em si mesmos irracionais (cf. A.M. VII, 293, 344), incapazes de se apreenderem a si próprios (cf., ibidem, 301-2), certamente incapazes de congregar as suas diferentes percepções, eles não podem certamente apreender a substância corpórea, nem mesmo as propriedades dos corpos, enquanto tais (cf., ibidem, 294-300). E Sexto também relembra (cf., ibidem, 345-6) os tropos de Enesidemo, que sobejamente enumeram as discordâncias entre as representações propiciadas pelos sentidos. Mas que dizer do intelecto? É, por certo, a parte menos evidente da alma (cf. H.P. II, 32-3), sendo grande a *diaphonía* sobre ele e sobre sua própria existência (cf. A.M. VII, 349-50; H.P. II, 57), questão que não se pode decidir nem apreender. Como poderia julgar adequadamente das outras coisas um intelecto que se contradiz sobre sua própria essência, sobre sua própria origem e localização? (cf. H.P. II, 58) Ora, o intelecto deveria ser capaz de previamente apreender-se a si mesmo, coisa que ele não consegue, antes de apreender seus pretensos objetos (cf. A.M. VII, 348, 310-3). Por outro lado, não se entende como ele poderia apreender a substância corpórea, ou os próprios sentidos, sem tornar-se irracional como eles e desmentir, assim, sua alegada racionalidade (cf., ibidem, 303-9). Recorrer-se-á acaso à ação conjunta do intelecto e dos sentidos? Mas os sentidos se opõem frequentemente ao intelecto e, de qualquer modo, quando neles se baseia, o intelecto é compelido a enunciados conflitantes (cf. H.P. II, 63). Além de que, intervindo entre os objetos externos e o intelecto, haverão os sentidos de estorvar o intelecto e de impedir que ele apreenda os objetos (cf. A.M. VII, 352-3).

O que pensar, enfim, da representação? Entendida como algo intermediário entre o intelecto e os objetos externos, ela se diz uma impressão ou alteração na parte regente da alma. Ora, uma tal representação é inconcebível e inapreensível: não somente as noções de impressão e alteração envolvem dificuldades insuperáveis, mas há também inegável *diaphonía* sobre a própria existência da parte regente da alma (cf. H.P. II, 70-1; A.M. VII, 370-80). Por outro lado, a doutrina da representação assume que o intelecto não tem contato com os objetos externos e que a representação se dá através dos sentidos; ora, na medida em que estes somente apreendem, se tanto, as suas próprias afecções (*páthe*), não há propriamente representações dos objetos exteriores, mas tão somente daquelas afecções, coisa outra que não a realidade exterior (cf. H.P. II, 72-3). Diz-se que a representação é um efeito do objeto representado (*tò phantastón*), que este é a causa da representação ao impressionar a faculdade sensitiva; mas, nesse caso, ao aplicar-se às representações, o intelecto estará recebendo tão somente os efeitos dos objetos representados, não os próprios objetos exteriores representados (cf. A.M. VII, 383). Falar-se-á acaso da existência de uma semelhança entre as afecções dos sentidos e os objetos externos, entre as representações e os objetos representados? Mas como poderá o intelecto saber dessa semelhança, se ele não tem acesso aos objetos externos, mas tão somente às suas representações? (cf. H.P. II, 74; A.M. VII, 384-5) Como poderá alguém que não conhece Sócrates e vê o seu retrato saber que o retrato a ele se assemelha? (cf. H.P. II, 75; A.M. VII, 378) Aliás, as noções de representação apreensiva e de objeto real, tais como a filosofia estoica nô-las define, configuram uma circularidade manifesta: pois se define aquela como uma representação que provém de um objeto real e é a ele conforme, mas se define o objeto real como "aquele que provoca uma representação apreensiva" (cf. A.M. VII, 426). Por essas e muitas outras razões, dever-se-á reconhecer que os objetos externos são não evidentes para nós e, por isso mesmo, incognoscíveis (cf., ibidem, 366). Mas também não há por que aceitar a doutrina "probabilista" dos filósofos da Academia (cf., ibidem, 435-8). Consideremos aquelas representações a que eles atribuem o máximo de confiabilidade, as representações "prováveis", "inabaláveis" e "testadas"; ora, assim como eles criticaram o critério da representação apreensiva, argumentando que se pode descobrir representações falsas exatamente semelhantes àquelas que se propõem como absolutamente verdadeiras e delas, portanto, indistinguíveis, analogamente se pode argumentar que, no exame das representações "prováveis", falsidades poderão subsistir ao lado do que é testado, escapando a nosso escrutínio. É sempre a relação com a verdade, qualquer que ela seja, que se descobre como irremediavelmente problemática, nenhuma razão permanecendo para que se atribua a alguma representação uma dose maior de credibilidade.

V

Poderia parecer que o ceticismo rejeitou toda a teoria estoica do conhecimento, desde os seus mesmos fundamentos. Mas essa impressão errônea não se mantém após um pouco de reflexão. Porque, se a postura e a argumentação cética mais atentamente se consideram, verifica-se que uma parte importante daqueles fundamentos se manteve incólume. Com efeito, toda a argumentação cética assume, sem questioná-lo, o ponto de vista estoico – e Acadêmico – segundo o qual, para haver conhecimento, é necessário haver um critério para decidir da adequação ou não adequação das nossas assim chamadas representações aos objetos "exteriores", por elas alegadamente representados. Os estoicos propuseram a representação apreensiva, os Acadêmicos – mantendo aquele ideal de conhecimento, mas negando sua exequibilidade – substituíram-na pela representação "provável", os céticos procuraram incansavelmente mostrar que não temos como dar preferência a uma representação sobre outra,[37] como superar a *diaphonía* entre elas, como não reconhecer a *isosthéneia* entre os discursos que as exprimem. Mas *ipso facto* estavam aceitando que a questão do conhecimento da realidade "exterior" somente se podia definir em função da natureza de nossas representações. Estas, é verdade, em decorrência da argumentação cética, se veem privadas, por assim dizer, de seu caráter propriamente representativo, na medida em que sua efetiva representatividade é problematizada e se torna apenas virtual. Pois não se concebe como os sentidos ou o intelecto poderiam transcender as representações e, por todas as razões que vimos, a passagem para fora de nossas representações, para o "exterior", se encontra irremediavelmente interrompida. Mas isso quer dizer que se assumem as representações *em si mesmas*, enquanto dizem respeito tão somente a nossas afecções: é a velha doutrina cirenaica que se retoma, segundo a qual apenas nossas afecções (*páthe*) são apreendidas, somente elas são infalíveis e indubitáveis (cf. H.P. I, 215; também A.M. VII, 191). Somente a elas, que se produzem de modo necessário e "conforme a representação" (*katà phantasían*), dá o cético seu assentimento (cf. H.P. I, 13). Entretanto, precisamente porque se problematiza a alegada representatividade, se falará menos em *phantasía* que em *phainómenon* e será esta noção que se terá agora como fundamental. Em suma, a *phantasía* se faz mero *phainómenon* e Sexto Empírico identificará o *phainómenon*, aquilo que nos aparece, que nos move involuntariamente ao assentimento conforme a representação passiva (*katà phantasían pathetikén*, cf., ibidem, I, p.19), com o que virtualmente seria uma representação, sua própria representação (cf., ibidem, I, p.22).[38] E *o fenômeno* tudo recobre, o sensível e o inteligível; dir-se-á *fenômeno* não apenas a aparência sensível que se presume remeter ao objeto exterior, mas também quanto sobrevém a nosso pensamento: ao discorrer sobre a escola cética ou ao proferir suas fórmulas, o cético está somente anunciando seus *fenômenos* e suas afecções do momento, tanto quanto um "dogmático" quando diz, por exemplo, ser ele próprio um critério de verdade (cf. H.P. I, 4, 15, 187, 190, 197, 203; A.M. VII, 336). O discurso não tético dos céticos se faz mera expressão da fenomenicidade.

Assim, o ceticismo assumiu plenamente a distinção estoica – e Acadêmica – entre o "interior" e o "exterior", aquele como *dado*, este como o que nele se representa. E mostrou – a meu ver de modo coerente e irrecusável – que não há como passar de um tal "interior" a um tal "exterior", que a análise do "interior" não nos leva a nenhuma porta de saída. Esse o sentido da problematização cética do mundo "exterior", esse o caminho que leva à *epokhé*. Será válido atribuir-se ao ceticismo uma teoria da mente? Creio que devemos matizar nossa resposta. Vimos que o ceticismo

---

37 Tal é, com efeito, a temática constante dos vários tropos de Enesidemo, cf., por exemplo, H.P. I, 87, 112, 117 etc.

38 Cf. p.93 e n.8.

recusou uma teoria do homem, assim como uma teoria dos sentidos ou do intelecto (*diánoia*). Entendeu que a *diánoia* dos dogmáticos é inapreensível ou, pelo menos, que há fortes argumentos contra a sua apreensibilidade. Mas, por outro lado, Sexto Empírico definiu a *epokhé* como um estado de repouso da *diánoia*, devido ao qual nada afirmamos nem negamos (cf. H.P. I, 10). Não há certamente, aí, nenhuma contradição. Entendida como parte da alma humana, como faculdade capaz de servir de instrumento para a apreensão dos objetos "exteriores", a *diánoia* se configura como uma entidade postulada pela filosofia "dogmática", sobre cuja existência os céticos suspendem obviamente o seu juízo. Mas quer parecer-me que, sem nenhuma infidelidade à postura cética, aquela expressão poderia usar-se para designar a própria multiplicidade e sucessão de nossas "representações", o feixe de nossas "afecções", o nosso "mundo interior" a que a manifestação da *isosthéneia* garante um "estado de repouso". A definição sextiana da *epokhé* parece-me apontar também nessa direção. E, ao dizer que, ao proferirmos nosso discurso, estamos apenas anunciando nossa própria afecção (*páthos*), uma "afecção humana",[39] Sexto parece-me caminhar, ouso dizê-lo, para uma identificação entre a *diánoia*, o *eu* fenomênico e o "homem".

Mas o ceticismo não dispunha, por certo, das categorias conceituais necessárias para um tal passo, que somente o empirismo moderno viria a dar explicitamente.[40] Pouco parece, no entanto, ter faltado para que a *diánoia*, uma vez expurgada sua concepção "dogmática", viesse a entender-se como a *mente* de nossa filosofia moderna. Todas as razões acima me levam a dizer que uma teoria da mente está contida em germe na obra de Sexto Empírico. E não apenas em germe: estou convencido de que, uma vez reconhecido o compromisso do ceticismo com uma concepção mentalista e afastado um temor injustificado de anacronismo, uma vez removidos os preconceitos que podem criar obstáculo a uma interpretação mais adequada dos textos, uma análise mais aprofundada destes virá a mostrar que os filósofos céticos desenvolveram todo um conjunto de ideias exploratórias acerca do conteúdo de nosso mundo "interior" ou "mental", isto é – recorrendo a uma terminologia mais próxima à que utilizaram –, acerca das relações que se podem descobrir entre nossas múltiplas "afecções", manifestando as diferentes formas de integração e organização que se processam na esfera fenomênica. A etiologia de Enesidemo (cf. H.P. I, 180-5) e a doutrina cética do signo "rememorativo"[41] podem-se invocar sob essa

---

39 Cf. H.P. I, 203: "de modo que a proferição da frase não é dogmática, mas o anúncio de uma afecção humana (*anthropeíou páthous*), que aparece a quem a experiencia".

40 Vejam-se os textos de Hume referidos, acima, na nota 27.

41 A noção de signo é discutida amplamente em H.P. I, 97-133 e A.M. VIII, 141-299. Os céticos suspendem o juízo sobre a existência dos signos "indicativos" propostos pela filosofia "dogmática", mas reconhecem plenamente os signos "rememorativos", com base na conjunção constante entre "fenômenos" de que se tem experiência na vida comum, cf. H.P. I, 100-2; A.M. VIII, 151-8.

perspectiva e sua comparação com a teoria humeana da causalidade e conjunção constante se impõe absolutamente. Muitos outros textos sugerem toda uma teoria do conhecimento claramente empirista, com base em nossa apreensão dos "fenômenos".[42] Em resumo, dispomos de elementos mais que suficientes para asseverar que a problematização do mundo "exterior" levada a cabo pelo ceticismo grego de fato repousa, como à nossa reflexão teórica de há pouco nos aparecera que não poderia deixar de ser, sobre uma teoria mentalista do conhecimento. Eu diria mais: a postura cética me aparece como uma consequência "quase lógica" de uma tal teoria.

Não nos é possível, portanto, concordar com Rorty quando opõe (cf. Rorty, 1980, p. 46) o ceticismo grego ao "ceticismo à maneira da *1ª Meditação* de Descartes", vendo naquele unicamente uma postura moral e um estilo de vida, enquanto somente a *1ª Meditação* viria a colocar a questão "profissional" precisa: "Como sabemos que algo que é mental representa algo que não é mental? Como sabemos se o que o Olho da Mente vê é um espelho... ou um véu?". A novidade cartesiana consistiu, para Rorty (cf., ibidem, p.50), na introdução de uma noção de espaço interior único em que tudo que hoje chamamos de "mental" constituía "objeto de quase observação": sensações corpóreas e perceptivas, verdades matemáticas, regras morais, a ideia de Deus etc. Somente com Descartes a mente humana teria sido pensada como um tal espaço interior (conforme um modelo em que "o intelecto *inspeciona* entidades modeladas sobre imagens retinianas", cf., ibidem, p.45), como uma espécie de arena interior com seu observador interior. Rorty entende que uma tal concepção, ainda que sugerida por diversos textos antigos e medievais, nunca fora, anteriormente ao século XVII, tomada suficientemente a sério de modo a formar a base para uma problemática (cf., ibidem, p.50). Ele concorda com os autores para quem o problema mente-corpo não se pusera no mundo grego,[43] ou para quem a representação dos seres humanos como possuidores de um "dentro" e de um "fora" é basicamente moderna.[44] Ele se inclina decididamente a aceitar a tese de que o "ceticismo epistemológico" emergiu da teoria da percepção representativa criada por Descartes e Locke[45] e entende que o "problema do véu das ideias" – isto é, o problema das "ideias" como uma espécie de anteparo entre o sujeito e o mundo –, responsável pelo lugar privilegiado e central que a epistemologia assumiu na filosofia, é um problema que somente a "invenção da mente" no século XVII permitiu se

---

42 Sobre o empirismo de Sexto Empírico, cf. STOUGH, Ch. L. 1969, p. 107s.

43 É o caso de MATSON, W. em "Why Isn't the Mind-Body Problem Ancient", em FEYERABEND, P.; MAXWELL, G. (Eds.). *Mind, Matter and Method: Essays in Philosophy and Science in Honor of Herbert Feigl*, Minneapolis, 1966, citado por Rorty em RORTY, R. 1980, p.47 e n.15.

44 É o caso de MATTHEWS, G. em "Consciousness and Life", em *Philosophy* 52, 1977, citado por Rorty, cf., ibidem, p.51, n.21.

45 Essa é a tese de E. Gilson e J. H. Randall referida por RORTY, R. cf. ibidem, p.49, n.19.

colocasse (cf., ibidem, p.50-1). Rorty hesita sobre o papel que o véu das ideias pode ter desempenhado no ceticismo antigo, mas crê, de qualquer modo, que foi meramente acidental e não central, como na tradição Locke-Berkeley-Kant; não lhe parece claro que o *phainómenon* cético tenha sido algo como uma ideia lockeana, incorrigivelmente posta diante da mente, e crê que o que mais desta se aproximou, no pensamento antigo, foi a representação apreensiva dos estoicos (cf., ibidem, p. 46, n.14)[46]. É certo, porém, que Rorty não se apega dogmaticamente a suas teses: admite a possibilidade de que se venha a estabelecer que a novidade das doutrinas cartesianas da percepção representativa e do "espaço interior" dos seres humanos seja somente aparente e de que os estudos sobre a filosofia helenística e o papel do estoicismo no pensamento da Renascença venham a apontar para muito mais continuidades na história da filosofia que as que sua exposição concede.[47]

Ora, tudo quanto vimos nas páginas anteriores acerca da teoria estoica da representação e de como ela foi utilizada pelo ceticismo antigo, que ao mesmo tempo parcialmente a preservou e a modificou, de qualquer modo a assumiu e incorporou à sua doutrina, tudo isso parece-me claramente demonstrar que Rorty tinha mais do que razão em suas hesitações. Porque podemos dizer com segurança que "as doutrinas cartesianas da percepção representativa e do 'espaço interior' dos seres humanos" não constituem, de fato, uma novidade. A "mente" não foi "inventada" no século XVII, o estoicismo e o ceticismo grego conheceram-na a seu modo. Tratar-se-ia, quando muito, de uma "reinvenção". E mesmo isso pode pôr-se francamente em dúvida: falta investigar melhor, não apenas o papel dos estoicos no pensamento da Renascença, mas também – e creio que sobretudo – o grau de presença do "mentalismo" cético na vasta literatura renascentista que veiculou, comentou e fez reviver o ceticismo antigo, culminando na "crise pirrônica" dos contemporâneos de Descartes, à qual a filosofia do *Cogito* pretendeu pôr termo.

Seja como for, é certo que o ceticismo de Enesidemo e Sexto Empírico – como também, aliás, a filosofia "probabilista" da nova Academia – tem uma dimensão epistemológica fundamental e que, embora sob outra roupagem terminológica, o problema do véu das ideias nele está claramente presente. Por um lado, o *phainómenon* desempenhou efetivamente o papel de uma cortina e anteparo em face do mundo; e ele recobria todo o sensível e o inteligível, as representações da percepção sensível tanto quanto as concepções em geral (também a de Deus), as verdades das ciências e as regras de conduta, tudo, em suma, que hoje chamamos de "mental". Por outro lado, o problema do conhecimento foi claramente definido em termos de "inspeção

---

46   Nessa nota, Rorty exprime suas reservas com relação à tese de Stough (cf. STOUGH, Ch. L. 1969, p.24), segundo a qual Pirro via o *phainómenon* como uma cortina entre o sujeito e o objeto.

47   Rorty diz (cf. RORTY, R. 1980, p.51, n.21) que deve essa sugestão a M. Frede.

do mental", em termos de análise crítica do "interior" e de suas pretensões de significar a "exterioridade". O "dentro" e o "fora" dos seres humanos se pensaram explicitamente e, ressalvadas as restrições que cuidamos de acima definir, a distinção mente-corpo pode dizer-se que estava pressuposta. Mas é óbvio que o reconhecimento desses fatos em nada enfraquece o significado paradigmático da doutrina cartesiana: a problemática da mente adentrou a filosofia moderna via Descartes – e Locke, por certo.

Um último ponto requer ainda nossa atenção. Mostramos acima como a problematização do mundo "exterior" no ceticismo grego emergiu do privilégio previamente atribuído ao "interior", à esfera do "mental". Ora, o mesmo se passa, de modo muito nítido, com a problematização do mundo nas *Meditações* cartesianas, em que os textos não deixam margem a nenhuma dúvida: também aqui a suspensão de juízo se faz possível porque de algum modo se pressupõe *desde o início* a distinção entre "mente" e mundo, a oposição entre "mente" e corpo. Com efeito, Descartes emprega explicitamente o vocabulário da "exterioridade" e reconhece como um dado imediato tão somente os "pensamentos" em seu "espírito". Assim, ao introduzir a ficção do gênio maligno, o filósofo supõe que todas as coisas que vê são falsas, que nada existe de quanto a memória lhe representa, que corpo, figura, extensão, movimento e lugar são meras *ficções de seu espírito* (cf. Descartes, 1953, *Méditations*); ele supõe que "todas as coisas *exteriores* que nós vemos não são senão ilusões e enganos" utilizados pela divindade para enganá-lo (cf., ibidem, p.272, grifo meu). Terá algum Deus posto *em seu espírito* "esses pensamentos"? (cf., ibidem, p.274, grifo meu) Descartes, aliás, confessa que, mesmo antes, nunca acreditara que certas coisas, como o poder de mover-se, de sentir e de pensar, pudesse atribuir-se à natureza corporal (cf., ibidem, p.276). E toda a argumentação que conduz à certeza do *Cogito* se desenvolve sobre o pressuposto da identificação desse espírito com o *eu* pensante: "Há muito tempo tenho *em meu espírito* uma certa opinião, a de que há um Deus que pode tudo e por quem *eu fui criado e produzido tal qual eu sou*" (cf., ibidem, p.270, grifos meus); passando, em seguida, à hipótese de que a divindade possa enganá-lo, o filósofo continua: "suporei, portanto, que há, não um Deus verdadeiro, ..., mas um certo gênio mau, ..., que empregou toda a sua indústria em enganar-*me*. Pensarei que o céu, o ar, a terra, ..., não são senão ilusões e enganos de que ele se serve para surpreender *minha* credulidade. Considerar-me-ei *a mim mesmo* como não tendo em absoluto mãos, olhos, carne, sangue, como não tendo nenhum sentido, mas *crendo* falsamente ter todas essas coisas. Permanecerei obstinadamente *apegado a esse pensamento*, e se, por esse meio, não está *em meu poder* chegar ao conhecimento de nenhuma verdade, pelo menos está *em meu poder* suspender *meu juízo*" (cf., ibidem, p.272, grifos meus). Sobre uma tal pressuposição, a certeza do *Cogito* se explicita tranquilamente: "sem dúvida *eu era*, se eu *me* persuadi, ou se *pensei* somente alguma coisa. Mas há não sei que enganador muito poderoso e muito astuto, que emprega toda a sua indústria em enganar-*me* sempre.

Não há, pois, absolutamente dúvida de que eu sou, se ele *me* engana" (cf., ibidem, p.275, grifos meus).

A certeza do *Cogito é* a certeza de um *eu* que a si mesmo se reconhece como "coisa que pensa" e a noção de "pensamento" recobre todo o domínio do "interior": "O que é uma coisa que pensa? É uma coisa que duvida, que concebe, que afirma, que nega, que quer, que não quer, que imagina também e que sente" (cf., ibidem, p.278).[48] As coisas imaginadas podem não ser verdadeiras, mas o poder de imaginar faz parte do "pensamento"; talvez sejam falsas as aparências dos sentidos, mas o sentir, em sentido próprio, não é outra coisa senão "pensar" (cf., ibidem, p.278-9).[49] E a análise do pedaço de cera levará Descartes a concluir que "não há nada que me seja mais fácil de conhecer que meu espírito" (cf., ibidem, p.283). A questão da realidade das coisas "exteriores" deverá decidir-se a partir da inspeção do "mundo interior". Assim, no início da *5ª Meditação*, o filósofo escreve: "Mas, antes que eu examine se há tais coisas que existem *fora de mim*, devo considerar suas ideias, *enquanto elas estão em meu pensamento*, e ver quais são as que são distintas e quais são as que são confusas" (cf., ibidem, p.310, grifos meus).

Os textos parecem-me falar por si mesmos. Somente o privilégio conferido ao "mundo interior" e a identificação do *eu* com o "espírito" tornam possível a problematização do mundo que nos cerca, concebido como "exterioridade". É o pressuposto da "mente" que engendra o ceticismo sobre o mundo, assim como é a substancialização da "mente" que abre o caminho para a superação e rejeição do ceticismo e para a recuperação do mundo, restabelecendo nossas certezas "dogmáticas". É oportuno, porém, lembrar que esse expediente estava ao alcance de Descartes tão somente porque – e malgrado as aparências em contrário – o ceticismo da *1ª Meditação* foi, de fato, muito menos radical que o ceticismo grego. Pois vimos como a *epokhé* de Sexto Empírico era absolutamente universal: ela incidia sobre todas e quaisquer opiniões e doutrinas, as dos filósofos e as dos homens comuns; em particular, ela dizia também respeito às controvérsias sobre a existência da alma, sobre a existência e a natureza do intelecto, sobre o poder do intelecto de apreender--se a si próprio, sobre sua capacidade de apreensão dos objetos. Descartes efetuou,

---

48 Com base nesse e noutros textos de Descartes que vão no mesmo sentido, Rorty afirma: "Once Descartes had entrenched this way of speaking it was possible for Locke to use 'idea' in a way which has no Greek equivalent at all, as meaning 'whatsoever is the object of the understanding when a man thinks' or 'every immediate object of the mind in thinking'" (cf. RORTY, R. 1980, p.48). Entretanto, como vimos acima, o *phainómenon* cético assemelha-se de perto à ideia lockeana.

49 Cf., ibidem, p.284: "ainda que as coisas que eu sinto e que eu imagino não sejam talvez absolutamente nada *fora de mim* e em si mesmas, estou entretanto seguro de que esses modos de pensar, que chamo de sentimentos e imaginações, enquanto são somente modos de pensar, residem e se encontram certamente em *mim*" (grifos meus).

em verdade, uma discriminação seletiva entre os argumentos céticos, ele a nenhum momento utilizou – nem mesmo examinou ou discutiu – aqueles argumentos que deveriam levá-lo à suspensão de juízo sobre os tópicos fundamentais e as certezas básicas sobre os quais se edificaria a sua filosofia. Somente em aparência, portanto, Descartes exacerbou a dúvida cética até o seu extremo limite.

VI

Comentamos, no início deste trabalho, o "axioma metodológico" assumido por muitas filosofias, segundo o qual deveríamos proceder a uma suspensão de juízo sobre o mundo "exterior", como condição mesma de uma abordagem crítica da problemática filosófica e para não prejulgar os resultados de nossa investigação. Lembramos também a circunstância de que, no mais das vezes, se faz essa exigência metodológica, ignorando-se – ou desprezando-se – o fato histórico de que a *epokhé* sobre o mundo, proposta pelo ceticismo grego e retomada na *1ª Meditação* cartesiana, sua origem moderna, resultara, em ambos os casos, de uma sólida e exaustiva argumentação no sentido de mostrar a inevitabilidade da dúvida acerca de nossas certezas comuns sobre o mundo, assim como a aparente injustificabilidade destas últimas. Tudo se passa, dissemos, como se esse itinerário não mais tivesse de ser percorrido e como se a validade das razões que os céticos e Descartes aduziram para justificar a *epokhé não* mais devesse ser reexaminada. Donde termos falado em "axioma metodológico".

Assim vistas as coisas, é natural, então, que nos recusemos a proceder àquela *epokhé* sem considerar atentamente as razões céticas que contariam a seu favor. Nosso reconhecimento da existência do mundo que se chama de "exterior" é algo para nós obviamente fundamental e define os parâmetros de nosso esquema conceitual básico. Não há, por isso mesmo, que aceitar, sem mais, que, em nome do espírito crítico e por uma exigência obscura de método, tenhamos de despir-nos de nossas certezas primeiras e mais sólidas. Não há por que conceder, sem mais, que fazer dessas certezas o ponto de partida do empreendimento filosófico seja prejulgar indevidamente os resultados finais desse empreendimento. Já que nada nos proíbe de efetuar, se necessário, à luz das conclusões a que chegarmos ao longo de nosso itinerário filosófico, uma revisão, mesmo se drástica, de nosso ponto de partida e daquelas certezas. A mera suspeita aventada da possibilidade de um prejulgamento e uma predeterminação viciosos não se pode estimar suficiente para impelir-nos a abandonar "metodologicamente", porque queremos filosofar, nossas convicções mais firmes de homem comum. Impomo-nos, portanto, como tarefa submeter previamente à análise e ao exame crítico os argumentos céticos que fundamentariam a alegada necessidade da *epokhé*, para somente em seguida decidir sobre ela.

Por outro lado, se é correta a análise que acima empreendemos da natureza filosófica da problematização do assim chamado "mundo exterior", tanto no ceticismo grego quanto no cartesianismo, temos uma razão a mais – e, quer parecer-nos, uma razão absolutamente decisiva – para rejeitar uma suspensão de juízo precipitada sobre o mundo. De fato, aquela problematização e o próprio vocabulário da "exterioridade" em que ela se exprime apareceram-nos, tanto à nossa reflexão teórica quanto à análise atenta dos textos, como indissociavelmente ligados a uma teoria "mentalista" do conhecimento, mesmo se não articulada, que vimos repousar sobre alguma forma de distinção radical entre "mente" e mundo (e, paralelamente, de oposição entre "mente" e corpo), sobre alguma forma de identificação entre o *eu* e a "mente" e sobre uma doutrina geral da representação. Ficou-nos, assim, patente que o ceticismo, em suas versões grega e cartesiana, encerra um inegável *conteúdo filosófico positivo*, em que pesem suas pretensões explícitas em contrário. E é daí, precisamente, que se engendra, por uma necessidade quase lógica, a problematização cética do mundo, concebido como "exterioridade".

Que os filósofos da *epokhé* não se tenham apercebido da presença desse conteúdo filosófico específico no cerne mesmo de sua postura cética deveu-se certamente à sua identificação profunda com todo um universo histórico de ideias, concepções e vocabulário, no qual vinham, entretanto, embutidas orientações e tendências de pensamento cuja particular especificidade lhes escapava. Isso é especialmente manifesto, como vimos, no ceticismo de Enesidemo e Sexto Empírico, herdeiro direto da problemática estoica. Em verdade, trata-se de um fenômeno que não é senão demasiado frequente na história da filosofia, a cujo propósito é muito conveniente lembrar as palavras de Rorty, ao recordar a lição que aprendeu de alguns de seus mestres: "que um 'problema filosófico' era um produto da adoção inconsciente de postulações (*assumptions*) construídas no vocabulário em que o problema era enunciado – postulações que tinham de ser questionadas antes que o próprio problema fosse considerado seriamente" (cf. Rorty, 1980, *Preface*, p.XIII).

Em face de tudo isso, não apenas se requer que examinemos e discutamos as razões céticas para a *epokhé* antes de a ela aderirmos, mesmo se "metodologicamente" tão só. É também necessário que se discuta a própria aceitabilidade de uma forma de problematização do mundo que se revela solidária de uma concepção "mentalista" do conhecimento. No final das contas, é esta mesma concepção que se tem de examinar e submeter à análise crítica, ao invés de assumi-la "por implicação". E, quando se atenta na ampla discussão que contemporaneamente se processa em torno da problemática da mente, fica particularmente evidente que seria mais que ingênuo rendermo-nos precipitadamente a não sei que intuição do "mental".

O ceticismo constitui, sem sombra de dúvida, uma das questões mais cruciais para a reflexão filosófica e não há como obscurecer sua importância. Mas não é possível seriamente enfrentá-lo se a ele antecipadamente nos rendemos. Endossar o mito da suspensão metodológica de juízo sobre o mundo é uma das formas dessa rendição. E filosoficamente das mais perigosas. Porque a filosofia não mais recupera o mundo, a não ser por artifício. A recuperação cartesiana do mundo, baseada no apelo à perfeição e bondade divinas,[50] aparece-me como um desses artifícios.

VII

– Como você sabe que existe o mundo exterior?

– O que quer dizer "exterior"? Como um homem comum, eu me reconheço no mundo e como parte do mundo.

– Mas você pode estar plenamente seguro, por exemplo, de que tem um corpo? Não lhe parece que pode haver sérias razões para duvidar de sua existência, assim como da existência dos outros objetos físicos?

– Confesso que tenho grande dificuldade em entender a expressão "duvidar de que eu tenha um corpo". Eu me reconheço como um corpo, pelo menos também como um corpo. Eu sou este corpo e não vejo como não referir o pronome "eu" a este corpo que eu sou. Daí a minha dificuldade. O que pode querer significar "duvidar de que este corpo que eu sou tenha um corpo"? Ou, se você quiser: "duvidar de que este corpo que eu sou seja um corpo"?

– Mas você se recusa, então, a discutir a questão da exterioridade do mundo ou da real existência do corpo.

– Não. Mas entendo que essas questões se devem considerar sob outro prisma.

– De que maneira?

– Tomando-as, não como questões que se devam diretamente enfrentar e tentar resolver, mas como formulações que filósofos propuseram num certo vocabulário, às vezes mal dissimulando certos pressupostos. Tome o exemplo da dúvida sobre o próprio corpo. Se um filósofo pergunta como eu posso estar certo de que tenho um corpo, ele está evidentemente pressupondo que eu me posso conceber sem meu corpo, que eu não devo identificar-me com meu corpo, que eventos tais como minhas dúvidas, certezas, pensamentos não dependem de meu corpo. Ora, todos esses pressupostos são teses filosóficas bem precisas que temos de examinar para ver se merecem, ou não, nossa aceitação; se há argumentos sérios, ou não, para sustentá-las. Você entende por que não posso responder diretamente àquela pergunta? E isso vale para todas as perguntas do mesmo tipo.

– Você não está excessivamente cético?

– Eu diria exatamente o contrário.

---

50   Cf., por exemplo, DESCARTES, R. 1953, *Méditations*, p.324-5.

6

Sobre o que aparece[1]

1. A experiência do cotidiano nos brinda sempre com anomalias, incongruências, contradições. E, quando tentamos explicá-las, explicações à primeira vista razoáveis acabam por revelar-se insatisfatórias após exame mais acurado. A natureza das coisas e dos eventos não nos parece facilmente inteligível. As opiniões e os pontos de vista dos homens são dificilmente conciliáveis ou, mesmo, uns com os outros inconsistentes. Consensos porventura emergentes se mostram provisórios e precários. Quem sente a necessidade de pensar com um espírito mais crítico e tenta melhor compreender, essa diversidade toda o desnorteia.

Talvez a maioria dos homens conviva bem com esse espetáculo da anomalia mundana. Uns poucos não o conseguem e essa experiência muito os perturba. Alguns destes se fazem filósofos e buscam na filosofia o fim dessa perturbação e a tranquilidade de espírito. Uma tranquilidade de espírito que esperam obter, por exemplo, graças à posse da verdade. A filosofia lhes promete explicar o mundo, dar conta da experiência cotidiana, dissipar as contradições, afastar as névoas da incompreensão. Revelando o ser, que o aparecer oculta; ou, se isso não for possível, desvendando os mistérios do conhecimento e deste delineando a natureza e os precisos limites; ou, pelo menos, esclarecendo a natureza e a função de nossa humana linguagem, na qual dizemos o mundo e formulamos os problemas da filosofia. A filosofia distingue e propõe-se ensinar-nos a distinguir entre verdade e falsidade, conhecimento e crença, ser e aparência, sujeito e objeto, representação e representado, além de muitas outras distinções.

---

1   Texto publicado na *Revista Latinoamericana de Filosofia*, v.XVII, 2, Buenos Aires, 1991, p.195-229; *Discurso* n.19, São Paulo, 1992, p.83-121, e em *Crítica* n.9, Lisboa, 1992, p.69-106. Também em PORCHAT PEREIRA, O. *Vida comum e ceticismo.* São Paulo: Brasiliense, 1993, p.166-212.

Mas a filosofia não nos dá o que nos prometera e buscáramos nela. Muito pelo contrário, o que ela nos descobre é uma extraordinária diversidade de posições e pontos de vista, totalmente incompatíveis uns com os outros e nunca conciliáveis.[2] A discordância (*diaphonía*) que divide o comum dos homens, nós a encontramos de novo nas filosofias, mas potencializada agora como ao infinito, de mil modos sofisticada num discurso arguto. Sobre coisa nenhuma se põem os filósofos de acordo, nem mesmo sobre o objeto, a natureza ou o método do próprio empreendimento de filosofar.

Para os que seriamente nos propusemos a levar a cabo a investigação filosófica e não nos contentamos em fazer da filosofia tão somente um jogo verbal engenhoso e divertido, a experiência da *diaphonía* é de início extremamente frustrante, porque ela nos aparece como duradoura e indecidível. Mas poderia acaso ser de outra maneira, quando todos os filósofos tranquilamente reconhecem não haver ponto de doutrina de que universalmente comunguem? A polêmica incessante entre as doutrinas, a desqualificação permanente das posições rivais, a excomunhão recíproca se repetem com monotonia ao longo da história das filosofias. Estruturas argumentativas impressionantes se excogitam para sustentar com boa lógica teses incompatíveis. Uma teoria por momentos nos seduz e nos parece persuasiva? Um pouco de investigação serena logo nos faz encontrar argumentos que a contraditam com não menor persuasividade.

O caráter controverso das teses em disputa nos aparece como sinal inequívoco de sua não evidência. Por outro lado, como haveriam de decidir-se tais controvérsias na total ausência de critérios e métodos aceitos para decidi-las? Critérios e métodos tampouco merecem o consenso dos filósofos e são também o objeto de seu universal desacordo. Numerosos foram, por certo, os filósofos que tematizaram tal situação, diagnosticaram a "crise" da filosofia em suas épocas e tentaram pôr-lhe um paradeiro. Para tanto, instauraram novos sistemas filosóficos ou, pelo menos, novas formas de filosofar. Mas esses sistemas e essas formas logo se viram também submersos no oceano sem fim das divergências filosóficas. Se lidamos seriamente com as filosofias, não há como escapar à experiência de sua *diaphonía* insolúvel.

E um pouco de reflexão já é suficiente para indicar-nos que, se mantemos a perspectiva tradicional e assumimos uma decisão filosófica – seja aderindo a uma das filosofias históricas, seja inventando nossa própria filosofia –, de qualquer modo nos condenamos inexoravelmente a não mais ser que novos e desafinados membros de um coro sem *symphonía*. A maioria dos filósofos recusará nossos argumentos, criticará nossos pressupostos e métodos, rejeitará nossos resultados. Invocaremos a favor de nossas teses a força da evidência? Muitos filósofos a invocaram a favor das

---

2 Tratei deste tema em trabalhos anteriores, por exemplo em "O Conflito das Filosofias" (cf. p.13-23) e em "A Filosofia e a Visão Comum do Mundo" (cf. p.41-71). O leitor que os tiver lido perceberá, no entanto, avançando um pouco mais nas páginas que seguem, que as mesmas ideias me levam agora por bem outros caminhos...

suas, mas os outros não lhes deram crédito. E há tantas doutrinas da evidência quantas foram as cabeças dos que se debruçaram sobre o assunto. A evidência, a filosofia já a tem desde há muito desmoralizada. E convém não esquecer Montaigne: "A impressão de certeza é um testemunho certo de loucura e incerteza extrema" (cf. Montaigne, 1962, p.522).

O ser humano parece, no entanto, um amante eterno da verdade. Ele de fato nunca a descobre, mas não se cansa jamais de persegui-la. O espírito dogmático (no sentido cético do termo) exerce sobre ele um extraordinário fascínio. Causas várias – e algumas, certamente profundas, perdidas no submundo da consciência ou no abismo insondável da evolução desconhecida da raça – serão responsáveis por esse apego desmedido à verdade, seja pretensamente possuída, seja procurada com inextinguível esperança. Por isso mesmo, talvez, são relativamente pouco numerosos os que, tendo uma vez considerado o tropo cético da *diaphonía*, consentem em demorar-se a meditar sobre ele. Porque, se aceitamos demorar-nos a sobre ele meditar, se mantemos vivas as exigências de uma racionalidade crítica que nos proíbe a precipitação dogmatizante e o assentimento temerário a um ponto de doutrina momentaneamente sedutor, então nenhuma decisão filosófica se nos faz possível, não vemos como atribuir verdade a uma qualquer doutrina. Nessa incapacidade crítica de escolher verdades, temos retido nosso assentimento, ficamos em *epokhé*.

Ficamos em *epokhé* a respeito de cada assunto filosófico sobre que nos debruçamos. Porque a respeito de todos eles, tendo diagnosticado a *diaphonía* irrecusável que os envolve, tendo sempre detectado a possibilidade de se construírem argumentos razoavelmente bem estruturados a favor de cada uma das partes conflitantes, nunca temos como definir-nos criticamente nesta ou naquela direção. Essa experiência repetida da suspensão necessária do juízo, essa impossibilidade sempre renovada de qualquer decisão fazem-nos perder pouco a pouco o anseio antigo por uma verdade fugidia. E nos ocorrerá talvez, se a experiência se renova suficientes vezes, deparar, como consequência por assim dizer casual da mesma *epokhé*, aquela tranquilidade que outrora buscáramos na posse impossível da verdade. Isto porque não mais ansiamos pelo que não mais parece caber buscar. É importante também realçar que essa nossa postura cética de agora, não a devemos a nenhuma decisão filosófica. Nada estabelecemos nem demonstramos, nossa investigação filosófica não tem nenhum saldo positivo a oferecer. Nossa *epokhé* é tão somente o estado em que nos encontramos, quando uma investigação exaustiva empreendida com rigor e espírito crítico nos deixa precisamente sem condição para escolher ou decidir. Por isso mesmo, ao invés de dizer que praticamos uma *epokhé*, é mais adequado dizer que ficamos em *epokhé*, ou que estamos em *epokhé*.

2. Temos o juízo suspenso sobre todas as asserções filosóficas que consideramos. E nossa expectativa obviamente não pode senão ser a de sermos analogamente

levados à *epokhé* acerca de qualquer asserção filosófica que venhamos a considerar. Mas que tipo de asserção não fez – ou não pode fazer – a filosofia? Que asserções sobre a verdade das coisas poderiam acaso ficar imunes à *epokhe*? Alguns sentem-se inclinados a sustentar que a suspensão cética do juízo não pode atingir as verdades cotidianas do homem comum, aquelas mais básicas sobretudo que balizam seu dia a dia. Dir-se-ia que, uma vez abandonadas nossas preocupações especulativas, poderíamos encontrar um refúgio seguro numa verdade mais tranquila, possuída e conhecida pelo comum dos homens. Uma verdade que prescindiria de justificações e fundamentos filosóficos, porque diretamente haurida da imersão humana no mundo. Um conhecimento seguro e confiável, irrecusável mesmo, estaria assim à nossa disposição, se fôssemos capazes de reencontrar em nós o homem comum que somos, de nós mesmos antes ocultado sob a roupagem extravagante do filósofo à busca da verdade filosófica. Poder-se-ia talvez ousar mais e mesmo acenar com uma reinstauração da filosofia, mediante uma como promoção filosófica da visão comum do mundo, desenhada a partir daquela imersão assumida na vida comum dos homens.[3]

O que aí temos, em verdade, é um estratagema esperto para tentar salvar *in extremis* o domínio da realidade, da verdade e do conhecimento – em suma, o domínio da filosofia dogmática –, em face das arremetidas do questionamento cético. Um estratagema que não pode mascarar, no entanto, a decisão filosófica que o inspira. Uma decisão que, enquanto tal, se assemelha a qualquer outra decisão filosófica, por menos triviais que tenham sido os caminhos que ela percorreu para constituir-se. Trata-se de uma postura filosófica que, por sua mesma natureza e projeto, não escapa – mas como poderia escapar? – ao escopo do tropo da *diaphonía*, devendo necessariamente integrar-se ao conflito perene das filosofias, em que pese sua pretensão expressa em contrário.

As "verdades comuns" foram com frequência objeto da reflexão filosófica. Enfatizou-se ou minimizou-se, ao sabor das preferências doutrinais, sua inegável variação no tempo e no espaço, de comunidade para comunidade, de cultura para cultura, de época para época. Ou seu conflito costumeiro com doutrinas científicas, que via de regra levaram a melhor, logrando ser aceitas, e que, vulgarizadas, se difundiram no senso comum, promovendo a superação paulatina das antigas crenças coletivas. Considerando e tematizando tais "verdades comuns", as filosofias no mais das vezes pretenderam denunciá-las e desmistificá-las, algumas vezes preferiram endossá-las e promovê-las filosoficamente. Interpretadas pelas filosofias desta ou daquela maneira, rejeitadas ou acolhidas, justificadas ou consideradas imunes a qualquer necessidade de justificação, essas "verdades" foram desde há muito integradas às disputas filosóficas e envolvidas na *diaphonía* das filosofias.

Tentar, então, assumi-las em bloco como expressão evidente do conhecimento humano da realidade e da verdade sobre o mundo, pondo-as pretensamente ao abrigo

---

3   Foi essa a posição que assumi em "A Filosofia e a Visão Comum do Mundo", cf. p.535.

das polêmicas filosóficas e julgando possível filosoficamente promovê-las, ao mesmo tempo que se lhes poupa a necessidade de qualquer fundamentação (ainda mesmo que o empreendimento filosófico de fundamentação se devesse condenar, ao fim e ao cabo, à frustração e ao fracasso), configura, por certo, um bem estranho procedimento. E não se atenta em que palavras como "conhecimento", "realidade", "verdade", no seu uso corriqueiro e banal, são demasiado vagas e obscuras de sentido, incapazes de suportar o peso filosófico que se quer jogar sobre elas. Nem se lembra devidamente o fato de que nenhuma asserção pode jamais ganhar qualquer dimensão cognitiva pelo fato de ser aceita e repetida por uma inteira sociedade: a filosofia e a ciência têm-nos em boa hora ensinado a criticar os mitos coletivos.

O homem comum, quando ele se faz dogmático – ele se faz dogmático em muitas áreas e sob muitos aspectos –, revela com frequência um apego exacerbado a seus pontos de vista, erigindo suas asserções em verdades indiscutíveis e absolutas. Ele dificilmente os relativiza, raramente abstém-se, no que concerne a posições que diferem da sua, de vê-las tão somente como erros e falsidades. Individualmente é assim, coletivamente não menos. Um tal dogmatismo não difere, quanto a esse aspecto, do dogmatismo filosófico, falta-lhe apenas a sofisticação deste último. É um dogmatismo por vezes tosco e turrão, menos propenso a justificar-se. Sua aceitação das "verdades comuns" compartilha da obstinação do absoluto e não tem a sustentá--la a armação argumentativa do discurso filosófico.

Por isso mesmo, querer subtraí-las ao questionamento crítico da filosofia, atribuir-lhes preferencialmente a virtude da veracidade, emprestar-lhes uma dimensão de conhecimento e não sei que parentesco profundo com a realidade parece antes sintoma de um profundo desespero filosófico. É como se, na vã tentativa de opor um dique ao perigo cético, que vai levando de roldão todos os dogmatismos, se recorresse a uma forma extremada e confessadamente injustificável de dogmatismo, na pia esperança de brandir contra o ceticismo uma arma suprema e derradeira.

Entretanto, o estratagema se revela impotente ante o desafio cético. Os mesmos procedimentos que minam os dogmas dos filósofos põem também em xeque as asserções dogmáticas do homem comum. Análogos argumentos se lhes aplicam e com idêntico resultado. E nossa *epokhé*, assim, atinge igualmente todo e qualquer discurso apofântico (no sentido etimológico do termo), filosófico ou não filosófico, sofisticado ou trivial, acompanhado ou desacompanhado de uma pretensa fundamentação, todo e qualquer discurso que nos queira "fazer ver" a verdade. Ela atinge toda e qualquer crença humana que, formulada num juízo, se proponha como conhecimento verdadeiro de uma dimensão qualquer do mundo.

3. O que nos resta agora, então, depois da *epokhé*? Nada mais aceitamos nem aprovamos? Se nada mais asserimos como verdadeiro, se renunciamos a conhecer, se em nada mais cremos, se denunciamos todos os juízos apofânticos como dogmas

que um pensamento rigoroso e crítico não pode endossar, qual é nossa situação? Viver ainda é possível? Como agir, sem crer? E como viver, sem agir? Os estoicos repetiram à saciedade essa objeção contra o pirronismo e Hume a retomou com vivacidade numa passagem de sua obra que se tornou justamente célebre. A *epokhé* generalizada pareceria condenar-nos inexoravelmente à inação e à morte. A prática sincera da filosofia cética, se acaso possível, encaminharia a um rápido e infeliz desenlace nossa "miserável existência" (cf. Hume, 1983, *An Enquiry concerning Human Understanding*, p.160), pondo um bem triste fim a nosso itinerário filosófico.

Tolice e contrassenso! Mas tão grande é – ou precisa ser – a ignorância filosófica acerca do ceticismo grego que objeções como essa se repetem corriqueiramente até os nossos dias. E, no entanto, desde os séculos helenísticos, a filosofia pirrônica conhecera essas objeções e lhes tinha dado resposta.

Imaginemos um jovem estudioso da filosofia, profundamente imbuído do velho anseio filosófico por alcançar uma decisão que lhe venha a permitir um dia, uma vez definida para ele a natureza e o escopo do empreendimento filosófico, um posicionamento firme e inequívoco a favor de um certo conjunto de *dógmata* filosóficos. Mas, por enquanto, ele não tem ainda concretizada sua esperança e, embora se tenha já defrontado com diferentes sistemas e escolas de filosofia, não se sente ainda em condições de fazer sua opção. Diferentes soluções o têm tentado, mas o estudo atento das doutrinas que as criticam e recusam o fez cauteloso e avesso a uma decisão precipitada. Ele reconhece não ser ainda capaz de sustentar uma tese, não estar ainda apto a proferir asserções filosóficas.

Mas suponhamos também que o nosso jovem filósofo já avançou suficientemen-te nos seus estudos e reflexão para ter-se dado conta de que não mais pode, diante da visão do mundo do senso comum – como todos, ele dela, por certo, em boa medida compartilha –, manter a atitude dogmatizante e pouco crítica do homem ordinário, que por muito tempo foi a sua. Ele aprendeu a problematizar a verdade última das mesmas sentenças que, entretanto, como qualquer um ele cotidianamente profere, ele não tem como conferir-lhes uma efetiva dimensão cognitiva, ele questiona em última análise a relação entre elas e o real, o que quer que isso possa significar. Sua experiência cotidiana, ele não tem ainda como atribuir-lhe qualquer interpretação filosófica. Buscando uma tal interpretação, ele trilha os caminhos da filosofia; mas, enquanto os trilha, ele vive a vida de todos os homens.

Pois bem, não é outra a situação em que se encontra o filósofo pirrônico, que a reflexão crítica sobre as doutrinas levou a suspender renovadamente o seu juízo. Exceto obviamente no que respeita às suas expectativas. Nosso jovem filósofo tem ainda, digamos assim, a verdade por horizonte, ele anela por encontrá-la, mesmo se confessa ignorar ainda do que precisamente se trata. Enquanto aquele filósofo mais experimentado, espírito forjado na experiência repetida da *epokhé*, tem outros horizontes, que a verdade não habita. No que concerne, porém, a definições e decisões atuais, opções e dogmas, é exatamente o mesmo o estado em que se encontram: ambos estão em *epokhé*.

Dir-se-á então por isso, porque nosso jovem ainda não se definiu filosoficamente e porque não mais assume a postura dogmatizante do homem comum, que ele está impossibilitado de agir e de viver, que ele se condena à inação e à morte, se for sincero e consistente consigo mesmo? Seria uma avaliação manifestamente insensata de sua situação e ninguém a faria. O que já nos evidencia haver algo de muito equivocado na objeção que vimos oposta à *epokhé* pirrônica, somente uma total ignorância da natureza da atitude cética pode explicá-la. Mas a questão é importante e merece que a examinemos mais de perto.

4. O que mudou para nós depois de termos suspenso renovadamente nossos juízos? Num certo sentido, caberia dizer que nada mudou. Vejo-me sentado diante de minha escrivaninha, pondo no papel minhas reflexões. Meu cachorro, José Ricardo, está deitado a meus pés. Ouço o ruído distante dos automóveis na Marginal. Ideias várias me vêm à mente e lembra-me de repente a necessidade de telefonar a um amigo e pedir-lhe a informação que desejo. Eu poderia assim continuar a descrever minha presente experiência "sensível" e "inteligível" e certamente me parece que ela é bastante semelhante e análoga a um sem-número de outras experiências recentes ou distantes no tempo, de quando eu ainda tinha uma concepção dogmática do mundo. Continuo a ver, a sentir, num certo sentido também a pensar como dantes. Em outras palavras, a *epokhé* em nada afetou – mas como poderia ter afetado? – o conteúdo, por assim dizer, imediato de minha experiência cotidiana. Essa experiência e esses conteúdos, eu os tenho e não posso recusá-los; os homens todos têm experiências como essa e não as recusam nem podem recusar, todos as reconhecem sem mais.

Isso que não podemos rejeitar, que se oferece irrecusavelmente a nossa sensibilidade e entendimento – se nos permitimos lançar mão de uma terminologia filosófica consagrada –, é o que os céticos chamamos de "fenômeno" (*tò phainómenon*, o que aparece). O que nos aparece se nos impõe com necessidade, a ele não podemos senão assentir, é absolutamente inquestionável em seu aparecer. Que as coisas nos apareçam como aparecem não depende de nossa deliberação ou escolha, não se prende a uma decisão de nossa vontade. O que nos aparece não é, *enquanto tal*, objeto de investigação, precisamente porque não pode ser objeto de dúvida. Não há sentido em argumentar contra o aparecer do que aparece, tal argumentação seria ineficaz e absurda.

O que aparece, isto é, esse resíduo fenomênico da *epokhé*, esse conteúdo fenomênico de nossa experiência cotidiana, configura, por assim dizer e num certo sentido, o *dado*, ele nos é dado. O que aparece nos aparece, aparece a alguém. Se quisermos permitir-nos um modo de expressão ao gosto da filosofia dogmática, diremos que o fenômeno se constitui como essencialmente relativo, ele é relativo àquele a quem aparece. Nem mesmo entendemos como se poderia falar de um puro aparecer.

As filosofias discutiram sobre se os fenômenos são sensíveis (*aisthetá*) ou inteligíveis (*noetá, nooúmena*), ou ambas as coisas. Sobre como são os fenômenos por natureza, temos por certo suspenso o nosso juízo. Como também o suspendemos sobre a natureza última da distinção entre sensibilidade e entendimento. O que não impede que, tendo uma vez aprendido o vocabulário filosófico, nos permitamos usá-lo de modo mais frouxo e sem comprometimento doutrinário. Diremos, então, que boa parte dos fenômenos se nos dão como sensíveis, impondo-se à nossa sensibilidade, enquanto boa parte também deles, talvez a maioria, se impõem e aparecem a nosso entendimento, se nos dão como inteligíveis. Mas dizemos essas coisas sem dogmatizar. Trata-se, para nós, de uma distinção antes de tudo didática, a que algumas especulações dogmáticas intentaram propiciar uma fundamentação adequada e uma conceituação segura e rígida.

Vejo uma escrivaninha diante de mim, nela toco. Tenho a experiência de sua cor, sua forma, sua solidez. Trata-se de fenômenos que não hesitarei em chamar de sensíveis. Mas me parece também que tenho diante de mim um objeto que não se reduz àquilo de que tenho a percepção sensível. Aparece-me, por exemplo, que ele possui partes e propriedades que meus sentidos não estão alcançando, que ele permanece e dura quando ninguém o está observando etc. Isso me é também fenômeno acerca desta escrivaninha, devo certamente falar aqui de fenômeno inteligível. Como me é fenômeno inteligível que há lugares desertos em regiões distantes do planeta, que minha vida dentro de algum tempo chegará a seu termo ou que é conveniente distinguir entre o sensível e o inteligível, embora sem rigidez. Os exemplos são fáceis e triviais e poderiam multiplicar-se ao infinito.

Em verdade, somos sensíveis ao fato de que o discurso parece permear toda a nossa experiência das coisas e misturar-se, em grau maior ou menor, a todo fenômeno. Poderíamos talvez dizer mais, dizer que ele representa um ingrediente constitutivo de todo o campo fenomênico, por assim dizer. Por isso mesmo, não objetaremos aos que dizem ser toda observação impregnada de "teoria". Reconhecê-lo não é dogmatizar sobre o fenômeno (ao menos, é possível fazê-lo sem dogmatizar), mas, ainda aqui, é tão somente dizer o que nos aparece. E cabe, de fato, insistir em que reconhecer assim essa dimensão inteligível do fenômeno não se deve confundir com a atribuição de qualquer privilégio epistemológico ou ontológico ao pensamento ou ao *lógos*.

Muito do que nos aparece nos aparece como objeto de uma experiência comum a nós e a outros muitos, se não a boa parte dos seres humanos presentes no mundo de nossa experiência fenomênica. Isto é, também a eles aparece (que assim seja nos é, então, fenômeno inteligível). Embora numerosos sejam, por certo, os fenômenos que se nos dão como objetos de uma experiência exclusivamente nossa. Aqueles outros, dizemo-los "fenômenos comuns".

O que nos aparece nos aparece aqui e agora. Mas muito do que nos aparece aqui e agora nos aparece aqui e agora como algo que antes já existia, independentemente de ter sido, ou não, por alguém observado ou pensado; ou como algo que continuará a existir no tempo futuro, independentemente também de nós e eventualmente nos sobrevivendo; ou ambas as coisas. O que aqui e agora nos aparece nem sempre nos apareceu ou talvez não nos tenha nunca antes aparecido; e muito do que antes nos apareceu não mais nos aparece. Muito certamente do que hoje nos aparece – na esfera sensível evidentemente, mas também na esfera inteligível – não mais nos aparecerá amanhã. E assim como muito do que nos aparece não aparece a outros, assim também muito do que aos outros aparece não nos aparece a nós, nem nos aparecia antes, nem nos aparecerá depois. Assim nos aparece.

A filosofia clássica distinguira, como se sabe, entre o aparecer e o ser, transpondo metafisicamente a distinção corriqueira entre as aparências enganosas das coisas e sua manifestação correta e ordinária. Ela privilegiou o ser como necessário e estável, desqualificando o aparecer porque instável e contingente. Por vezes entendeu o aparecer como manifestação do ser, ainda que superficial; mas com maior frequência o pensou como aparência enganosa, que dissimula o ser e o oculta. O aparecer fazendo-se então uma forma de ser minimal, ou mero não ser. E a filosofia, fazendo-se metafísica, se deu por tarefa descobrir e revelar o ser por sob o aparecer ou para além dele. Mostrando por que caminhos se pode e deve transpor a barreira das "aparências" para alcançar do ser um conhecimento verdadeiro. Instituíram-se assim as relações tradicionais de parentesco filosófico entre o ser, o conhecimento e a verdade. O pirronismo suspendeu, por certo, o juízo sobre as doutrinas da metafísica e pôs o ser entre parênteses, questionando seu discurso. Mas ele homenageou a metafísica a seu modo, preservando o velho vocabulário do aparecer, chamando de "fenômeno" o conteúdo mesmo de nossa experiência que se subtrai de espontânea necessidade ao escopo da *epokhé*. Os céticos reconhecemo-nos mergulhados na fenomenicidade.

5. Atendo-nos ciosamente aos fenômenos, importa-nos distinguir claramente entre o fenômeno e "o que se diz do fenômeno" (cf. Sexto Empírico, H.P. I, 19-20), isto é, a interpretação (filosófica) que dele se faz ou que se faz do discurso que o exprime. Dizemos, por exemplo, que o mel é doce, ou que tal fato foi simultâneo com tal outro, ou que a ingratidão é um grave defeito. Assim dizendo, relatamos como as coisas nos aparecem, descrevemos o fenômeno, servindo-nos trivialmente da linguagem comum. Entendemos "é" como "aparece" ou, melhor precisando, é como se disséssemos: "Aparece-nos que o mel é doce", "aparece-nos que tal fato foi simultâneo com aquele"... Não que tenhamos tais formulações presentes à mente nas circunstâncias banais da vida cotidiana; apenas estamos aptos a reformular nosso discurso, se se tenta dele fazer uma leitura metafísica, para que não corra o risco de uma tal interpretação.

Ao dizer, por exemplo, que o mel é doce, não nos pronunciamos sobre a natureza real do mel ou da doçura, sobre a eventual realidade substancial do mel, sobre se a doçura é ou não uma propriedade real a ele inerente, sobre a natureza da relação entre sujeito e predicado; nem disso nada pressupomos, já que temos nosso juízo suspenso sobre todas essas questões. Porque isso tudo não é o fenômeno, mas "o que dele se diz". Suspendemos nosso juízo sobre se o mel é doce *hóson epì tô lógo* (cf., ibidem, I, p.20; também I, p.215; II, p.95; III, p.29, p.65 etc.), isto é, enquanto esse enunciado ("o mel é doce") é matéria da razão filosófica, é objeto de comentário ou interpretação dogmática. Esclarecido esse ponto, permitimo-nos usar a linguagem corrente dos homens, nela dizendo quanto nos aparece.

Dizemos, então, que nosso discurso não é *tético*, como o é o discurso dogmático. Porque este "põe" como real aquilo que diz (cf. H.P. I, 14), assume-se como expressão verdadeira de um conhecimento real, pretende-se capaz de transcender-se e de transcender a *empeiría*, propõe-se, por assim dizer, como veículo dessa transcendência. Ele quer fazer-nos ver "como as coisas realmente são", para além do "mero" aparecer. Mas, para nós, que questionamos a pretensão apofântica do discurso, que fomos levados à *epokhé* por esse questionamento, o discurso é mera expressão de nossa experiência, ele diz o seu conteúdo, conta o que aparece. Constituem nossa linguagem as palavras, as formas e os procedimentos de expressão que fomos condicionados a usar, para exprimir nossa experiência e vivência, por nossa sociedade e cultura. Expressão sempre frouxa e precária, por mais que nos esmeremos em melhorá-la. Não postulamos, assim, nenhuma misteriosa relação de correspondência entre as palavras e as coisas, nem entendemos que a linguagem tenha um poder qualquer de instaurar o que quer que seja, nem lhe reconhecemos uma qualquer espessura que coubesse à filosofia penetrar. Instrumento por certo eficaz de nossa melhor inserção no mundo fenomênico, nossa linguagem, repetindo o filósofo, faz parte de nossa forma de vida.

6. Imaginemos alguns filósofos alegremente reunidos a tomar chope, em torno da mesa de um bar (um bergsoniano talvez, um hegeliano, um kantiano, um berkeleyano, um aristotélico, por exemplo, e, de contrapeso, um cético). E suponhamos que não estejam a falar de filosofia. Suas grandes divergências filosóficas não os impedem obviamente de se entenderem entre si e com o garçom sobre um sem-número de coisas, de eventualmente se porem de acordo sobre assuntos vários (como a temperatura ou a crise econômica), de descreverem de modo idêntico objetos e eventos familiares a seu redor, como o fazem homens quaisquer na "praça do mercado".[4] Eles e todos tranquilamente reconhecemos como óbvio que experiências da vida cotidiana são objeto de descrições consensuais por parte de filósofos que, no entanto, dividem sérias diferenças de doutrina. Porque se trata dos "fenômenos

---

4   Tomo de empréstimo a expressão de Quine, cf. QUINE, W. van O. 1960, p.272.

comuns" que a todos se impõem irrecusavelmente e que a filosofia jamais cogitou de recusar (nenhum filósofo idealista jamais negou que Wittgenstein usasse cuecas sob as calças).[5]

Mas, se esses filósofos todos dizem do mesmo modo ou de modo muito semelhante os fenômenos, eles divergem e muito quanto ao que teriam a dizer acerca dos fenômenos (exceção feita para o cético, que nada teria a dizer). Suas diferentes doutrinas oferecem leituras diferentes e entre si incompatíveis dessa experiência comum que eles consensualmente descrevem, elas interpretam os fenômenos de diferentes maneiras. Não nos seria, talvez, difícil imaginar como cada um daqueles filósofos dogmáticos comentaria, do interior de sua particular filosofia, um enunciado banal qualquer sobre a sua experiência atual ("esse chope veio quente", digamos). Cada um deles certamente rejeitaria as interpretações de todos os outros e pretenderia ser a sua própria leitura filosófica do fenômeno comum em questão a única capaz de dele dar integralmente conta. A discordância doutrinária entre eles é total, tanto quanto seu acordo "pré-filosófico" sobre o fenômeno e como descrevê-lo é, suponhamo-lo, inteiro.

Lembrar essas mais que óbvias trivialidades tem aqui sua importância; aliás, em filosofia tem muita importância lembrar as coisas que todo o mundo sabe. O que se quer aqui realçar é que o filósofo cético, que tem seu juízo suspenso sobre todas aquelas interpretações do fenômeno, ao confessar faltarem-lhe critérios e meios para decidir a controvérsia, se move tão somente naquele terreno pré-filosófico e comum, onde tem lugar a descrição consensual da situação em comum "experienciada".[6] Ele se reconhece incapaz de transcender a perspectiva modesta da praça do mercado. Não lhe importa que cada um dos filósofos dogmáticos proclame uma total solidariedade entre a experiência consensual e a leitura que dela faz sua particular doutrina; o fato de que cada um dos outros rejeita essa interpretação e de que o mesmo ocorre com todas as leituras propostas, essa *diaphonía* insuperável que, aqui como em todos os casos semelhantes, conduz à *epokhé* cética, implicam, aos olhos do cético, uma como neutralização filosófica daquele terreno comum, preservando e garantindo seu estatuto pré-filosófico. Os pirronianos gostosamente nos reconhecemos confinados nesse terreno comum.

Mas as doutrinas filosóficas continuarão a disputar infindavelmente sobre ele e sobre o discurso comum que dele se ocupa. Perguntar-se-ão pelo real significado e

---

5   É o que disse Wittgenstein, segundo relata Wisdom, ao ouvir a prova de Moore sobre a existência do mundo exterior, cf. WISDOM, 1942, p.231. Confesso dever a Bento Prado (cf. "Por que Rir da Filosofia?", em PRADO JR., B.; PORCHAT PEREIRA, O.; FERRAZ, T. S. *A filosofia e a visão comum do mundo.* São Paulo: Brasiliense, 1981, p.69) meu primeiro interesse pelas cuecas de Wittgenstein.

6   O neologismo me parece útil e expressivo.

alcance desse discurso, discutirão sobre sua eventual veracidade imediata ou profunda, sobre sua eventual correspondência com a realidade das coisas, sobre sua possível referencialidade. Sobre a eventual dimensão cognitiva da experiência comum consensualmente descrita, sobre sua relação com o "mundo real". Atribuirão realidade ao fenômeno ou lha negarão; identificarão, ou não, fenômeno e representação (eventualmente identificarão fenômeno e pensamento); por vezes considerarão o fenômeno como o resultado de uma interação (dialética?) entre sujeito e objeto; debaterão sobre o estatuto subjetivo, ou objetivo, ou mixto, do fenômeno; dirão o fenômeno confiável, ou não confiável; fá-lo-ão via de acesso ao ser, ou, muito ao contrário, o terão como véu e ocultação, barreira transponível, ou intransponível, que nos separa do ser, provisória ou definitivamente. De mil maneiras comentarão, explicarão, interpretarão o fenômeno. Dessas múltiplas leituras possíveis emergirão diferentes ontologias e teorias do conhecimento.

Os pirrônicos, porém, posto que em *epokhé* sobre todas essas coisas, *não atribuímos ao fenômeno nenhum estatuto ontológico ou epistemológico*, não temos a oferecer sobre ele nenhuma teoria filosófica. Repetimos que somente o reconhecemos em seu mero aparecer e anunciamos essa nossa experiência. Tendo sempre na devida suspeição *o lógos* filosófico, tão enganador que, por vezes, quase arrebata o fenômeno de sob os nossos olhos (cf. Sexto, H.P. I, 20).

7. Cabe, por certo, dizer que nós nos representamos o que nos aparece. E já o pirronismo antigo descrevera o fenômeno como o que se nos impõe com necessidade "segundo a representação passiva" (cf., ibidem, I, p.13, 19, 193 etc.). A teoria estoica do conhecimento privilegiara a noção de representação (*phantasía*), modificação ou alteração de nossa alma que pode eventualmente copiar de modo especular o objeto real e nô-lo apresentar de modo adequado e fiel. Os filósofos da Nova Academia proclamaram a inevitabilidade da *epokhé* sobre esse pretenso conhecimento da realidade por via de nossas representações e questionaram a alegada representatividade destas últimas. O que não os impediu, parece, de tê-las em si mesmas privilegiado; Carnéades, em particular, dá-nos a impressão de ter tomado as representações como nosso único dado inquestionável.[7]

Os Acadêmicos não trabalharam o tema do fenômeno, cabendo essa tarefa aos desenvolvimentos posteriores da filosofia pirrônica, restaurada por Enesidemo contra a Academia. É quando se reelabora, então, a velha noção de fenômeno e se analisa, sob novo ângulo, a problemática da representação. Vale aqui dizer que o pirronismo parece ter hesitado sobre essa temática e ter-se, mesmo, inclinado a identificar

---

7　Essa leitura parece sugerida por Sexto (cf. A.M. VII, 166s. Mas convém lembrar que a reconstituição da filosofia carneadiana é uma questão bastante complexa e polêmica.

representação e fenômeno. As passagens de Sexto Empírico sobre a questão não são claras e sua interpretação é sobremaneira problemática, por isso mesmo controversa.

Limitados à vivência de nossa experiência fenomênica e contentando-nos com relatá-la, reconhecemos, por certo, que o que nos aparece e move de necessidade ao assentimento se associa de modo íntimo a certas "representações": não hesitamos em dizer que nos representamos o que nos aparece, nem nos parece que devêssemos – poderíamos acaso? – evitar esse modo de exprimir-nos. Aliás, por que pensaríamos em fazê-lo? Por que haveríamos de rejeitar, no final das contas, o uso de uma terminologia já incorporada à linguagem cotidiana dos homens de uma certa cultura, já razoavelmente vulgarizada, em que pesem suas origens filosóficas? Falamos, como todo o mundo, de como nos representamos as coisas, dos objetos e de suas representações em nós. Tanto mais quanto esse modo de expressão parece condizer bem com nossa mesma experiência.

Não somos também insensíveis ao fato de que uma teoria do conhecimento articulada em torno da noção de representação nos convida sedutoramente a confundir representação e fenômeno. Porque a tentação parece grande de dizer que, ao suspender nosso juízo sobre a natureza e a realidade das coisas, ficamos então confinados tão somente às nossas representações, a única coisa que nos resta e que constitui o que nos é imediatamente dado, o resíduo único de nossa *epokhé*. A nada mais teríamos acesso senão ao universo de nossas próprias representações. Um pequeno passo a mais e explicitaríamos que o que nos aparece e se nos dá de modo irrecusável, o que chamamos de "fenômeno", são sempre as nossas representações. O chamado mundo fenomênico nada mais seria senão o conjunto de nossas representações.

Por outro lado, sempre fazemos questão de lembrar que a cada momento somente relatamos nossa experiência e que, ao dizer o fenômeno, é nosso *páthos* que estamos relatando (cf. H.P. I, 15, 197, 203 etc.). Essa nossa forma de expressão levou, aliás, alguns dos antigos a aproximarem o pirronismo e a escola cirenaica, pois esta também dizia que somente podemos apreender os nossos *páthe*, isto é, nossas afecções e experiências (cf., ibidem, I, p.215).

O cenário parece então pronto – e isso desde a época da filosofia helenística e sobre o pano de fundo da teoria estoica da representação – para que o pirronismo se converta em algo como uma filosofia da mente, como hoje se diz, bastando-lhe para tanto interpretar os fenômenos como representações, como afecções e experiências puramente "mentais". E alguns textos de Sexto Empírico, lidos sob a perspectiva mentalista moderna, parecem mesmo sugerir fortemente a presença implícita de uma filosofia da mente em sua concepção do pirronismo, para cuja explicitação teriam apenas faltado os recursos conceituais e de linguagem que a filosofia pós-cartesiana, a partir sobretudo de Locke, veio a desenvolver.

Assim sendo, o ceticismo pirrônico poderia aparentemente dizer-se uma filosofia da subjetividade, e não foi outra a leitura que, pelo menos a partir de Hegel, muitos dele fizeram. É certo que os pirrônicos suspendem o juízo sobre a concepção, a natureza e a própria realidade da alma, tanto quanto sobre a natureza e a realidade do corpo e da matéria; suspendem o juízo sobre as chamadas faculdades da alma, sobre a realidade do assim chamado intelecto, sobre seu alegado poder de conhecer--se a si mesmo (cf., ibidem, II, p.57-8; A.M. VII, 348-50). Digo que as coisas *me* aparecem e que *eu* suspendo o juízo sobre a sua realidade, mas o suspendo também sobre a realidade substancial de um sujeito pensante a que aqueles pronomes pretensamente remeteriam, não lhes atribuo nenhuma instância do real como referência. Questionado o caráter tético da autorreflexividade da consciência, o pirronismo não abre nenhum espaço para a emergência do *Cogito*.

Mas também o ceticismo moderno, o ceticismo humeano em particular, rejeitou o *Cogito*, associando-se a uma filosofia mentalista que identificou o eu com uma mente concebida como o feixe de nossas representações (cf. Hume, 1992, p.207, 252, 634). Identificando então fenômeno e representação, dizendo o fenômeno um *páthos* nosso e privilegiando tão somente a dimensão subjetiva de nossa experiência, o pirronismo ter-se-ia encaminhado na direção do ceticismo mentalista de Hume. O filósofo escocês teria apenas feito passar ao ato, mercê dos recursos conceituais propiciados pelo empirismo de Locke, sob o impacto do cartesianismo, as potencialidades ao menos em germe contidas no velho pirronismo. No cerne mesmo do ceticismo teria sempre residido, ainda que parcialmente dissimulado e encoberto, um subjetivismo mentalista de tipo humeano, à espera de explicitação.

8. Mas o pirronismo grego não deu esses passos nem se encaminhou nessa direção. Nem o poderia ter feito, sob pena de inconsistência consigo mesmo, na medida mesma em que uma tal postura necessariamente representaria uma forma de opção, mesmo se involuntária e somente implícita, por uma certa linha de definição filosófica. Uma opção obviamente intolerável nos filósofos da *epokhé*,[8] que teriam de fato procedido a uma interpretação filosófica muito particular do fenômeno. O pirronismo esconderia mal sua incômoda condição de membro involuntário e envergonhado do coro diafônico das doutrinas dogmáticas. Essa postura mentalista, foi o ceticismo moderno no entanto que a assumiu, identificando a fenomenicidade com o mundo "interior".

8　Interpretei o pirronismo como uma filosofia mentalista e atribuí-lhe tal opção implícita em "Ceticismo e mundo exterior" (cf. p.89-116). Mas as objeções de dois de meus estudantes num curso de graduação ministrado no Departamento de Filosofia da Universidade de São Paulo sobre o ceticismo grego, Carlos Alberto Inada e Luiz Antônio Alves Eva, formuladas em trabalhos acadêmicos que me apresentaram, ainda que num primeiro momento eu as tenha rejeitado, acabaram incentivando-me a uma reformulação radical de minha leitura do pirronismo, que culminou na interpretação que ora proponho.

Sem desprezar o uso corrente do vocabulário da representação e reconhecendo mesmo sua conveniência para exprimir nossa experiência fenomênica, os pirrônicos questionamos todas as teorias filosóficas da representação (Sexto questionou demoradamente as teorias estoica e acadêmica). Do mesmo modo como suspendemos nosso juízo sobre as ontologias dogmáticas, sobre a natureza e a realidade dos objetos, sobre a existência ou inexistência real de sensíveis e inteligíveis, suspendemo-lo igualmente sobre as teorias do conhecimento e as doutrinas da alma forjadas pelo dogmatismo. Suspendemos o juízo, por exemplo, sobre a noção filosófica de representação e sua mesma inteligibilidade, sobre a real natureza da representação, sobre a sua alegada representatividade, sobre sua eventual relação com o real; mas *não menos* sobre sua eventual identificação com o que nos aparece. Não que desconheçamos a, por assim dizer, potencialidade filosófica do fenômeno, a emergência "natural" de uma teoria da representação que nos sugere não distinguir entre o que aparece e a representação do que aparece: nesse sentido, estaríamos virtualmente chamando de "fenômeno" à sua própria representação.[9] Mas não temos por que assentir a essa identificação; ao contrário, em nossa experiência cotidiana, se de um lado nos aparecemos representando o que nos aparece, de outro muito do que nos aparece também nos aparece como distinto e independente de nossa "mente", como externo a ela e fazendo-se apenas representar nela.

É certo que dizemos estar apenas a relatar o nosso *páthos* quando exprimimos o fenômeno, insistindo em que então estamos apenas a anunciar nossas afecções e experiências. Mas queremos também deixar claro que mantemos conscientemente ambíguo o caráter dessa experiência, na medida mesma em que não conferimos ao fenômeno nenhum estatuto filosófico. Cuidadosamente guardando-nos de qualquer asserção dogmática, por certo não postulamos nenhuma dimensão objetiva real para a nossa experiência fenomênica. Mas tampouco lhe conferimos qualquer realidade subjetiva nem por qualquer outro modo privilegiamos filosoficamente seu aspecto subjetivo. Porque sobre tudo isso temos suspenso o nosso juízo.

É certo também que enfatizamos o caráter relativo do fenômeno, lembrando sempre que o que aparece aparece a alguém. E que, restrito à experiência fenomênica, é à *minha* experiência fenomênica que estou restrito, é sempre *meu* fenômeno que exprimo, o que *a mim* aparece. O campo fenomênico se me dá como centrado em mim. Assim ele se estrutura, tal é a sua "lógica", tal é a gramática do discurso que o diz. As coisas me aparecem a mim, que também me apareço e que me apareço como aquele a quem elas aparecem. Para mim mesmo sou fenômeno e me é fenômeno que é a mim que as coisas aparecem.

---

9   Cf. H.P.I, 22: *tò phainómenon, dynámei tèn phantasían autou hoúto kalountes* (literalmente: "o fenômeno, virtualmente à representação dele assim chamando"). A interpretação dessa passagem é extremamente controversa.

A filosofia dogmática invocou essa "lógica", para nós por certo irrecusável, da vivência e do discurso da fenomenicidade para postular, para além (ou para aquém) do eu fenomênico um outro eu, anterior de direito à fenomenicidade e alegadamente pressuposto por ela, algo como um eu transcendental pretensamente exigido como explicação última a dar conta da experiência fenomênica. Sabemos como os filósofos têm incansavelmente debatido sobre o tema e temos a experiência vivida da indecidibilidade de sua incontornável *diaphonía*. E sabedores também de quanto a "lógica" das situações e a gramática do discurso que as descreve estão impregnadas de tradição e de cultura, desde há muito aprendemos a desconfiar das doutrinas que delas querem extrair consequências seja ontológicas seja epistemológicas. Não vemos, por isso mesmo, como poderíamos interpretar filosoficamente aquela "estrutura" do aparecer, também aqui nos reconhecemos impotentes para apreender a natureza real das relações em jogo, para surpreender a exigibilidade de uma subjetividade não fenomênica. Também sobre ela necessariamente se estende a nossa *epokhé*. Sobre este como sobre qualquer outro tópico, por todas as razões que temos exposto, não vemos como uma interpretação filosófica do fenômeno se poderia impor à nossa aceitação. E certamente não cabe tomar nosso ceticismo como uma filosofia da subjetividade.

9. Reconhecendo o que *me* aparece, descrevendo o *meu páthos*, ao mesmo tempo que suspendo o juízo sobre as teorias filosóficas do sujeito, não tenho como recusar que é um *páthos humano* que descrevo (cf. H.P. I, 203). Porque me apareço como um vivente (*zõon*) humano, em meio aos outros seres humanos que coabitamos, todos, o mesmo mundo físico que nos envolve e de que compartilhamos a experiência, nele vivendo nossa vida comum. Este homem que sou me apareço como este corpo e estas sensações, emoções, paixões, sentimentos, representações, pensamentos que o acompanham. Meu eu sente e pensa, mas tem carne e osso também. Um corpo vivo como os outros corpos vivos do mundo, sentimentos e pensamentos como os dos outros homens. Vivendo numa contínua interação com eles, em meio às coisas e eventos do mundo.

Apareço-me como um item muito pequeno desse mundo grande a que pertenço. Coisas e eventos, em sua grande maioria, aparecem-me como exteriores a mim, isto é, exteriores *a meu corpo* e à minha vida psíquica, como outros que não eu e fundamentalmente independentes de mim, de mim totalmente prescindindo. O mundo que me aparece não me aparece precisando de mim, ao contrário aparece-me que ele seria muito pouco afetado pelo meu desaparecimento ou aniquilamento. Parte muito importante do que se impõe a minha experiência nela irrecusavelmente se me impõe como um não eu, distinto de mim, coexistindo agora comigo, mas tendo-me antecedido no tempo passado e devendo sobreviver-me no tempo futuro.

O que me aparece não me privilegia. Porque me apareço tão somente como um item entre outros do mundo fenomênico. Que minha visão do campo fenomênico seja em mim mesmo centrada não me aparece, sob esse prisma muito humano, senão como uma consequência natural e necessária da emergência da consciência nos seres vivos. Se nunca posso ir além do que me aparece, essa limitação que na mesma experiência do aparecer para mim se desenha, nela se desenha como exclusivamente minha, sem afetar em nada a maior parte das coisas que me aparecem. Aqui se pode compreender por que o cético pirrônico jamais foi tentado pelo solipsismo.

Se nos permitimos falar de sujeito e objeto, adotando um vocabulário hoje corrente na linguagem filosófica, é tão somente para realçar aquela bipolaridade fenomênica entre o homem, que se aparece e a quem as coisas aparecem, e as demais "coisas". Mas são, homem e "coisas", itens do mundo fenomênico; têm, enquanto tais, o mesmo estatuto. Nossa *epokhé* igualmente se aplica a todo discurso apofântico que nô-los queira "revelar". O sujeito é sempre para nós o sujeito humano, o homem "de carne e osso". O pirronismo "humaniza" o sujeito, ele o "naturaliza". Se falamos de ideias, argumentos, critérios, teorias, controvérsias, não nos esquecemos nunca de que são ideias tidas por homens, argumentos que homens empregam, critérios que homens propõem, teorias que homens formulam, controvérsias com que homens-filósofos se divertem. As filosofias nos aparecem como coisas de homem. Produções discursivas engendradas por cérebros humanos, com que o homem tenta com frequência transpor as fronteiras da própria humanidade. É sempre da perspectiva do animal humano que nós, pirrônicos, abordamos as coisas do espírito. Porque assim nos aparece a vida do espírito. Mas não temos obviamente nenhuma pretensão a estabelecer a natureza e essência do ser humano, que confessamos ignorar, ignorando mesmo se ele tem uma essência e natureza. Não temos nenhuma antropologia filosófica a oferecer, já que, sobre o homem, também suspendemos nosso juízo.

10. Não dispondo de critérios para decidir da realidade ou verdade das coisas, estando em *epokhé* sobre teorias e doutrinas, não temos como nelas apoiar-nos para regular nossas ações na vida cotidiana. Compelidos a reconhecer o fenômeno e a ele confinados, é por ele obviamente que orientamos nossa conduta prática no dia a dia, tomando-o como critério de ação (cf. H.P. I, 21s). Conforme o que nos aparece tomamos decisões, escolhemos certas coisas, evitamos outras. Agimos e vivemos a vida comum, interagindo com nossos semelhantes e dialogando com eles. Usamos a linguagem comum, dela servindo-nos sem dogmatizar (*adoxástos*), isto é, sem exprimir crenças ou proferir opiniões pretensamente verdadeiras ou conformes à realidade. Se porventura proferimos sentença de maneira que a alguém pareça uma asserção dogmática, estamos sempre dispostos a reformular nossa linguagem, esclarecer nossa posição e desfazer o engano.

No simples intuito de explicar didaticamente sua observância da vida comum e sem nenhuma pretensão a uma esquematização exaustiva e rígida, o pirronismo antigo ressaltava quatro aspectos que caracterizam nossa prática cotidiana conforme o fenômeno: em primeiro lugar, seguimos, por assim dizer, a orientação da natureza, servindo-nos espontaneamente de nossos sentidos e de nosso intelecto; cedemos também, como não poderia deixar de ser, à necessidade das afecções e de nossos instintos; de um modo geral, nos conformamos à tradição das instituições e costumes, inseridos que estamos num contexto sociocultural; finalmente, adotamos os ensinamentos das artes (*tékhnai*) desenvolvidas por nossa civilização e incorporadas ao cotidiano da vida em sociedade. Nosso uso da linguagem comum se amolda obviamente a todas essas dimensões do cotidiano em que estamos mergulhados e nos sinaliza a profundidade de nossa inserção nele.

Mas isso dizer não será acaso o mesmo que reconhecer que temos muitas crenças e que por elas regulamos nossa vida cotidiana? Tudo depende do que se entende por "crença". Se por "crença" se entender uma disposição a tomar uma proposição como verdadeiramente conforme ao real, como candidata legítima, se se lhe acrescentam fundamentação e justificação, à função de expressão de um real conhecimento – tal é o sentido dogmático e frequente do termo –, então os céticos certamente não cremos. Mas, se a expressão se tomar num sentido mais frouxo e fraco, se por "crença" tão somente se entender nosso assentimento compulsório ao que nos aparece, ao que irrecusavelmente se nos impõe – o que não é outra coisa senão nosso mesmo reconhecimento do fenômeno –, se assim se aceitar caracterizar uma crença, não vamos então polemizar em torno de palavras e nos dispomos a dizer que temos crenças: sim, os céticos cremos nos fenômenos. Creio haver uma escrivaninha diante de mim, creio haver a alguns metros de mim uma porta fechada, que deverei abrir quando me dispuser a sair deste escritório, creio que certamente me arriscarei a machucar-me muito, se não a morrer, se tentar daqui sair por esta janela a meu lado, porque meu escritório está no segundo andar da casa, creio também que o país está mergulhado numa grave crise econômica e social etc. Crenças minhas banais, que são como as de um homem qualquer. Tranquilamente as tenho, isto é, sigo o que me aparece.

Crenças tais, mero reconhecimento do fenômeno, têm-nas obviamente também, enquanto homens comuns, um berkeleyano, "apesar de" seu imaterialismo, ou um kantiano, "não obstante" sua doutrina do mundo exterior e da representação. Pretender invocar o fato dessas crenças e sua irrecusável necessidade como argumento contra a filosofia de Berkeley ou a de Kant seria, por certo, algo ridículo e esdrúxulo, uma demonstração de espantosa ingenuidade filosófica. Mas não é, então, menos esdrúxulo e inconsequente opor um tal argumento contra o pirronismo, objetando-lhe que sua *epokhé* deveria implicar a abolição de todas essas crenças e que o fato de que o cético continua a tê-las e a mostrar que as tem em sua vida cotidiana – como não poderia ser de outra maneira – descobre uma contradição insanável entre a prática do cético e a sua "doutrina". Absurdo contrassenso, mesmo se milenar, que inteiro repousa sobre uma notável ignorância da postura cética e de sua "fenomenologia"! Não se compreende que aquelas crenças não caem sob o escopo da *epokhé* na mesma e exata medida em que o fenômeno é o que não cai sob o escopo da *epokhé*... Mas a objeção se repete fastidiosamente contra os céticos desde o tempo do estoicismo e, por força e graça de Hume, é renovada até nossos dias.

Na medida e no sentido em que nos permitimos dizer que temos crenças, nessa mesma medida e sentido não recusamos ter *certezas* em nossa vida prática e cotidiana. Não temos por que hesitar em acolher em nossa linguagem o vocabulário usual da certeza, bastando-nos, também aqui, apenas cuidar para que não se venha sobrepor a nossos usos linguísticos uma interpretação dogmática, para que deles não se queiram extrair pressupostos epistemológicos ou ontológicos. Porque por vezes se tem invocado a irrecusabilidade da experiência, que nos faz com frequência dizer estar certos de algo, para atribuir um estatuto epistemológico à nossa certeza, um estatuto ontológico a seu objeto. Mas estar certo de algo faz somente parte do jogo da vida cotidiana em que estamos mergulhados.

O que se impõe porque fenômeno não diz menos respeito à esfera moral, a certos valores a cuja absorção nosso condicionamento sociocultural nos terá certamente compelido, como geralmente ocorre com todos os homens. Eles se terão frequentemente incorporado de tal modo e em tal profundidade à nossa mesma personalidade que constituem, por assim dizer, uma segunda natureza nossa. Uma ação que se reconhece como má e vergonhosa, não a cometeremos precisamente porque nos aparece que é mau e vergonhoso cometê-la. E, se nos dispomos a tudo fazer para salvar uma criança em perigo, não é senão porque nos aparece e se nos impõe que assim devemos fazer. Se um tirano nos ordena uma ação vil sob pena de tortura ou de morte caso não a cometamos, submetidos então ao impacto de forças opostas, o instinto de preservação e sobrevivência, de um lado, e nossas exigências morais e nossos valores, de outro, escolheremos eventualmente – oxalá o consigamos – agir conforme nossa formação e educação, seguindo as leis e os costumes em que fomos criados (cf. Sexto, A.M. XI, 166). Nossa *epokhé* concerne apenas a teorias, doutrinas e dogmatismos. Embora uma infeliz falácia filosófica pretenda que a ação moral não prescinde de valores absolutos e de justificações últimas. Mas a vida e a história têm-na com muita frequência desmentido e nos têm revelado que os portadores de dogmas morais nem sempre oferecem os melhores exemplos de moralidade...

Contra a *epokhé* pirrônica, cuja natureza não foi capaz de apreender, Hume propôs um ceticismo mitigado (cf. Hume, 1983, *An Enquiry concerning Human Understanding*, p.129-30), que disse resultar da moderação do pirronismo pela intervenção da força irresistível da natureza. Esta nos obriga a ter juízos e crenças, a despeito da análise racional que nos descobre a inexistência de justificação e fundamentos para eles e que nos levaria, por si só, a suspendê-los. O termo "natureza" é por certo ambíguo e vago, Hume mesmo o reconhece.[10] De qualquer modo, ele nos lembra de que temos crenças irresistíveis, crenças que se podem dizer instintivas e naturais, que não dependem de deliberação ou escolha e prescindem de justificação ou fundamento, aliás inexistentes: uma dessas crenças naturais irresistíveis é a crença na existência independente dos corpos (cf. Hume, 1992, p.187s).

Ora, como vimos, o pirronismo não diz outra coisa, ao descrever nosso assentimento necessário ao fenômeno. Hume não percebeu que não somente não havia incompatibilidade entre um tal "naturalismo" e a *epokhé* pirrônica, mas que ele é da *epokhé* o necessário complemento. Em verdade, tudo se passa no pirronismo como se a suspensão do juízo e o "naturalismo" fossem o verso e o reverso de uma mesma moeda. O pirronismo é um "naturalismo". A ignorância humeana do pirronismo transmitiu-se, no entanto, à sua posteridade moderna e contemporânea; ainda hoje vemos bons filósofos a buscar no "naturalismo" uma resposta, a seus olhos a única resposta, capaz de contornar as consequências filosóficas alegadamente nefastas da *epokhé* dos céticos.

As considerações todas que acabamos de expender acerca do fenômeno enquanto critério de ação na prática cotidiana deixam bastante manifesto que o pirrônico adere integralmente à vida comum, vivendo-a plenamente como o comum dos homens. Vivendo seus prazeres e alegrias, suas atribulações e necessidades, não tendo por que perseguir um ideal de apatia. Ele "não é feito de rocha ou de um carvalho primevo, mas é da raça dos homens".[11] Ele é um homem comum e age e se comporta como um homem comum, mas é um homem comum que logrou libertar-se de mitos e de dogmas, que não mais verga sob o peso da Verdade. O tema da vida comum é, em verdade, central na filosofia pirrônica e, se ele não se considera, a própria noção de fenômeno se obscurece. O pirronismo recupera integralmente a vida, que a filosofia dogmática frequentemente esquece. Porque o que nos aparece, ao fim e ao cabo, é o domínio mesmo da vida.

11. Fica-nos manifesto também que cabe plenamente falar de uma visão cética do mundo, a qual entretanto diferirá, sob muitos aspectos, de um cético para outro. A visão do mundo de um cético se conforma obviamente, como a visão do mundo de qualquer homem, à sua experiência passada e à sua formação cultural, ela se

---

10   Sobre o termo "natural", cf. HUME, D. 1983, *An Enquiry concerning the Principles of Morals*, p. 258: "The word *natural* is commonly taken in so many senses and is of so loose a signification, that..." Compare-se com as palavras de Philo nos *Diálogos* de Hume: "and, perhaps, even that vague, undeterminate word *nature* to which the vulgar refer anything... (cf. HUME, D. 1948, *part VII*, p.49). Em H.P.I, 98, Sexto Empírico lembra a *diaphonía* indecidível entre os filósofos dogmáticos acerca da realidade da natureza.

11   Verso da *Odisseia* (XIX, 163) modificado por Sexto, cf. A.M. XI, 161.

constrói a partir de sua vivência do fenômeno e lhe está intimamente associada. Ela é essa experiência feita discurso. Se atentamos em suas linhas de força mais aparentes e em seus aspectos mais gerais, facilmente percebemos que ela tem muito em comum com as visões do mundo dos outros homens. Diremos mesmo que ela nos aparece tendo como núcleo algo como uma visão comum do mundo, própria à constelação histórica e social em que o cético está inserido.

A visão cética do mundo se foi consolidando ao longo de um extenso itinerário filosófico, paulatinamente emergindo de um percurso que percorreu demorada e criticamente doutrinas e problemas das filosofias. Não comportando asserções doutrinárias, não se conferindo uma dimensão cognitiva, ela recusa constituir-se como uma metafísica. Seria também mais prudente não caracterizá-la como uma "metafísica descritiva", se tememos as conotações impertinentes mal dissociáveis dessa terminologia. Tampouco se deverá dizê-la uma "teoria do mundo" e por motivo análogo: o termo "teoria" carrega habitualmente conotações que aparecem como suspeitas a olhos pirrônicos. Ela não resulta certamente de escolhas teóricas, não é uma construção da razão especulativa, falta-lhe também sistematicidade. Fenomenologia (no sentido etimológico do termo) "espontaneamente" constituída, ela se articula naturalmente segundo uma certa estrutura que interliga suas proposições, algo como uma "armação conceitual básica", que define também o quadro das "certezas" básicas, interligadas e interdependentes.

Na descrição de sua experiência do mundo, mormente quando questões filosóficas estão em pauta, o cético preferirá abster-se do vocabulário da verdade, realidade e conhecimento, porque não esquece quão prenhes estão essas palavras dos significados filosóficos que uma tradição secular lhes associou. Sem isso, as palavras seriam, em si mesmas, inocentes, e, na prática cotidiana, o cético não se inibirá de usá-las, seguindo o uso comum. Porque "verdade", "realidade", "conhecimento", em seu uso vulgar, remetem primordialmente à armação interna do mundo fenomênico, não têm peso ontológico ou epistemológico. Quanto a seus alegados pressupostos, o cético obviamente os questiona e sobre eles suspende seu juízo. Assim, por exemplo, se lhe apareceu ter diante de si uma pessoa, cuja presença naquele lugar e hora alguém posteriormente pôs em dúvida, o pirrônico poderá tranquilamente dizer que a pessoa em questão naquele momento "realmente" lá se encontrava, que ele disso teve "conhecimento" porque também lá se achava e a viu, que é "verdade" que ela lá se encontrava, que a dúvida surgida não tem "fundamento" etc. Proibir--nos a linguagem corrente por temor de interpretações filosóficas impertinentes seria forçado, pouco natural e algo pedante. Se interrogados, porém, acerca de tais usos linguísticos, caber-nos-á explicar que a eles assentimos conforme a prática costumeira da língua, sem a nenhum momento cogitar de aventurar-nos além do fenômeno, descrevendo apenas nossa vivência e nossa experiência, abstendo-nos de qualquer interpretação que pretenda transcendê-las.

É no interior do mundo fenomênico que distinguimos entre "real" e imaginário ou fictício, "verdadeiro" e "falso", sonho e vigília (o argumento cartesiano do sonho é estranho à problemática pirrônica), "conhecimento" e ignorância ou conjectura. Tais distinções, as fazemos como um homem qualquer e vale lembrar que o homem comum não parece ter a menor percepção do que está em jogo na problemática filosófica que se quer enxertar em seu uso cotidiano da linguagem. Embora não seja esse talvez o caso com alguém mais sofisticado e culto, que por vezes poderá sobrepor uma interpretação dogmatizante a muitos de seus usos linguísticos. Eis também por que se poderia hesitar em atribuir à visão comum do mundo e à sua linguagem uma tendência implícita e "natural" a uma certa postura metafísica, por exemplo, a uma metafísica realista. Caberia, antes, investigar a gênese cultural de sua gramática.

Nossa experiência do mundo nos aparece, sob aspectos fundamentais, como experiência de nossa inserção profunda na sociedade que nos produziu e formou. Por isso mesmo, nossa visão do mundo é expressão e reflexo também dessa sociedade e da constelação histórica a que pertencemos, para além dos traços idiossincráticos próprios às nossas vivências pessoais. E, seja enquanto expressão da experiência individual, seja enquanto reflexo da vivência coletiva, nossa visão fenomênica do mundo se nos descobre como sujeita a uma permanente evolução. O que é trivial no que respeita aos fenômenos sensíveis, mas não se configura diferentemente no que diz respeito aos fenômenos inteligíveis.

Um exemplo histórico e clássico talvez seja aqui oportuno. A nós homens aparecia outrora que o sol percorria diariamente seu caminho no céu por sobre nossas cabeças, transladando-se de oriente a ocidente, enquanto a terra permanecia estacionária. Hoje e desde há muito, porém, nos aparece que a humanidade por milênios se enganou e que o movimento solar que julgávamos observar era meramente aparente, que é nosso planeta que se move em torno do sol. Outras coisas nos são fenômenos inteligíveis, o quadro fenomênico radicalmente se alterou. Essa "essencial" contingência nos aparece como uma das características mais conspícuas de nossa experiência fenomênica e a mesma armação básica de nossa visão do mundo não nos aparece como imune ao processo evolutivo.

Toda esta nossa exposição acerca da visão pirrônica do mundo parece-nos mais que suficiente para manifestar quão estranha é ao pirronismo a problemática moderna da existência do mundo "exterior". Essa problemática, como é sabido, emerge do itinerário cético da *1ª Meditação* de Descartes e está intimamente relacionada com os desenvolvimentos mentalistas do empirismo britânico, de Locke a Hume. Tendo esse cenário filosófico como pano de fundo, o cético moderno privilegia o sujeito, a mente, o "mundo interior" e se interroga sobre a existência ou não existência de um mundo exterior à mente. Como assinalou Rorty, a pergunta sobre como posso saber que algo que é mental representa algo que não é mental se torna, por assim dizer, a pergunta "profissional" do ceticismo (cf. Rorty, 1980, p.46). O ceticismo moderno duvida da existência do mundo "exterior", problematizando nossa capacidade de transcender o universo de nossas representações.

Mas atribuir tal dúvida sobre a existência do mundo "exterior" ao pirronismo é insanavelmente anacrônico[12] e chega mesmo a ser inconsistente com a perspectiva própria à filosofia pirrônica. Não há como confundir entre essa dúvida cética moderna e nossa *epokhé* sobre as pretensas dimensões metafísicas ou epistemológicas de nosso reconhecimento do mundo fenomênico. Como vimos, nosso questionamento do discurso dogmático incide *igualmente* sobre a natureza e a assim chamada realidade de sujeito e objeto, corpo e mente, faculdades da alma e propriedades da matéria. Por um lado, reconhecemos o dado sensível e inteligível que se impõe a nossa experiência, por outro problematizamos todos os discursos que se propõem, para além do fenômeno, interpretá-la. Se humanamente nada perdemos dos assim chamados mundos do espírito e da matéria, inteiramente abstemo-nos de juízos apofânticos sobre um e outro. Se isso se quiser chamar de "dúvida", dever-se-á então dizer que duvidamos da alma e do corpo, da mente e da matéria, da realidade do mundo "externo" tanto quanto da realidade do mundo "interior". Conceder-se-nos-á, no entanto, ser preferível evitar uma linguagem que se presta a confusões.

12. Consideremos, uma vez mais, a perspectiva dogmática sobre as coisas. O dogmático profere um discurso que se propõe a dizer como as coisas "realmente" são, transcendendo a experiência do fenômeno; ele se pretende possuidor de conhecimento e capaz de dizer a verdade, no sentido forte do termo, que ele próprio se dispõe a elucidar. Visto sob a perspectiva cética, no entanto, o dogmático, no momento mesmo em que expõe seus *dógmata*, está, também ele, tão somente relatando o que lhe aparece, o que lhe é fenômeno.[13] Certamente o dogmático reconhecerá que está a relatar o que lhe aparece, nem poderia ser de outra maneira; mas acrescentará que o que lhe aparece também *é* e o sustentará, seja com base numa pretensa evidência imediata, seja recorrendo a uma cadeia de razões, que, a partir de pretensas evidências imediatas, alegadamente justificaria uma conclusão de si mesma não imediatamente evidente. A fenomenicidade do dogma estaria, então, intimamente associada àquela pretensa evidência ou à demonstratividade dessa construção discursiva.

Isso se patenteia plenamente e de modo explícito na mesma recusa da verdade de um dogma por dogmáticos rivais, que nele veem tão somente a expressão de uma crença subjetiva, a repousar sobre falsas evidências ou sobre razões insuficientes e

---

12 Tendo interpretado o pirronismo como uma filosofia mentalista, incorri em tal anacronismo em "Ceticismo e Mundo Exterior", cf. p.89-116.

13 Cf. Sexto, A.M. VII, 336: "Além disso, aquele que diz ser ele próprio o critério de verdade diz o que lhe aparece e nada mais. Então, uma vez que também cada um dos outros filósofos diz o que a si próprio aparece e é contrário ao que foi previamente dito..."

não demonstrativas. O cético registra esse habitual diagnóstico que os dogmáticos emitem sobre os *dógmata* outros que não os seus próprios, mas o estende universalmente a todos os dogmas. Questionando sempre as alegadas evidências e suspendendo sempre o juízo sobre a pretensa demonstratividade dos argumentos, não tem ele como assentir a um dogma, que lhe não aparece, assim como não aparece aos dogmáticos rivais. Em cada dogma não pode ele ver senão o que é fenômeno ao dogmático que o sustenta. E, se um diálogo se estabelece entre o dogmático e o cético, se o cético consegue minar as bases sobre que aquele construiu a sua crença, se o dogmático passa a duvidar da "evidência" em que se apoia ou descobre a problematicidade dos argumentos que o levaram à sua conclusão, então seu dogma perde sustentação e credibilidade, deixa por isso de aparecer-lhe o que antes lhe aparecia. E com ele ocorre o que com qualquer um ocorre, quando se desfaz de uma crença que outrora julgara verdadeira: reconhece que não se tratava senão de uma "aparência", fenômeno seu particular e de fato revestido de insuspeitada precariedade. Precariedade esta que não reveste o que ao cético é fenômeno, mesmo se reconhecidamente contingente e sujeito a dissipar-se num eventual processo evolutivo de antemão imprevisível. Porque o que ao cético aparece se lhe impõe irresistivelmente, não obstante sua *epokhé* sobre todos os *dógmata*. Não depende de argumentos e razões e prescinde de "intuições", sempre problematizáveis.

De qualquer modo, no entanto, parece resultar destas considerações que não cabe pretender traçar fronteiras demasiado rígidas entre os domínios do dogma e do fenômeno (inteligível). Trata-se, por certo, de uma distinção mais que conveniente e adequada à descrição de nossa experiência, mas que um pirrônico jamais diria – um pirrônico jamais poderia dizê-lo – fundada na natureza das coisas. O assentimento a um dogma necessariamente comporta um elemento fenomênico e o recorte do mundo fenomênico jamais se pode pretender imunizado contra a presença sub--reptícia de ingredientes dogmáticos dissimulados e como embutidos no linguajar comum, vestígios eventuais de antigos mitos inextricavelmente incorporados ao senso comum de uma cultura. As fronteiras entre os dois domínios se estendem sobre uma terra de ninguém, onde os contornos se esvaem, pouco nítidos e mal delineados. Assim nos aparece.

O domínio do dogma é o lugar da soberania do *lógos*. O cético conhece mais que ninguém o poder do *lógos* e o enorme fascínio que sobre os homens ele exerce, o cético se dá precisamente por tarefa denunciar e desfazer suas artimanhas e ardis. Assim, parte considerável do empreendimento filosófico cético é proceder à crítica da razão dogmática, derrubando os ídolos e as ficções que o discurso dogmático continuamente plasma. Sob esse prisma, a filosofia pirrônica se concebe como uma terapêutica e o dogmatismo é a doença que ela combate. Como disse Sexto: "O cético, porque ama a humanidade, quer curar pelo discurso, o melhor que pode, a presunção e a temeridade dos dogmáticos" (cf. H.P. III, 280). O pirronismo é, basicamente, uma crítica da linguagem e de seus mitos, ele luta para quebrar o feitiço que amarra os homens a uma linguagem em férias...

13. Alguns poderiam ser tentados a invocar a ciência moderna e contemporânea e suas conquistas para rebater a postura pirrônica. Quando reconhecida e inegavelmente a ciência e a tecnologia que dela resultou impregnam de modo avassalador nossa vida e prática comum, quando teorias científicas vulgarizadas se difundem progressivamente no senso comum, a ele se misturam e dele mal podem dissociar-se, quando a imagem comum do mundo se torna mais e mais influenciada por elementos inúmeros tomados de empréstimo às teorias científicas, pareceria caber perguntar como se pode razoavelmente sustentar uma *epokhé* sobre as teorias científicas. O impacto das ciências sobre a vida cotidiana certamente não terá sido tão visível nos tempos helenísticos, mas nos tempos que correm é absolutamente inquestionável. Não constituiria isso uma formidável objeção contra a *epokhé* dos pirrônicos?

Seguramente, não. Muito ao contrário, o pirronismo parece-nos inteiramente compatível com a prática científica moderna e contemporânea. Porque o que os pirrônicos antigos problematizaram foi a velha *epistéme* clássica, a ciência entendida como conhecimento seguro e adequado da realidade mesma das coisas. Em outras palavras, eles questionaram a dimensão metafísica que a ciência se atribuía, dimensão à qual uma teoria filosófica do conhecimento alegadamente justificava o acesso. A *epokhé* cética se estendia, então, às pretensas verdades dessa ciência, punha em xeque a pretensa realidade de seus objetos, a cognitividade real e absoluta de todo aquele empreendimento.

Mas, por outro lado, os pirrônicos não são insensíveis às semelhanças e diferenças, à regularidade relativa que mesmo a observação descuidada surpreende no mundo fenomênico. Eles atentam para o fato de que a mesma invenção humana da linguagem repousa sobre a vivência das regularidades que balizam o curso da "natureza". Para o fato de que o homem comum se baseia nessas regularidades para formular cotidianamente suas hipóteses e previsões ao lidar com os fenômenos. Quando tais procedimentos da vida comum são metodizados e sistematizados, quando as conjunções constantes entre fenômenos se tornam o objeto de uma consideração atenta e de uma observação deliberada, quando o uso de hipóteses construídas sobre a experiência passada se torna instrumento habitual de predição, estamos então no domínio da *tékhne*, que a humanidade desenvolveu para submeter o mundo de sua experiência a seu benefício e comodidade.[14]

---

14 Consultem-se, por exemplo, as passagens seguintes de Sexto Empírico: A.M. VII, 270 (sobre o uso de signos e a formulação de previsões por homens iletrados); A.M. VIII, 288 (sobre a capacidade humana de "reter" as conjunções constantes entre fenômenos); A.M. VIII, 152-3 (sobre como os homens espontaneamente utilizam, para fazer previsões, sua observação das conjunções

142 RUMO AO CETICISMO

Construídas sobre o fenômeno e não preocupadas com transcendê-lo, visando tão somente lidar de modo adequado com o mundo fenomênico, explorá-lo e dominá--lo, na medida do humanamente possível, para o proveito do homem, as *tékhnai* constituem, por certo, um dos traços mais conspícuos da vida civilizada. Observar seus ensinamentos, utilizá-los e – se tal for nossa vocação pessoal – desenvolvê-los e ampliá-los é parte importante da observância pirrônica da vida segundo o fenômeno (cf. H.P. I, 23-4). O pirronismo antigo não ousou chamar a *tékhne* de "ciência", provavelmente porque o termo *epistéme* se tornara indissociável das conotações que as filosofias clássica e estoica lhe tinham fixado. A *tékhne*, tal como o pirrônico a via, contrariamente ao que era o caso com a *epistéme*, podia conformar-se inteira no interior da esfera fenomênica, dispensando facilmente a interpretação filosófica.

O panorama, complexo e multiforme, da filosofia moderna e contemporânea da ciência deixou há muito de privilegiar a velha noção de *epistéme*. E a prática científica, já desde os primórdios da ciência empírica moderna, se vinha progressivamente libertando de amarras epistemológicas e metafísicas. Na esteira de Hume, a filosofia empirista da ciência vem insistindo no primado da observação e dos métodos de controle experimental das teorias científicas, na continuidade entre os procedimentos científicos e os do homem ordinário, na necessidade de distinguir claramente entre ciência e metafísica, na conveniência, sobretudo, de a prática científica desvencilhar-se de qualquer entrave de natureza filosófica, buscando definir seus parâmetros através de seu próprio desenvolvimento experimental.

É muito fácil ver como toda essa postura, ao menos em seus aspectos mais fundamentais, é de índole essencialmente pirrônica. Ou pode, pelo menos, tranquilamente associar-se à concepção pirrônica da "ciência". É como se tivéssemos assistido ao triunfo progressivo da velha *tékhne* sobre a veneranda *epistéme*. Por certo, a natureza bem mais complexa e rica da ciência moderna exige uma reelaboração e sofisticação das conceituações pirrônicas nesse campo, poderíamos mesmo dizer que tal seria uma das tarefas mais urgentes para um neopirronismo, hoje.

Nem nos parece que o pirronismo precise necessariamente assumir, em face da ciência de nossos dias, uma perspectiva convencionalista, ou operacionalista, ou mesmo pragmática, no sentido técnico e mais preciso deste termo. Isso porque, por exemplo, não nos parece que a mera aceitação da possibilidade de que os termos ditos teóricos de uma teoria científica eventualmente correspondam a "entidades" e

---

constantes entre fenômenos); A.M. I, 51 (sobre a origem das *tékhnai*); A.M. VIII, 291 (sobre a observação deliberada, nas *tékhnai*, das regularidades fenomênicas); A.M. V, 1-2 (sobre a formulação de previsões, nas *tékhnai*, a partir da observação de fenômenos); A.M. V, 103-4 (sobre a conexão entre previsões confiáveis, atribuições causais e conjunções constantes entre fenômenos); H.P. I, 237 (sobre a busca da utilidade na medicina empírica Metódica, conforme a prática dos céticos); A.M. I, 50-1 (sobre a utilidade para a vida como finalidade das *tékhnai*) etc.

de que os enunciados teóricos comportem um componente "descritivo" seja suficiente para conferir a tais "entidades" e ao mundo "descrito" uma dimensão metafísica. Tampouco nos parece que os pirrônicos tenhamos a objetar contra uma leitura do método hipotético-dedutivo como método de fazer confrontar com a experiência, mediante um teste de suas consequências empíricas, um discurso que "descreve" como *poderia* ser o mundo. Assim, dizer que *p* tem *q* como consequência empírica poderia significar que nos aparece que, se fosse o caso que *p*, então *q* se deveria manifestar a nossa observação, nas condições apropriadas. Como acima enfatizamos, a inteligibilidade do fenômeno o estende para muito além das estreitas fronteiras da mera sensibilidade; nem há também por que identificar fenomenicidade e obser-vacionalidade, em sentido estrito. Mesmo o assim chamado "realismo científico" talvez se possa legitimamente escoimar de qualquer associação com uma doutrina metafísica, particularmente com o realismo metafísico. Se uma tal dissociação se logra, o "realismo científico" se torna totalmente aceitável para um berkeleyano ou um kantiano, por exemplo, por nada prejulgar sobre uma interpretação epistemológica ou ontológica das teorias científicas. Por isso mesmo e na mesma medida, ele se faz inteiramente conciliável com a *epokhé* cética.

A objeção contra o pirronismo acima considerada, que quis contra ele invocar a irrecusabilidade dos resultados das teorias científicas e a impregnação de nossa vida comum por elas, não tem, em verdade, nenhuma consistência. O pirrônico é, ao contrário, um apologista da ciência empírica, enquanto instrumento humano de exploração sistemática da riqueza infinda do mundo dos fenômenos, que os avanços espetaculares do progresso tecnológico ligado à prática científica podem fazer servir ao bem-estar do homem. Por outro lado, não lhe está proibida a "aceitação" de teorias científicas, precisamente porque "aceitar uma teoria científica" se diz em diferentes sentidos, alguns dos quais não envolvem, como diferentes filósofos da ciência têm com frequência sublinhado, quaisquer compromissos com dogmatismos filosóficos. Finalmente, não tem o cético por que recusar o fato histórico de que teorias científicas vulgarizadas (assim também como doutrinas filosóficas ou religiosas) por vezes de tal modo se embutem no senso comum que passamos a ter – espontaneamente – uma visão do mundo por elas moldada. Quando isso de tal modo ocorre que se perde a própria consciência "histórica" da formação de nossa visão do mundo e esta se nos impõe de modo inquestionável, então estamos simplesmente diante daquela feno-menicidade inteligível que não podemos todos, pirrônicos e não pirrônicos, senão reconhecer, assentindo a ela.

Creio acertado dizer que, de algum modo, a ciência moderna se tem feito progressivamente cética. Quanto aos pirrônicos, libertados do fascínio das cons-truções linguísticas e da especulação filosófica e tendo sobre elas suspenso o nosso juízo, valorizando tão somente o fenômeno e atendo-nos a ele, temos forçosamente de apontar para essa ciência empírica e *cética* como o único caminho que se nos manifesta aberto para desenvolver a investigação positiva e a exploração racional do mundo. Essa investigação e essa exploração deverão certamente levar-nos, como no passado nos levaram, a reformulações de nossa visão do mundo. E o pirronismo aponta para um mundo fenomênico aberto a possibilidades ilimitadas de investigação. Mas os caminhos do aparecer são de antemão insondáveis.

14. Algumas considerações merecem ainda um lugar. Porque reconhece, pelas razões que vimos, caber primordialmente à ciência a tarefa de investigar o mundo, o pirronismo enseja uma conjugação feliz entre ela e a filosofia, sem incorrer na ingenuidade positivista. E assumindo, como lhe cabe, uma postura fenomenológica, ele não envereda pelos caminhos de uma fenomenologia sistemática, que lhe parece exceder os limites do factível: suas descrições de fenômenos são sempre confessadamente precárias e têm sempre caráter "pontual". O pirronismo adentra também o domínio da filosofia da linguagem e confere à linguagem um lugar central em sua problemática, na mesma medida em que sua diatribe permanente contra o dogmatismo necessariamente privilegia a análise e a reflexão crítica sobre o uso dogmático do discurso; ele valoriza a linguagem comum, mas sem sacralizá-la e tendo como necessariamente frouxa e precária a correspondência entre as palavras e os fenômenos que elas exprimem, estes sempre suscetíveis de se dizerem de diferentes maneiras. A filosofia pirrônica também plenamente valoriza a experiência humana e a vida comum, ela é visceralmente humanista e recupera para o filosofar a espontaneidade da vida.

Sem jamais incorrer em qualquer negativismo epistemológico, o pirronismo não se faz nunca uma teoria, insistindo em definir-se tão somente como uma prática filosófica, de valor eminentemente terapêutico. Confiando no diálogo e na argumentação e deles fazendo seus instrumentos, ele pretende por seu intermédio contribuir para o bem-estar e o progresso espiritual dos homens. Cabe também dizer que, pela própria natureza de seu método e procedimento, o pirronismo se constitui como um antídoto eficaz contra toda e qualquer forma de irracionalismo. Ao rejeitar os dogmatismos, ele conforma uma outra e diferente figura da racionalidade.

A postura pirrônica é extremamente atual, inteiramente adequada às necessidades intelectuais de nossos dias. Nossa época está cansada de verdades, dogmatismos e especulações. O intelectual contemporâneo tende fortemente ao ceticismo. Se não o confessa, isso se deve tão somente às conotações perversas que a ignorância generalizada sobre o pirronismo, inclusive em boa parte dos filósofos, associou ao termo. Eis porque relembrar o pirronismo é preciso.

15. Tentei, nas páginas anteriores, delinear minha posição filosófica. Ainda mesmo que eu não tivesse citado Sexto Empírico tantas vezes, qualquer leitor de sua obra facilmente descobriria quão profundamente ela me influenciou. Muitas vezes segui

os textos de Sexto de muito perto, outras vezes desenvolvi linhas de pensamento que ele apenas delineou, mas do modo que me pareceu o mais possível fiel ao espírito do pirronismo. Com relação a certos temas, tentei pensar que soluções se poderiam encontrar, dentro de um pirronismo "atualizado", para questões que a filosofia antiga não formulou nem poderia ter formulado, ao menos sob a forma que lhes conferiu nossa modernidade. Mesmo nesses casos, tenho no entanto a pretensão de ter alcançado resultados compatíveis com a postura pirrônica original. Não seria necessário acrescentar que lidei com a filosofia pirrônica segundo uma leitura e interpretação minhas, que às vezes divergem – e muito – de como se tem lido e interpretado o ceticismo antigo.

Se não no estilo, ao menos na intenção, este texto tem muito de programático, apontando para direções que, sob uma perspectiva cética, ainda não foram exploradas, algumas talvez nem mesmo suspeitadas. Parecer-me-ia bom que se tentasse avançar um pouco mais por essas trilhas.

De qualquer modo, estou advertindo você, leitor, de algo de que você talvez se tenha por si mesmo apercebido, de que este discurso, inteiramente cético e pirrônico – ou neopirrônico, se assim se preferir – tem relativamente pouca originalidade. É que a nenhum momento a busquei. Ao contrário, sem pretender que as coisas realmente sejam como eu as digo, contentei-me em relatar o que me aparecia, à maneira de um cronista. Reconhecendo e confessando que "o fenômeno em toda parte tem força, onde quer que venha", como disse Timão, discípulo de Pirro (cf. A.M. VII, 30).

7

Ceticismo e argumentação[1]

A Ezequiel de Olaso

1. Os céticos em geral, mormente os céticos antigos, sempre foram conhecidos como grandes argumentadores. E, se é certo que boa parte das filosofias, em verdade a maioria delas, se desenvolveram sempre sob forma argumentativa, a argumentação parece desempenhar um papel ainda mais central no ceticismo, eternamente empenhado em minar e criticar cada uma das filosofias dogmáticas. Muito já se disse sobre os procedimentos argumentativos dos céticos. A questão é importante para a boa compreensão do ceticismo, do pirronismo em particular, e merece maior consideração.

2. A crítica pirrônica é dirigida expressamente contra os que pretendem ter encontrado a verdade, são eles os filósofos chamados de "dogmáticos" (cf. Sexto, H.P. I, 2-3), os que pensam ter um conhecimento exato de como as coisas são por natureza (cf. H.P. II, 11). Os dogmáticos põem como realmente existentes as coisas sobre as quais discorrem (cf. H.P. I, 14), seu discurso se pretende a expressão verdadeira de uma realidade como tal conhecida. Esse discurso assume com frequência a forma de um sistema doutrinal, uma *haíresis*, que compõe e articula dogmas uns com os outros e com os fenômenos que se impõem à nossa aceitação comum (cf. H.P. I, 16).

Esse discurso dogmático se constitui no mais das vezes através de procedimentos argumentativos, é através da argumentação filosófica que a verdade dos dogmas se nos desvendaria. Podemos dizer que, inventando seu método próprio, cada filosofia

---

1   Este texto foi publicado na *Revista Latinoamericana de Filosofia*, v.XIX, n.2, Buenos Aires, 1993, p.213-44; também em *Analytica* v.I, n.1, Rio de Janeiro, 1993, p.25-59. E em PORCHAT PEREIRA, O. *Vida comum e ceticismo*. São Paulo: Brasiliense, 1993, p.213-54.

dogmática engendra suas teses num movimento do discurso que progride por argumentação. A filosofia dogmática argumenta, ela essencialmente argumenta.

Na construção argumentada de suas conclusões, a filosofia dogmática em geral se direciona para elevar o discurso filosófico acima do terreno da experiência cotidiana e comum, que é seu ponto costumeiro de partida. Porque o dogmatismo assere que umas coisas são evidentes (*pródela, enargê*) e se dão de si mesmas a nosso conhecimento, sendo por nós imediatamente apreendidas, enquanto outras são de si mesmas não evidentes (*ádela*), não se dão por si mesmas à nossa apreensão (cf. H.P. II, 97-8; I, 138; A.M. VII, 22; VIII, 141, 316). Entende que as coisas que nos são evidentes são diretamente de nós conhecidas por meio de um critério de verdade, que nos permite julgar de sua realidade e reconhecê-las (cf. A.M. VII, 25, 29; H.P. I, 21; II, 14); quanto às coisas não evidentes, muitas delas se podem apreender por inferência a partir das coisas evidentes, mediante signos ou demonstrações (cf. H.P. II, 95-6; A.M. VII, 25): o não evidente nos pode ser significado e revelado por um signo indicativo (H.P. I, 138; II, 101-2; A.M. VII, 143, 151, 156; VIII, 273), ou nos pode ser revelado por meio de um argumento verdadeiro e demonstrativo, em que uma conclusão não evidente é dedutivamente estabelecida a partir de premissas aceitas e evidentes (cf. H.P. II, 135, 140, 143; A.M. VIII, 310, 314, 385).

O dogmatismo transcende assim o domínio das evidências comuns e lida sobretudo com o *ádelon*, o discurso dogmático se propõe como o veículo dessa almejada transcendência. Se as filosofias frequentemente reconhecem na experiência do mundo comum seu ponto de partida, elas se dispõem a com presteza ultrapassá-lo, no alegado intuito de interpretá-lo, explicá-lo, compreendê-lo. Seu discurso gostosamente se aventura em outros espaços, seus argumentos se incumbem de tornar possível essa missão.

Erigindo-se as filosofias em expressão máxima da racionalidade humana, sua argumentação, por isso mesmo, visa ao "auditório universal".[2] Pertence à essência da filosofia dogmática o propor-se como capaz de persuadir e convencer todo homem razoável que seja suficientemente capaz de acompanhar seu processo argumentativo. Uma filosofia se propõe para fazer-se aceitar e se pretende digna de aceitação em razão de sua força argumentativa. É como se, no limite, seu método de argumentação devesse convencer os próprios deuses.[3]

Em geral, é assim que se passam as coisas. Encontrar-se-ão, por certo, algumas doutrinas cujos textos, reconhecidos embora como filosóficos, pareceriam insuscetíveis de dizer-se propriamente argumentativos. Textos que se apresentam, por

---

2   A expressão, como se sabe, deve-se a Perelman, cf. PERELMAN, Ch. 1958, p.40-6.

3   É Perelman (cf. PERELMAN, Ch. 1958, p.9) que assim se exprime, lembrando o *Fedro*, onde Platão fala do esforço do sábio para ser capaz de uma linguagem que seja agradável aos deuses (cf. *Fedro*, 273 e).

exemplo, como coleções de aforismos. Em verdade, porém, aqueles que a justo título se reconhecem como filosóficos – e alguns deles se tornaram conhecidos e famosos – não se reduzem a meros ajuntamentos de aforismos. Através de um estudo mais atento deles, descobre-se com frequência o método que engendra a sequência dos aforismos, torna manifesta uma estrutura argumentativa mais sofisticada que à primeira leitura se dissimula. E resistimos a chamar de "filosófica" uma mera justaposição de enunciados, qualquer que seja o seu conteúdo, na medida em que a filosofia não costuma aceitar como filosoficamente relevante a mera enunciação de teses singulares, quando desacompanhada de argumentos que as sustentem.

Devido à sua rica complexidade e grande abrangência, os sistemas filosóficos com frequência se desenvolvem em textos bastante extensos, nos quais se sucedem intrincadas cadeias argumentativas. O que contribui para multiplicar um fenômeno que também se detecta em textos filosóficos de bem menor extensão. Trata-se do número relativamente elevado, em todo discurso filosófico, de enunciados que se poderiam caracterizar como "princípios", retomando a velha linguagem aristotélica.[4] São aquelas proposições que desempenham nos argumentos o papel de premissas, sem que sua verdade se tenha estabelecido como conclusão de argumentos anteriores. Premissas que se pretendem por si mesmas conhecíveis. E, com efeito, nenhuma doutrina filosófica se contém num núcleo restrito de proposições "principiais", de que o discurso argumentativo apenas desenvolveria as consequências. Ao contrário, a cada nova etapa, o progresso do discurso filosófico instaura novos "princípios", frutos de outras tantas "decisões" filosóficas. Esclarece-se com frequência, por certo, o seu sentido, chama-se a atenção sobre sua "evidência", argumenta-se mesmo para preparar o terreno para sua aceitação. Mas elas não decorrem – nem se pretende que decorram – de argumentação anterior, são suportes novos que se acrescentam aos antigos para a produção de novos argumentos. Essa multiplicidade de "princípios" torna possível a riqueza dos discursos filosóficos e a sustenta.

Não se esqueça porém que, se as filosofias não prescindem dos argumentos que estabelecem suas teses e definem seu mesmo empreendimento por meio deles, não é essa a única função que a argumentação nelas desempenha. Este é tão somente o seu lado "construtivo". Isto porque, como se tem amiúde reconhecido, as filosofias todas, de índole constitutivamente polêmica, se impõem toda uma tarefa "destrutiva", a de rejeitar e desqualificar as teorias rivais. Doutrinas filosóficas respeitáveis do passado histórico que não podem não enfrentar, filosofias competidoras no presente vivo cujas teses lhes cumpre refutar, objeções eventuais e surgidouras, outras tantas ameaças potenciais que lhes convêm desde logo eliminar. Nem poderia

---

4   A noção de princípio (*arkhé*) é, como se sabe, fundamental para a doutrina aristotélica da ciência e é amplamente tematizada no livro I dos *Segundos Analíticos*.

ser de outra maneira, se pertence a cada filosofia dogmática o propor-se como edição única e derradeira da realidade, do conhecimento e da verdade. Compreende-se facilmente, então, por que parte considerável das argumentações filosóficas se deva consagrar a combater outras doutrinas.

Se fizermos exceção para alguns aspectos parciais de doutrinas filosóficas anteriores que o pirronismo interpretou como elementos precursores de sua própria postura,[5] o ceticismo antigo não conheceu outras filosofias que não filosofias dogmáticas, representadas sobretudo pelos grandes sistemas clássicos e helenísticos. E, ainda que sua leitura da filosofia da Nova Academia possa ser historicamente discutível, é certo que o pirronismo optou por considerá-la como uma outra forma de dogmatismo, como um negativismo epistemológico que asseria a inapreensibilidade da verdade, ao mesmo tempo que, com Carnéades, teria proposto uma noção, inaceitável para os pirrônicos, de verossimilhança ou "probabilidade".[6]

Após os conhecidos desenvolvimentos dogmáticos da filosofia moderna, o panorama, que hoje podemos descortinar, da filosofia contemporânea é certamente bem diferente. Boa parte das filosofias de há muito já renunciou a apresentar-se como um conhecimento seguro e verdadeiro do real, já questionou e pôs em xeque o significado mesmo dessas expressões. Outras são suas propostas e suas metas, outra é a direção de seus discursos e argumentos. Tudo se passa como se, de algum modo, a *epokhé*, ou suspensão cética do juízo, tivesse historicamente triunfado, mesmo se não explicitamente invocada e reconhecida.[7] Se esse fosse efetivamente sempre o caso, se essas novas propostas filosóficas se fazem de fato capazes de prescindir de qualquer conteúdo dogmático (no sentido pirrônico do termo), então um neopirrônico contemporâneo não teria, nessa exata medida, por que opor-lhes qualquer crítica ou objeção.

Mas esse ponto tem certamente de ser nuançado. Com efeito, muito discurso filosófico que se pretende liberado da postura dogmática em verdade dissimula mal seu intuito de estabelecer de modo irrecusável e absoluto a validade de sua

---

5   Sexto Empírico passa essas doutrinas em revista na parte final do livro I das *Hipotiposes Pirronianas*, cf. H.P. I, 210-41.

6   Desde o mesmo início das *Hipotiposes* (cf. H.P. 1-3), Sexto distingue entre a filosofia cética e a acadêmica, caracterizando esta por sua resposta conclusiva – e negativa – à problemática da descoberta da verdade, asserindo o seu caráter inapreensível; em I, 226s, Sexto enumera os vários pontos que, segundo ele, possibilitam a demarcação entre as posturas acadêmica e cética. Sobre a noção, atribuída a Carnéades, de representação *pithané* (persuasiva, "provável"), cf. H.P. I, 226-9; A.M. VII, 166-89; 435-9.

7   Ernest Gellner escreveu belas páginas a respeito dessa *epokhé* secular e histórica do homem moderno sobre a realidade e o mundo, segundo ele consequência inelutável do primado da epistemologia nos começos da filosofia moderna, cf. GELLNER, E. 1974, p.39-45. Mas Richard Popkin nos mostrou que esse primado do problema do conhecimento decorreu da necessidade e propósito de encontrar uma resposta ao desafio representado pelo pirronismo da Renascença, cf. POPKIN, R. 1979.

perspectiva. Se não mais se pretende revelar a realidade das coisas ou equacionar de modo definitivo a problemática do conhecimento, se se proclama a renúncia à posse absoluta da verdade, constrói-se com frequência, no entanto, toda uma argumentação que se quer capaz de determinar positivamente a natureza e o escopo da filosofia, o sentido e o alcance do discurso filosófico ou do discurso em geral, ao mesmo tempo que dogmaticamente se criticam e condenam as formas filosóficas do passado. Talvez seja correta a hipótese de que essa reincidência não propositada nos vícios dogmáticos se deve em boa parte a uma infeliz e generalizada ignorância do pirronismo histórico e, por isso mesmo, à ausência de uma reflexão atenta sobre sua proposta filosófica. Seja como for, não pode o pirronismo prescindir de igualmente denunciar essas formas não confessadas de dogmatismo.

É preciso também lembrar que a crítica cética ao dogmatismo não visa apenas às posições filosóficas, mas atinge igualmente os pronunciamentos dogmáticos do homem comum. Este, com efeito, frequentemente erige seus pontos de vista em verdades indiscutíveis e absolutas, condenando como erros e falsidades as opiniões que diferem das suas. Ele também argumenta com frequência em favor de suas teses, ainda que lhe falte a armação argumentativa sofisticada do discurso filosófico.

Cabe-nos agora considerar um pouco mais de perto como o ceticismo pirrônico lida com o discurso filosófico e com sua argumentação.

3. Armas importantes do arsenal cético contra o dogmatismo são os tropos de Agripa (cf. H.P. I, 164-77), muito em particular o primeiro deles, o tropo da *diaphonía* (discrepância, controvérsia), de uso extremamente frequente nos textos pirrônicos. O tropo da *diaphonía* é aquele conforme o qual, em face do conflito interminável sobre o objeto em pauta, "não sendo capazes de escolher ou rejeitar algo, terminamos em *epokhé* (suspensão de juízo)" (cf. H.P. I, 165-6). Particularmente entre os filósofos, toda matéria proposta, seja ela de cunho sensível ou inteligível, é sempre objeto de *diaphonía* (cf. H.P. I, 170, 178, 185-6), que obviamente se estende aos mais altos temas de que eles se ocupam (A.M. VII, 369).[8]

---

8   Ao longo das páginas de suas obras, com respeito a cada tema estudado, Sexto insiste incansavelmente na *diaphonía* filosófica. Assim, esta se manifesta, por exemplo, sobre as partes da filosofia (cf. H.P. II, 12), sobre por onde começar o seu estudo (cf. H.P. II, 13), sobre o critério de verdade (cf. H.P. II, 18-20; A.M. VII, 27, 46s), sobre o conceito de homem (cf. H.P. II, 22), sobre seu corpo e sua alma (cf. H.P. II, 31), sobre os sentidos e o intelecto (cf. H.P. II, 48s), sobre o verdadeiro e a verdade (cf. H.P. II, 85; A.M. VIII, 2s), sobre a concepção de signo (cf. H.P. II, 119) e sua natureza (cf. A.M. VIII, 177, 257), sobre a existência ou não existência de signos indicativos (cf. H.P. II, 121), sobre a demonstração (cf. H.P. II, 134, 182), sobre a concepção de Deus (cf. H.P. III, 3-5) e sobre a existência da divindade (cf. A.M. IX, 50s), sobre a concepção de causa (cf. H.P. III, 13) e sobre a existência, ou não, de causas (cf. A.M. IX, p.195), sobre os princípios materiais (cf. H.P.III, p.30), sobre os elementos (cf. A.M. IX, 359s), sobre a existência, ou não, do movimento (cf. H.P. III, p.65: A.M. X, p.45-9), sobre o conceito de Bem (cf. H.P. III, p.169-76) etc.

O que o tropo da *diaphonía* assim invoca é a eterna pluralidade conflitante das posições e teses filosóficas sobre qualquer tema, ele faz apelo à experiência inevitável e sempre renovada para quantos se debruçam sobre as questões filosóficas, a experiência da polêmica incessante que divide os filósofos acerca de *toda* questão filosófica – e o que não se torna questão filosófica? – e de quaisquer soluções que para ela se proponham: há uma *diaphonía* inacabada entre os dogmáticos com respeito a cada um dos *ádela* (cf. H.P. II, 8). Aliás, a mesma experiência reconhecida dessas controvérsias atesta o caráter não evidente de seus objetos, das teses que as argumentações filosóficas se propõem validar: "pois as coisas controversas, na medida em que são controvertidas, são não evidentes" (cf. H.P. II, 182).

Assim diagnosticar o estado de coisas filosófico não configura uma opção dos céticos quanto à natureza da filosofia, nem propriamente uma decisão sobre a perspectiva a assumir sobre o fato filosófico. Trata-se tão somente de ponderar algo que não se furta à visão desarmada de quantos se permitem acompanhar sem preconceito o panorama do pensamento filosófico, algo que a grande maioria dos filósofos, independentemente de sua postura, jamais cogita de negar. Tentar dissolver o problema da *diaphonía*, caracterizando tal forma de problematização como uma opção filosófica particular, equivale de fato a desconsiderar e recusar sentido àquilo mesmo que os filósofos habitualmente se propõem como fim e meta: em argumentando, mostrar que se *tem* de aceitar sua filosofia, que ela é caminho verdadeiro que exclui os outros.

Alguns filósofos houve, por certo, que intentaram de outra forma dissolver o problema da *diaphonía*, integrando as filosofias que se apresentam como conflitantes no quadro de uma concepção globalizante do filosofar, onde cada filosofia tem lugar e função que contribuem para a armação estruturada de um como *plenum* filosófico. Em verdade, no entanto, tais propostas metafilosóficas não configuram senão outras tantas visões filosóficas particulares da história das filosofias, entre muitas possíveis e entre si sempre conflitantes, não menos sujeitas a integrar uma infindável controvérsia "diafônica". E é preciso insistir em que também essas propostas de fato desconsideram aquela meta habitual das filosofias dogmáticas a que se fez acima menção.

O cético se revela particularmente sensível à questão da *diaphonía*, chama continuamente nossa atenção sobre ela, sem permitir que a esqueçamos ou percamos de vista, como é habitual na maioria dos filósofos, que não consentem em sobre ela demorar-se. Ele nos convida com insistência a que consideremos com cuidado e meditemos profundamente sobre o conflito permanente das posições filosóficas, por assim dizer condenadas a desse mesmo conflito se alimentarem e viverem. A que examinemos mais de perto a curiosa natureza desse empreendimento que nos leva a sustentar teses e pontos de vista como eminentemente racionais e verdadeiros, mas que os outros filósofos sempre rejeitam, nunca aceitam nem podem, parece, aceitar. O cético propõe-se a fazer-nos conscientes do inegável desafio que a perpetuação inevitável desse estado de coisas representa para nossos desígnios filosóficos costumeiros. E se esmera em denunciar a estranha obstinação dos filósofos dogmáticos em daí não tirarem as necessárias consequências, nem extraírem a lição que se impõe. O cético a extrai e suspende o seu juízo.

Os dogmáticos não podem, é verdade, reconhecer a indecidibilidade de toda *diaphonía* e, na maior parte dos casos, recorrem à argumentação para fundamentar uma decisão. Mas o cético tem a seu dispor os outros tropos de Agripa.[9] Questionará a aceitabilidade das premissas da argumentação proposta e das premissas dessas premissas, renovadamente exigindo justificação e fundamento, acenando portanto com uma regressão ao infinito. Cuidará também de prevenir qualquer circularidade dissimulada na argumentação adversária, que eventualmente introduza nas premissas matéria decorrente de tese a ser provada. E, sobretudo, não permitirá que os oponentes se proponham a deter o processo de fundamentação, assumindo algo *ex hypothéseos*, isto é, à maneira de um "princípio" ou axioma, pretextando tratar-se de um enuncia-do indemonstrável e que de si mesmo se impõe à nossa apreensão, de uma verdade que por si mesma se faz aceitar pela razão e que prescinde de fundamento outro. Os dogmáticos, com efeito, pretendem que não somente a demonstração, mas toda a filosofia, procede *ex hypothéseos* (cf. A.M. VII, 369). Contra-argumentando, porém, o cético lhes replicará que, se merece fé como verdade um enunciado que se assume sem demonstração, não é menos plausível nem merece menos fé o enunciado que o contradita, mesmo que também não se demonstre nem fundamente, bastando que algum filósofo o proponha também e assuma como um "princípio". Argumentará também que, se a verdade de uma conclusão se faz depender, através de uma cadeia argumentativa, de uma premissa simplesmente postulada, essa ausência de funda-mento se estenderá a todos os elos da cadeia e à mesma conclusão; mais valeria, então, que esta por si mesma diretamente se postulasse e assumisse, dispensando a argumentação que efetivamente não a fundamenta, o que parece entretanto absurdo.[10] E insistirá, sobretudo, em que as premissas postuladas são, elas próprias, objeto de disputa (cf. A.M. VIII, 374), sendo claro que nada por si mesmo se apreende, como mostra a *diaphonía* que divide os dogmáticos a respeito de todos os sensíveis e in-teligíveis (cf. H.P. I, 178). Aliás, a consideração de quaisquer objetos no-los revela sempre relativos, relativos ao sujeito percipiente se objetos sensíveis, ou ao sujeito que os pensa, se objetos inteligíveis (cf. H.P. I, 167, 175, 177).[11]

---

9   Sobre os tropos da regressão ao infinito, circularidade e "hipótese", que a seguir sucintamente expomos, cf. H.P. I, p.166, 168-9, 171-4, 176-7. Os cinco tropos são extensamente utilizados na crítica ao pensamento dogmático, ao longo de toda a obra de Sexto Empírico.

10   Esses e outros argumentos baseados no tropo da "hipótese" são explicados por Sexto Empírico em H.P. I, p.173-4 e, mais demoradamente, em A.M. VIII, p.367-78.

11   O tropo da relatividade, um dos cinco atribuídos a Agripa (cf. H.P. I, p.164, 167, 175, 177), integra também os tropos de Enesidemo, mais antigos (cf. H.P. I, p.36-7, 135-40), e é descrito como o gênero superior a que esses últimos se subordinam (cf. H.P. I, p.39). A relatividade manifesta de todas as coisas sempre foi reconhecida pelos céticos como uma das razões determinantes que os induziam a suspender o juízo sobre a verdade e a realidade absoluta delas.

Buscando fazer face à arremetida cética (ou mesmo às críticas e objeções de filósofos anteriores cujos procedimentos de contestação total ou parcial de certos dogmatismos prepararam, de algum modo, o advento do ceticismo), tentando sempre tornar decidíveis os conflitos das posturas filosóficas, a filosofia dogmática inventou a teoria do conhecimento: elaborou a temática da verdade, distinguiu entre o evidente e o não evidente e formulou uma noção de evidência, introduziu a noção de critério da realidade e verdade e distinguiu espécies de critérios, construiu uma concepção do ser humano enquanto sujeito do conhecimento e procedeu ao estudo de suas faculdades, demorou-se na análise da sensibilidade e entendimento enquanto fontes privilegiadas do nosso alegado conhecimento e apreensão do real, desenvolveu uma doutrina da representação e, particularmente, da representação "apreensiva", analisou cuidadosamente os procedimentos inferenciais que alegadamente nos conduziriam da esfera da evidência comum ao domínio das realidades não evidentes, por meio de signos ou de demonstrações. E construiu toda uma teoria dos signos e toda uma lógica da demonstração.

O pirronismo impôs-se, então, a tarefa de enfrentar o dogmatismo nesse terreno mesmo de sua escolha, isto é, no interior de sua "lógica".[12] Contra os argumentos dogmáticos que intentavam estabelecer positivamente aqueles vários pontos, alinhou, com respeito a cada um deles, toda uma série impressionante de argumentos contrários, estabelecendo precisamente as teses opostas: que não existe a verdade, tal qual os dogmáticos a conceberam (cf. H.P. II, 80), nem há algo verdadeiro (cf. H.P. II, 94; A.M. VIII, 31); que não há realidade evidente, que nada é evidente (cf. A.M. VII, 364-8); que não há critério de verdade, porque nenhuma das espécies de critério propostas pelos dogmáticos nos provê de conhecimento seguro (cf. A.M. VII, 439); que é inconcebível e inapreensível o sujeito humano, como o entendem os dogmáticos (cf. H.P. II, 22s; A.M. VII, 263-4; 282-3); que não se pode descobrir a verdade nem julgar as coisas pela sensibilidade ou pelo entendimento, ou pela operação conjunta de uma e outro (cf. H.P. II, 48; A.M. VII, 343), isto é, por nenhuma de nossas faculdades pretensamente cognitivas; que a representação (*phantasía*) dogmática é inconcebível, inapreensível, nem se podem julgar por ela os objetos (cf. H.P. II, 70-8); que o signo, tal como o dogmatismo o define, é inconcebível (cf. H.P. II, 104), irreal (cf. H.P. II, 129), não existe signo (cf. A.M. VIII, 275); que argumentos conclusivos são inapreensíveis (cf. H.P. II, 145-6), que não se podem descobrir argumentos verdadeiros (cf. H.P. II, 168), nem é possível descobrir um argumento que deduza algo *ádelon* (não evidente) a partir de premissas evidentes, dada a relação

---

12 A "lógica" helenística englobava, como se sabe, além da teoria do silogismo e da demonstração, todo um amplo conjunto de questões que viriam no futuro a fazer parte da teoria do conhecimento. Sexto Empírico consagrou à exposição e crítica minuciosa da "lógica" seus dois livros *Contra os Lógicos* (A.M. VII e VIII) e o livro II das *Hipotiposes*.

mesma que conecta conclusão e premissas (cf. H.P. II, 169-70); que não há realmente demonstrações e as demonstrações são portanto irreais (cf. H.P. II, 170s), são nada (cf. H.P. II, 179; A.M. VIII, 395); que a demonstração é, de fato, inconcebível (cf. A.M. VIII, 390), é algo não evidente e, ela própria, matéria de *diaphonía* (cf. H.P. II, 180-2; A.M. VIII, 322-8).

O domínio da *diaphonía*, aliás, recobre toda essa temática da "lógica" dogmática: estende-se às questões do verdadeiro e da verdade, do critério, do homem, de sua sensibilidade e entendimento, do signo, da demonstração.[13] A todos os instrumentos, portanto, que a filosofia dogmática excogitou para tentar superar o desafio representado pela mesma *diaphonía*, buscando parâmetros seguros dentro dos quais pudesse definir e decidir suas controvérsias. A impotência de toda essa armação à primeira vista impressionante e o insucesso inevitável de todo discurso e argumentação dogmática se tornam patentes na perpetuação da situação "diafônica", em que pesem os argumentos, signos, provas ou demonstrações. Inferências e argumentos envolvem dogmas e os que continuam a questionar e controverter esses dogmas estão necessariamente questionando e controvertendo os argumentos e provas que alegadamente os sustentam (cf. H.P. II, 181). E estão de fato questionando e controvertendo as próprias premissas utilizadas, se as conclusões delas se seguem efetivamente (cf. A.M. VIII, 329-34).

O desenvolvimento e a riqueza do discurso dogmático exigem a introdução continuada de novos "princípios", que ensejam a progressão argumentativa; mas, porque a *diaphonía* se estende a todos eles – e, por isso mesmo, também a investigação questionadora dos céticos –, sua postulação se barra e, assim, a jornada dogmática não progride. Por outro lado, o dogmatismo não se sustenta sem argumentação conclusiva, mas o ceticismo mostrou que nenhuma argumentação é conclusivamente verdadeira. A argumentação dogmática se atribui uma força de persuasão absoluta, o dogmático deveria reconhecer o caráter eminentemente relativo de seus argumentos, que persuadem tão somente alguns poucos auditórios particulares. O ideal do consenso universal dos homens de razão, obtido por via de argumentos, se revela um mito. O filósofo tem por meta convencer os próprios deuses, ele não convence a maioria dos colegas... Ele julga ser capaz de desvelar, através de seus argumentos, a verdade de suas teses, mas ninguém a vê. Esses fatos parecem, assim, conformar um permanente desmentido à meta confessada da argumentação dogmática. A racionalidade humana, parece temerário querer encarná-la nos argumentos dos filósofos.

Entretanto, não obstante tudo que se pode dizer contra as pretensões e os propósitos do discurso dogmático, ainda assim poderíamos ser eventualmente sensibilizados por uma argumentação filosófica que se nos manifestasse fortemente persuasiva,

---

13   Cf. n.8, para referências.

impondo-se à nossa preferência contra rivais menos convincentes. É certo que não cabe, em filosofia, invocar sentimentos pessoais de convicção, fazer apelo ao fato eventual de que uma argumentação particular subjetivamente nos persuada. Não costuma a filosofia condescender com evidências subjetivas e seu mesmo estilo de discurso argumentativo manifesta a universalidade de suas propostas. Por isso mesmo, a falência do consenso intersubjetivo no mundo filosófico constitui para ela tão premente desafio. Diante, porém, de uma argumentação que nos fascina, o demônio dogmático poderá sempre tentar-nos, magnificando sua força de persuasão, instando-nos a que nos assumamos como encarnação do auditório universal, como uma instância dele representativa. E seremos tentados também a postular alguma explicação para a recusa pelos outros da doutrina que nos seduz, desqualificando essa recusa e minimizando sua significação. É, aliás, o procedimento a que os filósofos habitualmente recorrem, ao "explicar" o comportamento dos seus oponentes.

O pirronismo, entretanto, não permitirá que assim se proceda e invalidará o estratagema dogmático. Para tanto, lançará mão de uma de suas mais potentes armas, utilizando um princípio a que podemos chamar "o princípio cético das antinomias": opor a todo discurso um discurso igual. Sexto Empírico o apresenta, mesmo, como o princípio máximo da ordenação cética (cf. H.P. I, 12) e define a *Sképsis* pela prática mesma do método das antinomias (cf. H.P. I, 8s). Os céticos descobriram por experiência o significado e a validade do dito de Protágoras, para quem, sobre todo objeto, há dois discursos que um ao outro se opõem;[14] descobriram que à argumentação bem articulada de qualquer discurso sempre se pode opor, com argumentação não menos articulada nem menos persuasiva, um outro discurso frontalmente contrário àquele. A repetição renovada dessa experiência levou-os a desenvolver a arte de construir antinomias, instituiu o *éthos* cético de opor discursos conflitantes de modo a conduzir toda investigação a essa posição de equilíbrio das forças em disputa, de *isosthéneia* (cf. A.M. VIII, 159); essa igualdade dos discursos concerne, então, à sua credibilidade e não credibilidade (*katà pístin kaí apistían*), nenhum deles levando vantagem sobre o outro como mais digno de fé (cf. H.P. I, 10; 202-5 etc.). Os filósofos da nova Academia, Arcésilas e Carnéades em particular, usaram amplamente o método das antinomias, os pirrônicos seguiram os seus passos.[15] Recolhendo na própria literatura filosófica discursos uns com os outros em direto conflito, ou impondo-se a si próprios a tarefa, em face de um dado discurso dogmático, de elaborar

---

14   Cf. DIÓGENES LAÉRCIO, IX, 51, a respeito de Protágoras: "E foi o primeiro a dizer que, sobre todo objeto, há dois discursos que um ao outro se opõem".

15   Sobre a prática da argumentação contraditória na nova Academia, cf., no que concerne a Arcésilas, DIÓGENES LAÉRCIO IV, 28; Cícero, *Academica* I, 45-6; *De Natura Deorum* I, V, 11. Neste último texto, Cícero nos diz que tal método, originado por Sócrates e revivido por Arcésilas, foi aperfeiçoado por Carnéades.

o discurso oposto, seja explicitando e aprofundando elementos e doutrinas filosóficas já propostas, seja construindo um discurso inteiramente novo.

A manifestação da *isosthéneia* dos discursos conflitantes impele o cético, como se sabe, à suspensão de juízo ou *epokhé* (cf. H.P. I, 8, 26; A.M. VIII, 159-60), estado de repouso do entendimento devido ao qual nada negamos nem asserimos, impossibilitados de escolher algo como verdadeiro ou falso, o equilíbrio das razões contrárias incapacitando-nos para dogmatizar (cf. H.P. I, 12). Em vão exibirão os discursos dogmáticos suas pretensões cognitivas, insinuando-se como expressões adequadas e verdadeiras de uma realidade agora desvelada: o método das antinomias neutraliza seu potencial de persuasão. O caráter eminentemente retórico da argumentação filosófica é posto a nu, quando a "técnica" de sua construção se domina, se exercita e se aprimora na construção da argumentação oposta. Mas, por isso mesmo, a problemática da opção filosófica – da "decisão" filosófica que "instaura" a verdade, o real – se desvanece. A *epokhé* é tão somente o exercício da não opção: o assentimento se retém, não havendo por que nem como assentir.

No platonismo, a prática socrática dos discursos antinômicos preparava a intuição das essências ou Formas, servindo para combater o apego dos interlocutores de Sócrates a seus dogmas e preconceitos; no aristotelismo, a dialética, igualmente lançando mão de discursos "construtivos" e "destrutivos" que mutuamente se contradiziam, se propunha como arte propedêutica a preparar a intuição segura dos princípios verdadeiros sobre os quais o saber epistêmico se poderia com firmeza erigir.[16] Com o pirronismo, a dialética perde essa função propedêutica, ela não mais prepara o surgimento da verdade, a manifestação do real, a constituição do conhecimento; muito ao contrário, ela se torna instrumento de denúncia e desmistificação dos discursos dogmáticos e de suas pretensões.

Poder-se-ia dizer que, mais que os filósofos dogmáticos, em verdade infinitamente mais do que eles, os céticos pirrônicos descobriram a força, o potencial, a riqueza, mas também o escopo da argumentação. Se os filósofos se permitissem demorar-se mais na consideração e análise dos recursos discursivos que quiseram fazer servir à sustentação de seus dogmas, se condescendessem em melhor examinar e explorar a natureza de seu mesmo poder de argumentar, eles se aperceberiam talvez de que não cabe impor a argumentos o ônus que lhes impõem, nem a meta que lhes traçam: não é a argumentação veículo que nos transporte à visão do *ádelon*. E foi particularmente na construção de suas antinomias que o cético trouxe à luz a impropriedade do uso dogmático da argumentação pelas filosofias.

---

16 A doutrina aristotélica da dialética como disciplina propedêutica ao saber da ciência é desenvolvida, como se sabe, nos *Tópicos*. Neles diz Aristóteles que, por sua natureza perquiridora, a dialética possui o caminho que leva aos princípios de todas as disciplinas científicas (cf. Tóp. I, 2, 101 b2-4).

Natural é, então, que a adesão do filósofo a tal ou qual dogma ou doutrina lhe apareça como testemunho da *propéteia*, da precipitação, um dos mais frequentes vícios em que incorre o dogmatismo.[17] Precipitação que consiste em dar assentimento a uma argumentação aparentemente conclusiva, em deixar-se seduzir por ela, ao invés de continuar a investigação e aprofundá-la. O que, ao contrário do dogmático, o cético sempre fará, habituado à prática do método das antinomias; não se deixará fascinar por uma doutrina que exiba argumentos aparentemente convincentes, mesmo se ele não dispõe no momento de argumentos a opor-lhes; não cairá em pecado de precipitação. À luz de toda a sua experiência passada, sua expectativa não é mais a da descoberta da verdade, mas tão somente a da tranquilidade que segue a suspensão do juízo. E esta renovação da *epokhé*, o cético a espera, uma vez mais, da conformação de uma situação de *isosthéneia:* porque tudo indica que, como sempre aconteceu no passado, à doutrina que ora aparece atraente e válida, outra virá a opor-se, ainda mesmo que não se consiga no momento articulá-la (cf. H.P. I, 33-4). Antinomias sempre se podem construir, a *isosthéneia* entre um e outro lado de uma antinomia sempre se acaba por alcançar, dar preferência à argumentação que favorece um dos lados é sempre cometer injustiça para com o lado oposto (cf. A.M. VIII, 160-1).

Sexto Empírico pratica extensamente o método das antinomias ao longo da sua obra. Os onze livros *Adversus Mathematicos* expõem exaustivamente argumentos que os céticos descobriram poder opor-se aos argumentos dogmáticos em cada divisão de cada uma das ciências reconhecidas, acerca de cada um de seus tópicos; algumas vezes, Sexto consente também em expor os argumentos "construtivos" utilizados pelos filósofos dogmáticos. Uma leitura superficial desses textos poderia eventualmente dar a impressão de que aqueles argumentos "destrutivos" que procuram estabelecer, por exemplo, a irrealidade da causa, ou do movimento, ou do tempo, são argumentos céticos, representam posições e pontos de vista pirrônicos. Entretanto, tudo quanto acima dissemos sobre a dialética cética das antinomias mostra a inadequação e incorreção básica de uma tal leitura. Os argumentos "destrutivos" são construídos no melhor estilo dogmático, seguem os padrões da lógica e da demonstração dogmática, são *argumentos dogmáticos*, sob esse prisma em nada se distinguem em natureza dos argumentos dogmáticos "construtivos" com os quais se fazem conflitar. Porque o que importa aos pirrônicos mostrar é precisamente esta ambivalência fundamental e constitutiva da argumentação dogmática, que implica sua autodestruição, graças à manifestação da *isosthéneia* e à subsequente inevitabilidade

---

17 Sexto Empírico menciona com grande frequência a *propéteia* dos dogmáticos, cf., por exemplo, H.P. I, 20, 177, 186; II, 21, 37-8 etc. E explica que a formulação do princípio das antinomias como uma injunção ("a todo discurso opor discurso igual") visa a advertir o cético a que não se deixe enganar pelo dogmático, aderindo a um dogma qualquer e perdendo, por precipitação, a quietude que acompanha a suspensão do juízo (cf. H.P. I, 204-5).

da *epokhé*. O pirronismo faz o dogmatismo assim servir à denúncia do dogmatismo, ele usa o dogmatismo instrumentalmente.

Essas considerações também valem evidentemente para todos aqueles argumentos "destrutivos" que há pouco lembramos, opostos pelo pirronismo contra a teoria do conhecimento ou "lógica" dogmática: contra a existência da verdade, da evidência, do critério, do signo, da demonstração etc. Porque, também aqui, não se trata de expor e desenvolver teses céticas – não há teses céticas –, mas de jogar o jogo das antinomias. E Sexto foi muito explícito a esse respeito. Por exemplo, após expor argumentos contra a existência de um critério de verdade, assim ele se exprime:

> Mas é preciso saber que não é nosso desígnio asserir que é irreal o critério da verdade (isso seria dogmático); porém, já que os dogmáticos parecem ter estabelecido de modo persuasivo que há um critério da verdade, nós lhes opusemos argumentos que parecem ser persuasivos, nem sustentando que são verdadeiros nem que são mais persuasivos que seus contrários, mas inferindo a suspensão de juízo em virtude da aparente igual persuasividade desses argumentos e dos que foram expostos pelos dogmáticos. (cf. H.P. II, 79; cf. também A.M. VII, 443-4).

Também a respeito do signo, Sexto se refere ao aparente equilíbrio "isostênico" entre os argumentos favoráveis à tese de sua realidade e os a ela contrários e mostra como não resta aos céticos, reconhecendo a força e solidez de uns e de outros, senão suspender o juízo e abster-se de uma definição sobre a matéria investigada (cf. H.P. II, 103; A.M. VIII, 160-1, 298). De modo análogo, em face dos fortes argumentos dogmáticos que sustentam a teoria da demonstração e dos argumentos não menos persuasivos que se formularam contra a existência de demonstrações, não aderirá o cético nem a uns nem a outros, mas estará em *epokhé* (cf. H.P. II, 192; A.M. VIII, 477-8). Os argumentos "céticos" contra as demonstrações, ao "demonstrarem" não haver demonstrações, operam como purgantes que, ao expelirem para fora do corpo os humores maléficos, se expelem juntamente com eles; ou como uma escada, que se pode jogar fora após ter-se por ela subido (cf. A.M. VIII, 480-1).

Em outras palavras, o cético pirrônico não tem a nenhum momento o propósito de formular teses epistemológicas negativas, não envereda por nenhum negativismo epistemológico, o que equivaleria a propor uma outra forma de dogmatismo, apenas com os sinais trocados, conforme o próprio Sexto nos adverte. Em verdade, ele acusa a filosofia acadêmica de ter erroneamente tomado essa direção, o que precisamente a distingue da filosofia cética e a torna com esta incompatível. Por isso mesmo, não há como duvidar de que os pirrônicos condenariam com igual veemência a perspectiva epistemológica do assim chamado ceticismo moderno, indissoluvelmente solidário de suas teses negativistas e tão confiante na força demolidora de seus argumentos, como a própria doutrina de Hume sobejamente nos evidencia.

Seja como for, nossa confiança no discurso dogmático e no seu desempenho argumentativo foi posta, parece, definitivamente em xeque. Não mais vemos como validar suas pretensões, por isso mesmo não temos mais como acalentá-las. Não mais tranquilamente acreditamos que argumentos nos possam transportar da esfera de nossas vivências cotidianas e comuns para o domínio sonhado de alguma transcendência. O *lógos* inventivo e instaurador de mundos e verdades, os pirrônicos, à luz de nossa experiência filosófica, somente podemos tê-lo em suspeição. Sobre suas alegadas conquistas e resultados, temos necessariamente suspenso o nosso juízo. O dogmatismo dos filósofos – e, não menos, o dos homens comuns – nos aparece claramente como uma enfermidade da razão e da linguagem, para a qual somente o pirronismo constitui a adequada terapêutica.[18] Porque ele faz que se quebre o vínculo místico entre a argumentação e a verdade.

4. Se o cético retém repetidamente seu juízo sobre todo discurso apofântico, todo discurso que nos quer desvelar e fazer ver a realidade mesma das coisas, se ele renuncia a todo dogma, ele nos faz, no entanto, compreender também que nem tudo cai sob o escopo de sua *epokhé*. Porque ele não rejeita – nem teria como rejeitar – o que lhe aparece, os fenômenos (*tà phainómena*),[19] isto é, tudo quanto "o conduz involuntariamente ao assentimento conforme a representação passiva" (cf. H.P. I, 19; também I, 193; II, 10); "o cético assente às afecções ou experiências (*páthesi*) que para ele se produzem de modo necessário, conforme a representação" (cf. H.P. I, 13). Essas experiências, o dado fenomênico, são, enquanto tais, inquestionáveis (cf. H.P. I, 19-20). Elas recobrem o domínio do sensível e do inteligível.[20] Esses fenômenos, pode dizer-se que o cético neles crê, se por "crer" se entende simplesmente "o não resistir, mas simplesmente seguir, sem impulso e inclinação intensa" (cf. H.P. I, 229-30), o simplesmente ceder ao que se reconhece e tem de reconhecer. Crer nos fenômenos é apenas reconhecer que eles se experienciam. Essa aceitação dos fenômenos não lhes confere nenhum estatuto ontológico, não se reveste de nenhum caráter epistemológico, "os fenômenos, com efeito, apenas isto estabelecendo, que eles aparecem, não tendo força a mais para mostrar que são também reais" (cf. A.M. VIII, 368). A filosofia dogmática discute infindavelmente sobre sua realidade

---

18 Como diz Sexto: "O cético, por que ama a humanidade, quer curar pelo discurso, tanto quanto possível, a presunção e a precipitação (*propéteian*) dos dogmáticos" (cf. H.P. III, 280).

19 A doutrina pirrônica dos fenômenos foi objeto de diferentes interpretações na literatura historiográfica contemporânea. A interpretação que sucintamente exponho a seguir foi por mim desenvolvida em "Sobre o que Aparece", cf. p.117-45.

20 Sobre a extensão do conceito de *phainómenon* em Sexto, que, ao contrário do que pensaram muitos intérpretes, de nenhum modo se reduz ao domínio das impressões sensíveis, cf. BURNYEAT, M. F. 1983, p.125s.

ou irrealidade,[21] o cético também sobre isso está obviamente em *epokhé*. O discurso dogmático sobre o fenômeno é, por certo, questionável, mas o cético não *fala sobre o fenômeno:* ele apenas *diz o fenômeno*, ele o relata, ele conta a sua experiência.[22] Esse discurso não se quer apofântico, ele é não tético. Ele não se associa a uma leitura dogmática dessa experiência, muito menos a uma interpretação filosófica dela. A *epokhé* confere ao discurso cético um índice epistêmico zero.

Tomando o fenômeno como critério para a ação (seu juízo está suspenso sobre critérios de realidade ou verdade) e a ele conformando-se, o cético vive *adoxástos*, isto é, sem crença dogmática, a vida comum; sua observância da vida se orienta pelas indicações da natureza, isto é, por seu sentir e pensar naturais, pela necessidade de suas afecções e impulsos, tanto quanto pela tradição das leis e costumes de sua comunidade e pelo ensinamento das artes (*tékhnai*) (cf. H.P. I, 21-4, 231, 237-8). Essa vida comum representa um ingrediente fundamental da experiência fenomênica do cético e ele se aparece como um homem entre os homens, com eles comungando da experiência cotidiana de um mundo comum, com eles compartilhando de uma visão relativamente comum dessa experiência e desse mundo. Em verdade, não é o cético senão um homem comum, mas um homem comum que logrou libertar-se da servidão do dogma, que vive sua experiência de homem e a diz *adoxástos*, que vê "naturalmente" o mundo sem interpretações filosóficas ou filosofantes. Um homem comum, enfim, que não vive sob o signo da Verdade.

Como um homem qualquer, o cético naturalmente se serve, na vida cotidiana, da linguagem ordinária e comum. Seu linguajar habitual é o mesmo de todos os homens, ele usa das mesmas expressões corriqueiras que todo o mundo utiliza. Não empresta significação absoluta e precisa a suas palavras, nem entende que convenha a um cético brigar por elas (isso vale mesmo para suas formulações da própria postura cética, cf. H.P. I, 195, 207). Mas, se a ocasião o exige, está sempre disposto a explicar como e por que não se devem ler seus usos linguísticos sob um prisma dogmático, mas como mera expressão da experiência fenomênica. Assim, se o cético diz que "das coisas existentes umas são boas, outras más, outras estão entre aquelas

---

21 Sobre a problemática filosófica da realidade ou irrealidade do que aparece, cf., entre outros textos, A.M. VIII, 357s; em 368, Sexto nos diz, referindo-se aos fenômenos, que "pretender estabelecer que não apenas aparecem, mas são também reais, é próprio de homens que não se contentam com o necessário para as coisas práticas, mas se empenham em arrebatar também o possível".

22 Cf. H.P. I, 19-20: "Quando investigamos se o objeto é tal como aparece, concedemos que aparece, investigamos não sobre o fenômeno, mas sobre aquilo que se diz do fenômeno; mas isso é diferente de investigar sobre o próprio fenômeno". Sobre o uso cético da linguagem como expressão do *páthos*, cf., entre outros textos, H.P. I, 15, 187, 193, 197, 201 etc. Assim, em 203, Sexto explica que o cético diz que a todo discurso se opõe um discurso igual "de modo que a proferição da frase não é dogmática, mas o anúncio de uma experiência (*páthos*) humana, que é fenômeno para quem a experiência".

e estas", o uso de "são" nessa sentença não denota a existência real, mas somente o fenômeno, o verbo comportando esses dois significados (cf. A.M. XI, 18-9). Aqui, como em toda parte, o cético usa "é" por "aparece" (cf. H.P. I, 135). Podemos mesmo conjecturar que, na prática cotidiana, o cético se permita falar em "verdade", "realidade", "conhecimento" (dizendo, ocasionalmente, por exemplo: "o que ele disse é verdade"), entendendo que essas palavras, "em seu uso vulgar, remetem primordialmente à armação interna do mundo fenomênico, não têm peso ontológico ou epistemológico" (cf. "Sobre o que Aparece", p.137). O cético não se proibirá o uso corrente da linguagem, por temor de interpretações filosóficas impertinentes. Se a questão filosófica entra porém em pauta, o cético insistirá em que seu discurso se compreenda sempre ao modo cético, isto é, referido sempre à fenomenicidade. Porque ele não entende, como os dogmáticos, que as palavras sejam significativas por natureza, enquanto palavras, mas as vê tão somente como signos rememorativos, que de novo trazem eventualmente à mente as experiências a que se associaram (cf. A.M. I, 37-8; VIII, 134, 289-90): a *epokhé* cética diz apenas respeito à doutrina dogmática dos signos indicativos, que pretensamente nos remeteriam a realidades (cf. H.P. II, 100-2; A.M. VIII, 154s).

Essa problemática toda dos signos é, aliás, fundamental para uma compreensão adequada da postura cética no que concerne à sua concepção do mundo fenomênico. Enquanto os dogmáticos têm a pretensão de conhecer coisas naturalmente não evidentes (*ádela*) por meio de signos indicativos (*endeiktiká*), em virtude da própria natureza e constituição particular destes últimos (a realidade da alma, por exemplo, a partir dos movimentos corporais) (cf. H.P. II, 101; A.M. VIII, 154-5), as pessoas ordinárias confiam todas nos signos rememorativos (*hypomnestiká*), os homens acreditam em geral em sua utilidade (cf. H.P. II, 102; A.M. VIII, 156). Uma coisa se diz um signo rememorativo de uma outra quando, tendo sido frequentemente observada em conexão com ela em nossa experiência passada, passa então a significar-nos essa outra e nô-la traz de novo à memória e à consideração, ao fazer-se eventualmente presente em nosso campo de percepção, na ausência ocasional da outra: é o caso da fumaça a significar-nos o fogo, da cicatriz a significar-nos e fazer-nos saber de uma ferida anterior, de um ferimento no coração a significar-nos e fazer-nos prever a morte iminente (cf. H.P. II, 100, 102; A.M. VIII, 152-3, 157).[23] Toda a nossa experiência e raciocínio cotidiano se articulam conforme nosso uso dos signos rememorativos, de que os céticos obviamente compartilham. Porque, ao

---

23   A doutrina do signo rememorativo, tal sobretudo como o pirronismo a entende, é extraordinariamente próxima à doutrina humeana da causalidade como conjunção constante, até mesmo exemplos e explicações sendo bastante semelhantes. E, rejeitando embora a concepção dogmática de causa, não hesita o pirrônico em usar o vocabulário habitual da causalidade a propósito da conexão constante entre eventos (cf. A.M. V, 103-4).

contrário do que alguns caluniosamente disseram, os céticos não conflitam com as preconcepções comuns dos homens, não subvertem a vida ordinária nem combatem contra ela, mas combatem a seu lado e advogam a seu favor, dando assentimento *adoxástos*, sem crença dogmática, àquilo em que ela acredita (cf. A.M. VIII, 157-8; H.P. II, 102).

Torna-se-nos então claro e compreensível como e por que pode o cético, que denuncia e questiona com veemência a postura dogmática da velha *epistéme*, tornar--se um apologista da *tékhne* (arte), assimilar seus ensinamentos e, eventualmente, contribuir mesmo para o seu desenvolvimento.[24] Por um lado, as *tékhnai* visam à utilidade para a vida, evitando o que lhe é nocivo e descobrindo o que lhe é benéfico: a medicina e a arte da navegação são disso bons exemplos (cf. A.M. I, 50-2). Por outro lado, os signos rememorativos são seu grande instrumento e, sob esse prisma, as *tékhnai* não são mais que uma sistematização e metodização dos procedimentos da vida comum. Porque, no que respeita aos fenômenos, o homem tem algo como um senso retentivo espontâneo das sequências observadas, que põe a serviço de sua prática suas observações cotidianas das conexões entre os eventos, as regularidades que ele eventualmente detecta no curso natural das coisas (cf. A.M. VIII, 288-9). Ora, a *tékhne* que lida com os fenômenos apenas aperfeiçoa e sofistica esse procedimento espontâneo, compondo suas regras a partir da observação frequente e repetida que caracteriza o homem experiente, mas não qualquer um (cf. A.M. VIII, 291). A observação e o estudo das conexões regulares entre os fenômenos ensejam predições confiáveis, que distinguem precisamente as *tékhnai*, também nisso aperfeiçoando a prática comum (cf. A.M. V, 1-2, 103-4). E favorecem a utilização e domínio adequado das convenções da linguagem, capacitando o homem da *tékhne* a resolver os sofismas que desafiam a argúcia inútil dos dialéticos (cf. H.P. II, 236s, part. 237-40, 256-8).[25] O ceticismo endossa plenamente, assim, toda uma concepção empirista da ciência. Se fala tão somente em *tékhne* e não em *epistéme*, se não ousa propor para este último termo um novo uso, desvinculado de conotações dogmáticas, terá sido, talvez, por julgá-lo por demais comprometido com as noções tradicionais de saber científico, clássicas e helenísticas.

---

24   É conhecida e estudada a associação entre as medicinas Empirista e Metódica gregas, nos primeiros séculos de nossa era, e o ceticismo pirrônico. Sexto Empírico, como se sabe, era médico, escreveu sobre medicina e dedicou um capítulo das *Hipotiposes* à relação entre o empirismo médico e o ceticismo (cf. H.P. I, 236-41).

25   Questionando a concepção dogmática naturalista do significado, o pirronismo faz sua a doutrina convencionalista, articulada com a noção de signo rememorativo, a associação significativa entre palavras e coisas configurando um caso particular da associação fenomênica entre eventos, introduzida embora pela mediação humana. Sobre esse "convencionalismo" pirrônico, cf. H.P. II, 214, 256-7; A.M. I, 37-8.

5. É hora de voltarmos a nosso tema da argumentação. Entendemos como pode o cético "viver empiricamente (*empeíros*) e sem crença dogmática (*adoxástos*), conforme as observâncias e as preconcepções comuns" (cf. H.P. II, 246). Vimos que, tal como qualquer homem comum, o cético discorre e raciocina, interage com os outros homens e dialoga com eles, eventualmente investiga também e pesquisa, servindo-se tranquilamente da linguagem ordinária, no interior do cenário que lhe oferece sua experiência da fenomenicidade.

Ora, na vida comum, os homens todos argumentam sempre, em verdade o fazem a cada passo. A argumentação subordina-se com grande frequência às necessidades da ação e serve aos fins práticos da vida; ela serve aos propósitos do diálogo e comunicação entre os homens; ela contribui para induzir o interlocutor à ação que dele esperamos, ou para explicar-lhe nossos pontos de vista, ou para levá-lo eventualmente a compartilhá-los. Divergências sempre possíveis, de fato aliás inevitáveis em meio à experiência comum cotidiana, se tenta frequentemente resolver por argumentos, tendo-se em vista estabelecer consensos relativos, sobre o pano de fundo de concepções e pontos de vista relativamente compartilhados. A cada um, a argumentação serve também para concatenar e articular seus distintos pontos de vista, para sistematizar e racionalizar sua visão do mundo.

Estas considerações são trivialmente verdadeiras. Mas deveria ser óbvio, então, que o cético pirrônico, integrado à vida comum e tendo por critério de ação o fenômeno, nela argumenta como qualquer homem. Não há por que imaginar que o cético se proibiu de argumentar em consequência de sua postura filosófica. Aliás, seria insensato pretender que pudesse homem que com os outros dialoga e consigo mesmo pensa prescindir de argumentos. E toda a nossa exposição acima, no que concerne ao posicionamento do pirrônico em face do fenômeno e da vida, deveria fazer esse ponto evidente.

Porque a *epokhé* cética diz apenas respeito ao uso tético do discurso, somente este o cético questiona e somente a este ele renuncia. Ele subtraiu ao discurso toda referência a um conhecimento, uma verdade, uma realidade absoluta, ele não tem a pretensão de dizer com suas palavras a verdade sobre a realidade das coisas. Ele usa a linguagem sem crença dogmática, ele prescinde de acrescentar-lhe uma interpretação transcendente, ele a toma como expressão convencional da experiência fenomênica. Assim procedendo, seu uso da linguagem é tranquilo, não lhe oferece problema. Ora, isso que vale, em geral, para o discurso como um todo vale também para a argumentação. O cético usa argumentos, mas eles não são téticos, não pretendem estabelecer verdades, suas conclusões não visam a exprimir realidades, o discurso que propõe não se quer cognitivo. A *epokhé* confere um índice epistêmico zero também à argumentação.

O homem comum é, por vezes, dogmático em seu discurso, portanto também em seus argumentos. Quando ele o é, ele lê seus argumentos sob a ótica da realidade e da verdade, ele lida também com o *ádelon*, o não evidente. O cético, que usa a linguagem *adoxástos*, não o faz nunca: seus pronunciamentos e argumentos não afirmam nem negam *ádela*, eles não se devem ler nunca sob a perspectiva dogmática. Mas, quanto ao resto, eles em nada se distinguem dos pronunciamentos e argumentos do homem comum.

Eles dizem, então, respeito à *empeiría* e às coisas práticas da vida, interessam à esfera da ação. Utilizam-se para desenvolver e expor pontos de vista e hipóteses, que articulam fenômenos. Para sistematizar e dar coerência à visão fenomênica do mundo. Para levar o interlocutor à ação ou para persuadi-lo da "verdade" da conclusão, isto é, para fazê-lo reconhecer que ela adequadamente exprime uma situação fenomênica que se impõe a seu reconhecimento. Num mundo filosoficamente não interpretado, onde a ameaça da Verdade não paira sobre o horizonte, a argumentação desempenha funções importantes e tem um lugar privilegiado.

A argumentação, sob esse prisma fenomênico, confessa tranquilamente sua relatividade, que não é estorvo para os fins não dogmáticos que persegue. Confessa-se sem rebuço que a força de um argumento é relativa à habilidade retórica de quem o sabe articular, dando expressão linguística às vivências comuns que com o interlocutor compartilha. É relativa aos interlocutores determinados que se busca persuadir, já que se abandonou a ficção do auditório universal, representante ideal da razão. É relativa às condições e circunstâncias particulares em que o argumento se emprega. E a argumentação toda é sempre relativa a uma visão de mundo relativamente comum aos interlocutores, que fornece pano de fundo e horizonte, mas a base também para a construção de seu diálogo: é sobre essa base que um consenso relativo sobre as premissas pode ter lugar, é contra esse pano de fundo que as divergências naturais e inevitáveis na descrição dos fenômenos da experiência comum são suscetíveis de uma eventual conciliação (enquanto prescindem de conteúdo dogmático, elas não caem sob o escopo do tropo cético da *diaphonía*; a *empeiría*, que um consenso relativo reconhece, lhes serve de ponto de referência).

Essa relatividade reconhecida de todo discurso argumentativo não obsta, então, a que ele se faça o cimento da interação comunicacional e do diálogo entre os homens, se se consente em viver o mundo *empeiros* e *adoxástos*, tendo apenas o fenômeno por critério. Como tampouco estorva o desenvolvimento amplo de uma ciência empirista, que vimos o pirrônico aceitar e prescrever, a qual obviamente não prescinde do discurso argumentativo: o uso de argumentos é trivialmente necessário para a formulação, explicação e aplicação do discurso científico, mesmo entendido como discurso da *tékhne*. O médico Sexto Empírico, por certo, deles continuamente se servia.

A boa inteligência desses pontos parece-me absolutamente fundamental para uma compreensão adequada da concepção pirrônica da linguagem e do fenômeno e da relação entre eles. A questão do uso da argumentação no nível fenomênico se insere na problemática mais ampla do discurso não tético e uma das contribuições mais profundas, originais e fecundas da filosofia cética para o pensamento humano parece-nos precisamente residir na maneira com que ela lidou com essa problemática. É nossa convicção, por outro lado, que a incapacidade de compreender, às vezes mesmo de conceber, um uso não tético da linguagem condena muitos, não somente a uma incompreensão do pirronismo, mas também, ousamos dizê-lo, a uma visão distorcida dos problemas básicos da filosofia da linguagem. Ainda que invoquem a seu favor, como aliados, nomes venerandos da história da filosofia (afinal, todos lemos o livro Gama da *Metafísica* de Aristóteles...). Em verdade, a descoberta pirrônica do uso não tético da linguagem é um passo decisivo em sua ruptura com as matrizes tradicionais da racionalidade.

De qualquer modo, no que concerne à argumentação propriamente dita, ficou-nos claro como e por que o pirronismo não condenou a argumentação – não o poderia ter feito –, ele condenou a argumentação dogmática. A argumentação, enquanto tal, ele a nenhum momento a vinculou ao discurso dogmático e tético. Os dogmáticos o fizeram, coube aos céticos cortar esses vínculos. E poderia dizer-se que, ao cortá-los, os céticos recuperaram para a argumentação sua plenitude, devolveram-na a seu lugar "natural", revalorizaram seu significado "natural" para o homem, repuseram-na a serviço do homem, não mais da Verdade. Expurgada de enxertos dogmáticos e referida sempre à *empeiría*, a argumentação não mais se enreda em problemas que à sua natureza sempre foram, em verdade, estranhos e que não lhe dizem, portanto, respeito. Ela recupera integralmente seu sentido comunicacional. Exorcizado o fantasma da Verdade, valorizam-se o diálogo e o consenso intersubjetivo, mesmo se apenas prático, temporário, relativo. E a argumentação, por eles trabalhando, integra os discursos das subjetividades na trama da racionalidade intersubjetiva.

Todas essas nossas sucintas considerações sobre o uso "fenomênico" da argumentação pelo cético não apenas são conformes com a lógica interna da postura cética, mas nos parecem também dela decorrer. Elas contribuem também para compor um quadro consistente do posicionamento cético com respeito ao discurso ordinário e à vida comum. E poderíamos acrescentar que são de bom senso. É verdade que Sexto Empírico não distinguiu explicitamente entre o uso dialético de argumentos dogmáticos pelos céticos conforme o método das antinomias e o uso "fenomênico" da argumentação, nem se explicou sobre este último. Neste, como em outros tópicos, sua exposição nos deixa insatisfeitos. De qualquer modo, seus textos nos oferecem exemplos numerosos e suficientemente indicativos de tal uso e isto ocorre na exposição mesma do comportamento filosófico dos céticos. A questão merece de nossa parte uma atenção particular, porque sua elucidação permite dissipar dificuldades de interpretação que têm causado um certo mal-estar aos estudiosos do pirronismo.

6. Tomemos alguns poucos desses exemplos a que nos estamos referindo, lembrando que eles são bastante frequentes na longa exposição sextiana dos tropos ou

Modos de Enesidemo (cf. H.P. I, 40-163). Comecemos pelo primeiro desses tropos, segundo o qual os mesmos objetos não produzem as mesmas representações, devido à diferença entre os animais (cf., ibidem, I, 40s). Essa diferença entre as representações, nós a inferimos (*epilogizómetha*) da diferença entre as origens dos animais e da variedade de suas estruturas corporais. Lembram-se as diferentes formas de geração dos animais, para concluir ser provável (*eikós*) que tais dissemelhanças produzam também grandes diferenças nas afecções (cf., ibidem, I, 43). Em seguida, numerosos argumentos são expostos, baseados nas diferenças dos órgãos sensoriais dos animais e em analogias várias, para também concluir ser provável que os objetos externos sejam vistos de modo diferente, devido à estrutura diferente dos animais que experienciam as representações (cf., ibidem, I, 54). Passam-se depois em revista as preferências e aversões dos animais e se conclui que, "se as mesmas coisas são desagradáveis a uns e agradáveis a outros, mas o agradável e o desagradável estão na representação, produzem-se diferentes representações para os animais a partir dos objetos" (cf., ibidem, I, 58). Uma vez estabelecida a diferença das representações, tem-se então que "poderemos dizer como o objeto é percebido por nós, mas suspenderemos o juízo sobre como é por natureza" (cf., ibidem, I, 59). Explica-se, então, por que se segue essa suspensão de juízo: não podemos decidir entre nossas representações e as dos outros animais, por estarmos envolvidos na disputa, mais precisando de um juiz do que sendo capazes de julgar. Nem vemos como poderíamos demonstrar serem nossas representações preferíveis às dos outros animais; pois, deixando de lado a questionabilidade da própria existência de demonstrações, uma demonstração ou não seria algo que nos aparece e se faz por nós reconhecer (mas não confiaríamos então nela), ou seria algo que nos aparece e se impõe a nós. Mas, neste caso, como o que está em questão é precisamente o que aparece aos distintos animais e a demonstração nos aparece e se impõe a nós que somos animais, haveria aqui um caso óbvio de falácia por petição de princípio. Donde se segue que não poderíamos ter uma demonstração da preferibilidade de nossas representações.

> Se, portanto, devido à variedade dos animais, se produzem diferentes as representações, entre as quais é impraticável decidir, há necessidade de suspender o juízo (*epékhein anágke*) acerca dos objetos exteriores. (cf., ibidem, I, 61)

Passemos ao quarto tropo ou Modo (cf. H.P. I, 100-17), baseado nas "circunstâncias", isto é, nas nossas disposições ou condições (*diathéseis*), tais como o estado natural ou não natural, o sonho ou a vigília, as condições de idade, o amor ou o ódio, a embriaguez ou a sobriedade, a tristeza ou a alegria etc. Examina-se como são diferentes nossas representações conforme estejamos numa ou noutra dessas várias condições. E, tendo-se estabelecido que uma tão grande divergência naquelas se deve a essa variedade, ao mesmo tempo que se reconhece que, em momentos diferentes, os homens se acham em diferentes condições, conclui-se que, sendo indecidível aquela divergência, será fácil talvez dizer como cada um dos objetos aparece a cada homem, mas não como ele é. Que a divergência é indecidível decorre do fato de que aquele que se dispõe a decidi-la necessariamente está numa certa condição (seria absurdo dizer que não está em nenhuma). Mas, se assim é, se ele vai julgar das representações relativas às diferentes condições, enquanto se encontra numa delas, ele é parte da *diaphonía* a ser julgada e não será juiz imparcial (cf., ibidem, 112-3).

Consideremos um último exemplo, tomado agora do oitavo tropo, o da relação (cf. H.P. I, 135-40); por esse tropo

> concluímos (*synágomen*) que, uma vez que todas as coisas são relativas, suspenderemos o juízo sobre que coisas são reais em sentido absoluto e por natureza. (cf., ibidem, I, 135)

Sexto nos lembra que se deve entender "todas as coisas são relativas" no sentido de "todas as coisas aparecem relativas", já que "este ponto é preciso notar, que aqui, como também em outros lugares, usamos 'é' por 'aparece'". E explica (cf., ibidem, 135-6) que essa relatividade das coisas se entende, de um lado, com respeito àquele que julga, de outro, com respeito ao que juntamente com uma coisa se considera (como o direito com respeito ao esquerdo). Acrescenta que, nos tropos anteriores, já se inferiu (*epelogisámetha*) a relatividade com respeito ao que julga: com respeito a um animal particular (1° tropo) ou ao homem (2° tropo) ou a um sentido (3° tropo) ou a tal e tal "circunstância" (4° tropo); assim como também a relatividade com respeito ao que se considera juntamente com uma coisa: com respeito a uma posição particular (5° tropo) ou a uma mistura (6° tropo) ou a uma composição ou quantidade (7° tropo). Alguns argumentos especiais são ainda acrescentados, pelos quais se pode também concluir (*synágein*) que todas as coisas são relativas. Assim estabelecida a relatividade das coisas,

> resta claramente como resultado que não seremos capazes de dizer como é cada um dos objetos conforme sua própria natureza e em sentido absoluto, mas somente como aparece em seu caráter relativo. Segue-se (*akoloutheï*) ser preciso que suspendamos o juízo sobre a natureza das coisas. (cf., ibidem, I, 140)

Nos dois primeiros exemplos acima considerados, estabelece-se primeiramente, relembrando simplesmente nossa experiência corrente (4° tropo) ou recorrendo a analogias e inferências (1° tropo), a ocorrência de representações divergentes, seja no mesmo homem, seja nos homens com relação aos animais. Num segundo passo, argumenta-se para mostrar a indecidibilidade de um tal conflito de representações, donde se conclui pela necessidade da *epokhé*. Quanto ao 8° tropo, nele se estabelece, relembrando-se e relendo-se os tropos anteriores sob o prisma da noção de relação, a relatividade de todas as coisas, portanto a divergência de suas representações conforme os contextos relacionais, concluindo-se diretamente uma vez mais pela necessidade da *epokhé*. O vocabulário lógico ("inferir", "concluir", "seguir-se") é usado sem rebuço.

Por outro lado, conhecemos a crítica pirrônica à postura da Nova Academia e a seu dogmatismo epistemológico negativo,[26] o que nos proíbe de interpretar os procedimentos argumentativos dos tropos como a defesa de uma teoria dogmática da indecidibilidade das representações, da relatividade das coisas ou da necessidade da suspensão do juízo. Se inexiste no pirronismo uma tal teoria e se aqueles argumentos são, entretanto, de teor dogmático e a propõem, pareceria não haver outra solução para a aparente inconsistência que não a de tomar essa argumentação dos tropos como uma instanciação, dentro da epistemologia, do método das antinomias:[27] Sexto não estaria expondo ou explicando o procedimento cético, mas propondo dialeticamente argumentos dogmáticos negativos em oposição a uma teoria dogmática do conhecimento.

A solução é engenhosa e pode parecer tentadora, mas ela se constrói para dar resposta a um problema que nos parece inexistente. Porque ela explicitamente pressupõe o caráter dogmático dos argumentos empregados nos tropos, quando não se trata, em verdade, de uma argumentação dogmática. Se bem se atenta nos exemplos que acima aduzimos, percebe-se claramente que a nenhum momento se lança mão de um discurso tético, que nenhuma argumentação tética se propõe. E vimos que o cético não tem por que proibir-se o uso da argumentação não tética e "fenomênica".

Naqueles tropos, coligem-se fatos da experiência cotidiana, por exemplo sobre os vários processos de geração de animais, sobre a diferença de suas estruturas corporais, sobre a conhecida variação de nossas representações conforme as condições em que nos encontramos etc. Com base em fatos empíricos, constroem-se raciocínios analógicos e argumentos "prováveis". Deixando-se explicitamente de lado a polêmica sobre a existência, ou não, de demonstrações – e, portanto, sem utilizar-se argumentos dogmáticos negativos contra a existência de demonstrações –, mostra-se a inaceitabilidade de um recurso a uma pretensa demonstração com a finalidade de decidir entre as representações divergentes em questão, denunciando-se o vício de raciocínio (*petitio principii*) em que se incorreria. Quando se argumenta para mostrar a relatividade das coisas, tem-se o cuidado de insistir em que a argumentação se

---

26   Cf. a nota n.6.

27   Foi a solução proposta por Michael Williams, cf. WILLIAMS, M. 1988, p.578-9 particularmente. O autor designa por "método da oposição" o que chamamos de método das antinomias. Gisela Striker (cf. STRIKER, G. 1983, p.112) vê uma "inconsistência aparente", que confessa não saber como resolver, entre a "doutrina" da argumentação antinômica e a utilização sextiana do argumento da relatividade.

desenvolve no nível fenomênico, em que é do aparecer relativo das coisas que se fala e não de seu ser. E se indica como todos os sete primeiros tropos se podem ler sob o prisma dessa noção fenomênica de relação. Em face de toda essa argumentação, conclui-se não haver fundamento para uma atitude dogmática, isto é, para a pretensão de dizer como são as coisas em sentido absoluto e por natureza, preferindo-se tal representação a tal outra, como se a natureza mesma do real nela se exprimisse. Conclui-se que se impõe recusar e reter o assentimento, isto é, suspender o juízo.

Assim, em vez de argumentos dogmáticos em favor de teses negativas, têm-se desenvolvimentos argumentativos que não concluem verdades, mas encaminham o pensamento para a *epokhé*, ao manifestar precisamente a inadequação de uma escolha dogmática. Por um procedimento inferencial desenvolvido unicamente no nível da experiência dos fenômenos, inibe-se qualquer tentação de dogmatizar, a necessidade se impõe de resistir à *propéteia* (precipitação), que alimenta o discurso tético, e uma retenção do juízo tem lugar. A dificuldade dos intérpretes com os textos parece-nos decorrer precisamente de eles não se terem plenamente apercebido de que um dos grandes feitos filosóficos do pirronismo foi descobrir e filosoficamente valorizar o uso não tético, "fenomênico", da linguagem e da argumentação.

Mas nada obsta, por certo, a que o cético, se a necessidade se impõe de enfrentar um discurso dogmático "construtivo", rearticule argumentos "fenomênicos" e os faça integrar uma argumentação dialética negativa. Assim, um argumento que mostre a relatividade das coisas poderá vir a ser utilizado para "provar" que elas são relativas, contra uma teoria que proclame sua realidade absoluta; assim como um argumento que mostre nossa incapacidade de decidir entre representações conflitantes pode vir a integrar uma "demonstração" da inexistência de critérios da verdade. Reformulações aparentemente superficiais da linguagem argumentativa podem modificar substancialmente, se não a natureza do argumento, pelo menos o sentido de seu uso.

Outra questão envolvida em obscuridade pela desatenção ao uso pirrônico da argumentação não tética (ou, mesmo, pela ignorância de ser o uso de uma tal argumentação totalmente compatível com a postura pirrônica) concerne à presença ou ausência de elementos "teóricos" ou "doutrinários" no pirronismo. Sexto Empírico foi, no entanto, bastante claro e explícito a esse respeito: se por "doutrina" (*haíresis*) se entende a adesão a dogmas articulados uns com os outros e com os fenômenos, é óbvio que o pirrônico não tem uma doutrina; mas, se o termo se usa com referência a um

> procedimento que, em conformidade com o fenômeno, segue um certo discurso, esse discurso indicando como é possível parecer viver corretamente ... e tendendo a capacitar-nos a suspender o juízo, dizemos que ele tem uma doutrina. (cf. H.P. I, 16-7)

Com isso em mente, não temos, então, por que não falar em uma doutrina cética, referindo-nos a uma exposição argumentada dos diferentes aspectos da postura cética, a uma sistematização argumentada de princípios e regras gerais que coordenam a prática argumentativa cética, por exemplo. Assim, elementos "doutrinários" contidos nos tropos se deverão ler, também, sob essa perspectiva.[28] Talvez seja, entretanto, mais prudente evitar falar em "teoria", mesmo nesse sentido mais frouxo, já que esse termo se tem associado de modo muito estreito a conotações dogmáticas. Lembrando que as palavras costumam ser, de si mesmas, inocentes, mas o uso dogmático com freqüência as perverte.

7. Se nossa leitura do pirronismo é correta – e aqui procuramos mostrar que ela o é –, o perfil do cético que para nós se desenha é o de um filósofo que, forjado na prática habitual da *epokhé*, se encontra mergulhado na fenomenicidade e vive a vida comum como um homem qualquer, despojado embora de seus vícios dogmáticos. E, como um homem qualquer, ele se serve da linguagem ordinária, ele pensa, discorre e argumenta, mas sempre *adoxástos* e de modo não tético.

Mirando retrospectivamente esse terreno da vida e da linguagem comum, após suspensões do juízo sempre repetidas, o filósofo que se fez cético pode agora dizer que é nele, nesse espaço fenomênico e pré-dogmático recuperado pela prática cética, que se dá o embate das filosofias dogmáticas, que homens filósofos propõem; nele se constroem e desenvolvem os jogos argumentativos que pretendem sustentar dogmas e verdades. Aí também o cético percebeu e tematizou a *diaphonía*, fez a experiência da *isosthéneia* dos discursos opostos e suspendeu o juízo, isto é, não fez a opção dogmática. As filosofias dogmáticas alimentaram o sonho de transcender esse terreno fenomênico, nele se consumou o seu fracasso. Nele, os discursos dogmáticos se podem ter agora por meros discursos, comportamentos linguísticos de filósofos enfeitiçados por suas próprias palavras.

Porque o dogmatismo sempre renasce e seus recursos são inexauríveis, o cético reconhece que sua luta contra ele não tem fim, que se deve mobilizar em caráter permanente para o uso dialético da argumentação antinômica; enfim, que a *crítica* do discurso (dogmático) é uma dimensão fundamental e, por assim dizer, constitutiva de sua postura filosófica. No exercício desse empreendimento crítico, a filosofia cética se proporá a detectar um dogmatismo onipresente, manifesto ou dissimulado sob múltiplos disfarces. Fazê-lo pressupõe toda uma tarefa de *análise* do discurso

---

28 Foi a presença desses elementos "doutrinários", lidos como enunciados dogmáticos, que levou M. Williams, para preservar a consistência do pirronismo, à interpretação acima mencionada, cf. a nota anterior. Por outro lado, quer-nos parecer que considerações pertinentes de Michael Frede sobre a distinção pirrônica entre duas espécies de assentimento (cf. FREDE, M. 1987, "The Skeptic's Two Kinds of Assent...") se veriam grandemente iluminadas, uma vez distinguidas as duas espécies de argumentos céticos, os dialéticos e os "fenomênicos", e uma vez reconhecida a distinção pirrônica entre duas espécies de doutrina, a dogmática e a cética.

humano, não menos do discurso do senso comum que do discurso filosófico ou científico. A argumentação não tética será obviamente um instrumento constante dessa *análise*, como o é daquela *crítica*, conjugada com o método das antinomias, conforme vimos. Caberia perguntar se, ao lado da *análise* ou da *crítica*, alguma outra dimensão ainda se poderia vislumbrar numa filosofia concebida sob a ótica do pirronismo. É certo que o pirronismo antigo nada elaborou sobre esse ponto.

No entanto, parece-nos inegável, a partir de quanto aqui se disse, sobretudo das considerações que se fizeram sobre o uso cético do discurso fenomênico, que toda uma ampla perspectiva se abre para o pirrônico, a de tentar uma *descrição* coerente e sistemática de sua (nossa) experiência humana do mundo (fenomênico), a de tentar "racionalizar" nossa visão do mundo. "Racionalização" que se reconhece tranquilamente como precária, provisória, relativa. Visão do mundo que se reconhece sujeita a uma evolução permanente, que exigirá por isso mesmo uma revisão constante. Na execução de um tal programa, o uso da argumentação não tética desempenhará manifestamente um papel fundamental.

A natureza mesma de um tal empreendimento, que certamente visa à obtenção de resultados relativamente consensuais, se acomoda sem maior problema ao pluralismo de pontos de vista e de perspectivas fenomênicas diferentes. Ao antigo conflito das verdades se substitui agora o diálogo desses pontos de vista e dessas perspectivas. Mantém-se a aposta no caráter intersubjetivo da racionalidade. Mercê de sua postura cética, a filosofia se pode pensar sob o prisma da comunicação, da conversa, do diálogo, do consenso e... da relatividade. E, assim pensada, ela pode contribuir – e muito – para favorecer o entendimento entre os homens: tendo destruído as suas verdades, ela poderá eventualmente ensiná-los a conviver com as suas diferenças.

Uma parte considerável do pensamento filosófico contemporâneo parece, aliás, ter-se direcionado em tal sentido, após ter diagnosticado, uma vez mais, a crise da filosofia. Não nos parece, entretanto, que se deva falar numa crise da filosofia mas, antes, numa certa crise da filosofia dogmática (o que, por certo, não impede que novos dogmatismos venham a despontar no horizonte, mais aguerridos talvez e virulentos). Ocorre, porém, que vinte e tantos séculos de dogmatismo levaram muitos a pensar a filosofia somente em termos de razão dogmática e a identificar o discurso filosófico com o discurso tético. Não é menos verdade, no entanto, que nosso século tem mais e mais manifestado um certo cansaço com respeito a dogmas e aos discursos que os sustentam. São fortes os indícios de uma valorização crescente do discurso argumentativo como tal, dissociado de seu emprego dogmático. A comunicação, a conversa, o diálogo, o consenso se tornaram temas preferenciais para muitas correntes filosóficas. É minha firme convicção que essas novas perspectivas que se abrem para a pesquisa filosófica teriam muito a ganhar e seriam grandemente iluminadas à luz de uma investigação mais profunda do velho pirronismo. Particularmente, à luz da concepção pirrônica do discurso não tético do fenômeno.

8

Verdade, realismo, ceticismo[1]

1. Julgamos todos que somos capazes de dizer verdades, de pensar e dizer como são as coisas. Ao menos, é o que todos julgamos quando não estamos a fazer filosofia. Ao afirmarmos algo – e todo o tempo estamos a afirmar algo –, estamos supondo que as coisas são como afirmamos. E frequentemente nos dispomos a sustentar com argumentos, eventualmente a demonstrar, uma tal suposição. Usamos o discurso comum com espontaneidade e confiança e nosso uso comum e espontâneo do discurso tem como pressupostos a distinção entre as palavras e as coisas, assim como nossa capacidade de dizer as coisas com as palavras. O que aí está claramente implicado é o reconhecimento de certa *correspondência* inteligível entre nossas palavras e as coisas no mundo. Indissociável desse reconhecimento, acompanha-o também uma confiança tranquila no caráter razoavelmente adequado dessa correspondência. Tal é o nosso sentir comum.

Cabe, então, dizer que uma trivial noção correspondencial de verdade está implícita – muito frequentemente ela também se explicita – em nosso emprego costu-

---

1 Versões preliminares e parciais deste texto foram lidas em palestras proferidas nos anos de 1993 e 1994 em Rio de Janeiro, Curitiba, São Paulo, Bruxelas, Florianópolis e Bariloche. Observações pertinentes e críticas construtivas apresentadas nos debates que se seguiram a essas palestras foram-me bastante proveitosas e levaram-me a reformular várias passagens e a desenvolver outras tantas, no intuito de melhor precisar o seu sentido. Tive também a ocasião de expor a Newton da Costa o conteúdo da seção 5, que discute a concepção tarskiana de verdade, e lhe sou grato pelos comentários que então fez e que me foram valiosos para a redação final dessa seção. Agradeço particularmente a Plínio J. Smith por sua leitura cuidadosa da versão quase final do texto: suas sugestões e observações críticas me permitiram melhorar a redação em vários pontos e me salvaram de pelo menos um erro sério. O texto foi originalmente publicado em *Discurso* n.25, São Paulo, 1995, p.7-67.

meiro da linguagem comum. Nesse sentido, pareceria que cabe mesmo falar de uma "naturalidade" inegável de tal ideia de correspondência (cf. Putnam, 1978, p.1). E não vemos como se poderia dispensar facilmente o vocabulário da verdade. Porque não vemos como poderíamos servir-nos do discurso da maneira pela qual dele nos servimos sem postular ou, ao menos, pressupor sua reconhecida capacidade para a verdade e sua veracidade costumeira. Dizer verdades parece, pois, configurar-se como parte constitutiva e essencial de nossos comportamentos e hábitos linguísticos.

Crendo, via de regra, que as coisas são como as dizemos, cremos habitualmente também que elas assim são independentemente de nós as pensarmos ou dizermos. Se frequentes vezes acreditamos conhecer as coisas e, por isso, poder dizer verdades sobre elas, parece-nos em geral que a verdade de nossas sentenças verdadeiras de nenhum modo depende de nosso conhecimento, não depende, portanto, de nós a reconhecermos. Tampouco depende de que essas sentenças tenham sido por nós asseridas. Se elas são verdadeiras, elas o são, quer o saibamos, quer não; quer as proponhamos, quer não. Um mundo real está aí, as verdades lhe dizem respeito, mas realidade e verdade não precisam de nós. Assim costumamos julgar.

Sempre estamos querendo ampliar mais e mais nosso conhecimento do mundo, isto é, ampliar o domínio de nossas verdades; muito de nossos esforços, como indivíduos e como sociedade, vai nessa direção. E entendemos que temos sido e somos, com frequência, bem-sucedidos. Essa busca humana da verdade, filósofos das mais variadas tendências sempre a tematizaram, os próprios filósofos céticos não deixaram de reconhecê-la. Sexto Empírico chega mesmo a dizer que o homem é um animal que, por natureza, ama a verdade (cf. A.M. VII, 27), que "o homem é indagador por natureza e há, infundido em seu peito, um grande e apaixonado anseio pela verdade" (cf. A.M. I, 41). E os contextos não nos sugerem ironia nem qualquer alusão a uma eventual propensão do homem comum a ser dogmático.

As filosofias fizeram da verdade um de seus temas preferenciais e bom número de filósofos pretendeu ter estabelecido verdades definitivas e absolutas, cujo reconhecimento se exprime então em seus discursos verdadeiros. Opuseram a realidade às aparências e se julgaram capazes de, para além das aparências, chegar à "realidade mesma" das coisas, conhecendo como estas são por natureza. A essa realidade concernem seus *dógmata* e os céticos lhes chamaram "dogmáticos" (cf. H.P. I, 2-3). Os dogmáticos põem como *realmente* existentes as coisas que dizem com suas palavras (cf. H.P. I, 14).

Ao longo dos séculos – e isso desde a filosofia clássica grega – o dogmatismo filosófico foi com muita frequência associado a uma postura metafísica realista e à noção de verdade como correspondência. O realismo metafísico postula uma realidade concebida como existente *em si mesma*, com uma natureza constituída de modo determinado e independentemente de nossa capacidade cognitiva, por vezes como independente também de qualquer conhecimento que lhe pudesse dizer respeito, humano ou outro. O pensamento que eventualmente pense essa realidade ou o discurso que eventualmente a diga se concebem então como suscetíveis de uma verdade que, em si mesma, não depende do sujeito que a pensa ou a diz. Uma verdade que é uma relação de correspondência entre o discurso e as coisas em si mesmas.[2] Essa correspondência se costuma por vezes caracterizar como uma "cópia": para uma tal doutrina da verdade-cópia, pensamentos ou palavras se podem concatenar para de algum modo "copiar" as coisas e suas relações. Exemplos dessa posição metafísica realista associada a uma teoria correspondencial da verdade são por demais numerosos ao longo da história da filosofia, ainda que muita controvérsia se tenha produzido acerca da exata natureza de uma tal correspondência ou do significado preciso da noção de "cópia".[3]

Eram metafisicamente realistas os dogmatismos clássicos e helenísticos que o ceticismo grego combateu. Eram-no a teoria platônica das Formas, a metafísica aristotélica, o materialismo epicurista, o sistema estoico. Suas doutrinas da verdade, sob diferentes roupagens, propunham basicamente uma noção correspondencial de verdade. Aristóteles legou-nos em sua *Metafísica* uma formulação que se tornou paradigmática: "Dizer que o ser não é, ou que o não ser é, é falso, mas que o ser é e que o não ser não é, verdadeiro" (cf. *Met.* IV, 7, 1011 b26-7). O ceticismo grego tinha diante dos olhos essa noção de verdade que o pensamento antigo formulou.

As principais correntes filosóficas medievais mantiveram fundamentalmente a "opção" grega pelo realismo metafísico e pela noção correspondencial de verdade que o acompanhava. E ela foi também preservada em boa parte do pensamento filosófico moderno, pelo menos até o advento do empirismo cético de Hume e da revolução epistemológica kantiana que lhe sucedeu. Na filosofia pós-kantiana, essa noção metafísica de verdade e essa postura realista caíram em descrédito crescente. Nietzsche criticou-as severamente e a filosofia contemporânea, sob diferentes óticas e perspectivas, as tem continuamente questionado – em verdade as tem costumeiramente rejeitado.

Principiamos este texto falando do uso cotidiano e "natural" de uma certa noção de verdade, que manifestamente se configura como correspondencial. Cabe acaso

---

2   Putnam caracteriza o realista metafísico como "um filósofo que aceita o que Hartry Feld chama de 'realismo metafísico l' (o mundo consiste em uma totalidade fixa de objetos independentes da mente) e aceita o 'realismo metafísico 2' (há exatamente uma descrição verdadeira e completa do modo como o mundo é) e também aceita o 'realismo metafísico 3' (a verdade envolve alguma sorte de correspondência)", cf. PUTNAM, H. 1990, p.30.

3   Alguns filósofos chegam mesmo, como é o caso de Putnam, a tomar a noção de "cópia" em um sentido extremamente vago, a ponto de simplesmente identificarem a doutrina da verdade-cópia à da verdade correspondencial: "Many, perhaps most, philosophers hold some version of the 'copy' theory of truth today, the conception according to which a statement is true just in case it 'corresponds to the (mind independent) facts'", cf. PUTNAM, H. 1981, p.IX.

dizer que esse uso comum implica de algum modo uma certa forma de realismo metafísico, na mesma medida que se associa ao reconhecimento de uma realidade tida como independente do sujeito humano que a pensa e diz? De fato, é bastante frequente falar-se do "realismo do senso comum", algo como uma forma incipiente de realismo metafísico, que estaria, por assim dizer, embutida na prática corriqueira da linguagem. O realismo metafísico, sob essa perspectiva, que não é senão demasiado comum na literatura filosófica corrente, não mais seria que o prolongamento, sofisticado e elaborado em linguagem filosófica, de uma postura realista mais tosca e não elaborada, identificada àquele sentimento humano de que há uma realidade que nos transcende e que se diz em nosso discurso e se "espelha" em nossas verdades ordinárias.

Se assim de fato fosse, a recusa filosófica do realismo metafísico, explicitamente proclamada em tantas filosofias de nosso passado moderno e na maioria das correntes filosóficas do presente, forçosamente também implicaria – aliás, isso é quase sempre reconhecido – uma recusa e denúncia do "realismo do senso comum". Também aqui, como em tantos outros tópicos, caberia a um pensamento rigoroso e crítico pôr a nu as distorções do senso comum e sua indefectível ingenuidade. Essa questão de qual estatuto filosófico conferir ao "realismo do senso comum" – se é que optamos por guardar a expressão – é sobremaneira importante e tem sido objeto constante de reflexão e exame na filosofia contemporânea. Voltaremos a ela. Mas falemos um pouco das críticas que se fizeram e se fazem à noção de verdade como correspondência entre o discurso e as coisas.

2. É bastante conhecida a crítica virulenta do ceticismo pirrônico a todo dogmatismo. Em particular, ele questionou duramente a pretensão dogmática de conhecer "as coisas em si mesmas", em sua natureza ou essência, assim como as doutrinas dogmáticas da verdade. Em consequência desse questionamento, os céticos são levados à suspensão de juízo e crença, à *epokhé*. Eles suspendem o juízo, assim, sobre todas as asserções que se põem como verdadeiras, no sentido absoluto dessa expressão, que se pretendem capazes de dizer as coisas "como elas real e verdadeiramente são".

As filosofias dogmáticas tinham distinguido entre o evidente (*enargés, pródelon*) e o não evidente (*ádelon*), dizendo evidentes as coisas que de si mesmas se dão a nosso conhecimento, a cujo respeito, portanto, a verdade imediatamente se apreende; enquanto chamavam de "não evidentes" aquelas coisas que, não se dando imediatamente a conhecer, são em parte, no entanto, suscetíveis de serem por nós apreendidas e conhecidas, num conhecimento mediato que se obtém por meio de signos e provas a partir das coisas evidentes (cf. H.P. II, 96s.; A.M. VII, 140-1 etc.). E as filosofias helenísticas elaboraram toda uma doutrina do critério da verdade, que diz respeito à evidência, e dos signos e provas, toda uma "lógica", que se tornaria um dos alvos preferenciais da crítica pirrônica. Sexto Empírico consagrou seu segundo livro das *Hipotiposes Pirronianas* e seus dois livros *Contra os Lógicos* (A.M. VII e VIII) a combater essa "lógica" helenística, questionando as noções de verdade e de critério de verdade, de evidência, de signo e de prova.

Não é o caso de demorar-nos nos detalhes da longa argumentação que Sexto expende contra as doutrinas dogmáticas do critério (cf. H.P. II, 14-96 e todo o livro VII de *Adversus Mathematicos*). Ele distingue os vários critérios propostos para a pretensa apreensão da realidade, a saber: o homem, sua sensibilidade e entendimento e a representação (cf. H.P. II, 16-21; A.M. VII, 34-7, 261), investindo contra todos eles. Mostra, por exemplo, a inexistência de uma noção clara e distinta de homem, a frequente ininteligibilidade dos conceitos de homem (cf. H.P. II, 22-8; A.M. VII, 263-82). Argumenta com a inapreensibilidade dos supostos componentes do homem, o corpo e a alma, e relembra a velha controvérsia filosófica sobre a existência da alma (cf. H.P. II, 9-33). Retoma também as disputas sobre a realidade dos objetos dos sentidos e problematiza sua capacidade de apreensão de qualquer objeto real (cf. H.P. II, 49-50; A.M. VII, 344-7); invoca a *diaphonía* filosófica sobre a natureza do intelecto e sua própria existência, sobre sua essência, sua origem, sua localização; como poderia ele apreender seus pretensos objetos, se a si mesmo não se consegue apreender? (cf. H.P. II, 57-8; A.M. VII, 310-3, 348-50). E a própria alegada apreensão da substância corpórea e dos sentidos por um intelecto racional e deles por natureza distinto se faz incompreensível (cf. A.M. VII, 303-9). Não menos problemática é a pretensa cooperação entre sentidos e intelecto no empreendimento cognitivo, já que os sentidos se opõem frequentemente ao intelecto e, intervindo entre este e os objetos, lhe são antes estorvo e impedimento (cf. H.P. II, 63; A.M. VII, 352-3). A noção de representação, tão cara à filosofia estoica, não é menos duvidosa: não se consegue, de fato, conceber adequadamente a representação nem apreendê-la (cf. H.P. II, 70-1; A.M. VII, 370ss). E não se vê como poderia o intelecto, barrado pelo véu das representações, por cujo intermédio se diz que apreende os objetos representados, vir efetivamente a atingi-los, ou julgar da alegada semelhança entre o que representa e o que é representado (cf. H.P. II, 72-5; A.M. VII, 383-5).

A crítica da noção de critério, exibindo sua precariedade, faz da própria verdade algo não evidente (cf. A.M. VIII, 2), tornando-se impossível para nós afirmar, a respeito das coisas que nos aparecem, que elas são por natureza tais como nos aparecem (cf. A.M. VIII, 142). Se o critério da verdade se nos revela problemático, não há mais como fazer asserções positivas sobre as coisas que nos parecem evidentes, "no quanto concerne ao que é dito pelos dogmáticos" (*hóson epì toîs legoménois hypò tõn dogmatikõn*), menos ainda sobre as não evidentes, que os dogmáticos supõem se apreenderem a partir daquelas outras, uma vez que já sobre as chamadas evidentes somos levados a suspender o juízo (cf. H.P. II, 95). Abolido o critério, não há então como questionar a necessidade da *epokhé*, precisamente porque nada de verdadeiro se encontra seja nas coisas óbvias seja nas obscuras (cf. A.M. VII, 26).

Ainda assim, Sexto se demora em criticar diretamente as noções de verdade e de verdadeiro (cf. H.P. II, 85-6; A.M. VIII, 2-139). Conforme o hábito cético, ele principia por relembrar a controvérsia existente entre os filósofos dogmáticos sobre a mesma existência de algo verdadeiro (cf. A.M. VIII, 3-13; também H.P. II, 85), para manifestar a indecidibilidade da controvérsia e a consequente necessidade da suspensão de juízo: uns pretendem que nada é verdadeiro, outros ao contrário que há algo verdadeiro; destes, alguns dizem que somente inteligíveis (*noetá*) são verdadeiros, outros que somente sensíveis (*aisthetá*) o são, outros ainda que há tanto sensíveis quanto inteligíveis verdadeiros (uma outra controvérsia diz respeito ao *locus* da verdade e da falsidade, que uns situam no que é significado, outros nos sons proferidos, outros no movimento do intelecto). Argumentos numerosos são alinhados para questionar a possibilidade em geral de algo dizer-se verdadeiro. Assim, por exemplo, o tropo da regressão ao infinito é utilizado para manifestar a impossibilidade de uma prova para a asserção de que algo é verdadeiro, prova que a mesma existência da controvérsia faz no entanto necessária (cf. A.M. VIII, 15-6; H.P. II, 85). Questiona-se também a existência do verdadeiro porque, dividindo-se as coisas em aparentes (*phainómena*) e não evidentes (*ádela*), o verdadeiro deverá ser ou aparente ou não evidente ou em parte aparente e em parte não evidente, mas nenhuma dessas possibilidades se pode sustentar (cf. A.M. VIII, 17-31; H.P. II, 88-94). Nem se pode dizer que o verdadeiro é algo absoluto (se o fosse, deveria afetar todos da mesma maneira, o que não é o caso), nem algo relativo, a noção de verdade relativa mostrando-se incompatível com a conceituação habitual de verdade (cf. A.M. VIII, 37-9). Esses e outros argumentos gerais são desenvolvidos, seguindo-se-lhes a crítica específica de doutrinas particulares da verdade propostas por alguns filósofos (cf. A.M. VIII, 55s). Esse percurso crítico da problemática filosófica da verdade leva os céticos a concluir que nada é verdadeiro ou falso, "no quanto concerne aos discursos dos dogmáticos" (*hóson epì toîs tõn dogmatikõn lógois*) (cf. A.M. VIII, 3), e que, "no quanto concerne ao que é dito pelos dogmáticos (*hóson epì toîs legoménois hypò tõn dogmatikõn*), irreal é a verdade, insubsistente o verdadeiro" (cf. H.P. II, 80-1).

O cético não vê, então, como poderia asserir alguma verdade acerca das coisas, no sentido de dizer como elas "realmente são". Reconhecendo-se incapaz de captar sua essência ou natureza, ele somente pode relatar como elas lhe aparecem; tal é, por exemplo, o ensinamento constante dos Modos ou tropos de Enesidemo (cf. H.P. I, 59, 78, 93, 144 etc.). Dir-se-á acaso que o cético reconhece a realidade das coisas, o fato de que *são*, questiona apenas a pretensão humana de dizer *como* são, de descobrir as suas reais propriedades? Houve quem assim entendesse a filosofia de Sexto, mas os textos são claros no sentido oposto. O critério da verdade que o cético problematiza é o que concerne à crença na realidade ou irrealidade (cf. H.P. I, 21); enquanto o dogmático põe como reais as coisas sobre as quais dizemos que ele dogmatiza, o cético não o faz e não confere nenhum sentido absoluto às sentenças que profere (cf. H.P. I, 14). Ele sempre relata apenas o que lhe é fenômeno, o que lhe aparece, anunciando sem dogmatizar suas afecções, sem nada asserir positivamente sobre as realidades externas (cf. H.P. I, 15, também I, 208). Se ele se serve, como todos o fazem, do verbo "ser", ele nos adverte de que o usa sempre em lugar de "aparecer" (cf. H.P. I, 135). Ele nunca postula o ser e a realidade das coisas, no sentido em que os postularam as metafísicas dogmáticas. O cético questiona, com efeito, a realidade de cada um dos itens com que as ontologias compõem o mobiliário do mundo: em face dos argumentos favoráveis e dos não menos fortes argumentos contrários, ele não vê como decidir-se a favor de ou contra a realidade das divindades, das causas, dos princípios materiais, dos corpos, do movimento e do repouso, do devir e do perecer, do espaço e do tempo, do número, do próprio Todo que os estoicos identificaram com o mundo (*kósmos*). Essas e outras categorias do pensamento dogmático são longamente discutidas no terceiro livro das *Hipotiposes* e nos dois livros dirigidos *Contra os físicos* (A.M. IX e X). Sobre todos esses itens suspende o cético seu juízo. A denúncia cética das verdades dogmáticas é integralmente solidária com o questionamento contundente das ontologias a que elas remetem. Com o ceticismo pirrônico, o realismo metafísico grego se põe em suspensão e cede lugar a uma fenomenologia, que descreve o aparecer.[4]

Não me deterei aqui na crítica moderna e contemporânea da noção correspondencial e metafísica de verdade. Essa crítica retomou com frequência velhos argumentos céticos, inventou alguns outros. Não se vê sentido em pretender comparar nosso pensamento ou discurso com as "coisas em si mesmas", já que parece aqui pressupor-se, para efetivar tal comparação, um incompreensível acesso às coisas não mediado pelo discurso. Nosso acesso privilegiado à nossa mente também com frequência se postula e se tem por inexplicável como se poderia ir além dos conteúdos mentais, representações ou o que mais seja. E a concepção mesma de algo como existindo em si mesmo e independentemente de todo sujeito de conhecimento se vê muitas vezes como contraditória, se é certo que conceber é de algum modo descrever e conceituar e, por isso mesmo, o que é independente de todo conhecimento deveria também ser independente de toda conceituação. Não nos é necessário repassar os vários argumentos, basta-nos uma vez mais apontar para o fato de que as filosofias modernas e contemporâneas, na grande maioria dos casos, recusam a noção metafísica de verdade como correspondência. Não menos importante é insistir também em que essa recusa e a rejeição do realismo metafísico costumeiramente se acompanham e uma na outra se imbricam.

---

4   Tentei delinear o sentido e alcance dessa fenomenologia cética em "Sobre o que Aparece", cf. p.117-45.

3. Como consequência de tal recusa, se tem muitas vezes optado, seja por simplesmente dispensar em filosofia a noção de verdade, seja por substituir a noção correspondencial de verdade por outras noções de verdade. Entre os que de algum modo dispensam a noção de verdade podem incluir-se os que sustentam a teoria da redundância: "verdadeiro" e "falso" seriam predicados que desempenham um papel tão somente estilístico ou pragmático e a atribuição de verdade ou falsidade seria sempre redundante; assim, dizer, por exemplo, "é verdade que está chovendo" significaria precisamente o mesmo que dizer "está chovendo". Entre as noções de verdade que se propuseram em substituição à velha noção correspondencial, ganharam sobretudo defensores a noção coerencial e a noção pragmatista de verdade. Conforme a teoria coerencial da verdade, dizemos verdadeira uma proposição quando ela é coerente com as demais proposições que aceitamos, dizemos verdadeira uma crença quando ela se integra de modo consistente no conjunto de nossas crenças. Quanto à teoria pragmatista da verdade, que teve em W. James um de seus mais conhecidos representantes, ela se formulou e precisou de diferentes maneiras nos vários autores que a defenderam, o que torna difícil apresentá-la de modo sucinto. Utilizando uma formulação bastante geral e necessariamente insatisfatória, diremos que ela propõe que se defina a verdade de uma proposição pela sua capacidade de satisfazer a nossos interesses práticos, seja de sobrevivência e felicidade, seja enquanto determinados por nossos procedimentos de pesquisa e investigação. Nesse último sentido dir-se-ia, por exemplo que, do ponto de vista pragmatista, verdade é algo em que teríamos justificação para acreditar, no limite ideal da investigação. Talvez caiba assimilar de algum modo à teoria pragmatista da verdade uma doutrina como a de Putnam, que, afirmando haver uma conexão muito estreita entre as noções de verdade e de racionalidade, defende um ponto de vista por ele chamado de "internalista", segundo o qual a verdade é "uma sorte de aceitabilidade racional (idealizada) – uma sorte de coerência ideal de nossas crenças uma com as outras e com nossas experiências, enquanto essas experiências são, elas próprias, representadas em nosso sistema de crenças", um enunciado sendo chamado de verdadeiro se ele puder ser justificado sob "condições epistemicamente ideais" (cf. Putnam, 1981, p.x, 49-50, 55).

Não vamos discutir aqui os méritos e deméritos dessas várias noções de verdade. O que interessa a nosso propósito é apenas chamar a atenção para um inconveniente aparente de todas elas: o fato de que, com elas, porque se propõe um uso de "verdade" e "verdadeiro" bastante diferente de nosso uso habitual, parece perder-se a "intuição" que acompanha nossa noção ordinária de verdade. Desaparece de nosso horizonte aquela correspondência costumeiramente assumida entre nosso discurso e o mundo que está aí, uma noção tão "natural" para nós e que a teoria dita correspondencial explicitamente assumia.[5] Como se algo de essencial à velha noção de verdade se

---

5   Estou desconsiderando aqui, para simplificar, o fato de que alguns filósofos coerencialistas ou pragmáticos por vezes combinaram suas noções de verdade com a doutrina da verdade correspondencial.

tivesse sacrificado, preservando-se tão somente um vocabulário antigo e venerável, privado agora de seu significado tradicional e associado a significados novos, inteiramente estranhos, ou quase, a seu uso milenar. Sacrificando o que não parece poder sacrificar-se sem que *nossa* noção de verdade inteiramente se dissolva, isto é, precisamente a remissão de nossas palavras às coisas que compõem o universo de nossa experiência cotidiana. Se isso é um mito que se quer denunciar, por que então não renunciar simplesmente à noção de verdade, relegando-a de vez ao museu das antiqualhas metafísicas?

Por outro lado, parece caber perguntar se a eliminação proposta da noção de verdade correspondencial, cuja dimensão metafísica se tem com bons argumentos questionado, não vem suprimir a própria significatividade de nosso discurso, tornando-o simplesmente ininteligível. Como fazer coerentemente qualquer asserção, se não se admite considerá-la verdadeira em nosso sentido ordinário? Se nossas asserções se dissociam de sua habitual pretensão de corresponder às coisas e dizê-las como elas são, se é mister afastar de nossos usos linguísticos a ilusão de uma tal correspondência, o que estamos dizendo ou querendo dizer ao asserir uma qualquer proposição? Como compreender agora o significado de nossas palavras? Afirmo, por exemplo, que João chegou à noite; mas, tendo renunciado à noção correspondencial de verdade, devo dizer que a proposição que afirmei não se deve mais entender como a descrição adequada de algo exterior a meu discurso, que não é nesse sentido que se deve compreender o uso que dela fiz. Há efetivamente algum outro modo, entretanto, de entender o que afirmei? Se aquela proposição não diz algo do mundo, parece-me então que ela não diz nada. Tomemos um outro exemplo. Consideremos uma proposição como a seguinte, formulada em consonância com a teoria coerencial da verdade: "A substituição da noção correspondencial de verdade pela noção coerencial permite evitar dificuldades que a velha doutrina não tinha como resolver". Essa proposição, deixada de lado a questão sobre se ela merece ou não o nosso endosso, parece-me plenamente inteligível se a entendo como uma pretensa descrição adequada do que, segundo os coerencialistas, se passa em nosso mundo, especificamente de resultados lógicos e filosóficos que se obteriam em nossa reflexão, se utilizada uma certa conceituação em lugar de tal outra. Entretanto, se as noções de descrição e correspondência se abandonam, há acaso como determinar ou compreender o que se está dizendo? Quando asserimos uma proposição, não pretendemos apenas que ela seja coerente com o conjunto das outras proposições que asserimos. A compreensão do significado de uma asserção não parece poder facilmente dissociar-se da utilização da noção correspondencial de verdade.

Se se nos afigura, de um lado, tão problemático abandonar nossos velhos conceitos de verdade e realidade – pareceria, antes, que não o devemos nem o podemos –, por outro lado, os argumentos contra o seu uso nos parecem formidáveis e sem resposta satisfatória. Sacrificaremos, então, nosso anseio espontâneo pela verdade, nossas "intuições" habituais, nosso "sentimento" do real? Ou, ao contrário, já que as exigências da racionalidade crítica nos parecem proibir o caminho da espontaneidade, do sentimento e da intuição, optaremos contra elas e faremos apelo ao irracionalismo, à "fé animal"? Crendo contra a razão, cedendo ao "instinto", invocando talvez a nossa "natureza"?

4. Talvez estejamos encaminhando mal a discussão do problema. Isso porque, se bem atentarmos na argumentação que historicamente se veio construindo contra a verdade correspondencial – desde o ceticismo grego e, antes dele, nas formas pré-céticas da crítica ao pensamento clássico até nossos dias –, descobriremos que ela visou basicamente à dimensão metafísica da noção e ao seu uso sempre associado à postura metafísica realista. Foram as dificuldades aparentemente insuperáveis dessa postura que tiveram um papel preponderante na rejeição da noção de verdade correspondencial. Se assim é – e é assim –, é-nos lícito então indagar se a noção correspondencial de verdade tem necessariamente de associar-se ao realismo metafísico e se, portanto, a dimensão metafísica que historicamente se lhe reconheceu constitui de fato uma propriedade essencial da noção, dela inseparável. Acredito estarmos a lidar aqui com uma questão crucial para a reflexão filosófica de nossos dias. Se se logra estabelecer adequadamente a dissociação entre verdade correspondencial e realismo metafísico, quer parecer-nos que uma nova luz poderá iluminar problemas vários e fundamentais sobre que se tem debruçado a investigação filosófica contemporânea e que se tornaram o foco de não poucas controvérsias nas áreas da metafísica, da teoria do conhecimento e epistemologia e da filosofia da linguagem. Dificuldades aparentemente insolúveis poderiam, parece, então desfazer-se. E a própria questão do chamado "realismo do senso comum" se poderia apreciar sob novos ângulos.

Neste contexto, lembrar Kant é sumamente oportuno. Isso porque, na *Crítica da razão pura*, o filósofo deu efetivamente um passo decisivo para a reelaboração, o enriquecimento e o aprofundamento da problemática que envolve as noções de realismo e de verdade como correspondência. Kant foi o primeiro filósofo a ter mostrado – e o fez explicitamente – que a rejeição do realismo metafísico (que ele chamou de "transcendental") não implica necessariamente a recusa de toda postura que se possa legitimamente chamar de "realista". E a ter mostrado também que a noção correspondencial de verdade se pode preservar, mesmo abandonando sua interpretação metafísica. Em outras palavras, ele foi o primeiro filósofo a romper a ligação milenar que se estabelecera entre o realismo metafísico e a noção correspondencial de verdade,[6] a deixar portanto manifesto o caráter contingente e inessencial dessa

---

6 Em verdade, Plínio Smith mostrou que, já em Hume, de algum modo surge a ideia de verdade como adequação entre o pensamento e as coisas, definida no interior do mundo fenomênico e sem remissão a qualquer realidade em si, subjacente aos fenômenos: "Tudo quanto vimos em nossas

ligação. É o que me parece impor-se da leitura da *Crítica*. Vejamos sucintamente como isso se dá.

O realismo transcendental, considerando espaço e tempo como dados em si mesmos, independentemente de nossa sensibilidade, interpreta as aparências externas como coisas-em-si, existindo independentemente de nós e de nossa sensibilidade, eminentemente fora de nós. Essa suposição errônea de que, para serem externos, os objetos dos sentidos devem ter uma existência por si mesmos e independentemente dos sentidos leva, no entanto, o realista transcendental a descobrir que, sob esse ponto de vista, nossas representações sensoriais são inadequadas para estabelecer a realidade dos objetos. E o realista transcendental é assim conduzido a fazer o jogo do idealista empírico (cf. A369).[7] Porque necessariamente, então, a existência das coisas externas passa a ser algo a ser inferido da percepção interior, tomando-se esta como o efeito de que algo externo é a causa próxima: o que está fora de mim não está em mim e não posso encontrá-lo em minha apercepção, portanto em nenhuma percepção (cf. A368). O caminho está, então, aberto para o idealismo cético, que levanta a dúvida sobre a existência da matéria e dos objetos externos, sustentando que não se tem como prová-la (cf. A377). Porque, de fato, "se tratarmos objetos externos como coisas-em-si, é totalmente impossível compreender como chegaríamos a um conhecimento de sua realidade fora de nós, uma vez que temos de confiar unicamente na representação que está em nós" (cf. A378). Consideradas as aparências como seres autossubsistentes, existindo fora de nós, por mais conscientes que possamos estar de nossas representações dessas coisas, está longe de ser seguro e certo que, se a representação existe, também existe o objeto que lhe corresponde (cf. A371). Permanecerá sempre duvidoso se a causa da percepção é algo interno ou externo, se ela é mero produto do sentido interno ou se está em relação com o objeto externo que a causa (cf. A368). Assim, o realismo transcendental se vê obrigado, em última análise, a ceder lugar ao ceticismo, e vemos Kant, para mostrá-lo, endossar plenamente os velhos argumentos de Sexto Empírico contra a concepção dos objetos externos como realidades absolutas e contra a pretensão de dar conta de nossa alegada apreensão delas por meio de nossas representações.

---

discussões sobre o realismo na filosofisa humeana fazem-nos sugerir que Hume pensa a verdade como adequação das ideias ao mundo fenomênico enquanto "sistema de realidades", tal como definido no âmbito de sua filosofia." (cf. SMITH, P. J. 1993, p.232). E Smith é levado a concluir: "...não há por que não manter, dentro do domínio fenomênico, a ideia de uma verdade como adequação." (cf., ibidem, p.233). Ainda assim, cabe sustentar que somente em Kant se assiste a uma ruptura explícita entre a noção correspondencial de verdade e o realismo metafísico, como procuro mostrar no texto.

7 Como de praxe, uso as siglas "A" e "B" para indicar, respectivamente, a primeira e a segunda edição da *Crítica da Razão Pura* (cf. KANT, I. 1992).

Mas, para Kant, o idealismo transcendental vem pôr fim a esse escândalo que representa "para a filosofia e para a razão humana em geral" o fato de que se deve aceitar com base meramente na fé a existência das coisas exteriores e a incapacidade de opor-se uma prova satisfatória dessa existência aos que levantam dúvidas sobre ela (cf. Bx1), isto é, ao idealismo cético. Aliás, o idealista cético é, em verdade, um "benfeitor da razão humana", precisamente porque nos compele a uma vigília atenta e nos faz ver que, sob pena de nos contradizermos a cada passo, devemos tomar todas as nossas percepções, chamemo-las de internas ou de externas, tão somente como uma consciência do que está sob dependência de nossa sensibilidade, compelindo-nos a "considerar os objetos externos dessas percepções, não como coisas-em-si, mas somente como representações" (cf. A377-8). É, então, o idealismo cético que nos impele em direção "ao único refúgio ainda aberto, a saber, a idealidade de todas as aparências" (cf. A378), que nos conduz portanto ao idealismo transcendental,

> a doutrina de que as aparências devem ser consideradas, cada uma e todas, somente como representações, não como coisas em si, e de que tempo e espaço são, portanto, apenas formas sensíveis de nossa intuição. (cf. A369)

Espaço e tempo são representações *a priori*, que estão em nós como formas de nossa intuição sensível, e a sensação é o que indica uma realidade no espaço ou no tempo, conforme está relacionada com um ou com outro modo da intuição sensível (cf. A373-4). O objeto (empírico) é chamado "externo" ou "interno", conforme respectivamente seja representado no espaço ou somente em suas relações temporais (cf. A373). Assim, a percepção exibe a realidade de algo no espaço e, não sendo o espaço senão mera representação, nada pode contar como real se não é nele representado; conversamente, o que é dado nele, representado através da percepção, é também real nele (cf. A374). Objetos externos sendo meras aparências então, apenas uma espécie de minhas representações, tenho deles consciência imediata, sem precisar recorrer a nenhuma inferência, minha percepção imediata sendo uma prova suficiente de sua realidade (cf. A370-1). As dificuldades com que depara o realismo transcendental e o impedem de estabelecer a realidade dos objetos externos não mais reaparecem, já que "toda percepção externa fornece prova imediata de algo real no espaço ou, antes, é o próprio real" (cf. A375). E Kant pode tranquilamente dizer que o idealista transcendental pode ser um realista empírico (cf. A370); que, enquanto realista empírico, ele concede à matéria, como aparência, uma realidade que não permite ser inferida, mas é imediatamente percebida (cf. A371); que o realismo empírico está além de qualquer questão, uma vez que corresponde a nossas intuições externas algo real no espaço (cf. A375).

Ora, afastadas as dificuldades que decorrem do realismo metafísico, refutado o idealismo que não admite que a existência dos objetos externos dos sentidos é conhecida através da percepção imediata, garantidas pois a possibilidade e a legitimidade de um realismo empírico, Kant pode recuperar, sem mais, para esse domínio da empiricidade, a velha noção de verdade correspondencial, pode assumir a definição nominal de verdade, que a diz o acordo do conhecimento com seu objeto; entendendo analogamente como falso o conhecimento que não está de acordo com o objeto com o qual se relaciona (cf. A58/B82-3). Se a velha noção assim se retoma, ela concerne agora a um objeto concebido de modo bem outro que não aquele como o realismo metafísico o concebia: não mais se trata de uma coisa-em-si, mas de um objeto constituído mediante a síntese *a priori* do diverso da sensibilidade pelo entendimento. No entanto, se as categorias levam à verdade, isto é, à conformidade de nossos conceitos com o objeto (cf. A642/B670), somente a experiência fornecerá, independentemente da lógica, a informação que permitirá julgar da verdade de cada caso específico. O idealista transcendental decidirá, em cada situação, se se dispõe de conhecimento verdadeiro ou falso, se o conhecimento concorda com seu objeto e a ele corresponde, ou se, ao contrário, o contradiz. Se tal ou qual suposta experiência envolve efetivamente, por exemplo, a existência de coisas externas ou é meramente imaginária. E ele o fará a partir das determinações especiais de cada experiência, avaliando sua congruência com os critérios de toda experiência real (cf. A226/B278-9). Tendo resgatado a realidade (empírica) aquém das coisas-em-si, tendo preservado a definição tradicional de verdade, Kant consuma assim a ruptura com uma tradição multissecular. Com o idealismo transcendental, a noção de verdade como correspondência não mais depende de que se postule uma objetividade transcendente para o objeto.[8]

Se me demorei um pouco na exposição da doutrina kantiana sobre esses problemas, foi porque me parece que dela não se tem tirado todo o ensinamento que ela implica. Aquilo que se nos dá como objetos externos, essas "aparências" ou fenômenos, que tantas doutrinas metafísicas tinham de algum modo considerado realidades absolutas e coisas-em-si, interpretou-as Kant como representações. Mas nos mostrou que se pode assim interpretá-las, afirmando sua realidade no espaço e no

---

8 Em *Meaning and the Moral Sciences*, Putnam entendia que Kant manteve, dentro do reino empírico, uma concepção correspondencial de verdade (cf. PUTNAM, H. 1978, p.5). Posteriormente, no entanto, em *Reason, Truth and History* (1981), ele reduziu a noção de verdade correspondencial unicamente à sua versão metafísica e, porque a doutrina de Kant não contempla uma correspondência isomórfica entre nossas representações e as coisas-em-si, afirma textualmente: "This means that there is no correspondence theory of truth in his philosophy" (cf. PUTNAM, 1981, p.64). Em seu livro discutível, mas extremamente interessante e sugestivo, sobre a problemática da verdade na obra de Nietzsche, Maudemarie Clark atribui ao filósofo, em sua última fase, uma concepção "neokantiana" da verdade, que acomoda à rejeição das coisas-em-si e de toda verdade metafísica a preservação de uma noção de verdade correspondencial no que diz respeito ao mundo das aparências (cf. CLARK, M. 1990, p.30-1).

tempo, opondo-as às coisas fictícias, aos objetos do sonho e da imaginação, distinguindo-as dos eventos puramente mentais (objetos do senso interno), caracterizando-as decididamente como exteriores ao sujeito empírico, preservando, em suma, nossas intuições comuns da realidade exterior. Mostrando, portanto, que a recusa da leitura metafísica de nossa experiência do mundo não é estorvo para que se assuma uma postura que, a muitos títulos, se pode com propriedade dizer "realista". E mostrando que, nesse domínio empírico, continua sempre possível falar de correspondência entre nosso conhecimento e os objetos e nesses termos definir a noção de verdade. Kant deixou manifesto que não é essencial ao realismo ser metafísico, que se pode adequadamente pensar sem qualquer dimensão metafísica a noção correspondencial de verdade.

Se esse resultado já é deveras importante para a problemática filosófica da realidade e da verdade, algo de bem mais fundamental, entretanto, se pode aprender da lição kantiana. Com efeito, se o realismo metafísico e o realismo empírico kantiano são formas distintas de realismo, se a verdade correspondencial metafísica e a verdade correspondencial empírica (permita-se-me introduzir aqui, para simplificar, essa terminologia) kantiana são duas formas distintas de verdade correspondencial, parecer-nos-á então que estamos, de algum modo, em face de distintas *interpretações filosóficas*, respectivamente, da postura realista e da noção de verdade correspondencial. Mas daí parece-me também decorrer que algo se deveria poder determinar como postura realista e algo se deveria poder definir como verdade correspondencial *anteriormente* a qualquer interpretação específica, isto é, independentemente de qualquer leitura filosófica particular. Dessa postura e dessa noção de verdade interpretações e leituras múltiplas se poderão, então, sempre propor. A interpretação metafísica clássica que comentamos e a kantiana terão configurado dois exemplos particularmente conspícuos – e de enorme significação histórica – de concretização de uma tal possibilidade.

5. Em 1931, foi apresentado à Sociedade Científica de Varsóvia o artigo hoje famoso de Alfred Tarski intitulado "O Conceito de Verdade nas Linguagens Formalizadas",[9] no qual o grande lógico propunha aquela que se tornaria mais tarde conhecida como "a concepção semântica da verdade", nome que lhe conferiu o próprio autor.[10] Daí em diante uma grande controvérsia vem tendo lugar, até os dias que

---

9   Publicado em 1933 na sua versão original em polonês, o artigo foi traduzido em 1936 para o alemão e em 1956 para o inglês ("The Concept of Truth in Formalized Languages") e então publicado como o capítulo VIII de uma coletânea de trabalhos de Tarski. É a essa versão inglesa que faço aqui referência (cf. TARSKI, A., 1956).

10 "The Semantic Conception of Truth" foi o título do artigo posterior em que Tarski ofereceu uma versão simplificada, menos técnica e, por assim dizer, mais filosófica de sua doutrina da verdade,

correm, sobre seu significado e valor filosóficos, negados por alguns, tidos no entanto por outros como absolutamente decisivos para a iluminação e a compreensão da problemática da verdade.

Tarski entendia que se podia aceitar a concepção semântica da verdade sem renunciar a qualquer atitude epistemológica anterior: "Podemos permanecer realistas ingênuos, realistas críticos ou idealistas, empiristas ou metafísicos – o que quer que tenhamos sido antes" (cf. Tarski, 1952, p.34). E afirmava expressamente a completa neutralidade da concepção semântica em relação a todas essas doutrinas. Ao mesmo tempo, entretanto, ele pretendia, com sua nova definição de verdade, fazer justiça às intuições associadas à concepção aristotélica clássica de verdade proposta no conhecido texto da *Metafísica* e que recebeu diferentes formulações posteriores (em termos de concordância, correspondência com a realidade ou designação de estados de coisas existentes), nenhuma delas porém suficientemente clara e precisa, no seu entender (cf., ibidem, p.14-5). Tarski não duvida de que sua própria formulação se conforma ao conteúdo intuitivo da de Aristóteles, assim como se conforma, "numa extensão muito considerável", ao uso do senso comum (cf., ibidem, p.32). Deixa propositadamente de lado algumas outras "concepções incipientes" da noção de verdade, como a pragmatista e a coerencial, nenhuma das quais lhe parece ter sido proposta numa forma inteligível e inequívoca, e vê sua concepção semântica como uma forma modernizada da concepção clássica (cf., ibidem., p.28), isto é, da concepção de verdade correspondencial. Como ele dissera já em seu primeiro artigo, ocupar-se-ia

> exclusivamente com apreender as intenções que estão contidas na assim chamada concepção *clássica* da verdade ('verdadeiro – correspondendo com a realidade'), em contraste, por exemplo, com a concepção *utilitária* ("verdadeiro – útil, num certo respeito"). (cf. Tarski, 1956, p.153)

Não é aqui o lugar para uma exposição detalhada da concepção tarskiana da verdade, limitar-me-ei por isso a algumas generalidades.[11] Para evitar a antinomia do mentiroso e a inconsistência própria de linguagens semanticamente fechadas, Tarski lida com linguagens formalizadas, as únicas que têm uma estrutura especificada, e mostra a necessidade de construir-se a definição de verdade, para sentenças de uma dada linguagem formalizada L, numa metalinguagem L' que contenha a linguagem-objeto L como parte, ou em que a linguagem-objeto L possa ser

---

publicando-o em *Philosophy and Phenomenological Research*, 4, 1944. Citamo-lo a partir da coletânea, que o inclui, *Semantics and the Philosophy of Language*, editada por L. Linsky, cf. TARSKI, A., 1952.

11   Resumo a exposição que Tarski faz de sua doutrina em "The Semantic Conception of Truth".

traduzida. Além dos requisitos concernentes à estrutura formal da linguagem-objeto e da metalinguagem, é estabelecido, como critério da adequação material da definição de verdade, que essa definição deve implicar todas as equivalências da forma (T)

(T) X é verdadeira se e somente se p,

onde "p" se substituirá por qualquer sentença da linguagem-objeto e "X" se substituirá por um nome dessa sentença (por exemplo, o nome formado pela colocação da sentença entre aspas). Assim, para retomar o exemplo famoso de Tarski, a definição de verdade deverá implicar, para uma linguagem convenientemente escolhida, a equivalência de forma (T)

"A neve é branca" é verdadeira se e somente se a neve é branca.

Para usar as palavras do próprio autor, a concepção semântica da verdade "consiste essencialmente em considerar a sentença 'X é verdadeira' equivalente à sentença denotada por 'X' (onde 'X' está no lugar de um nome de uma sentença da linguagem-objeto)" (cf. Tarski, 1952, p.30).

Tarski enfatiza que nem o esquema (T) nem qualquer de suas instanciações particulares, isto é, nenhuma equivalência da forma (T), podem ser considerados uma definição de verdade. Cada uma dessas equivalências poderia apenas ser considerada "uma definição parcial de verdade, que explica em que consiste a verdade de tal sentença individual. A definição geral tem de ser, num certo sentido, uma conjunção lógica de todas essas definições parciais" (cf., ibidem, p.16). A definição de verdade é, então, construída a partir da noção semântica de *satisfação*, uma relação entre objetos arbitrários e funções sentenciais (expressões contendo variáveis livres cuja substituição por nomes transforma as expressões em sentenças). Por razões técnicas, Tarski utiliza como objetos sequências matemáticas infinitas. A definição de satisfação é obtida por um procedimento recursivo, a partir de funções sentenciais da estrutura mais simples, indicando-se as operações que permitem, a partir delas, construir as funções compostas. E se chega então às definições de verdade e falsidade: uma sentença de L é verdadeira se e somente se ela é satisfeita por todos os objetos e é falsa, em caso contrário (cf., ibidem, p. 25).

Mas é preciso dizer que, para Tarski, o problema da definição da verdade para as linguagens naturais (cuja estrutura não é exatamente especificada, não permitindo, por isso mesmo, uma caracterização inequívoca da classe de palavras e expressões que se deverão considerar significativas, e nas quais "não sabemos precisamente que expressões são sentenças" nem que sentenças se tomarão como asseríveis (cf., ibidem, p. 21) permanece vago e permite somente uma solução aproximada, mediante a substituição de uma linguagem natural, ou de uma parte dela, por uma linguagem de estrutura exatamente especificada que divirja o menos possível dela (cf., ibidem, p.19). Porque o significado comum da palavra "verdadeiro" é em alguma medida vago e seu uso é mais ou menos flutuante, toda solução do problema de atribuir à palavra um significado fixo e exato "implica necessariamente um certo desvio da prática da linguagem cotidiana" (cf., ibidem, p.32). E Tarski nos adverte que sua decisão de não utilizar, para a definição de verdade, uma linguagem semanticamente fechada, decisão que por si só parece já excluir a linguagem cotidiana,[12] somente é

> inaceitável para aqueles que, por razões que não são claras para mim, acreditam que há apenas uma linguagem "genuína" (ou, ao menos, que todas as linguagens "genuínas" são mutuamente traduzíveis). (cf., ibidem, p.21)

O que não significa dizer que a linguagem cotidiana é inconsistente: precisamente por ela não ter uma estrutura exatamente especificada, "o problema da consistência não tem significado exato com respeito a essa linguagem" (cf. ibidem).[13]

O que pensar da proposta tarskiana? No fim da seção anterior, eu acenava, a partir de uma certa interpretação do ensinamento kantiano, com a possibilidade de uma definição de verdade correspondencial logicamente anterior a qualquer interpretação filosófica particular, definição portanto, num certo sentido, pré-filosófica e filosoficamente neutra. Tarski propõe-nos uma concepção de verdade que ele pretende seja a versão modernizada da concepção de verdade correspondencial, fazendo justiça às intuições contidas nas formulações anteriores, mas aceitável por realistas e idealistas, empiristas e metafísicos, em virtude precisamente de sua neutralidade. Dir-se-á então que a concepção semântica da verdade, revestida embora de sua roupagem técnica, conseguiu finalmente concretizar, em consonância com o uso e o sentir comuns, uma ideia de verdade como correspondência convenientemente depurada de toda dimensão metafísica ou epistemológica? A resposta a essa pergunta tem de ser nuançada.

Qualquer equivalência da forma (T) é trivialmente verdadeira. Vimos o próprio Tarski dizer-nos que a concepção semântica da verdade consiste essencialmente em

---

12 "The Semantic Conception of Truth" (cf. p.20) define como linguagem semanticamente fechada uma linguagem que contém, além de suas expressões, nomes para essas expressões e também termos semânticos,como o termo "verdadeiro", podendo ademais ser asseridas nessa linguagem todas as sentenças que determinam o uso adequado desse termo. A linguagem cotidiana parece preencher adequadamente as condições para que se lhe aplique tal definição.

13 Nesse sentido, creio ser discutível se se produz efetivamente na linguagem cotidiana a antinomia do mentiroso, de que não escapa uma linguagem semanticamente fechada de estrutura exatamente especificada. Analogamente, parece-me bastante discutível que se rejeite a validade do esquema (T) na linguagem cotidiana, alegando-se, por exemplo, como alguns fizeram, a falsidade de uma equivalência tal como "a sentença 'o atual rei da França é careca' é verdadeira se e somente se o atual rei da França é careca". De fato, o problema da atribuição de verdade ou falsidade a uma tal equivalência se complica bastante devido ao caráter vago da noção de sentença significativa na linguagem cotidiana, assim como da falta de critério aceito para a formalização de sentenças desse tipo, *pace* Russell.

considerar a sentença "X é verdadeira" equivalente à sentença denotada por "X" e não temos como recusar-lhe razão quando exige que uma definição aceitável de verdade para as sentenças de uma linguagem dada implique todas as equivalências da forma (T) exprimíveis nessa linguagem. Como ele próprio assinalou, a definição semântica de verdade implica que, quando asserimos ou rejeitamos uma sentença como "a neve é branca", "devemos estar prontos para asserir ou rejeitar a sentença correlata... a sentença 'a neve é branca' é verdadeira" (cf., ibidem, p.33). Não vemos efetivamente como asserir ou rejeitar uma sem asserir ou rejeitar a outra, e vice-versa. Não por outra razão já se chamaram as equivalências da forma (T) de "tautologias" (cf. Putnam, 1978, p.3).[14] É com tais equivalências em mente que Quine diz: "A atribuição de verdade apenas cancela as aspas. Verdade é 'desaspeamento'".[15]

O esquema (T) é, por certo, filosoficamente neutro. Mais que isso, ele é compatível com qualquer teoria da verdade:[16] nenhum coerencialista ou pragmatista, por exemplo, recusará a equivalência "a sentença 'a neve é branca' é verdadeira se e somente se a neve é branca". Muitos já chamaram a atenção sobre esse ponto, e daí decorre que, por si só, o esquema (T) não privilegia a noção correspondencial de verdade.[17] É possível reconhecer sua validade sem por isso ter a necessidade de afirmar que a verdade de uma proferição depende das coisas, ou que a verdade é correspondência com as coisas.

O elemento correspondencial aparece, porém, quando Tarski, para construir a definição de verdade, recorre à noção de satisfação. A semântica trata de certas relações entre expressões de uma linguagem e os objetos, e o conceito de satisfação

---

14 Como disse Maudemarie Clark: "Equivalências dessa forma parecem trivialmente verdadeiras para qualquer um que conheça a(s) linguagem(ns) envolvida(s) e é difícil ver como se pode rejeitá-las e ainda pretender compartilhar nosso conceito de verdade" (cf. CLARK, M. 1990, p.32). O caráter tautológico dessas equivalências levou Austin a escrever, com manifesta ironia: "Somente posso descrever a situação na qual é verdadeiro dizer que me estou sentindo mal dizendo que é uma situação na qual me estou sentindo mal"; acrescentando em nota: *Se isso é o que era significado por "'Está chovendo' é verdadeira se e somente se está chovendo", nessa medida tanto melhor* (cf. AUSTIN, J. L. 1979, p.123).

15 Cf. QUINE, W. van O. 1990, p.80: "Ascription of truth just cancels the quotation marks. Truth is disquotation."

16 Cf. PUTNAM, H. 1981, p.129: "... o princípio de equivalência é filosoficamente neutro e assim é a obra de Tarski". Em qualquer teoria da verdade, "A neve é branca" é equivalente a "'A neve é branca' é verdadeira".

17 Como disse Grayling: "... o esquema (T), constituindo, como ele o faz, não mais que uma condição de adequação proposta para qualquer teoria da verdade, não especifica a teoria da correspondência como a unicamente correta, mas é de fato também consonante com outras teorias da verdade" (cf. Grayling, 1990, p. 165). No mesmo sentido se pronunciara também Susan Haack (cf. HAACK, S. 1978, p.112-3).

é um conceito típico da semântica (cf., ibidem, p.17). É verdade que Tarski entende que a natureza lógica da palavra "verdadeiro" é diferente da que tem palavras como "satisfaz" ou "designa": enquanto estas exprimem relações entre expressões e objetos, "verdadeiro" exprime, antes, uma propriedade de sentenças. Mas, porque todas as formulações anteriores da definição de verdade (correspondencial) eram referidas não apenas a sentenças, mas também aos objetos, porque sobretudo "o modo mais simples e mais natural de obter uma definição exata de verdade é um modo que envolve o uso de outras noções semânticas, por exemplo, a noção de satisfação", Tarski inclui o conceito de verdade entre os conceitos da semântica e propõe o nome de "semântica" para sua concepção de verdade (cf., ibidem). Ora, na mesma medida em que a relação de satisfação faz corresponder objetos a expressões da linguagem, ela é manifestamente uma noção correspondencial. Por extensão, diremos correspondencial a teoria tarskiana da verdade, a verdade definindo-se por intermédio da noção de satisfação. Contra a caracterização da concepção tarskiana da verdade como propriamente correspondencial, tem-se porém argumentado que a definição de verdade não faz apelo a sequências específicas de objetos (cf. Haack, 1978, p.113; Grayling, 1990, p.165), já que, como vimos acima, Tarski define uma sentença verdadeira como aquela que é satisfeita por todas as sequências de objetos. Essa definição parece-nos certamente pouco conforme com as intuições que se associam à noção clássica de verdade correspondencial ou com aquelas que acompanham o uso cotidiano da linguagem do senso comum.[18]

Cabe, entretanto, lembrar que a dificuldade em questão pode ser plenamente resolvida por uma definição de verdade logicamente equivalente à tarskiana. Estou referindo-me ao procedimento costumeiramente utilizado na semântica contemporânea das linguagens formais, que recorre a uma assim chamada linguagem-diagrama para definir verdade para as fórmulas fechadas de uma linguagem dada L, construindo-se uma metalinguagem como a proposta por Tarski, contendo porém em acréscimo nomes para todos os objetos do universo de discurso (ou domínio de objetos) escolhido para a interpretação de L. A definição é obtida através de um procedimento recursivo, a partir das fórmulas fechadas mais simples de L, estabelecendo-se uma relação de correspondência direta entre conjuntos de objetos no universo e "sentenças" da linguagem. Sem recorrer à noção de satisfação, tem-se agora uma definição plenamente correspondencial de verdade. Continuam valendo todas as consequências da definição tarskiana, a definição continua implicando todas as equivalências da forma (T), os inconvenientes acima apontados desaparecem.

---

18   Um autor como Grayling dirá, por isso mesmo, não ser nada claro que a teoria semântica nos proporciona um meio de entender o uso de "verdadeiro" em situações intuitivas da linguagem ordinária (cf. GRAYLING, A. C. 1990, p.168), confessando também sua tentação de dizer que a teoria de Tarski nem é correspondencial nem sustenta de modo particular a teoria da correspondência (cf. p.166).

Porque o novo procedimento é logicamente equivalente ao tarskiano e resulta nas mesmas consequências, trata-se em verdade de uma variante da concepção semântica da verdade. O que nos parece remover qualquer hesitação em chamar a concepção semântica de correspondencial.

Considerações críticas de outra ordem pareceriam, entretanto, caber com relação ao empreendimento tarskiano, todas de algum modo contribuindo para pôr em tela uma insuficiência filosófica da doutrina. Parece-me que se podem ler nesse sentido, por exemplo, as observações de Putnam sobre o fato de que uma equivalência como "'A neve é branca' é verdadeira se e somente se a neve é branca" nada nos diz sobre como usar ou entender "A neve é branca", nem sobre essa sentença poder, ou não, ser asserida (cf. Putnam, 1978, p.3);[19] ou acerca da necessidade de uma suplementação filosófica para a doutrina de Tarski, já que este somente nos deu uma explanação correta da lógica formal do conceito "verdadeiro", fazendo-se ainda exigível, porém, uma explicação sobre a noção de correspondência (cf., ibidem, p.4); ou ainda sobre a subdeterminação dos conceitos de verdade e referência pela lógica formal tarskiana (cf., ibidem, p.46). Também um entusiasta da doutrina tarskiana da verdade, como D. Davidson, facilmente concede que "uma teoria da verdade de estilo tarskiano não analisa ou explica quer o conceito pré-analítico de verdade quer o conceito pré-analítico de referência" (cf. Davidson, 1985, "Reality without Reference", p.221).[20]

É certo que Tarski protesta contra os que pretendem que sua definição formal de verdade nada tem a ver com "o problema filosófico da verdade" e diz, mesmo, não acreditar, em geral, na existência de um tal problema, ainda que acredite haver problemas vários, inteligíveis e interessantes, filosóficos e não filosóficos, concernentes à noção de verdade (cf. Tarski, 1952, p.33). Creio, entretanto, poder dizer-se, *pace* Tarski, não somente que falta uma complementação filosófica à sua obra, mas ainda que ele parece não ter-se apercebido do que está em jogo quando se fala do problema filosófico da verdade. Não se trata apenas de buscar uma definição aceitável e tão precisa quanto possível de verdade, trata-se também – e sobretudo – de tentar entender o que pode significar, no uso cotidiano da linguagem comum, nossa atribuição costumeira de verdade às nossas proposições. O problema filosófico da verdade emergiu historicamente da busca de uma explicação sobre a relação que se reconhece entre nossa linguagem ordinária e o Mundo, domínio de

---

19   É conveniente recordar que Tarski reconhece expressamente esse fato (já que outro era o seu propósito): "A definição semântica de verdade nada implica acerca das condições sob as quais uma sentença como ... 'a neve é branca' pode ser asserida" (cf. TARSKI, A., 1952, p.33).

20   Segundo Davidson, é o fato de termos uma noção geral e pré-analítica de verdade que nos permite dizer o que conta como evidência para a verdade de uma sentença da forma (T), cf., ibidem, p.223.

nossa experiência e de nossa vida comuns. A verdade que nos interessa é a verdade acerca do Mundo. Tal é, para nós, o sentido da noção pré-analítica de verdade a que D. Davidson fazia referência, noção que nos permite, num *passo posterior*, estender o vocabulário da verdade para as linguagens formais. Sem essa noção primeira, o mesmo uso da palavra "verdade" no domínio das linguagens formais se tornaria arbitrário e injustificado.[21]

Quando eu disse acima que a mesma existência histórica de pelo menos duas interpretações filosóficas distintas da verdade correspondencial, a clássica e a kantiana, apontava para a eventual possibilidade de obter-se uma noção de verdade correspondencial pré-filosófica e filosoficamente neutra, o que eu tinha obviamente em vista era uma possível noção de verdade (correspondencial) que dissesse respeito ao mundo de nossa experiência, uma verdade associada a um possível realismo pré-filosófico. Outro era, por certo, o desiderato tarskiano, mas creio ser precisamente essa proposital desconsideração da relação entre a linguagem e esse mundo (Tarski certamente diria que essa questão lhe parece irremediavelmente "vaga" e "imprecisa") aquilo que, do ponto de vista filosófico, torna insuficiente sua doutrina. Tarski contemplou, sem dúvida, a eventual *aplicação* da concepção semântica à linguagem cotidiana, ou a uma parte dela; no entanto, o privilégio que concede às linguagens formais e toda a maneira como se exprime a respeito da linguagem cotidiana atestam amplamente a inversão dos termos por meio dos quais se equaciona o problema filosófico da verdade. Não se entendam estas considerações como uma recusa de significado filosófico para a doutrina tarskiana da verdade, o que seria descabido: o valor histórico de sua contribuição transcende de muito o campo da lógica formal. Ainda direi algo sobre esse ponto. Mas queremos algo mais que a verdade formal tarskiana.

6. É hora de voltarmos à filosofia da *Sképsis*. O propósito deste artigo é, num certo sentido, bastante ousado. Com efeito, vou defender a ideia de que cabe plenamente, mesmo guardando inteira fidelidade para com a inspiração inicial do ceticismo pirrônico, falar de uma *verdade cética*, assim como de um *realismo cético*, associado àquela. As filosofias gregas tinham-se apropriado de palavras numerosas da linguagem comum, conferindo-lhes significados filosóficos transcendentes e transformando-as em peças indispensáveis de seus vocabulários e doutrinas. Entre outros exemplos, lembremos "ser", "ciência", "dogma", "critério", cujo uso foi integrado na armação dogmática das doutrinas. Os homens comuns continuaram obviamente

---

21 Entendo que somente a falta de uma percepção adequada de todo o possível alcance filosófico de sua concepção semântica leva Tarski a dizer que não se importaria se um congresso de "teóricos da verdade" viesse a decidir um dia que se deveria reservar a palavra "verdade" para uma outra concepção e sugerisse outra palavra para a concepção semântica (cf. TARSKI, A., 1952, p.28).

a servir-se dessas palavras em sua vida cotidiana com seus sentidos costumeiros, ainda que certamente não imunes à influência das novas significações filosóficas. Os pirrônicos, em sua prática filosófica, recuperaram alguns desses termos, libertando-os de suas conotações dogmáticas e dando-lhes um uso filosófico que de algum modo recuperava as velhas significações habituais: permitiram-se assim falar de dogmas céticos, de doutrina cética, de critério cético, de crença cética.[22] Com outros termos expropriados pela tradição filosófica não se aventuraram, no entanto, ao mesmo procedimento; assim, não ousaram propor um uso cético para o termo *epistéme* (ciência, conhecimento), fortemente associado na tradição à concepção dogmática de um saber da realidade, em sentido absoluto, e preferiram vincular a um termo menos comprometido, *tékhne* (arte, técnica), sua concepção de uma ciência empírica dos fenômenos, que prefigurou na Antiguidade helenística práticas e concepções de nossa ciência moderna.[23]

Com o termo "verdade" os pirrônicos ousaram ainda menos. Contentaram-se em derrubar, como vimos acima, a velha *alétheia* clássica, mas não recuperaram a palavra para um uso consentâneo com a postura suspensiva, nem mesmo lhe ofereceram um substituto, como o fizeram para *epistéme*. Nem Sexto Empírico nem os outros autores pirrônicos elaboraram uma doutrina cética da verdade, não o ousaram tampouco, séculos mais tarde, os céticos modernos. Eis por que, em face de uma tradição milenar, soa estranho a nossos ouvidos que alguém nos venha falar de uma verdade cética.

Eu sustento, entretanto, que os pirrônicos tinham a mão todos os ingredientes necessários para propor uma doutrina da verdade, em substituição à velha verdade clássica que tão duramente questionaram. E isso de modo inteiramente consistente com sua postura geral e sem vinculação alguma com qualquer forma de dogmatismo, epistemológica ou metafísica. As reflexões que se seguem constituem um primeiro passo nessa direção. Traçado primeiro de um caminho que me parece merecer que se percorra, porque prenhe de perspectivas a todos os títulos promissoras. Tenho sustentado em alguns textos uma postura filosófica que chamo de "neopirrônica", entendendo por neopirronismo uma doutrina que, consonante embora com a filosofia do aparecer e preservando grande coerência com as "intuições" do velho pirronismo, se empenha em repensá-lo, atualizá-lo e prolongá-lo, na convicção de que ele pode corresponder plenamente às necessidades filosóficas de nossos dias.[24] Segundo esse

---

22   Sobre o sentido em que se pode dizer que o cético tem dogmas, cf. Sexto Empírico, H.P. l, 13; sobre a doutrina (*haíresis*) cética, cf. H.P. I, 16-7; sobre o critério cético, cf. H.P. I, 21-4; sobre as crenças céticas, cf. H.P. I, 229-30.

23   A esse respeito, cf. "Sobre o que Aparece", particularmente seção 13, p. 141-4; também "Ceticismo e Argumentação", p.163.

24   Cf. "Sobre o que Aparece", seção 15, p.144-5.

espírito, parece-me que a proposição de uma doutrina cética da verdade é tarefa que se impõe com urgência ao neopirrônico.

Em verdade, ousarei um pouco mais. Essa doutrina cética da verdade, que mostrarei ser correspondencial, e o realismo cético que se lhe associa, julgo poder mostrar que configuram aquela noção de verdade e aquela postura realista pré--filosóficas e filosoficamente neutras a que me referi, das quais se pode dizer que as doutrinas clássica e kantiana terão oferecido distintas interpretações dogmáticas. Mais que isso, essas noções de verdade e de realismo céticos parece-me que podem representar, para a doutrina tarskiana, a complementação filosófica que lhe falta.

7. Comecemos por rapidamente relembrar alguns elementos da doutrina cética pirrônica. Serei bastante breve, retomando apenas certos pontos que desenvolvi mais demoradamente em "Sobre o que Aparece".[25]

Tendo submetido a severo questionamento as doutrinas dogmáticas, tendo diagnosticado seu indecidível conflito, incapaz de optar por alguma das pretensas verdades que elas lhe oferecem, o cético é levado, acerca de toda questão que examina, a uma inevitável suspensão de juízo, ou *epokhé*. A experiência sempre renovada dessa suspensão o faz necessariamente desconfiar da mesma possibilidade de vir a legitimar-se qualquer opção filosófica particular.

Suspensos os juízos dogmáticos, ao cético resta sempre a experiência fenomênica, a vivência do que lhe aparece, o fenômeno (*tò phainómenon*). Aquela experiência que se lhe impõe de modo necessário e inquestionável, que ele não pode não reconhecer. Como se impõe a qualquer humano, pelo menos assim lhe aparece. Fenomenicidade que, para usar uma terminologia consagrada nas filosofias, se oferece à sua sensibilidade e entendimento, recobrindo o sensível e o inteligível. Essa experiência fenomênica, aparece-lhe que o discurso a permeia inteira, misturando-se a todo fenômeno, em grau maior ou menor. Não tem o cético como atribuir realidade ou irrealidade ao fenômeno, não vê como poderia, sem dogmatizar, interpretá-lo de um ponto de vista metafísico ou epistemológico. Reconhecendo-o, não tem como conferir-lhe qualquer natureza, menos ainda determinar algo sobre ela.

O que aparece ao pirrônico lhe aparece compondo um mundo, onde se dão eventos e se discriminam objetos, um mundo de que lhe aparece ser ele próprio uma parte bem pequena, mergulhada numa totalidade que a envolve. Um mundo físico

---

25 Trata-se obviamente de minha interpretação do pirronismo, a partir dos textos sobretudo de Sexto Empírico. Ela difere – e muito – de outras interpretações que têm sido propostas pelos estudiosos do ceticismo grego. Não omitirei aqui que minha interpretação não somente me parece conciliar harmoniosamente as diferentes e por vezes difíceis passagens de Sexto que explicam a natureza e o alcance da postura pirrônica, mas ser também a única a ler o pirronismo sextiano como uma doutrina plenamente coerente e filosoficamente articulada.

que engloba um mundo humano, integrado por animais humanos como ele, uns com os outros e com ele interagindo no seio de uma experiência comum, na vivência de uma vida comum. O cético tem, pois, desse mundo a experiência que dele lhe aparece ter o comum dos homens, ele a reconhece, mas sobre ela também não dogmatiza. Porque a reconhece e nele assim se reconhece, não o tenta o solipsismo. Mediado pelo humano, o mundo aparece ao cético sob o prisma da intersubjetividade.

Sua visão do mundo, o cético a vê então como tendo muito em comum com as visões do mundo de seus semelhantes, os outros homens. Muito do que lhe é fenômeno aparece-lhe como também fenômeno para os outros homens; isto é, parte considerável dos fenômenos lhe aparecem como fenômenos *comuns*. E reconhecidos como comuns pelos homens comuns. Aparece-lhe que são, em parte, os mesmos personagens, objetos, eventos e fatos costumeiros e familiares, que habitam tanto sua visão de mundo quanto a dos outros, se não de todos, ao menos da maioria. A esse respeito, uma passagem das *Hipotiposes* é de meridiana clareza. Nela, replicando a Enesidemo e seus discípulos que, porque os céticos sustentam que se produzem aparências contrárias acerca da mesma coisa, pretenderam ser a postura cética um caminho que leva à filosofia heraclitiana, assim se exprime Sexto Empírico: "Contra eles dizemos que não é um dogma dos céticos que se produzem aparências contrárias acerca da mesma coisa, mas é fato que se dá à experiência, não somente dos céticos, mas também dos outros filósofos e de todos os homens; pois ninguém certamente ousaria dizer que o mel não é sentido como doce pelos sãos ou que não é sentido como amargo pelos que têm icterícia; de sorte que os heraclitianos partem de uma prenoção comum dos homens, assim como também nós, talvez também as outras filosofias" (cf. H.P. I, 210-1). E Sexto se pergunta, então, por que se diria que a postura cética é caminho para o heraclitianismo mais que a postura das outras filosofias ou que a própria vida ordinária, "já que nos servimos todos de um material comum" (*koinais hýlais*), uma vez que os heraclitianos fazem seu ponto de partida de algo que é experienciado tanto pelos céticos como pelos outros filósofos e pelos homens em geral.[26]

Orientando-se pelo que lhe é fenômeno, o cético vive a observância ordinária da vida comum, embora sem dogmatizar (cf. H.P. I, 23), ele conduz sua vida "empírica e adogmaticamente (*empeíros te kaí adoxástos*) segundo as observâncias e as prenoções comuns" (cf. H.P. II, 246). E Sexto ressalta quatro aspectos que caracterizam essa

---

26 Veja-se também a passagem em que Diógenes Laércio, expondo a maneira como os pirrônicos se defendem da acusação de também eles dogmatizarem, no-los descreve a explicar que sua *epokhé* diz apenas respeito às coisas não evidentes (*ádela*), enquanto, por outro, aceitam aquelas coisas que os homens experienciam, reconhecendo, por exemplo, que é dia, que estão vivos e muitas outras coisas que se dão como fenômenos na vida ordinária (cf. DIÓGENES LAÉRCIO, IX, 102-3).

prática cotidiana da vida conforme o que aparece: o cético segue a orientação da natureza pelo uso de seus sentidos e intelecto, cede à compulsão das afecções e instintos, age conforme a tradição das leis e costumes, procede conforme os ensinamentos das artes e técnicas (cf. H.P. I, 23-4; também 237-8). Seu comportamento não se conforma com o discurso filosófico, mas ele escolhe tais coisas, evita tais outras, segundo a observância não filosófica (*katà... tèn aphilósophon téresin*) da vida (cf. A.M. XI, 165). O cético não conflita com a vida comum, em verdade ele luta ao lado dela, dando adogmaticamente seu assentimento àquilo em que ela confia, enquanto se opõe às ficções privadas dos dogmáticos (cf. H.P. II, 102). Por isso, se ele argumenta contra a doutrina dogmática dos signos indicativos, que pretende instrumentalizar as coisas que nos são evidentes para fazê-las significativas de uma pretensa realidade oculta, o cético no entanto nada tem a opor aos signos rememorativos: como qualquer um, ele infere o fogo da fumaça, uma ferida anterior de uma cicatriz atual, a morte futura e iminente a partir de um ferimento no coração (cf. H.P. II, 100-2; também A.M. VIII, 151-7). Reconhecendo assim os signos rememorativos, ao contrário do que caluniosamente afirmam os que lhe atribuem a abolição de todo e qualquer signo, o cético, longe de conflitar com as prenoções comuns dos homens, faz-se na verdade um advogado da vida ordinária, na mesma medida em que utiliza a ciência natural (*physiología*) para refutar os dogmáticos que, eles sim, se levantam contra as prenoções comuns (cf. A.M. VIII, 157-8).

Se o homem comum confia no signo rememorativo e acredita em sua utilidade (cf. H.P. II, 102; A.M. VIII, 156), se ele tem a capacidade de "reter" as conjunções constantes que observou entre os fenômenos e nelas basear suas inferências (cf. A.M. VIII, 288), se assim se articulam a experiência e o raciocínio cotidianos, as *tékhnai*, por seu lado, não vão ser mais que a sistematização e metodização dos procedimentos do homem comum. Buscando sempre fins úteis para a vida humana (cf. A.M. I, 50-1), a agricultura, a arte da navegação, a astronomia, a medicina, por exemplo, constroem suas previsões a partir das regularidades observadas no curso da natureza e da vida (cf. A.M. V, 1-2, 104; também A.M. VIII, 270), compondo suas regras a partir da observação e investigação frequente e sistemática dos fenômenos, nisto precisamente consistindo o que distingue o homem da *tékhne* do homem qualquer (cf. A.M. VIII, 291). Sexto Empírico, como se sabe, era médico e ele faz, nas *Hipotiposes*, contra o dogmatismo médico, a apologia da medicina Metódica, a única entre as doutrinas médicas que, abstendo-se de pronunciar-se sobre o não evidente e "seguindo os fenômenos, deles toma o que parece ser benéfico, conforme o procedimento dos céticos" (cf. H.P. I, 237).

Essa vivência fenomênica da vida comum, essa ciência empírica cética, o cético as expressa num discurso que não é outro senão o discurso ordinário dos homens, mas expurgado de intenções e conotações dogmáticas. Nele o cético relata suas afecções (*páthe*) e sua experiência, nele se articula sua visão do mundo. Um discurso que não diz o ser das coisas, diz apenas o que aparece.[27] Não lhe empresta o cético valor apofântico, não se serve dele teticamente. Esse discurso do fenômeno, é nele que o cético conversa com os outros homens, é nele que ele dialoga e discute, constrói inferências e formula os argumentos com que muitas vezes sustenta sua percepção fenomênica das coisas e dos fatos.[28]

8. Convenhamos em que não é essa a imagem que correntemente se tem do ceticismo. Não se atenta habitualmente no fato de que – em verdade, tal fato nem mesmo se reconhece e muitas vezes se ignora – o cético (pirrônico) não é senão um homem comum que vive sem dogmatismo a experiência comum do mundo e que apenas por isso se distingue dos outros homens comuns, por esse seu não dogmatismo, pela consciência viva que tem do perigo dogmático que a cada passo nos espreita, pela contínua vigilância que exerce para não reincidir no pensamento e discurso dogmático que longamente conheceu e de que por fim se libertou. Não se considera suficientemente o fato de que, por isso mesmo, mergulhado inteiramente na fenomenicidade após todas as suas experiências suspensivas, o cético vive plenamente a vida comum, tendo consolidado uma visão do mundo que, em boa parte, coincide com a visão que têm do mundo os outros homens. Crendo, com eles, no que aparece, com uma crença não dogmática, apenas reconhecimento obrigado de uma experiência irrecusável.[29] Para que não se tivesse do pirronismo uma imagem correta – em verdade, para que se tivesse dele uma imagem caricata – contribuiu sobremodo o ceticismo moderno, tal como se configurou sobretudo a partir da *Primeira Meditação* cartesiana. Mas não é aqui o lugar para tratar de tais questões.

Insistamos somente em que o mesmo uso comum da linguagem, toda a vivência ordinária da vida, assim como a própria existência de uma *tékhne* que detecta e manipula em proveito do homem as constâncias do mundo fenomênico, evidentemente pressupõem e atestam o reconhecimento continuado, implícito ou explicitado, de um quadro relativamente estável para a nossa experiência do mundo, de uma regularidade inegável, mesmo se algo precária e relativa, do curso "natural" das

---

27 O cético obviamente se utiliza, como qualquer um, do verbo "ser" em seu uso cotidiano da linguagem, mas não atribui à palavra nenhuma conotação metafísica: ela se deve entender como significando o mesmo que *phaínetai*, isto é "aparece" (cf. H.P. I, 135, 199-200, 201; também A.M. XI, 18-9).

28 Sobre o uso cético do discurso fenomênico, particularmente sobre o uso do discurso argumentativo, ver, acima, "Ceticismo e Argumentação". Não se deve, porém, perder de vista que, no âmbito de sua argumentação dialética contra o dogmatismo, o cético se autoriza a utilizar – e nos mostra por que e como deve fazê-lo – argumentos também dogmáticos, para contrabalançar e neutralizar argumentos dogmáticos contrários (sobre esse ponto, cf. p.156s, particularmente p.158-9).

29 Cf. "Sobre o que Aparece", p. 134-5.

coisas. Estabilidade e regularidade relativas que não temos como não reconhecer, que o cético, como qualquer um, a cada passo e a cada momento reconhece. Os objetos do mundo exibem regularmente as mesmas propriedades e produzem costumeiramente os mesmos efeitos: ninguém contestará que o fogo derrete a cera, endurece a argila, queima a madeira (cf. A.M. VIII, 194-5). Idêntica é a experiência que os homens, desde que nas mesmas condições e disposições, temos das coisas: "Ninguém certamente ousaria dizer que o mel não é sentido como doce pelos sãos ou que não é sentido como amargo pelos que têm icterícia" (cf. H.P. II, 211). Gregos e bárbaros, artesãos e homens ordinários apreendem do mesmo modo o branco, ou o doce e o amargo, apreendem-nos de um só e mesmo modo todos quantos não têm seus sentidos impedidos (cf. A.M. VIII, 187-8). Não era outro o argumento com que Enesidemo se opunha aos que afirmavam o caráter evidente e aparente do signo (indicativo): porque os fenômenos aparecem de modo razoavelmente semelhante a todos os que se encontram em disposições semelhantes, já que não é isso o que se dá com os signos, não podem estes dizer-se fenômenos (cf. A.M. VIII, 215s, particularmente 215-22 e 240-1).

Por isso tudo, é apenas aparente a dificuldade que se poderia sugerir por conta da interpretação que se tem habitualmente proposto da postura cética com respeito às ilusões perceptivas ou aos fatos ligados às experiências do sonho ou da alucinação. Certamente não cabe proceder aqui a uma exposição e análise dessa interpretação, aliás bastante conhecida. Lembremos apenas que, segundo ela, o procedimento cético consistiria em invocar aquelas situações de percepção anômala para pôr em xeque nosso pretenso conhecimento do mundo exterior, se não a própria realidade deste. O que se associa, com frequência, ao privilégio, ontológico ou epistemológico, conferido à mente e ao mundo interior, em cujo âmbito nos veríamos confinados.

Ora, como indiquei alhures (cf. "Sobre o que Aparece", p.138-9), a problemática do ceticismo moderno, em tais termos equacionada, com respeito à realidade do mundo exterior e ao nosso conhecimento dela, é estranha ao pirronismo. O questionamento pirrônico do discurso dogmático e a *epokhé* que dele resulta concernem igualmente ao mundo sensível e ao inteligível, à alma e ao intelecto tanto quanto ao corpo e à matéria, às faculdades cognitivas do espírito tanto quanto aos poderes e propriedades dos corpos, ao chamado "mundo interior" não menos que ao chamado "mundo exterior".[30] Mas esse questionamento e essa *epokhé* sempre incidem sobre discursos dogmáticos, sobre interpretações metafísicas ou epistemológicas de nossa experiência do mundo. Experiência essa, no entanto, que, em seu caráter imediato e vivencial, se preserva inteira, por definição imune a qualquer procedimento

---

30 Sobre o questionamento pirrônico a respeito da alma e de seus pretensos poderes cognitivos, vejam-se os textos citados em "Ceticismo e Mundo Exterior", cf. p.105-7.

suspensivo. É sob esse prisma, portanto, que se tem de examinar a posição pirrônica com relação às situações de ilusão perceptiva, alucinação ou sonho.

Consideremos então, em suas linhas gerais, o quarto tropo de Enesidemo, tal como Sexto Empírico nô-lo expõe em suas *Hipotiposes* (cf. H.P.I, 100-17). Esse tropo, que é o que mais diretamente lida com aquela problemática, trata das diferentes circunstâncias, isto é, das diferentes condições ou disposições (*diathéseis*) próprias aos sujeitos humanos conforme as quais diferente é sua experiência das coisas, diferentes são as representações (*phantasíai*) que eles delas têm. Porque as representações inegavelmente variam, conforme o estado de alguém seja natural ou não natural, normal ou patológico, conforme se encontre dormindo e sonhando ou esteja em vigília, conforme sua idade, seu estado de movimento ou repouso, amor ou ódio, conforme o sujeito esteja ébrio ou sóbrio, alegre ou triste etc.; porque são diferentes em diferentes momentos as disposições de um homem e diferentes, portanto, também suas representações, é possível dizer como a cada um aparecem as coisas em dado momento, conforme a disposição ou estado em que se encontra, é impossível, porém, dizer qual é a natureza das coisas em sua mesma realidade. Aquele que pretende julgar acerca das diferentes representações e decidir qual delas se deve preferir enquanto imagem adequada da realidade não pode legitimamente fazê-lo, já que necessariamente se encontra numa certa disposição particular e é a partir dela que ele julga, sendo parte portanto do desacordo, e não juiz imparcial. E se mostra, em acréscimo, não haver prova ou critério que permita justificar uma tal preferência.

A estratégia do tropo obedece ao mesmo plano que estrutura a maioria dos outros tropos: invoca-se o conflito entre distintas representações que se têm das mesmas coisas,[31] para argumentar pela indecidibilidade desse conflito e pela irremediável precariedade de qualquer privilégio que se queira atribuir a uma qualquer entre as representações conflitantes sobre as outras, o que torna injustificada toda pretensão de afirmá-la capaz de apresentar-nos a natureza real do objeto. As oposições entre as percepções anômalas e as normais, entre as representações do louco e as do homem são, entre as do sonho e as da vigília, aparecem apenas como outros tantos exemplos particulares, *que não são enfatizados pelo cético pirrônico* e que, na exposição de Sexto, não merecem mais que algumas linhas, dos infindáveis conflitos que envolvem nossas diferentes representações das coisas. É o que convém não esquecer quando vemos o cético arguir, contra os que explicam a alegada falsidade e impropriedade das representações dos que se encontram num estado não

---

31 Assim, o primeiro tropo (cf. H.P. I, 40-78) lida com as diferenças entre as representações dos homens e as dos animais; o segundo (cf. H.P. I, 79-91), com as diferenças entre as representações dos diversos homens; o terceiro (cf. H.P. I, 91-9), com as diferentes representações dos mesmos objetos conforme os diferentes sentidos; o quinto (cf. H.P. I, 118-23), com as diferentes representações dos mesmos objetos conforme as posições, distâncias e localizações. E assim por diante.

natural pela ocorrência em seus corpos de uma mistura de certos humores, o fato de que tais misturas também se produzem nos corpos dos sãos e elas poderiam analogamente ser responsáveis por uma eventual impropriedade das representações destes últimos, enquanto seriam talvez adequadas as representações daqueles primeiros (cf. H.P. I, 102-3). Ou quando vemos o cético relativizar com respeito aos estados do sonho e vigília as noções de realidade e irrealidade, dizendo reais no sonho coisas que são irreais no estado de vigília, irreais porém no sonho coisas que são reais no estado de vigília (cf. H.P. I, 104).

A nenhum momento se trata, pois, de questionar nossas vivências habituais ou de pôr em xeque os parâmetros que balizam a experiência cotidiana do mundo, mas tão somente de denunciar a estratégia dogmática que intenta transcender essa vivência e essa experiência, buscando converter certas configurações que nelas se desenham (por exemplo, as percepções ditas "normais") em pontos privilegiados de acesso, para além do que aparece, a uma realidade não evidente.

Se tal é a postura do cético pirrônico, deve então ficar manifesto que, não atribuindo às percepções ditas "normais" qualquer privilégio sobre as anômalas de um ponto de vista epistemológico ou metafísico, nem por isso deixa o cético de tomar estas últimas como *anômalas* e como inadequadas, do ponto de vista da economia geral do mundo fenomênico. Compartilhando de uma visão razoavelmente comum do mundo, vivendo a vida comum como a maioria dos homens, orientando-se pelo que aparece, também aqui ele se conforma às "prenoções comuns". O que significa que ele distingue, nesse domínio, como qualquer humano, entre o normal e o anormal, o são e o patológico, o adequado e o inadequado, o enganoso e ilusório e o correto, o certo e o errado. Distinções todas que encontram seu lugar e se desenham e definem no interior da esfera fenomênica e encontram os critérios que presidem a seu uso na prática comum da vida cotidiana; sem elas, aliás, também não poderiam as *tékhnai* estruturar-se nem progredir. Distinções que se podem reconhecer sem nelas envolver a problemática filosófica da verdade, como o fizeram, entretanto, tantos filósofos que delas se ocuparam. Ao proceder a tais distinções, não incorre o cético em nenhum dogmatismo, tanto quanto não incorre em dogmatismo ao proceder, em geral, conforme o "comum": porque ele não empresta ao comum qualquer significado transcendente, nem nele reconhece, pelo fato de ser comum, qualquer indício que pudesse servir para legitimar seu uso como critério da verdade de um discurso sobre a realidade das coisas.[32]

O cético, como qualquer um, reconhece então ter por vezes experiências enganosas e percepções incorretas das coisas. Aparece-lhe, em certa situação e momento,

---

32 Sobre a crítica cética dos que dizem ser melhor juiz da verdade aquele que está de acordo com a maioria, cf. AM. VII, 327-34; também H.P. II, 43-5 e I, 89.

que há alguém escondido por detrás de uma árvore; caminha em direção a ela para identificar a pessoa e descobre que se trata apenas de um boneco que alguém terá deixado ali, talvez por brincadeira; aparece-lhe, agora, que se trata apenas de um boneco e que há pouco se enganara. Ou ele vê um remo mergulhado na água, aparentando estar quebrado; reconhece o cético que crianças pequenas e homens muito inexperientes poderão, por isso, dizê-lo "quebrado", mas lhe aparece que se trata de uma conhecida ilusão de ótica que se pode facilmente desfazer tirando, por exemplo, o remo da água para melhor observá-lo; aparece-lhe eventualmente também que se trata de um fenômeno estudado e explicado pela ciência física. Ou o cético acorda pela manhã e se lembra de um sonho que teve, das pessoas, objetos e fatos nele sonhados; aparece-lhe que se trata apenas de um sonho, que tais eventos não se passaram na vida comum nem a ela pertencem, que seu estatuto é o mesmo que, ou semelhante a, o das coisas e fatos que imagina em seus devaneios, que eles não fazem parte do mundo físico em que reconhece viver. Ou nosso cético se dá um dia conta de que sua visão piorou e ele não mais enxerga as coisas com a precisão e a nitidez de antes; aparece-lhe que precisa procurar um médico para seus olhos, com a finalidade de restabelecer, na medida do possível, sua visão e torná-la normal, capaz de ver corretamente as coisas.

Perdoe-me o leitor, mas essas banalidades têm de ser ditas. Porque infelizmente muitos há, sobretudo no meio filosófico e acadêmico, cuja imagem caricatural do ceticismo lhes proíbe ver que o cético pirrônico, *em total consonância com sua postura filosófica*, lida com esses eventos banais de um modo que não difere praticamente do modo como lida com eles o comum dos homens. Experiências e enganos, ilusões, sonhos e alucinações se integram sem mais na experiência do cotidiano, que é a experiência de um mundo de coisas e eventos que exibem uma razoável coerência, regularidade e uniformidade em suas ocorrências. Um mundo em que a experiência do engano se determina a partir da certeza prática de que com muita frequência acertamos (e o pirrônico se ri dos que invocam esse fato como argumento contra o ceticismo). E aparece-nos que acertamos quando logramos descrever de maneira que nos aparece como adequada as coisas e fatos que se dão à experiência e observação comum. Não há por que pretender que a distinção que a vida faz entre normal e anormal ou entre são e patológico por si mesma implique uma interpretação filosófica particular. Assim, míopes aristotélicos, míopes kantianos e míopes céticos podem, sob esse aspecto, ir igualmente sem susto ao oftalmologista: são apenas seus olhos que estão em jogo, não suas filosofias...

9. No interior do mundo fenomênico, o cético distingue espontaneamente entre as palavras e as coisas. Aparece-lhe que as palavras dizem as coisas, coisas que são outras que não as palavras que as dizem. Distinção puramente fenomênica que se lhe impõe e nada prejulga do estatuto filosófico que, de um ponto de vista metafísico

ou epistemológico, se possa conferir às palavras ou às coisas ou à relação entre umas e outras. Ao cético aparece também que os homens fizemos as palavras dizer as coisas, isto é, que convencionalmente emprestamos significatividade às palavras.[33] Se o cético questiona a doutrina dogmática dos signos indicativos, ele aceita, como acima lembramos, os signos rememorativos, itens fenomênicos associados constantemente na experiência a outros itens fenomênicos e que, por isso mesmo, passam a significar-nos estes últimos, a eles remetendo-nos, mesmo em sua ausência. E a significatividade das palavras com relação às coisas não configura mais que um caso particular das associações significativas entre itens do mundo fenomênico, mediatizada pela mediação humana.[34] Instituindo a linguagem, convertemos proferições sonoras em signos rememorativos das coisas a que convencionalmente as associamos. E fizemos nossa linguagem recortar assim nossa experiência do mundo. O que nos permitiu uns com os outros comunicar-nos, uns para os outros descrevendo aspectos de nossa experiência, informando-nos uns aos outros a respeito de nosso mundo comum. Mas é sempre nossa experiência fenomênica que nosso discurso assim relata, ele conta o que nos aparece.

Sob o prisma dessa concepção fenomênica da linguagem, parece-me que se pode falar tranquilamente de uma correspondência entre as palavras e as coisas, entre as sentenças e os eventos no mundo. A aceitação da doutrina convencionalista associada à dos signos rememorativos implica dizer que uma correspondência entre palavras e coisas foi socialmente instituída. Correspondência interna ao mundo fenomênico, correspondência entre fenômenos e fenômenos, que nos é fenômeno, ela também. Na visão fenomênica do mundo, uma tal correspondência se configura, em verdade, como trivial: pensar algo é pensar "correspondencialmente", dizer algo é falar "correspondencialmente". E uma tal correspondência nos aparece como condição de inteligibilidade de nosso próprio discurso.

Por outro lado, o cético distingue em sua experiência fenomênica, como acima vimos e no interior do quadro definido pelos parâmetros que apontamos, entre o adequado e o inadequado, o correto e o incorreto, o certo e o errado. Ele não se proíbe, então, de avaliar a eventual correção ou incorreção do uso humano do discurso, também de seu próprio uso do discurso, que se propõe como uma descrição adequada do mundo que se experiência. Ele se permitirá julgar se, nos casos em questão, as palavras correspondem, ou não, efetivamente às coisas às que se pretende que elas

---

33 Sobre esse convencionalismo pirrônico, cf. H.P. II, 214, 256-7; A.M. I, 37-8. Como diz Sexto em H.P. II, 214, *tà onómata thései semaínei kaì ou phýsei* ("Os nomes significam por convenção e não por natureza").

34 Assim responde Sexto Empírico aos dogmáticos que acusavam os céticos de contradição, por se servirem de palavras e argumentos para questionar a teoria dogmática da significação, tendo entretanto de pressupor a significatividade de tais palavras e argumentos, cf. A.M. VIII, 288-91.

correspondam. Ele dirá incorreta a afirmação de que há um gato deitado a meus pés, se está deitado a meus pés apenas José Ricardo, que é meu cachorro. Assim procederia um homem qualquer e, também aqui, não tem o cético por que proceder diferentemente do homem comum.

Porque assim é, torna-se claro então, ao menos assim me aparece, que o cético pirrônico não teria por que não recorrer, *no interior do quadro fenomênico*, ao velho vocabulário da verdade. Vocabulário que vimos ser usado trivial e espontaneamente na linguagem comum. Porque dissemos adeus à verdade filosófica e às teorias que a definem, porque sobre estas suspendemos nosso juízo, podemos agora permitir-nos redefinir "verdade", introduzindo uma noção de *verdade fenomênica*, exatamente como o fez Sexto com as noções de doutrina, dogma, critério. E essa verdade fenomênica se compreenderá então como correspondência entre nossas palavras e as coisas, entenda-se: como correspondência fenomênica entre nosso discurso fenomênico e as coisas em nosso mundo fenomênico. O prestígio da *alétheia* clássica terá impedido Sexto Empírico de dar esse passo, que lhe terá parecido talvez demasiado ousado. Mas espero ter mostrado por que o neopirronismo pode permitir-se essa ousadia. E por que, ao fazê-lo, guarda coerência com a inspiração original da postura pirrônica. Direi verdadeira a afirmação de que um cachorro está deitado a meus pés, falsa a de que um gato está deitado a meus pés, precisamente porque me aparece haver um cachorro deitado a meus pés, mas não um gato; porque me aparece que a primeira afirmação corresponde ao que se passa no mundo que experiencio em minha experiência fenomênica, enquanto não lhe corresponde a segunda.

E não se esqueça que, ao desenvolver a argumentação contraditória que levará o cético à suspensão do juízo sobre as doutrinas da verdade, Sexto principia por dizer-nos que a *diaphonía* sobre tal assunto nos leva (dialeticamente) a afirmar que nada há de verdadeiro ou falso, "no quanto concerne aos discursos dos *dogmáticos*"(*hóson epì toîs tõn dogmatikõn lógois*) (cf. A.M. VIII, 2-3). Lição semelhante se tira das *Hipotiposes Pirronianas*, quando o filósofo, após concluir sua crítica das doutrinas dogmáticas sobre o critério, introduz sua discussão da problemática da verdade com as palavras:

> Mesmo se concedêssemos, por hipótese, haver um critério da verdade, ele se descobre inútil e vão, se lembrarmos que, no quanto concerne ao que é dito pelos dogmáticos (*hóson epì toîs legoménois hypò tõn dogmatikõn*), irreal é a verdade, insubsistente o verdadeiro. (cf. H.P. II, 80-1)

O que essas duas passagens claramente implicam é que a crítica cética da noção de verdade diz respeito à elaboração filosófica dessa noção, elas não se pronunciam entretanto sobre sua utilização trivial na linguagem cotidiana e comum. Assim, se, por um lado, é certo que Sexto não propôs um sentido de "verdade" aceitável pelos céticos, não é menos certo, por outro, que ele restringiu expressamente o escopo da rejeição e questionamento cético da noção: o que o cético questiona e rejeita é tão somente a teoria filosófica e dogmática da verdade.[35] Os estudiosos do ceticismo pirrônico parece não terem atentado para esse fato, que deixa aberta a porta para uma redefinição da verdade em termos fenomênicos. Exatamente porque a renúncia ao discurso tético não se tem de interpretar como rejeição da correspondência feno-mênica entre linguagem e coisas, mas apenas como problematização do dogmatismo correspondencialista.

Para essa concepção fenomênica da linguagem, que acabamos de esboçar, linguagem e verdade não se põem como mistério a decifrar. Embora o mistério certamente ronde a doutrina metafísica da verdade correspondencial. Sob o prisma fenomênico, caberia dizer do vocabulário da verdade o que Quine diz ao comentar a doutrina tarskiana da verdade e seu procedimento do "desaspear" as sentenças que se determinam como verdadeiras:

> Evidentemente, quem se embaraça com o adjetivo "verdadeiro" deveria antes embaraçar-se com as sentenças a que o aplica. "Verdadeiro" é transparente. (cf. Quine, 1979, p. 82)

Entendida como fenomênica, a noção correspondencial de verdade não precisa enfrentar, com efeito, os problemas que afligem sua versão dogmática. Contra ela não têm lugar as objeções que naturalmente se levantam contra a concepção metafísica do discurso correspondencial. Não depara a espinhosa questão do inconcebível acesso às coisas mesmas para com elas comparar as palavras que se dizem descrevê-las. Não mais se lida com a impossível tarefa de referir-se ao que se não é capaz de conceituar. Nem se tem mais de temer uma circularidade viciosa advinda de ter-se de exprimir as coisas pelo discurso no mesmo movimento pelo qual se busca exa-minar e avaliar uma alegada correspondência entre o discurso e as coisas. Porque renunciou ao sonho de justificar ou fundamentar sua experiência do mundo, porque é tão somente com os fenômenos que ele lida, o pirrônico pode despreocupadamente reconhecer que o discurso permeia todo o seu mundo fenomênico, que deste ele é

---

35   Com grande frequência se serve Sexto, como nas duas passagens citadas, das palavras *hóson epí* seguidas do dativo de certas expressões (assim, *hóson epì tô lógo, hóson epì tô philosópho lógo, hóson epì toîs legoménois hypò tôn dogmatikõn* etc.) para – tal é minha interpretação – qualificar o questionamento e a consequente suspensão pirrônica do juízo, restringindo-os tão somente a leituras, comentários ou interpretações dogmáticas dos temas que discute, cf., por exemplo, H.P. I, 20, 215; II, 26, 95, 104; III, 6, 13, 29, 135, 167; A.M. VIII, 123; IX, 49 etc. Michael Frede também assim interpreta essas passagens, mas o fato de não ter apreendido exatamente o escopo e alcance da noção cética de *phainómenon* restringe desnecessariamente a lição que dessa interpretação se pode extrair para uma compreensão mais global da postura pirrônica (cf. FREDE, M. 1987, "The Skeptic's Two Kinds of Assent...", p.206).

um ingrediente, por assim dizer, constitutivo,[36] que ele se mistura a todo fenômeno, em grau maior ou menor. Por isso mesmo, não tem ele por que hesitar em reconhecer que sua avaliação de uma qualquer correspondência entre palavras e coisas se perfará sempre sobre um recorte do mundo já anteriormente operado pelo discurso. Assim, ele falará da verdade no interior de um quadro mundano reconhecidamente moldado com a contribuição de seu aparato conceitual e linguístico. E não se configura tal fato como estorvo a que o mundo fenomênico lhe apareça e se lhe imponha sempre como totalidade de que esse aparato humano é apenas parte própria, esse aparato que permite falar do mundo e dizer como ele é.

A concepção fenomênica da verdade faz plena justiça às intuições do senso comum e as preserva. Ela reafirma a inegável "naturalidade" da ideia de uma correspondência inteligível entre as palavras e as coisas implicada no uso comum da linguagem. Assegura o que se configurou, numa reflexão primeira sobre o senso comum e sua linguagem, como condição de sua mesma inteligibilidade. Coerencialismo e pragmatismo de algum modo rompiam com nossas intuições imediatas, mostrou-se no entanto que não é preciso recorrer a tão heroica medicina. O sentir comum mantém-se intacto e não mais se cogita do impossível empreendimento de a ele renunciar. O ceticismo não representa, assim, a rejeição da aspiração humana à verdade que Sexto Empírico nos relembrava: no interior do mundo fenomênico, o cético persegue a verdade, como o homem comum. Uma verdade, porém, liberta da especulação filosófica que se propõe a interpretá-la e a fazê-la transcender a *empeiría*. É como se o ceticismo nos mostrasse que, no que concerne à verdade, a filosofia não pode oferecer-nos mais que o senso comum.[37]

Cabe adequadamente aqui uma palavra sobre a concepção da verdade de Austin, considerado geralmente como um expoente da doutrina correspondencial da verdade no pensamento contemporâneo. Representante conspícuo da moderna filosofia linguística, preocupada com investigar o uso ordinário das palavras e expressões nas linguagens naturais e avessa ao discurso metafísico cujos problemas busca dissolver precisamente por meio dessa investigação, Austin assume o caráter puramente convencional das correlações estabelecidas entre palavras e coisas e distingue entre convenções *demonstrativas*, que correlacionam palavras e enunciações com situações *históricas* no mundo, e convenções *descritivas*, que correlacionam palavras e sentenças com *tipos* de situações, coisas, eventos etc. no mundo. Uma vez proposta essa distinção, a noção de "verdadeiro" se pode definir:

---

36 Comentei esse ponto em "Sobre o que Aparece" (cf. p.124), ao expor a doutrina pirrônica dos fenômenos inteligíveis (por oposição aos sensíveis).

37 Não é desinteressante lembrar aqui o que nos diz Rorty ao comentar o behaviorismo epistemológico de Quine e Sellars: "It is the claim that philosophy will have no more to offer than common sense (supplemented by biology, history, etc.) about knowledge and truth" (cf. RORTY, R. 1980, p.176).

Uma enunciação diz-se ser verdadeira quando o estado histórico de coisas com o qual é correlacionada pelas convenções demonstrativas (aquele a que se 'refere') é de um tipo com o qual a sentença usada para fazê-la é correlacionada pelas convenções descritivas. (cf. Austin, 1979, p.122)

Ressalvada alguma correção técnica eventualmente necessária, não teria o cético pirrônico por que não endossar uma tal definição, lendo-a como uma variante, por certo mais elaborada, de sua definição fenomênica de verdade. Acrescentemos tão somente que falta à filosofia linguística uma reflexão global – em verdade, ela se proíbe de fazê-la – sobre o quadro (fenomênico) todo em cujo interior aquela definição se aplica. Essa reflexão, a filosofia pirrônica não tem por que se abster de empreendê-la.

Por outro lado, indicamos acima como a concepção metafísica e a concepção kantiana da verdade correspondencial se podiam caracterizar como duas interpretações filosóficas distintas de uma concepção logicamente anterior, pré-filosófica e filosoficamente neutra, de verdade correspondencial, que se deveria poder precisar. Parece-me agora ter-se tornado claro como o (neo)pirronismo cumpre essa tarefa, ao elaborar sua noção de verdade fenomênica, viabilizada graças a seu procedimento suspensivo. Aquém de qualquer interpretação filosófica particular, podemos enfim falar de uma *verdade cética*, certamente suscetível de leituras filosóficas várias – como todo e qualquer item fenomênico –, neutra no entanto e em si mesma indiferente a todas elas.

Tendo tornado possível uma visão fenomênica do mundo e a conceituação de um discurso fenomênico expurgadas de qualquer dogmatismo, tendo obtido uma noção de verdade fenomênica originariamente definida no interior de uma linguagem natural, a filosofia (neo)pirrônica oferece à doutrina tarskiana da verdade a complementação filosófica de que esta manifestamente carecia. Porque a verdade tarskiana se pode agora ler como o aperfeiçoamento rigoroso e sofisticado que corrige a vagueza e imprecisão relativa da noção fenomênica de verdade, preservando sua neutralidade filosófica e continuando a assegurar sua conformidade com as intuições do senso comum. A formalização nos moldes tarskianos configurando-se como o expediente necessário para levar a cabo esse aperfeiçoamento, ao ensejar a constituição de uma teoria formal e recursiva da verdade, uma teoria compreensiva que axiomaticamente implica, para cada sentença da linguagem, uma enunciação das condições sob as quais ela é verdadeira.[38]

---

38 Recorde-se a concepção davidsoniana de teoria da verdade proposta a partir de uma reflexão sobre o significado e a importância da doutrina tarskiana para a semântica das linguagens naturais: "By a theory of truth I mean a set of axioms that entail, for every sentence in the language, a statement of the conditions under which it is true" (cf. DAVIDSON, D. 1985, p.56).

10. O fenômeno se dá numa relação, o que aparece aparece a alguém, o fenômeno o é sempre para um sujeito, isto é, para um certo homem. Essa relatividade constitutiva do fenômeno, os textos de Sexto a relembram repetidamente, neles jamais se cogita de um puro aparecer. Suspendemos o juízo sobre se o mel é doce em realidade e de modo absoluto, concedemos que ele *nos* aparece (*phaínetai hemîn*) doce (cf. H.P. I, 20). O fenômeno é o que se *nos* impõe e *nos* leva involuntariamente ao assentimento conforme uma representação passiva (cf. H.P. I, 19). Se céticos, é somente a essas afecções (*páthe*), a essas experiências, que se produzem necessariamente conforme a representação, que damos nosso assentimento (cf. H.P. I, 13; também H.P. II, 10). E é essa experiência fenomênica que o discurso de um cético sempre relata; assim, ao enunciar as fórmulas que sintetizam sua postura filosófica, o cético apenas diz o que *lhe* é fenômeno (*tò heautô phainómenon*), anunciando de modo não dogmático seu próprio *páthos* (cf. H.P. I, 15). Ao dizer, por exemplo, que a todo discurso se opõe um discurso igual, o cético emite uma proferição que é tão somente o "anúncio de uma afecção humana, que é fenômeno para quem a experencia" (*anthropeíou páthous apaggelían, hó esti phainómenon tô páskhonti,* cf. H.P. I, 203).[39] Falar do fenômeno é falar de *nossa* experiência. E, ao suspendermos nosso juízo acerca do que se pretende absolutamente verdadeiro e real, ao reconhecermonos incapazes de assumir o discurso dogmático, estamos reconhecendo que não é senão de *nossa* experiência fenomênica que podemos de fato falar. Não é outra coisa que concluem todos os tropos de Enesidemo, por isso pode Sexto dizer que o tropo da relação é algo como o gênero superior de todos eles (cf. H.P. I, 39), sob o qual todos os outros se podem de algum modo subsumir. Aliás, a *epokhé* a que os tropos nos induzem não decorre senão da relatividade que se manifesta em todas as coisas, relatividade a um sujeito e aos *percepta* concomitantes (cf. H.P.I, 135-6). Um dos cinco tropos de Agripa, que condensam os procedimentos mais genéricos da argumentação cética contra os dogmáticos, concerne também à relatividade, nele se argumenta com a relatividade de todas as coisas sensíveis e de todas as inteligíveis (cf. H.P. I, 167-8, 175-7).

Se o quadro fenomênico todo que para mim se desenha me é necessariamente relativo – nem se poderia ele de outra maneira definir –, se o mundo fenomênico que meu discurso exprime e relata me é relativo a mim, a quem aparece, a verdade fenomênica, que somente no interior desse mundo se define, forçosamente compartilhará da mesma relatividade. A verdade que reconheço diz respeito a *meu* mundo fenomênico, ela é verdade *para mim*, que a mim se impõe, forçando meu assentimento. Aparece-me, por certo, que coisas diferentes aparecem aos diferentes sujeitos, ou ao

---

39 Várias outras passagens de Sexto Empírico retomam o mesmo ponto, cf., por exemplo, H.P. I, 193, 196, 197, 200, 201 etc.

mesmo sujeito, em diferentes momentos e circunstâncias de sua existência. Os tropos de Enesidemo argumentam precisamente com essas diferenças para mostrar a precariedade de toda pretensão a uma verdade absoluta. Porque as coisas, então, muitas vezes me aparecem diferentemente de como aparecem a outros homens, porque nossos mundos fenomênicos, ainda que em boa parte se recubram, são no entanto sob vários aspectos dessemelhantes, natural se faz que a muitos apareçam como "falsas" proposições que se me impõem como "verdadeiras", que a muitos se imponham como "verdadeiras' proposições que não posso senão considerar como "falsas". Aliás, relatar que assim se passam as coisas não é mais que relembrar o que os homens comuns trivialmente experienciamos e reconhecemos todos em nossa vida cotidiana. É importante, porém, atentar para o fato de que esse reconhecimento da relatividade das verdades fenomênicas, que necessariamente o são sempre para algum sujeito, não lhes confere nunca, *sob o prisma de cada sujeito*, o mesmo estatuto. Isto porque, não podendo falar senão de *meu* mundo fenomênico, não podendo tomar como "verdade" senão o que nele como tal se impõe a *mim*, sou necessariamente compelido a rejeitar como "falso" tudo aquilo que com ela conflita e a contradiz, sou portanto obrigado a recusar veracidade a proposições que me aparecem impor-se a outros como verdadeiras. Mesmo consumada a recusa do absoluto, a manifesta e necessária relatividade da verdade fenomênica não conduz a um fácil relativismo.

O nome de Protágoras merece compreensivelmente ser aqui lembrado. Com efeito, ao fazer de cada homem a medida das coisas, não proclamou ele que as coisas são para cada um conforme lhe aparecem?[40] Não disse ele verdadeiras para cada um suas opiniões próprias, que exprimem o que cada um experiencia? Como testemunha o próprio Sexto, tendo conferido existência somente ao que aparece a cada homem e desse modo introduzido a relatividade, Protágoras parece ter algo em comum com os pirrônicos.[41] E a concepção fenomênica da verdade acima desenvolvida representa

---

40 Cf. PLATÃO, *Teeteto* 152a, 161d, 166a s. Na famosa "Apologia de Protágoras", assim se exprime o sofista: "Eu digo, pois, que a verdade é como escrevi: que cada um de nós é medida tanto das coisas que são como das que não são, que de mil modos então um do outro difere por isto mesmo, que para um umas coisas são e aparecem, mas para o outro outras" (166d). O *Teeteto* é, reconhecidamente, uma das fontes doxográficas mais importantes para a reconstituição do pensamento de Protágoras, embora se deva tomar toda precaução para distinguir entre o relato histórico confiável e a elaboração filosófica a que Platão procedeu da doutrina original, com vistas a sua posterior refutação.

41 Cf. H.P. I, 216-19, onde Sexto Empírico atribui, porém, a Protágoras, uma doutrina heraclitiana de fundo, conforme fizera Platão no *Teeteto* (cf. 152c e seg.). Mas tudo indica tratar-se, antes, de uma elaboração do próprio Platão, empenhado em dar à doutrina protagórica, antes de refutá-la, o máximo de consistência filosófica possível. No seu livro I *Contra os Lógicos* (A.M. VII), Sexto Empírico afirma que o relativismo protagórico, abolindo toda falsidade e implicando a verdade de todas as opiniões, necessariamente resulta na rejeição de todo critério de verdade, cf. A.M. VII, 60-4.

inegavelmente uma elaboração (neo)pirrônica do ensinamento do sofista. Ainda que neste um relativismo pareça implicado, que nos apareceu ter um pirrônico de recusar.

Com alguma ênfase insisti acima na manifesta valorização dos fenômenos comuns pelo pirronismo e na particular maneira como ela se dá. Se o cético se orienta em sua prática pelo fenômeno e nele tem seu critério de ação (cf. H.P. I, 21-2), vimos que aderir ao fenômeno significa para ele, antes de mais nada, viver de modo não dogmático segundo a observância da vida comum (*ho bíos ho koinós*, cf. H.P. I, 237), sob seus vários aspectos. Aparece-lhe que ele próprio não é senão parte minúscula desse mundo que lhe aparece e o envolve, mundo que ele com os outros homens coabita, que a todos semelhantemente aparece e no qual tem lugar aquela vida comum. Sobre esse pano de fundo se constroem os inumeráveis consensos relativos que tornam possíveis a comunicação, o diálogo, as práticas coletivas, o desenvolvimento das artes (*tékhnai*). Por isso tudo cabe falar – mais precisamente, impõe-se falar – de *verdades comuns*, que como tais se desenham necessariamente para o cético no interior de sua perspectiva fenomênica. Verdades cuja relatividade é por certo também manifesta: elas são relativas àquela experiência comum, à comunidade, portanto, que é o sujeito coletivo dessa experiência, ao discurso comum em que a comunidade se exprime e no qual elas se dizem.

Não conflitando com as pré-noções comuns dos homens, não subvertendo jamais a vida comum de que se faz um advogado (cf. A.M.VIII, 157-8), assentindo sem dogmatizar àquilo em que ela crê (cf. H.P.II, 102), o cético reservará às verdades comuns um lugar privilegiado, valorizará de modo eminente o consenso intersubjetivo.[42] Conforme o espírito das *tékhnai*, das quais se fez defensor, confortado pelos resultados inegáveis da experiência passada, ele apostará no aprimoramento progressivo da investigação sistemática do mundo fenomênico, no enriquecimento e aperfeiçoamento da imagem comum do mundo, desse mundo que de modo insistente lhe aparece como suscetível de uma descrição consensual. Sob esse prisma, pode dizer-se que se delineia algo como uma *objetividade para nós*,[43] definida precisamente

---

42 Sexto Empírico, numa passagem (A.M. VIII, 8) em que uma vez mais menciona o heraclitianismo de Enesidemo (em H.P. I, 210, ele atribui a esse filósofo cético – que não parece, aliás, considerar assim tão cético – a ideia de que a filosofia cética é caminho para a de Heráclito), nos relata: "Enesidemo, com efeito, afirma uma diferença entre os fenômenos e diz que uns dentre eles aparecem em comum a todos, outros a alguém em particular, dos quais são verdadeiros os que aparecem em comum a todos, falsos os que não são assim". É o único caso, a meu conhecimento, em que um cético antigo propõe expressamente uma concepção de verdade aplicada aos fenômenos. Não se esqueça, por outro lado, a primazia conferida por Heráclito ao *lógos* comum, critério único da verdade segundo o qual somente é confiável o que aparece a todos em comum, cf. AM. VII, 126-34.

43 Tomo a expressão de empréstimo a Putnam, que dela se serve ao expor sua concepção de internalismo (cf. PUTNAM, 1981, p.55). Seria certamente interessante comparar a noção de realismo cético ou fenomênico que aqui introduzo com a noção putnamiana de realismo interno, mas não é aqui o lugar para fazê-lo.

pelo acordo intersubjetivo. E o cético se aliará de bom grado ao esforço comum por ampliar continuamente o escopo dessa objetividade relativa. A consecução gradual de um tal programa configurando-se-lhe como o único caminho possível para uma racionalização não dogmática de nossas visões do mundo. Tanto mais que sua experiência cotidiana repetidamente registrou quão frequentemente – e isso sob o ponto de vista estritamente fenomênico – se deixam os homens conduzir por impressões superficiais, incorrendo em pronunciamentos precipitados, que se veem posteriormente obrigados a rever, ao detectar inadequações e erros de perspectiva que os fizeram tomar como verdadeiras proposições que hoje rejeitam como falsas. Assim como registrou também o papel fundamental que sempre desempenha, para a descoberta de tais inadequações e erros e orientando reformulações e revisões, o recurso aos pontos de vista consensualmente acordados de modo mais ou menos generalizado. Exatamente porque se deixou para trás a ilusão do absoluto, o consenso intersubjetivo, mesmo se apenas potencial ou putativo, desponta como a necessária caução e a desejável medicina contra os desmandos, desvios ou imprudências das subjetividades.

Aceitando plenamente a corrigibilidade de sua visão do mundo, interagindo com os outros homens no comum empenho por dele obter uma imagem consensualmente aceita, o cético fará da argumentação um instrumento subordinado a um tal objetivo. E valorizará sobremaneira o *diálogo*, única prática humana potencialmente capaz de ensejar o advento de um desejado e necessário consenso. Porque somente argumentação e diálogo nos podem conduzir pelos caminhos céticos da verdade.[44]

Vale acrescentar que, aos olhos do cético, permanece evidente o caráter evolutivo de nossa imagem do mundo. Se alguns aspectos mais fundamentais desta se configuram como particularmente duráveis, outros há que se têm revelado suscetíveis, no tempo histórico, de alterações mais ou menos profundas. Paralelamente a sua relatividade, o quadro fenomênico nos exibe sua razoável precariedade. Nem haveria por que imaginar que assim não fosse. E também não tem o cético razão alguma para supor que o mundo fenomênico seja suscetível de uma descrição exaustiva. Ou para propor que a investigação fenomênica tenha por norte o ideal de construção de uma imagem do mundo definitivamente "verdadeira".

Uma última observação sobre a relatividade de nossa imagem do mundo e de nossas verdades comuns que lhe servem de arcabouço. Outras visões do mundo, próprias a outras culturas, se podem encontrar e se encontram, que dela divergem consideravelmente. Mas também aqui cabe relembrar que a relatividade não implica

---

44   Referência não se pode aqui omitir à pragmática da argumentação de Apel e à teoria consensual da verdade de Habermas, sobre as quais leia-se o excelente parágrafo 12 do livro de Manuel Maria Carrilho *Rhétoriques de la Modernité* (cf. CARRILHO, M. M. 1992, p.95-108). O referido parágrafo intitula-se "L'articulation argumentation/rationalité dans la reformulation du projet transcendantal (Apel) et dans la proposition d'une approche communicationelle (Habermas)".

um relativismo fácil. Porque nossa imagem fenomênica do mundo se nos impõe e não podemos a ela senão assentir, aquelas outras visões do mundo forçosamente nos aparecerão como inadequadas e como imagens distorcidas. Sob tal necessário prisma, seria insensato, *para nós*, querer equipará-las à nossa.[45] Aliás, convém não esquecer que as outras civilizações, as outras culturas, as outras imagens do mundo, surgem para nós como personagens *de nosso* mundo fenomênico, que como tais contempla *nossa* imagem do mundo, em cujo mesmo interior detectamos as idiossincrasias e discrepâncias que nos exibem. Se estas podem por nós ser compreendidas, é tão somente porque somos capazes de traduzi-las e interpretá-las nos termos de *nosso* discurso, conforme as significações que *nossa* imagem do mundo lhes empresta. Quanto a visões de mundo alegadamente incomensuráveis com a nossa, ou a aspectos e elementos de visões do mundo alegadamente intraduzíveis, ou que não somos capazes de traduzir nos termos de nosso discurso comum, não temos por definição como deles falar, pois literalmente não sabemos de que se trata. Em verdade, parece-nos mesmo muito difícil de conceber o que seria uma tal incomensurabilidade.

11. Para concluir, ainda um pouco de realismo. O que se faz necessário, porquanto tudo que acima se expôs sobre a concepção (neo)pirrônica da verdade (fenomênica) me parece naturalmente introduzir a temática do realismo. Se pudemos falar de uma verdade correspondencial cética, de uma relação fenomênica que associa e faz corresponder as palavras às coisas, segue-se que devemos também poder falar de uma *ontologia fenomênica* e de um *realismo cético*, isto é, de um realismo fenomênico, intimamente comprometido com essa noção de verdade. O neopirronismo, é certo, também aqui está inovando, com relação a Sexto Empírico. Ousamos usar termos que, por razões históricas mais que compreensíveis, Sexto não ousou (ou hesitou em) utilizar, as circunstâncias não lhe permitindo a liberdade que

---

45 A julgar pelo que Platão nos relata, Protágoras não apenas contemplava, em sua doutrina da verdade, as verdades individuais, mas também verdades comuns, próprias a grupos e comunidades mais ou menos extensas. E entendia como sábio aquele que usa de seus recursos retóricos, não para persuadir seus auditórios a substituir opiniões falsas por opiniões verdadeiras, já que não há opiniões falsas e que "aquelas coisas que a cada cidade parecem justas e belas, tais elas lhe são enquanto assim as decreta" (cf. *Teeteto*, 167c); mas para, a exemplo dos médicos, que levam seus doentes a adquirir disposições boas e benéficas em lugar das más e perniciosas, fazer que sejam e pareçam benéficas para as cidades as coisas de que as persuadem (cf. 166e-67d). Na ausência de textos do próprio Protágoras, é certamente impossível avançar sobre essa doutrina qualquer juízo um pouco mais seguro; de qualquer modo, uma vez mais também aqui se sugere um relativismo que equipara, sob o prisma da verdade, as diferentes opiniões conflitantes (ainda que não sob o da utilidade).

hoje nos podemos outorgar. Sexto poderia, dentro dos parâmetros céticos por ele mesmo traçados, ter elaborado uma concepção de realidade fenomênica, mas não o fez. Ele hesita sobre se reconhecerá, ou não, dois sentidos diferentes de "ser", um dogmático, outro fenomênico. Assim, ora ele observa que, se o cético, acompanhando o uso comum, diz frequentemente, por exemplo, *ésti* ("é"), trata-se antes de um uso algo impróprio, em lugar de *phaínetai* ("aparece");[46] ora, no entanto, tranquilamente afirma que *ésti tem* dois sentidos, num deles significando que algo "existe realmente" (*hypárkhei*), noutro significando apenas que algo aparece (cf. A.M. XI, 18).

Entretanto, tudo quanto pretendo significar com a noção de realismo cético é totalmente conforme a postura pirrônica. E isso simplesmente porque o cético reconhece um mundo que lhe aparece e se lhe impõe, em cujo interior aliás distingue entre as palavras e as coisas. Porque os objetos familiares e muitas das coisas que seu pensamento e linguagem recortam na experiência fenomênica se lhe dão como objetos duráveis situados no espaço físico, como objetos que permanecem em sua existência exterior independentemente de sua observação, ou da observação de qualquer homem. Porque aparece ao cético que, nesse cenário fenomênico, se produzem fatos e se constituem relações de que o observador não participa. Sob esse prisma, a visão cética do mundo não difere da de um outro homem qualquer. Vivendo a vida comum, também o cético é necessariamente levado a distinguir entre o "real" e o imaginário, fictício, fantasioso (seres humanos e centauros têm, por certo, no mundo dos fenômenos, estatutos bem diferentes). O cético é um homem comum.[47]

É o que – parece-me – não consegue compreender quem não aprendeu, com os céticos, a distinguir entre o registro dogmático e o registro fenomênico. Quem não

---

46 Assim, em H.P. l, 135, ao expor o oitavo tropo de Enesidemo, o da relatividade, que leva à conclusão de que todas as coisas são relativas, Sexto comenta: "Isto porém se deve observar, que aqui, como também em outros lugares, usamos frouxamente 'é' (*ésti*) em lugar de 'aparece' (*phaínetai*), dizendo virtualmente o seguinte: 'todas as coisas aparecem relativas'". Também em H.P. I, 207, ao discorrer em geral sobre as várias formulações de que se servem os céticos para sintetizar pontos básicos de sua doutrina, Sexto explica que elas não se tomam em sentido próprio, "mas de modo impreciso e, se se quer, frouxo (*katakhrestikõs*)". Por isso mesmo, para evitar leituras inadequadas, ele longamente se empenhou (cf. H.P. I, 187-205) em explicá-las com propriedade e precisão.

47 De acordo com essa minha linha de interpretação do ceticismo pirrônico, permiti-me inventar uma historieta que costumo contar a meus estudantes de graduação em cursos de introdução ao pirronismo: uma vez, entrou Sexto Empírico numa sala, acompanhado de um amigo e lá encontrou um intelectual que, diante de um grande vaso, dizia, aparentemente sério, a circunstantes estupefactos, não ter certeza de que havia um vaso à sua frente. Intrigado, Sexto conversa em voz baixa com o amigo, que conhecia o personagem: "Esse homem é cego?", pergunta. "Não, ele enxerga bem.", responde o outro. Continua Sexto: "Então, ele está brincando." O amigo: "Não, ele está falando sério." Sexto conclui: "O homem está perturbado, ele está doente. Precisa ver um médico." E costumo acrescentar que quem não se dá conta de que essa seria uma reação possível e normal para um cético pirrônico ainda não entendeu o que é o pirronismo.

se deu conta de que o cético jamais questionou nossa experiência humana e comum do mundo, que ele em verdade estima inquestionável, seu questionamento dizendo respeito tão somente às leituras filosóficas que a comentam e interpretam. Quem não se apercebeu de que não tem o cético por que não reconhecer que o acordo relativo das fenomenicidades subjetivas desenha algo como um mundo *objetivo para nós*.[48] E, entretanto, o mesmo Sexto repetidamente nos explicou que é somente *hóson epì tô lógo*, isto é, no quanto respeita ao *lógos*, à razão ou discurso dogmático, que o pirrônico suspende seu juízo acerca dos objetos exteriores (cf. H.P. I, 215), ou sobre as coisas que parecem ser evidentes (cf. H.P. II, 95), ou sobre a realidade ou irrealidade das causas (cf. H.P. III, 29), ou sobre a realidade ou irrealidade do lugar (cf. H.P. I, 135) etc.

Como no caso da verdade fenomênica, a postura realista fenomênica do cético parece fazer plenamente justiça às nossas intuições comuns, à espontaneidade e naturalidade de nosso sentimento do real. Sentimento em que um pirrônico não mais vê que a percepção da irrecusável necessidade de aderir ao fenômeno. O sentir comum é, assim, inteiramente preservado, quando a dúvida e a *epokhé* cética se exercem sobre os discursos téticos do dogmatismo.

Mas o que dizer, então, do chamado "realismo do senso comum"? A expressão é algo vaga e a consideração da questão exige de nós alguma prudência. O que se alega é que a maneira como o senso comum e seu discurso lidam com as noções de verdade e realidade mostra que neles já se contém em germe a postura que, uma vez elaborada e sofisticada, resultou historicamente no realismo metafísico. E que a denúncia e recusa filosófica deste último fatalmente também atingem sua versão incipiente, que é a do realismo e do senso comum. Para os que assim pensam, a postura realista fenomênica que aqui caracterizei, porque alheia a toda perspectiva metafísica e a toda transcendência, não se poderia fazer coincidir com o realismo que espontaneamente professa o comum dos homens.

Não me parece, no entanto, que assim seja. Ao contrário, entendo ser francamente incorreta nossa tendência erudita a ler o senso comum e seu discurso ordinário, no que respeita sobretudo ao tema da realidade, de modo a aparentá-los à doutrina filosófica do realismo metafísico. Uma tal tendência aparece-me, antes, como um legado histórico-cultural que os homens de cultura devemos à tradição filosófica

---

48 Não posso, assim, concordar com Burnyeat, quando entende que o reconhecimento pelo pirrônico do mundo em que vive e age e de seu próprio corpo se explica por seus interesses práticos e por sua conformidade com a postura comum à filosofia helenística. Com efeito, diz o autor: "Meanwhile, I suggest that the reason it does not occur to the Pyrrhonian skeptic to push his doubt that far is that he is still, like any other Hellenistic philosopher, a man in search of happiness. He has a practical concern. His skepticism is a solution to uncertainty about how to act in the world; or better, a dissolution of that uncertainty. Such being his prime concern, he cannot doubt in a completely general way his ability to act in the world" (cf. BURNYEAT, M. F. 1982, p.30).

com que estamos familiarizados. Nossos hábitos mais sofisticados de pensar e interpretar se modelaram à luz de nossas instituições culturais, frequentemente empenhadas na preservação e difusão de um discurso conformado segundo categorias tradicionais, em parte considerável forjadas precisamente pelo pensar filosófico do passado. Por isso mesmo, frequentes vezes projetamos sobre o senso comum nossos hábitos filosóficos, lendo-o sob uma ótica porventura deformante. E é o que me parece ocorrer no caso em questão.

Tanto mais que, como me parece muito oportuno aqui recordar, muitas, talvez a maioria, das palavras que a tradição tornou tão prenhes de conotações filosóficas preexistiam de muito aos usos eruditos que se lhes impuseram. E, como no caso do venerando verbo "ser", algumas pertenciam ao vocabulário corrente da língua grega comum na era pré-filosófica. Incorrer-se-á, por isso, em sério risco de enganoso anacronismo, se se tentar interpretar a visão do mundo do homem grego de então a partir de uma tradição filosófica posterior que elaborou doutrinariamente a leitura de sua linguagem. Tivessem sido outros os caminhos da filosofia grega, outras as doutrinas vindas à luz, outro o desenvolvimento e formação de nosso legado cultural, as mesmas palavras, se porventura ainda preservadas, obviamente não nos poderiam sugerir as significações que nossa atual erudição quer emprestar-lhes.

Modificar-se-ão acaso aquelas primeiras alegações, pretendendo-se agora tão somente que o senso comum *de nossa tradição* traz sob alguma forma embutida em seu discurso espontâneo a perspectiva realista metafísica? Mas, se assim se proceder, estar-se-á apenas sugerindo que nosso senso comum foi historicamente influenciado e contaminado por uma postura filosófica que nele se terá incorporado. O que configura tese bem diferente e de bem menos impacto e significação filosófica que aquela que se tinha inicialmente em vista. E mesmo essa tese, aliás, me parece pouco sustentável. Porque convém não sobre-estimar o alcance da influência que sobre o senso comum exercem teorias científicas ou filosóficas que o contaminam. Quando noções e termos de uma teoria se integram no discurso comum, eles se vão tornando no mais das vezes fluidos e vagos de sentido, perdem paulatinamente muito de seus significados originais, seu emprego se vai adequando às necessidades da vida ordinária e às práticas comuns, seus compromissos antigos com a teoria de origem se vão progressivamente dissolvendo. Por isso mesmo, será frequentemente imprudente ler o senso comum sob a ótica daquela teoria, restaurando velhas significações. Fazê-lo, a partir de nossos conhecimentos eruditos poderá, então, configurar violência contra a semântica da língua comum.

Eis por que me parece abusivo querer aparentar o chamado realismo do senso comum ao realismo metafísico. Aliás, para que se possa adequadamente falar de realismo metafísico se fazem necessárias especificação das teses doutrinárias, formulações ontológicas e epistemológicas precisas, indicações esclarecedoras sobre a armação conceitual utilizada pela doutrina, sobre a natureza de sua categorização da realidade, sobre a conformação de sua perspectiva acerca da relação entre palavras e coisas. Quando o realismo metafísico assim se precisa e especifica, torna-se bem mais fácil compreender que ele configura uma interpretação, entre outras possíveis, do realismo do senso comum, uma interpretação – reconheça-se – particularmente feliz no modo como se apropriou dos termos mesmos da linguagem comum, que filosoficamente "promoveu". A tal ponto feliz, que logrou secularmente apresentar-se como uma elaboração doutrinária e erudita de potencialidades e tendências alegadamente inscritas na postura natural do homem diante do mundo de sua experiência.

Se queremos conservar uma expressão consagrada, podemos continuar a falar de realismo do senso comum. Mas entendendo por isso não mais que o realismo fenomênico. Libertando nossas pobres palavras do peso metafísico que gerações de filósofos passaram séculos inteiros a jogar por cima delas. Porque não nos parecerá ousado conjecturar que o vocabulário da verdade, realidade, conhecimento, dizia originalmente respeito a relações que o homem reconhecia ou instituía no interior do mundo fenomênico que lhe aparecia e se lhe impunha, a distinções que comumente se estabeleciam entre percepções normais e anômalas, entre percepção e fantasia ou alucinação, entre uso correto e adequado e uso incorreto e inadequado do discurso etc. Relações que o homem continua hoje a reconhecer ou instituir, distinções que o homem continua hoje a estabelecer no seio da vida comum, sem remissão a qualquer transcendência, indiferente aos comentários e interpretações dos filósofos profissionais. Nesse sentido cabe observar, como algum filósofo já observou, que o homem comum está tão distante do realismo (filosófico) quanto do idealismo, ou de qualquer outra confissão filosófica particular. Não é o caso, por certo, de quem esteja diretamente contaminado por alguma delas.

No caso da verdade correspondencial fenomênica, tanto a verdade correspondencial clássica como a kantiana se puderam caracterizar como duas interpretações filosóficas distintas que dela historicamente se ofereceram, uma interpretando como "coisas-em-si", outra como representações no quadro da filosofia transcendental, os objetos a que pensamento e linguagem correspondem. Algo análogo podemos agora dizer a propósito do realismo fenomênico que nosso neopirronismo nos permitiu conceituar e que não nos pareceu distinguir-se basicamente da postura realista assumida espontaneamente pelo senso comum e na qual se imbrica a noção fenomênica de verdade correspondencial. O realismo metafísico clássico e o realismo empírico kantiano surgem-nos também agora como duas distintas elaborações doutrinárias de uma postura realista que não somente lhes é logicamente anterior, mas que também as precedeu no tempo histórico, na medida mesma em que o senso comum dos povos helênicos – que, sob este aspecto, não há por que imaginar diferente do senso comum de nossos tempos ou do senso comum de toda a nossa cultura ocidental – obviamente precedeu o advento da reflexão filosófica e, em particular, do realismo filosófico. Esta postura realista fenomênica é, em si mesma, neutra e indiferente com relação a essas interpretações, como o é também, aliás, com respeito a qualquer forma de idealismo ou a outras posições metafísicas ou epistemológicas.[49] Também nesse sentido podemos dizer pré-filosófico o realismo cético, exatamente como acima se disse pré-filosófica a verdade cética.

Espero ter conseguido mostrar como pode o pirronismo quebrar o monopólio milenar que o dogmatismo exerceu sobre o uso de termos como "verdade" e "realidade" em filosofia. E como a denúncia pirrônica de arrogância da razão dogmática não condescende com nenhuma forma de irracionalismo. O pirronismo questiona o realismo metafísico e a noção metafísica e correspondencial de verdade, mas não sacrifica, em nome da racionalidade, nossas intuições e nosso sentir comuns sobre realidade e verdade. Ele configura um exercício autocrítico da razão que, coibindo seus próprios desmandos e libertando-se de toda amarra dogmática, se preserva inteira no domínio da *empeiría* e da vida comum. Nenhuma opção irracional por uma "fé animal" aqui se insinua, nenhum apelo heroico aos instintos ou à natureza contra a razão. Uma nova figura da racionalidade em verdade se desenha, de uma racionalidade mais humana. O pirronismo nos descobre a razão dentro do mundo.

---

49 Porque jamais conseguiu compreender a diferença entre os registros fenomênico e filosófico, assim como a neutralidade filosófica daquele, Moore ergueu debalde seus braços aos céus, querendo dar uma prova da existência do mundo. Nenhum idealista foi atingido.

9

O ceticismo pirrônico
e os problemas filosóficos[1]

I

1. Ao longo da história de nossa tradição cultural, pensadores que foram chamados de "filósofos" examinaram e discutiram os mais variados temas. Eles reconheceram, diagnosticaram, formularam e tentaram resolver um número impressionantemente grande de problemas a que habitualmente se chama "problemas filosóficos". No mais das vezes, desenvolveram métodos sistemáticos de abordar tais problemas e de encaminhar suas soluções. Fizeram depender as soluções que propuseram da progressão metódica dos movimentos argumentativos que a elas conduziram. De um modo geral, entenderam que essas soluções se fazem aceitáveis por força de tais argumentos e da maneira toda por que foram construídas.[2] Nenhuma tese filosófica se avança sem que se vise à sua aceitabilidade. Todo filosofema que se propõe se quer aceitável – e, no limite ideal, aceito – pela comunidade dos seres racionais. Melhor dizendo: pela porção desta comunidade que é capaz de lidar com a problemática filosófica.

Vale acrescentar que a pretensão de aceitabilidade inerente à proposição de teses filosóficas compreensivelmente se estende às argumentações que as estabelecem. Nem poderia ser de outra maneira, se as teses se fazem solidárias dessas argumentações, se sua aceitação deve destas resultar. E, pela mesma razão por que não se dirá filosófico um discurso que se apresenta como um mero elenco de teses, dir-se-á má filosofia um discurso que constrói mal a argumentação que supostamente deveria

---

1   Este texto foi publicado em *Cadernos de História e Filosofia da Ciência*, Série 3, v.6, número especial, Campinas, 1996, p.97-157. Também em *Principia*, v.I, n.1, Florianópolis, 1997, p.41-107.

2   Lidei com esse tema nas páginas iniciais de "Ceticismo e Argumentação", cf. p.147s.

conduzir à aceitação de suas teses, que não se faz aceitável pelo leitor (ou ouvinte) porque sua progressão argumentativa é deficiente, ou porque a ordem de suas razões é obscura ou menos inteligível, resistindo a toda tentativa razoável de compreendê-la. A filosofia não é um empreendimento privado.

De qualquer modo, um filosofema se propõe como solução – ou parte da solução – de um problema filosófico. Nesse sentido, se pode dizer que filosofemas são teses problemáticas. Teses que não se impõem, por si mesmas, à nossa aceitação. Portanto, teses que podem, ou não, ser aceitas e isso porque sua aceitação depende, precisamente, do endosso do leitor (ou ouvinte) à argumentação que o filósofo expende para sustentá-la. Não se empenhará filósofo nenhum em construir argumentos, que por vezes são longos e complexos, para sustentar uma proposição trivial e não problemática, cuja aceitação tranquila prescinde de qualquer argumentação. Se, por vezes, o filósofo conclui seu longo esforço argumentativo pela proposição de uma tese aceita pelo senso comum, é porque tal tese se fizera, na tradição filosófica, filosoficamente problemática e fora, talvez, rejeitada ou desqualificada pelos filósofos.

Se assim é – assim, ao menos, me aparece que seja –, parecerá nada menos que paradoxal perguntar sobre a existência de problemas filosóficos. Mesmo quando não se tenham preocupado com formular e discutir explicitamente a noção de problema filosófico, parece adequado dizer que os filósofos não fazem outra coisa senão deles ocupar-se, esse é o seu negócio e profissão. O reconhecimento implícito da existência de tais problemas é o pressuposto óbvio da atividade filosófica. Donde parecer impor-se que a pergunta sobre a existência de problemas filosóficos, para que ela faça sentido, somente pode entender-se como pergunta sobre a *legitimidade* dos problemas filosóficos, sobre sua validade e efetiva significatividade. E o fato de a pergunta ser formulada traduz claramente o surgimento de uma dúvida sobre essa legitimidade, validade e significatividade. Ao aceitar ocuparmo-nos de tal pergunta, o fazemos seja porque alimentamos uma tal dúvida, seja porque outros a têm alimentado e a questão nos aparece suficientemente séria e digna de nossa atenção, merecendo que com cuidado a examinemos, eventualmente propensos a contribuir para que a dúvida não prospere ou mesmo para que se dissipe, total ou parcialmente.

Perguntar pela legitimidade dos problemas filosóficos é perguntar pela sua aceitabilidade, enquanto problemas, pelo auditório formado pela comunidade racional a que o filósofo sempre se dirige. Os filosofemas somente se podem propor como aceitáveis porque estabelecidos por argumentações aceitáveis, dissemos acima. Mas os filosofemas e as argumentações que neles resultam somente se dirão aceitáveis se os filosofemas se propõem como soluções para problemas que se reconhecem como tais, como perguntas que cabe formular e para as quais cabe elaborar soluções. Indagar se um assim denominado problema filosófico é legítimo é, então, indagar se, no exercício pleno de nossa racionalidade, o que quer que possa significar essa expressão, devemos, ou podemos, aceitá-lo como um problema a ser, ao menos tentativamente, resolvido por nossa reflexão filosófica. Esta qualificação, "filosófica", é importante. Isto porque falar propriamente de legitimidade e aceitabilidade de problemas filosóficos pressupõe alguma forma de demarcação entre os problemas que se dirão "filosóficos" e os que assim não serão chamados, problemas práticos, políticos, culturais, religiosos, científicos etc. Recusar a especificidade do filosófico é recusar a existência de problemas que se possa adequadamente distinguir de outros que não seriam denominados "filosóficos".

Uma coisa parece absolutamente óbvia. Se os filósofos profissionalmente se ocupam de problemas filosóficos, se para resolvê-los elaboram soluções e desenvolvem estratégias argumentativas que alegadamente as justificam, pode-se dizer que estão sempre pelo menos implicitamente a reconhecer, no mesmo exercício de sua atividade filosofante, a legitimidade dos problemas de que se ocupam. Indagar da legitimidade dos problemas filosóficos, de todos ou de um certo número ou de uma certa classe deles, é claramente, então, pôr em suspeição, no todo ou em maior ou menor parte, esse mesmo reconhecimento e também, obviamente, a validade dessa mesma atividade filosofante. Pois é indagar se os filósofos que se ocuparam dos problemas cuja legitimidade pomos em questão não se terão ocupado, ainda que disso não se tenham apercebido, de meros pseudoproblemas.

Indagar da legitimidade de problemas filosóficos é obviamente problematizá-la. E essa problematização, não vejo como não dizê-la "filosófica". Porque seu tema é a problemática filosófica, porque tem aquele escopo abrangente que caracteriza a filosofia em relação a todas as outras formas da atividade intelectual, porque não se vislumbra como poderia ser pertinente ao domínio de qualquer disciplina científica. Aristóteles não tinha certamente outra coisa em mente quando escreveu, em seu *Protreptikós:* "se se deve filosofar, se deve filosofar e, se não se deve filosofar, se deve filosofar; de todos os modos, portanto, se deve filosofar". (*Ei mèn philosophetéon philosophetéon kaì ei mè philosophetéon. philosophetéon*; *pántos ára philosophetéon*.).[3] Em suma, ao examinar a questão da legitimidade de todos ou de alguns problemas filosóficos, está-se irrecusavelmente a proceder a uma problematização filosófica, isto é, está-se exercendo a atividade filosófica de problematizar.

Essas considerações equivalem, por certo, a uma *reductio ad absurdum* de toda tentativa de recusar legitimidade a *todo* problema filosófico. Porque, sendo a indagação sobre a legitimidade de problemas filosóficos uma problematização filosófica, proceder a uma tal indagação implica então em reconhecer a legitimidade de *pelo menos um* problema filosófico, esse precisamente que se levanta ao efetuar a inda-

---

3   A passagem pertence ao fragmento 2 do *Protreptikós* (segundo Elias *in* Porph, 3, 17-23), cf. *Aristotelis Fragmenta Selecta*, 1958, p.27.

gação. Nossa investigação filosófica sobre a legitimidade de problemas filosóficos necessariamente repousa, então, sobre um tal reconhecimento.

Por outro lado, no entanto, nada nos obriga a estender esse reconhecimento de legitimidade a todo problema filosófico. Ressalvada a legitimidade em geral de nossa atividade filosófica problematizadora, ela se pode direcionar no sentido de problematizar, precisamente, a legitimidade de *muitas* problematizações filosóficas, isto é, de criticar filosoficamente a atividade filosofante que instaurou essas problematizações. Nada nos impede *a priori* de dispor-nos a investigar, se isso nos parecer conveniente e razoável, se muito assim chamado problema filosófico não se poderia mais adequadamente de fato classificar como pseudoproblema.

E a filosofia do século XX tem procedido a esse autoquestionamento. Como disse Manuel M. Carrilho:

> Um dos temas que singularizam, disciplinar e tematicamente, a filosofia no nosso século, é o da sua autoquestionação, o da sua persistente e funda interrogação sobre a natureza e a justificação de sua atividade no contexto do mundo contemporâneo. Esta interrogação conduz, de um modo geral mas muito significativo, à temática da especificidade da *problematicidade* filosófica e, mais precisamente, em particular desde a década de 1920, à questão de saber se existem ou não problemas *filosóficos*. (Carrilho, 1994, p.21)[4]

Em verdade, num certo sentido, pode-se dizer que, ao longo de sua história, a filosofia com frequência procedeu a um tal autoquestionamento, ao menos de modo parcial. A crítica dirigida pelo empirismo clássico à filosofia aristotélico-tomista, a crítica kantiana da metafísica, a crítica hegeliana da filosofia clássica são alguns exemplos notáveis de problematização filosófica de certos estilos e maneiras de fazer filosofia, que implícita ou explicitamente significaram a desqualificação de vastas classes de problemas filosóficos com que se tinham ocupado as filosofias criticadas. De modo muito mais abrangente e contundente, em nosso século, o empirismo lógico, a filosofia do segundo Wittgenstein, a filosofia da linguagem ordinária, o neopragmatismo são outros tantos exemplos conspícuos de denúncia radical das formas "clássicas" de filosofar, implicando uma devastadora dissolução das problemáticas filosóficas tradicionais, em sua totalidade, ou quase totalidade. Assim, com o empirismo lógico, as proposições "metafísicas" são despidas de qualquer significado cognitivo e, com o segundo Wittgenstein, os problemas filosóficos se convertem em pseudoproblemas, cuja origem está tão somente no mau uso de nossa linguagem cotidiana. Embora apenas Wittgenstein se sirva expressamente da metáfora (cf. Wittgenstein, 1968,

---

4   Parte importante da obra filosófica de Carrilho gira fundamentalmente em torno da noção de problema filosófico. Seu livro *Jogos de Racionalidade* elabora o tema com profundidade e elegância, cf. CARRILHO, M. M. 1994.

p.109, 119, 235), creio adequado dizer que essas várias figuras do autoquestionamento filosófico próprio à contemporaneidade concebem de algum modo sua própria postura como uma forma de *terapia*, uma terapia dirigida à tentativa de curar o intelecto da enfermidade configurada pelo exercício da atividade filosófica tradicional. É a filosofia que decididamente se empenha em sua autodissolução.

Não precisamos aqui de proceder ao exame e análise desses empreendimentos, aliás sobejamente conhecidos e, em nossos dias, amplamente discutidos. O que nos interessa realçar é que, em todos esses casos, não se trata apenas de problematizar a legitimidade dos problemas filosóficos, mas de efetivamente recusá-la, mediante a total desqualificação das formas filosóficas de que eles são irrecusavelmente solidários. Uma desqualificação a que se procede de modo radical e peremptório, com base seja numa teoria do significado, seja numa concepção nova da linguagem, seja numa concepção geral da própria atividade filosófica. São essas teorias e concepções – ainda que por vezes, como no caso de Wittgenstein, sem a estrutura aparente de uma organização teórica – que fornecem os alegados critérios de aferição da ilegitimidade dos problemas denunciados. Em outras palavras, a denúncia da ilegitimidade encontra, em cada caso, seu fundamento e justificação numa particular postura positiva que definitivamente se assume, envolvendo sempre, não apenas articulações determinadas de certos problemas eminentemente filosóficos, mas também uma definição dirimente quanto à natureza mesma da atividade filosofante. Postura da qual aquela mesma denúncia inelutavelmente decorre. Mas isso nos permite, então, dizer que tais desqualificações dos problemas filosóficos somente se produzem no interior de quadros definidos por opções filosóficas particulares.

Isso significa, portanto, que a eventual aceitação dessas desqualificações de problemas filosóficos depende intrinsecamente da adoção daquelas posturas e definições filosóficas positivas em cujo âmbito elas têm lugar. Ora, tais posturas e definições são, como quaisquer outras no domínio da filosofia, objeto de discussão e controvérsia, são eminentemente problemáticas e, como é natural e costumeiro, são por muitos filósofos rejeitadas. Tais teorias filosóficas, como quaisquer outras, têm seus métodos e resultados no mais das vezes contestados. Nem se vê como poderia ser de outra maneira. Daí necessariamente se segue a manifesta problematicidade daquelas desqualificações de problemas. A mesma problematização que se levara a cabo se faz controversa e problemática. Ela somente não aparece problemática e uma desqualificação radical de problemas filosóficos somente parece lograr-se para quem decididamente assume uma postura filosófica dogmática (no sentido que o ceticismo pirrônico deu a essa expressão), para quem efetua uma opção filosófica particular e, nela entrincheirado, se pronuncia, coerentemente com o ponto de vista assumido, sobre a natureza do filosofar e de seus problemas.

Como corolário de tudo que vimos, de um lado aparentemente resulta uma banalização da questão da legitimidade dos problemas filosóficos: conforme a postura filosófica que eventualmente adotemos, diremos, ou não, que tal ou qual classe de problemas, ou que a maioria deles, ou mesmo que a totalidade dos problemas tradicionais carecem de legitimidade. Por outro lado, fica claro que a problematização de problemas filosóficos é sempre objeto possível de problematização, que esta última, se levada a efeito, também pode, por sua vez, ser objeto de nova problematização e, assim, ao infinito. Mas não é menos certo que, uma vez levantada a questão da legitimidade dos problemas filosóficos, um novo e fundamental problema filosófico se configurou, um problema que uma reflexão crítica sobre a filosofia não mais poderá ignorar e tem necessariamente de abordar, o problema precisamente dessa discutida legitimidade. Porque da problematicidade da problematização da legitimidade de nenhum modo decorre que a legitimidade esteja assegurada. Se não vemos como tal legitimidade se possa recusar sem dogmatizar, paradoxalmente não vemos também como se possa tranquilamente filosofar sem abordar de frente tal problema: são legítimos os problemas tradicionais da filosofia? Proceder como se a questão não tivesse sido levantada seria filosoficamente ingênuo e decorreria de uma pressuposição implícita de legitimidade, em última análise não menos dogmática que o dogmatismo oposto que se estaria querendo evitar. Nosso esforço por refletir criticamente não pôde estabelecer a ilegitimidade dos problemas filosóficos, mas bastou empreendê-lo para que a legitimidade desses problemas se nos manifeste agora como eminentemente problemática. O impasse filosófico a que fomos conduzidos parecer-nos-ia, à primeira vista, incontornável.

II

2. Falemos agora, um pouco, de ceticismo e recordemos a postura dos céticos com relação à filosofia por eles dita "dogmática". O pirrônico entende por dogmático o discurso que pretende ter capturado a realidade, ou natureza, ou essência, das coisas com que se ocupa, que se julga capaz de dizer adequadamente o que é o caso, exprimir um conhecimento definitivo de seu objeto,[5] em suma, o discurso tético,[6] cuja mesma pretensão o converte num discurso sobre o não aparente (*ádelon*), o não evidente, o transcendente, o que se postula para além da experiência imediata. Entretanto, a experiência sempre renovada do pluralismo conflitual das soluções propostas pelas filosofias para seus problemas, da oposição permanente das filosofias

---

5 O dogmático, isto é, o filósofo que entende ter descoberto a verdade (cf. Sexto Empírico, H.P. I, 2-3), "põe como real aquela coisa sobre a qual se diz que ele dogmatiza" (*hos hypárkhon títhetai tò prâgma ekeîno hò légetai dogmatízein*, cf. H. P. I, 14), "põe como real aquilo sobre que dogmatiza" (cf. H.P. I, 15). O dogma é "assentimento a algo não evidente (*tinì adélo sygkatáthesin*, cf. H.P. I, 16), "assentimento a uma das coisas não evidentes investigadas pelas ciências" (H.P. I, 13).

6 Acerca do caráter tético do discurso dogmático, cf. "Sobre o que Aparece", p.126.

umas às outras, da controvérsia sempre renascente sobre métodos e critérios pretensamente destinados a resolver essas controvérsias, da possibilidade de opor a todo discurso tético um outro discurso não menos persuasivo e contraditório em relação àquele, com ele portanto *isostênico*;[7] da indecidibilidade de tais situações conflituais,[8] tudo isso levou continuamente o cético a suspender seu juízo sobre cada discurso dogmático. Sua suspensão de juízo (*epokhé*) é tão somente o não poder optar por uma das teses em conflito,[9] em virtude precisamente da análise crítica a que as submeteu.

Por certo, o cético não pode extrair de sua experiência das suspensões de juízo que inexoravelmente se lhe vão impondo ao longo de suas investigações qualquer tese geral sobre a impossibilidade do conhecimento ou a impossibilidade de obter-se a verdade. Uma tal tese, necessariamente transcendendo o âmbito de suas experiências, configuraria claramente um posicionamento dogmático sobre a natureza do conhecimento ou da verdade. Uma tal postura epistemológica negativista, Sexto Empírico a atribui aos filósofos Acadêmicos e expressamente a rejeita.[10]

De outro lado, porém, a repetição constante da experiência suspensiva, que se renova em todo processo de investigação, leva compreensivelmente o cético a perder a esperança de estabelecer qualquer resultado definitivo, de poder articular um conhecimento seguro do que é o caso, de encontrar a verdade com que acena a filosofia dogmática. Em outras palavras, não tem o cético a expectativa de vir jamais a encontrar uma solução para os problemas filosóficos com que os filósofos dogmáticos se ocupam. A tranquilidade que segue a suspensão cética do juízo[11] parece-me indissociável desse desaparecimento do anseio primitivo pela verdade, anseio perturbador sobretudo porque acompanhado da consciência das múltiplas soluções conflitantes para os problemas considerados.

---

7   A *isosthéneia*, equipotência, é a igualdade dos discursos quanto à credibilidade e incredibilidade, "de modo a nenhum dos discursos conflitantes ser superior a nenhum outro, como mais digno de fé" (cf. H.P. I, 10; também 202-5). O cético conduz sua investigação de maneira a realçar essa posição de equilíbrio das forças em disputa, cf. A.M. VIII, 159; também "Ceticismo e Argumentação" p.156.

8   Sobre a insistência pirrônica na *diaphonía* (discrepância, discordância, controvérsia) das doutrinas dogmáticas e sua fundamental indecidibilidade, cf. "Ceticismo e Argumentação", p.151s, onde se faz referência a grande número de passagens da obra de Sexto Empírico nas quais surge essa temática.

9   Em várias passagens, Sexto nos apresenta a *epokhé* como um estado da mente caracterizado pela incapacidade de optar entre posições opostas, cf. H.P. I, 7, 10, 26, 165. Cf., também, "Sobre o que Aparece" p.119, e "Ceticismo e Argumentação", p 157.

10   Sobre o negativismo epistemológico atribuído por Sexto aos filósofos da Nova Academia, cf. H.P. I, 1-4, 226s.

11   Sobre a *ataraxía* cética como corolário da suspensão do juízo, cf. H.P. I, 25 s.

Se o cético pirrônico caracteriza sua filosofia como *zetética*, como uma investigação permanente,[12] é porque o renascer frequente do desafio dogmático e a mesma impossibilidade de uma solução pretensamente definitiva para tal desafio – precisamente porque ela seria também dogmática – deixam a problemática filosófica necessariamente em aberto, convidando continuadamente o cético ao exercício de sua investigação crítica. Nem positiva nem negativamente tem o cético qualquer problema por resolvido. Nesse sentido, sua suspensão de juízo é sempre provisória, embora de uma provisoriedade que, por assim dizer, indefinidamente se renova, sem que se justifique qualquer esperança de que seja superada.

Poderia parecer que essa mesma natureza da suspensão cética do juízo equivale implicitamente ao reconhecimento da legitimidade dos problemas filosóficos considerados. Ao examinar detalhadamente as soluções conflitantes, ao reconhecer-se incapaz de decidir entre elas, ao não optar por nenhuma delas, ao reconhecer que a problemática continua em aberto, tudo pareceria indicar que o cético está implicitamente reconhecendo também que os problemas estudados fazem sentido. Tanto mais que, em face de um eventual – e não infrequente – desequilíbrio que pareça favorecer uma das teses em disputa, o cético costumeiramente se empenha em desenvolver a argumentação em favor da tese oposta e momentaneamente em aparência mais fraca, de modo a revelar a *isosthéneia*, a igualdade de força entre as partes em conflito que conduz à suspensão de juízo. Na discussão das questões suscitadas pelo dogmatismo, o cético pratica o método das antinomias, opondo tese a tese, argumento a argumento, por vezes empenhando-se em melhor elaborar ou mesmo em construir toda uma argumentação, construída, também ela, à maneira dogmática, contra as teses propostas por alguma filosofia que ainda não tenha sido objeto de contestação melhor articulada. Nesses casos, é certo que, mesmo ao inventar e desenvolver "seus" argumentos, não está o cético por certo a endossá-los nem a tomá-los como argumentos propriamente céticos; em verdade, seu procedimento é tão somente dialético, um instrumento em direção à esperada *epokhé*.[13] De qualquer modo, toda essa prática argumentativa pareceria, também ela, confirmar a hipótese do reconhecimento implícito da legitimidade dos problemas filosóficos dogmáticos. Aliás, convém não esquecer que a questão da legitimidade ou ilegitimidade dos problemas filosóficos não foi trabalhada pela filosofia grega clássica ou helenística.

3. Se abandonamos, no entanto, por alguns momentos, o ceticismo grego e refletimos sobre essa questão, tal como ela para nós hoje se delineia, imediatamente

---

12   Sexto assim caracteriza a filosofia cética desde o início mesmo das *Hipotiposes*, cf. H.P. I, 1-3, 7.

13   Sobre o uso dialético pelo ceticismo pirrônico do método das antinomias, cf. "Ceticismo e Argumentação", p.156-9.

compreendemos que, em face da controvérsia a seu respeito, um pirrônico – ou um neopirrônico[14] – não deveria hesitar em falar de um conflito de dogmatismos. Se os que defendem a legitimidade dos problemas filosóficos dogmáticos valorizam manifestamente uma forma transcendente de pensar que pretensamente captura seu objeto em sua mesma natureza para além da *empeiría* e de quanto nos aparece, também os que a têm contestado levam costumeiramente a cabo sua contestação a partir de princípios e pontos de vista filosóficos positivos cuja natureza, em última análise, não é menos dogmática, no sentido cético deste termo. Assim como dogmática é a formulação de suas peremptórias conclusões, que pretendem estabelecer de modo definitivo a ilegitimidade dos problemas tradicionais. O paralelo com a postura adotada, segundo Sexto, pelos filósofos da Nova Academia com respeito à questão do conhecimento da verdade parece impor-se. Estes julgavam poder estabelecer que a verdade é inapreensível, os filósofos contemporâneos que impugnam a legitimidade dos problemas filosóficos tradicionais julgam ter estabelecido de modo concludente a tese de sua ilegitimidade. E, quando Wittgenstein rejeita como pseudoproblema os problemas filosóficos tradicionais, o estilo de seu discurso deixa-nos a impressão de que o filósofo pretende ter mostrado de modo definitivo e conclusivo o não sentido daqueles problemas.[15]

Ao neopirrônico não resta, por isso mesmo e uma vez mais, outra postura que não a da suspensão do juízo em face desses dogmatismos conflitantes. Ele é levado a reconhecer-se incapaz de optar entre as argumentações e teses rivais, incapaz portanto de concluir que os problemas filosóficos em questão são legítimos, ou que, ao contrário, são ilegítimos. Não vê como se poderia estabelecer, de maneira definitiva, uma ou outra posição. Fica-lhe patente que não pode reconhecer legitimidade aos problemas filosóficos tradicionais, precisamente porque essa mesma legitimidade

---

14 Introduzi o termo "neopirrônico" no final de "Sobre o que Aparece" (cf. p.145) e continuo a dele servir-me, na medida em que me tenho proposto a repensar e reelaborar a postura pirrônica do ceticismo grego de modo a desenvolvê-la, atualizá-la e adaptá-la à reflexão filosófica de nossos dias, cf. "Verdade, Realismo, Ceticismo", p.194.

15 Reconheço ser controverso que se possa falar, no sentido cético do termo, de um dogmatismo do segundo Wittgenstein. Em seu excelente artigo sobre Wittgenstein e o pirronismo, Plinio Smith recusa a tese de que o filósofo teria elaborado uma concepção dogmática da natureza da filosofia e do discurso filosófico (cf. SMITH, P. J. 1993, p.183), entendendo, ao contrário, que ele promoveu "uma espécie de renovação da tradição pirrônica, num sentido bastante original" (cf., ibidem, p.180), posicionando-se "no campo do não saber pré-filosófico" e partindo da linguagem comum para indagar pelo significado de cada discurso filosófico, pensando sua "terapia" a partir do reconhecimento do fato histórico-filosófico representado pela frequente instauração, pelos filósofos, de um domínio linguístico tornado possível pela distorção do uso ordinário das palavras e pela violação da "gramática" da língua comum (cf., ibidem, p.184). Se Smith tem razão, então Wittgenstein constituiria uma exceção dentro desse panorama a que me estou referindo.

se mostra fortemente controvertida no seio mesmo da filosofia dogmática e o cético não pode ignorar essa controvérsia. Por razão análoga, também ele se vê impedido de asserir a validade da tese oposta que proclama a ilegitimidade dos problemas. Como as outras questões filosóficas sobre as quais o cético se debruçou, a da legitimidade ou ilegitimidade dos problemas filosóficos permanece para ele uma questão em aberto. Por outro lado, tendo-se familiarizado agora com uma tal controvérsia, não pode o neopirrônico não projetá-la sobre sua costumeira atitude em face de qualquer problema filosófico tradicional, atitude que herdou do pirronismo antigo. Debruçando-se sobre um qualquer desses problemas, analisando e desenvolvendo as argumentações opostas que levam às conclusões conflitantes, o neopirrônico terá sobre cada problema uma perspectiva por assim dizer enriquecida, sua *epokhé* tornando-se de algum modo mais complexa: sua não opção agora será entre a legitimidade do problema em pauta – a qual, mesmo se aceita, não implicaria opção por uma das teses rivais – e a sua ilegitimidade – caso em que, obviamente, a questão da opção entre as teses nem mesmo se colocaria.

Mas não somente isso. A experiência da controvérsia sobre a legitimidade, propiciada ao neopirrônico pela frequentação da filosofia contemporânea, vem agora permitir-lhe uma leitura retrospectiva da postura do cético pirrônico antigo, iluminada pela nova problemática. Postura a que o neopirrônico, aliás, permanece integralmente fiel em seus pontos fundamentais. Ele se dá, porém, conta de que vários aspectos dessa postura se podem, em verdade, adequadamente considerar sob nova ótica, sobretudo se se cuida de não cometer o anacronismo de propor do ceticismo grego uma interpretação que resulte da projeção sobre o passado de nossas perspectivas atuais. Se o anacronismo, porém, conscientemente se evita, a releitura se faz válida e seus resultados se mostram filosoficamente interessantes.

4. Em primeiro lugar, com efeito, se pode recordar que é um procedimento frequente de Sexto Empírico dividir seu questionamento de teses dogmáticas em duas etapas: a primeira diz respeito à inteligibilidade dos conceitos envolvidos nessas teses; a segunda, pressupondo-se, para fins metodológicos, que essa inteligibilidade não está em questão, concerne diretamente à aceitabilidade das teses (nos textos de Sexto, boa parte das teses examinadas se formulam como asserções de realidade correspondentes a conceitos fundamentais das doutrinas dogmáticas, tais como critério, signo, prova, corpo, espaço, tempo etc.).[16] Assim, ao discutir a doutrina dogmática que faz do homem o critério da verdade, Sexto principia por mostrar que

---

16 É preciso dizer que, por vezes, Sexto não distingue explicitamente entre essas duas etapas e mistura a discussão das teses sobre pretensas realidades asseridas pelos dogmáticos com considerações sobre a inteligibilidade dos conceitos utilizados, cf., por exemplo, H.P. II, 23 (acerca do signo); 171 (sobre a prova).

"o homem parece..., no quanto concerne ao que é dito pelos dogmáticos, ser não apenas inapreensível (*akatáleptos*), mas também inconcebível (*anepinóetos*)". (cf. H.P. II, 22.) E acrescenta: "querendo estabelecer o seu conceito (*énnoia*), em primeiro lugar não se põem de acordo, em segundo dizem também coisas ininteligíveis (*asýneta*)".[17] Também ao iniciar a discussão sobre o signo indicativo, pretensamente capaz de significar-nos a realidade de coisas não evidentes a partir de coisas que nos são evidentes, Sexto nos diz: "Ora, o signo, no quanto concerne ao que é dito sobre ele pelos dogmáticos, é inconcebível (*anepinóeton*)" (cf. H.P. II, 104), a sequência do texto consagrando-se a mostrar por que isso ocorre. Em H.P. III, 13, a investigação sobre a causalidade começa com as palavras "Ora, no quanto concerne ao que é dito pelos dogmáticos, não se poderia conceber (*ennoêsai*) a causa, se é certo que, além de proporem conceitos (*énnoiai*) discrepantes (*diaphónous*) e diferentes de causa, também tornaram sua realidade insuscetível de descobrir-se, devido ao desacordo (*diaphonía*) sobre ela." E, para tomar um último exemplo, consideremos a discussão sobre a realidade absoluta do tempo em A.M. X, no decurso da qual, após examinar alguns conceitos de tempo propostos por filósofos anteriores, entre os quais Aristóteles, e antes de proceder a uma argumentação direta contra a asserção da realidade do tempo, Sexto comenta: "sejam estas, então, nossas considerações sobre as dificuldades que dizem respeito à realidade do tempo, a partir de sua concepção (*epinoías*)" (cf. A.M. X, 188-9).

O que todas essas passagens tornam claro é que, aos olhos do cético pirrônico, os conceitos envolvidos nas teses dogmáticas e que supostamente correspondem às realidades não evidentes que se pretende conhecer padecem de grande obscuridade, seja porque se apresenta uma persistente discrepância (*diaphonía*) acerca da própria conceituação, seja porque, como a discussão pormenorizada dessas concepções o mostra, delas decorrem consequências que tornam problemática a mesma aceitação dessas pretensas realidades. O que permite dizer que a própria significatividade das teses se faz inalcançável e irremediavelmente problemática. Mais não é, então, preciso para que, lendo esses textos *sob a luz atual* de nossa investigação sobre a legitimidade dos problemas filosóficos, nos vejamos autorizados a dizer que, ao insistir assim sobre a problematicidade e a fundamental obscuridade dos conceitos – ou de, ao menos, boa parte dos conceitos – utilizados pela filosofia dogmática, o cético antigo estava de fato a questionar a mesma legitimidade do discurso filosófico tradicional e, por conseguinte, dos problemas com que ele lidava. Como tratar da apreensão de certas pretensas realidades, se, como os próprios filósofos adversários reconheciam, "a concepção (*epínoia*) precede toda apreensão (*katálepsis*)" (cf. A.M.

---

17 Também em A.M. VII, 283-4, após passar em revista e criticar os vários conceitos de homem propostos por diferentes filósofos, Sexto diz ter mostrado que "o homem é inconcebível (*anepinóetos*), no quanto concerne aos conceitos (*ennoíais*) dos dogmáticos".

VII, 263) e nem mesmo a concepção adequadamente se logra? Não pretendeu jamais o cético pirrônico, isto é certo, ter estabelecido aquela ininteligibilidade, mas entendeu ter mostrado de modo irrecusável o caráter duvidoso da inteligibilidade pressuposta.

Por outro lado, quando o cético antigo, tendo embora posto em dúvida a inteligibilidade dos conceitos dogmáticos com que está lidando, passa a questionar diretamente as teses que envolvem tais conceitos, mostrando como argumentações não menos fortes que as empregadas para sustentá-las podem seriamente contraditá-las, por isso desenvolvendo dialeticamente, por exemplo, argumentos contra pretensas realidades postuladas pelos filósofos (a que os conceitos corresponderiam) ou contra sua apreensibilidade, ele está muitas vezes apenas pressupondo, por razões metodológicas, que os conceitos envolvidos se tenham mostrado suscetíveis de uma compreensão clara e não problemática. Assim, após mostrar que não se pode conceber adequadamente o ser humano a partir do discurso dogmático e segundo suas próprias exigências, Sexto diz (cf. H.P. II, 29): "Mas, ainda mesmo que aceitássemos, por concessão, que o homem pode ser concebido (*epinoeîsthai*), ele se descobrirá inapreensível"; e uma longa argumentação se expende nessa direção. Também em H.P. III, 23, após arguir a inconcebibilidade da noção de causa e antes de passar à argumentação contra a sua apreensibilidade, assim se exprime Sexto: "E mesmo se se concordasse em que a causa pode ser concebida (*ennoeîsthai*), poder-se-ia julgar que ela é inapreensível devido à discordância (*diaphonía*)." Muitos outros exemplos desse tipo poderiam facilmente ser lembrados, todos deixando claro que o uso do método cético das antinomias, isto é, da argumentação dialética contraditória que visa levar ao reconhecimento da equipotência de teses dogmáticas entre si conflitantes, de modo nenhum pressupõe, se não apenas por razões de método, que se tenha aceito a significatividade plena do discurso dogmático. Ou, para voltar à nossa problemática e à nossa ótica contemporânea, não há por que considerar o engajamento do pirrônico na análise e articulação da problemática dogmática como implicitamente equivalente a um qualquer reconhecimento da legitimidade dos problemas filosóficos tradicionais sobre os quais ele se debruça criticamente.

5. Mas ainda há mais. Vimos acima que o cético é levado pela repetição constante de sua experiência suspensiva em face de todos os problemas filosóficos tradicionais por ele investigados a perder compreensivelmente toda esperança de vê-los um dia resolvidos. Isto é, não vê o cético como confiar em que a investigação filosófica conduza à solução de qualquer desses problemas. Se enfrenta decididamente novas questões que os dogmáticos lhe propõem, não é mais – como dantes o era, quando não se tornara ainda cético – por anelar pela verdade e empenhar-se em dar-lhes resposta, mas tem somente em vista a perspectiva da *epokhé* e a preservação da tranquilidade que a experiência lhe ensinou resultar daquela. Porque sua memória

somente lhe ensina a conjunção constante entre a investigação filosófica de um tema e a suspensão de juízo que à investigação sempre sobrevém.[18] Muito natural é, então, que a partir daí se desenvolva uma desconfiança crescente com relação ao dogmatismo e ao seu discurso. Desconfiança, aliás, que expressamente se formula nos textos de Sexto Empírico através de uma frequente caracterização depreciativa da postura dogmática.

E, com efeito, na medida mesma em que o resultado constante da investigação cética, repetido ao fim da análise e discussão de cada problema filosófico particular, é a descoberta da equipotência dos argumentos opostos que se podem aduzir a favor de e contra a sustentação de qualquer tese dogmática, num equilíbrio sempre alcançado que torna impossível qualquer decisão e opção filosófica; na medida mesma, então, em que assim sempre se passam as coisas e a suspensão de juízo inevitavelmente se segue, o cético é levado a considerar a opção dogmática por uma qualquer das teses em conflito, a aceitação de uma cadeia argumentativa pretensamente conclusiva, a alegada solução portanto do problema em pauta, como indícios manifestos que revelam uma condenável precipitação: o dogmático aparece necessariamente aos olhos do pirrônico como aquele filósofo que não levou às últimas consequências o exercício filosófico da postura crítica, que não foi capaz de examinar com o rigor que o empreendimento filosófico exige os movimentos argumentativos envolvidos na discussão da problemática examinada, que pôs prematuramente fim ao processo de análise e pesquisa, que se precipitou, enfim, ao dar adesão e assentir a um enunciado que acolhe como resposta e solução.

Vários são os textos de Sexto Empírico que tematizam esse ponto. Assim, por exemplo, no livro I das *Hipotiposes*, após ter longamente apresentado os dez Modos de Enesidemo que conduzem à *epokhé* pela manifestação dos incontornáveis conflitos que opõem umas às outras as nossas representações, Sexto passa a expor os cinco tropos gerais de Agripa contra a assertividade das teses dogmáticas e, concluída a exposição, nos diz que os céticos mais recentes que os elaboraram o fizeram, não para substituir ou rejeitar aqueles dez primeiros, mas para, pela conjunção de uns e outros, refutar de modo mais abrangente "a precipitação (*propéteia*) dos dogmáticos" (cf. H.P. I, 177). Do mesmo modo, a apresentação dos oito tropos de Enesidemo

---

18 Cabe, sem dúvida, aplicar aqui a doutrina sextiana dos signos rememorativos: o cético não faz nenhuma objeção à doutrina de tais signos e reconhece que certos fenômenos habitualmente nos remetem a certos outros, mesmo se estes ocasionalmente não se observam – ou ainda não se observam – quando a experiência passada fez reter em nossa memória a sua constante e observável conjunção: diremos, então, que a investigação presente de um tema a que o cético se dedica opera como um signo rememorativo a anunciar a *epokhé* futura, tendo em vista a experiência passada. Sobre a aceitação pirrônica dos signos rememorativos, cf. "Ceticismo e Argumentação", p.162-3.

contra as teorias dogmáticas da causalidade – teorias que os dogmáticos têm em mui alta consideração (cf. H.P. I, 180) – é levada a cabo, uma vez mais, para mostrar como "é, por conseguinte, possível, também através deles, igualmente refutar a precipitação (*propéteia*) dos dogmáticos em suas etiologias" (cf. H.P. I, 186). Ao tratar da problemática do critério da verdade e antes de passar a uma longa e detalhada discussão das teorias dogmáticas a seu respeito, Sexto desenvolve uma cerrada, ainda que sucinta, argumentação preliminar para manifestar a impropriedade de uma tal noção e julga que isso já é por si suficiente "para mostrar a precipitação (*propéteia*) dos dogmáticos a respeito de sua doutrina do critério" (cf. H.P. II, 21); sua crítica visava, com efeito, "os que precipitadamente (*propetôs*) dizem ter apreendido o critério da verdade" (cf. H.P. II, 17). Também a investigação contraditória sobre a existência do verdadeiro conduz à *epokhé* e "se é preciso suspender o juízo sobre se há algo verdadeiro, segue-se que se precipitam (*propeteúesthai*) os que dizem ser a dialética ciência das coisas falsas e verdadeiras e nem uma nem outra coisa" (cf. H.P. II, 94).

Essa *propéteia* dogmática evidencia indisfarçavelmente uma injustificada presunção (*oíesis*, cf. H.P. III, 280), um amor exagerado de si mesmo: os dogmáticos são *phílautoi* que, explícita ou implicitamente, "dizem ter de a si mesmos preferir-se com relação aos outros homens no julgamento das coisas, mas sabemos que sua pretensão é absurda (*átopos*)": sendo parte na discussão filosófica sobre o julgamento de aparências conflitantes, eles incorrem em inegável petição de princípio ao assumir aquela preferência, antes mesmo de o julgamento começar (cf. H.P. I, 90-1). E, de fato, no que respeita à verdade, os dogmáticos são homens que, por seu amor de si (*philaútos*), "dizem tê-la, eles próprios, sozinhos descoberto" (cf. A.M. VII, 314).

A aguda consciência da inadequação e impropriedade filosófica dessa precipitação assertiva faz que o cético a tema mais que qualquer outra coisa e contra ela cuidadosamente se precate. Se ele se conforma às leis e costumes ancestrais no que respeita ao culto e veneração dos deuses, ele o faz "sem em nada precipitar-se (*medèn propeteuómenos*) no quanto concerne à investigação filosófica" (cf. A.M. IX, 49). Sua postura suspensiva acerca dos problemas filosóficos que aborda não provém de qualquer precipitação, mas é sempre corolário de investigação longa e laboriosa, desenvolvida com rigor e espírito crítico. Ao dar por concluída, no início de seus escritos *Contra os Lógicos* (A.M. VII e VIII) a exposição geral sobre o pirronismo a que consagrou as *Hipotiposes*, Sexto vai ocupar-se de explicar como o procedimento cético se aplica a cada uma das partes da filosofia (isto é, à lógica, à física e à ética, conforme a divisão tripartite dos estoicos), de modo a não incidir levianamente em precipitação (*rádios propíptein*), seja na investigação cética sobre os temas, seja ao contraditar os dogmáticos (cf. A.M. VII, 1).

Compreensível se nos faz, então, que o discurso dogmático se manifeste ao cético como eminentemente enganador. Por isso mesmo, alguns céticos foram levados a expressar sob forma imperativa o princípio cético da antinomia. Ao invés de lhe darem a formulação tradicional "A todo discurso opõe-se um discurso igual", optaram pela formulação injuntiva "A todo discurso opor um discurso igual", para exortar o cético em geral a cuidar por não perder a tranquilidade (*ataraxía*) que acompanha a suspensão de juízo, abandonando por precipitação (*propeteusámenos*) a investigação, enganado pelo dogmático (*hypò toû dogmatikoû parakroustheís*), cf. H.P. I, 204-5. Um grande enganador é em verdade o *Lógos*. E é para denunciar essa sua natureza que o cético pirrônico por vezes elabora dialeticamente argumentos contrários às aparências fenomênicas, não para aboli-las, já que o cético se guia sempre e unicamente pelo fenômeno que, somente ele, escapa ao escopo da suspensão; mas "para exibir a precipitação (*propéteia*) dos dogmáticos; se, com efeito, de tal modo enganador é o discurso (*lógos*) que quase arrebata também os fenômenos de sob nossos olhos, como não é preciso tê-lo em suspeição no que respeita às coisas não evidentes, de modo a não incidir em precipitação (*propeteúesthai*) por segui--lo?" (cf. H.P. I, 20).

O pirrônico se permitirá, então, caracterizar o discurso tradicional da filosofia como fruto de mera engenhosidade verbal. Ele dirá, por exemplo, que a contestação da doutrina sobre a existência do verdadeiro, considerada em suas formulações mais universais, se processa de modo a que nela fiquem também incluídas as engenhosas construções verbais (*euresilogíai*) particulares dos dogmáticos sobre o tema (cf. H.P. II, 84). Nas mesmas *Hipotiposes*, tendo analisado a tese dogmática segundo a qual é impossível investigar um objeto sem uma anterior apreensão de sua realidade, diz Sexto que dessa análise imediatamente resulta, assim ele o crê, "ser demolida a engenhosidade verbal dogmática (*tèn dogmatikèn euresilogían*)", assim como também resulta a introdução da filosofia suspensiva (cf. H.P. II, 9). E o cético falará, com ironia, da "sutileza" do discurso dogmático. Ao discutir a temática dos sofismas no intuito de mostrar que a dialética é impotente e inútil para resolvê-los e que somente a experiência e as *tékhnai* nos permitem com eles adequadamente lidar, Sexto numa passagem assim se exprime: "pois é suficiente, penso, conduzir a vida empiricamente e sem dogmatizar, em conformidade com as observâncias e prenoções comuns, suspendendo o juízo sobre as coisas que se dizem a partir da sutileza (*periergía*) dogmática e que são maximamente estranhas aos usos da vida" (cf. H.P. II, 246). Também ao fim de toda uma argumentação dialeticamente desenvolvida para contestar a teoria dogmática da realidade substancial dos números, tendo mostrado que nem o número por si mesmo subsiste nem tem sua realidade nas coisas numeráveis, conclui Sexto, então, que, "no quanto concerne às sutilezas (*periergíais*) introduzidas pelos dogmáticos, o número nada é" (cf. H.P. III, 167).

As "realidades" não evidentes postuladas pela filosofia especulativa tenderão a aparecer, por isso mesmo, ao cético como meras ficções. Por exemplo, ao introduzir sua crítica à teoria dogmática dos signos e explicar-nos que o cético não objeta ao signo dito "rememorativo", que diz respeito a conexões observáveis entre fenômenos, mas tão somente ao signo denominado "indicativo", que os dogmáticos imaginam apto a nos desvendar as realidades não de si mesmas evidentes, Sexto não hesita em afirmar que este último "foi, com efeito, forjado (*péplastai*) pelos filósofos dogmáticos e pelos médicos "racionalistas" (*logikoîs*),[19] como capaz de lhes propiciar a muitíssimo necessária assistência" (cf. A.M. VIII, 156-7). As pretensas realidades teóricas da filosofia parecem, então, não passar de *eídola*, de criações fantasmagóricas da imaginação filosófica. Assim, na crítica da teoria dogmática dos gêneros e espécies, ao mostrar a problematicidade da tese segundo a qual um mesmo gênero realmente existe em todas as suas espécies, continua Sexto: "ninguém, provavelmente, poderia fazer tal afirmação a não ser forjando alguns simulacros (*anaplásson tinas eidolopoiéseis*)" que a própria *diaphonía* entre os dogmáticos, explorada pelo método cético, se encarregará de demolir (cf. H.P. II, 222). Forçoso é, pois, que os produtos da imaginação criadora do espírito dogmático se apresentem por vezes aos céticos como produções oníricas ou mágicas. Em sua breve exposição, nas *Hipotiposes*, da ontologia matemática do pitagorismo, que converte os números em elementos do Universo, é com palavras de quase desprezo que Sexto comenta essa doutrina: "Tais são, pois, as coisas que revolvem em seus sonhos (*oneiropoloûsin*)" (cf. H.P. III, 156). Por outro lado, a formulação crisipiana da noção estoica de representação (*phantasía*), caracterizando-a como alteração da parte regente da alma, aparece ao filósofo cético como algo mágico *ou* prodigioso (*teratologouménen heteroiotikén*), isto é, como um estranho e extraordinário linguajar metafórico cujo significado não se é capaz de adequadamente conceber (*epinoeîn*) (cf. H.P. II, 70).

Se, tendo essas passagens todas em mente, recordamos que Sexto define a crença mítica (*mythikè pístis*) como a aceitação de coisas e eventos que não ocorreram e fictícios (*peplasménon*, cf. H.P. I, 147) e atentamos no próprio uso, nessa definição, do mesmo verbo *plásso* (ele significa: "modelar", "forjar", "fingir", "imaginar", "simular"), que acima vimos utilizado para designar a produção dos conceitos dogmáticos, não temos por que hesitar em dizer que o discurso filosófico dogmático é frequentemente estigmatizado por Sexto como um discurso de natureza mítica, que as doutrinas da filosofia tradicional lhe aparecem frequentemente como mitos inventados pela imaginação especulativa, mitos que os filósofos, tendo-os criado, se

---

19 Sigo o uso de Frede (cf. FREDE, M. 1987, "Philosophy and Medicine in Antiquity", particularmente p.234-7), traduzindo, nesse contexto, *logikoí* por "racionalistas". Como se sabe, três foram as grandes correntes médicas da época helenística: os "dogmáticos" ou "racionalistas", que atribuíam ao raciocínio especulativo um papel determinante no diagnóstico e tratamento das doenças, os "empiristas", que postulavam a inapreensibilidade das causas ocultas das enfermidades, e os "Metódicos" que, conforme nos diz Sexto, adotavam uma postura conforme a dos céticos, guiando-se pelos fenômenos observáveis e evitando a precipitação dogmática das duas primeiras correntes, cf. H.P. I, 236-51.

comprazem em percorrer e "investigar". Sob esse prisma, a crítica cética da filosofia dogmática se entenderá como o questionamento e denúncia desses delírios do *lógos*, como um empreendimento voltado para a restauração do discurso cotidiano e comum e para a correção de seus usos desviados. Aliás, ao discorrer no *Contra os Moralistas* sobre a moderação (*metriopátheia*) cética em face das afecções que envolvem nossa sensibilidade e se produzem em nós de modo necessário e involuntário, tais como a fome e a sede, Sexto nos previne de que é ineficaz contra elas o poder argumentativo da *Sképsis*, os céticos não concebem a filosofia como panaceia para todos os males que afligem o ser humano; o poder dos argumentos céticos se exerce plenamente, porém, na esfera do *lógos*, onde se trata de corrigir a perversão filosófica da linguagem, porque o discurso aí foi distorcido: "com efeito, as coisas que ocorrem, não em virtude da distorção do discurso (*parà tèn toû lógou diastrophèn*) ou da vil opinião, mas conforme a afecção involuntária dos sentidos, não há como se possam elas remover pelo discurso dos céticos" (cf. A.M. XI, 148-9). É, assim, por uma *diastrophè toû lógou*, por uma distorção do discurso, que o pensamento dogmático se logra instalar. É impossível não pensar aqui na doutrina wittgensteiniana da violentação filosófica da linguagem comum e de sua "gramática".

Desse modo, o desenvolvimento da prática filosófica cética, a experiência continuada do lidar criticamente com o discurso dogmático sempre culminando na manifestação de sua indesmentível problematicidade, a desconfiança sempre justificada e crescente com relação a ele que de tal prática e experiência necessariamente resulta, induzem o cético a ver no dogmatismo filosófico uma enfermidade da razão. Aquela enfermidade que afasta a razão dos "usos da vida" e nos projeta em delírio para o que seria um espaço extramundano. Mas o cético faz a razão empenhar-se na cura da razão, converte o discurso em terapia do discurso, essa a sua contribuição para a humanidade: "O cético, por amar a humanidade, quer curar pelo discurso, na medida de suas forças, a presunção e a precipitação dos dogmáticos" (H.P. III, 280).[20] Mil e setecentos anos antes de Wittgenstein, a filosofia se concebeu pela vez primeira como uma terapêutica, voltada para a cura da própria filosofia.

E poderíamos ainda lembrar a metáfora das drogas purgativas de que Sexto se serve a propósito de fórmulas céticas, como em H.P. I, 206, quando diz: "não fazemos nenhuma asserção positiva quanto a serem elas absolutamente verdadeiras, já que dizemos poderem elas ser por si mesmas demolidas, a si mesmas incluindo-se

---

20 E Sexto nos diz (ibidem) que, assim como os médicos receitam remédios diferentes conforme a maior ou menor intensidade das afecções a serem tratadas, assim também os céticos usam de argumentos de diferente força, de argumentos mais "pesados" e de mais intensa capacidade demolidora contra a afecção dogmática da presunção (*tò tês oiéseos tôn dogmatikôn páthos*) para com os intensamente maltratados pela precipitação (*propeteía*), de argumentos mais leves para com aqueles cuja afecção de presunção é superficial e fácil de curar.

naquelas coisas a cujo respeito se dizem, assim como as drogas purgativas não somente eliminam os humores do corpo, mas também a si mesmas com os humores se expelem": assim uma fórmula tal como "não há nada verdadeiro" recusa a verdade substancial de qualquer proposição, recusa que se estende por certo também a ela própria (cf. H.P. I, 14). De modo semelhante, os argumentos céticos dialeticamente dirigidos contra a noção dogmática de prova ou demonstração (*apódeixis*) operam também "purgativamente", "provando" não haver provas ou demonstrações num empreendimento argumentativo que, confessadamente, ao minar as pretensões demonstrativas do discurso, de si mesmo no mesmo movimento retira qualquer força demonstrativa (cf. H.P. II, 188; também A.M. VIII, 480[21]). O que destas passagens aqui nos interessa é, ainda uma vez, a metáfora terapêutica: a argumentação cética é um remédio utilizado e apto para eliminar da alma os nefastos humores dogmáticos que comprometem sua sanidade.

Um dogmático menos cauteloso poderia ver-se tentado, em face de todos esses textos que comentamos, a apontar para uma contradição interna na postura do cético, o qual, ao mesmo tempo que diz abster-se de qualquer pronunciamento definitivo sobre o discurso dogmático e condena como dogmático o negativismo dos Acadêmicos, proclamando a suspensão de juízo sobre todo assunto dogmático tratado, estaria, no entanto, procedendo de maneira totalmente oposta ao falar da presunção e da precipitação dogmática, ao denunciar o caráter mítico ou "mágico" do discurso filosófico tradicional, ao diagnosticar as doenças filosóficas da alma. Mas é fácil ver que não é assim. O que os céticos dizem é que não temos como pronunciar-nos conclusivamente sobre o caráter não significativo do discurso dogmático, que somos forçados a reconhecer a equipotência dos argumentos dogmáticos e dos que se lhes podem opor no que concerne à sua persuasividade discursiva, que sobre isso somos forçados a uma inevitável *epokhé*. Mas dizer tudo isso é *ipso facto* reconhecer que o discurso dogmático falha em todas as suas pretensões de impor-se à nossa aceitação e reconhecimento, que sua significatividade, sua demonstratividade, sua aceitabilidade, enfim, permanecem irrecusavelmente em suspenso; que, por isso mesmo, ele forçosamente nos aparece, enquanto permanecemos "condenados" a suspender nosso juízo, como *possivelmente* não sendo mais que uma mera rede de engenhosas construções verbais, ou um jogo de linguagem caprichoso e apenas lúdico que não consegue lograr jamais seus objetivos, em face de um espírito rigoroso e crítico. Sua perseverança em suas pretensões originárias, seu desconhecimento obtuso de suas inegáveis

---

21 Na sequência do texto (cf. VIII, 481), introduz Sexto a famosa metáfora da escada, que Wittgenstein retomaria: os argumentos que o cético dialeticamente utiliza para sustentar contra a lógica dogmática a inexistência de provas ou demonstrações são como uma escada de que alguém se serviu para subir a um lugar alto e que pode, após ter subido, derrubar com o pé.

limitações, a ausência nele de qualquer reflexão sobre a precipitação de seus pronunciamentos, assim como também sua resistência, ativa ou passiva, à análise crítica a que o pensamento cético o submete, tudo isso nos constrange e obriga a denunciá-lo como enfermidade da razão filosófica. Por certo, não pode ele de outro modo aparecer-nos. Nosso diagnóstico, muito ao invés de opor-se à nossa postura suspensiva, se faz dela naturalmente o corolário. E me parece tranquilo poder afirmar que, *do ponto de vista de nossa ótica contemporânea*, um tal diagnóstico fortemente sugere a ilegitimidade dos problemas filosóficos do dogmatismo.

6. Se assim é – e nos aparece que é assim –, podemos agora finalmente tornar à nossa questão primeira, a da legitimidade do discurso filosófico tradicional e de seus problemas dogmáticos, com novas armas armados. Podemos projetar agora sobre a reflexão toda do ceticismo antigo sobre o discurso dogmático nossa ótica neopirrônica e contemporânea, iluminando aquela à luz de nossa postura filosófica atual, em particular de nossas considerações sobre a questão da legitimidade ou ilegitimidade dos problemas filosóficos. Porque nada mais impede agora o neopirrônico de tomar a suspensão cética do juízo, não apenas como um pôr em suspenso a verdade das teses dogmáticas, mas como um *pôr em suspenso a mesma legitimidade do discurso que as produz, dos problemas portanto que ele formula e se propõe a resolver*. Legitimamente pode o neopirrônico agora dizer que, embora reconhecendo a impossibilidade de demonstrar ou mesmo de afirmar declarativamente a ilegitimidade dos problemas especulativos tradicionais, não há mais como reconhecê-los legítimos, que sua legitimidade ficou irremediavelmente, também ela, por demais problematizada, que não há como descartar a possibilidade de serem apenas pseudoproblemas os problemas tradicionais da filosofia, uma dúvida irreprimível sobre eles incessantemente pairando agora e sobre sua legitimidade. Reescrevendo o relato de Sexto sobre a gênese da postura cética (cf. H.P. I, 12; também 26-7), o neopirrônico poderia dizer que o cético foi levado, por sua sempre renovada experiência da *diaphonía* e das contradições do discurso filosófico, a desconfiar permanentemente, não só da possibilidade de se obter a outrora almejada Verdade sobre as coisas e o Mundo, mas também da mesma significatividade cognitiva de um uso pretensamente transcendente da linguagem, da mesma legitimidade dos problemas mediante tal uso formulados, da mesma possibilidade de se tornar inteligível o empreendimento filosófico que promete conduzir-nos para além de nossa humana *empeiría*.

Os resultados dessa nossa reflexão cética são, numa primeira aparência, muito próximos dos que resultaram de diferentes análises filosóficas contemporâneas, todas elas empenhadas na desqualificação da legitimidade dos problemas tradicionais da filosofia. Mas a diferença fundamental é inequívoca: as análises em questão se firmam, no mais das vezes de modo muito manifesto, sobre pressupostos doutrinários que um cético se vê obrigado a denunciar como outros tantos pontos de vista filosóficos particulares e de caráter irrecusavelmente dogmático. E, quando esse não é o caso – em respeito ao segundo Wittgenstein concedamos essa hipótese –, não se cuida de deixar suficientemente claro o caráter "empírico"e "fenomênico" – permita-se-nos um vocabulário conforme a nossa postura pirrônica – das análises efetuadas, seja a propósito da índole da linguagem cotidiana e comum, seja com respeito a qualquer outro tema. Quanto ao cético, a mínima prudência o impele a escrupulosamente cuidar por que sua recusa do dogmatismo não se possa ler dogmaticamente. E parece-me ter mostrado que ele o consegue.

III

7. Não quero seguir adiante sem antes considerar – mesmo se muito sucintamente e de maneira algo simplificada, porque mais não comportam infelizmente as dimensões que me parecem adequadas a este texto – a elaborada reflexão consagrada por M. M. Carrilho ao tema da problematicidade filosófica, refiro-me a seu livro intitulado *Jogos de Racionalidade* (cf. Carrilho, 1994). Entendendo com razão que um dos temas que singulariza de modo todo especial a filosofia contemporânea é o seu autoquestionamento, numa interrogação que inevitavelmente a conduz à temática da especificidade da problematicidade filosófica (cf. p.21), Carrilho desenvolve o que entende como uma perspectiva *pragmático-interrogativa* sobre a atividade filosófica, que diz inspirada na convergência temática que detecta, no que respeita aos temas da linguagem e da racionalidade, entre a concepção interrogativa de M. Meyer e a abordagem neopragmática de R. Rorty (cf. p.127-8).

Carrilho é sensível, como poucos infelizmente o são, à conflitualidade inegável das filosofias: "Esta insuperável conflitualidade é – e vinte séculos de filosofia são, aqui, um argumento bastante – a mais indiscutível característica da atividade filosófica" (p.103). A perspectiva que o autor explicita oferece uma nova compreensão dessa conflitualidade (cf. p.18), considerada intrínseca à filosofia, entendendo a mesma racionalidade como "um espaço de inscrição e desenvolvimento" das conflitualidades filosóficas (cf. p.130, também p.122). E ele propõe que se abandone o postulado da unidade da razão e o da homogeneidade de seu exercício, entendida como manifestação de sua pretensa universalidade (cf. p.18, 126). Prolongando, como diz, a tematização wittgensteiniana da noção de jogo de linguagem (cf. p.122s), introduz sua original noção – tão pouco definível como a wittgensteiniana e por razões análogas – de *jogo de racionalidade* e pensa a racionalidade "de um modo plural e não redutor, isto é, como um *jogo de racionalidades* entendido como uma prática de diversidades e não como a aproximação a um modelo previamente reconhecido" (cf. p.121), associando à noção de jogo a de "*matrizes* de racionalidade, isto é, de perspectivas que regem aqueles jogos e lhes orientam a progressão, a orientação e o sentido de seus lances" (cf. p.122): o que o autor claramente pretende, com essa noção de jogo de racionalidade, é tornar possível, no interior desta última, "o acolhimento e a compreensão das diversas práticas em que o exercício sempre contextualizado da linguagem se configura como *um* exercício de razão" (cf. p.18), não como *o* exercício *da* razão. Ora, não é difícil compreender que, numa tal concepção pluralista da racionalidade, o conflito das filosofias se pensará sob uma perspectiva inteiramente outra, já que "a racionalidade ... aparece aqui simplesmente como o campo daquele jogo, em que diversas posições se confrontam quanto às suas pretensões explicativas, às suas potencialidades heurísticas" (p.121-2). Os próprios jogos de racionalidade se instauram "como processos de racionalização diferenciados, heterogêneos, conflituais, regulados por matrizes diversas conforme as áreas, os períodos, as comunidades em que emergem e se desenvolvem", abrindo "o jogo infinito da *contingência*" (cf. p.127).

Esse repensar a racionalidade, pluralizando-lhe as formas, exige, segundo o autor, "a compreensão da retoricidade da própria racionalidade", numa total reformulação da articulação retórica/racionalidade (cf. p.16-7), que vai culminar numa concepção retórica da filosofia. Porque "cada filosofia elabora um dispositivo retórico próprio que, ao assegurar-lhe a sua singularidade, lhe traça também ao mesmo tempo limites de aceitabilidade e, mesmo, de inteligibilidade no *interior* da comunidade filosófica" (p.106), a filosofia aparecendo como um dispositivo retórico circunscrito pela historicidade e pelo contexto (cf. p.130). E a singularidade do trabalho filosófico vai ser compreendida "através da articulação entre a sua atividade problematizadora e uma prática argumentativa de âmbito e objetivos renovados" (cf. p.18). A filosofia assume a sua singularidade "no registo da problematização" (cf. p.70) e a atividade filosófica é entendida como eminentemente problematizadora: "A interrogatividade revela aqui a sua função operatória essencial, nomeadamente pela positividade que permite revelar ao nível dos problemas, pela orientação de abertura e de acolhimento da complexidade ao nível da argumentação e pela exigência de pluralismo ao nível do espaço de racionalidade." (p.130) A argumentação afirma-se coextensiva à problematização filosófica (cf. p.59), a retórica da filosofia é pensada como um dispositivo não apenas persuasivo mas também inventivo (cf. p.69) e a valorização heurística da noção de problema é feita "solidária de uma perspectiva que sublinha a *não identidade*, a *mobilidade* e a *transformação* dos problemas" (cf. p.26).

A filosofia aparece, então, como uma disciplina que "só tem problemas", como "um trabalho problematizador que em rigor não conhece *soluções* mas apenas respostas que são sempre *tematizações* dos seus problemas", a problematicidade filosófica revelando-se indissociável dos registros da historicidade e da contemporaneidade (cf. p.38). Assim, recusa-se qualquer realidade a-histórica e acultural para os problemas filosóficos e deles se pode dizer que "surgem sempre numa cultura, numa filosofia, numa linguagem: são históricos e contextuais" (cf. p.41-2), entendendo-se que sua identificação, formulação e solução "são sempre, em filosofia, *locais*, isto é, dependentes do *contexto* que os suscita", acentuando-se a solidariedade sempre existente entre um problema e a teoria no âmbito da qual ele surge (cf. p.30). Ou, mais precisamente: "os próprios problemas... são solidários dos jogos de racionalidade em que se inserem e da dinâmica conflitual que os atravessa" (cf. p.130). Fica, pois, manifesto estarmos diante de uma nova e original concepção do filosófico, aquela mesma que Carrilho dizia ser preciso suscitar, "em que a procura de *inteligibilidade* substitua, nos seus desígnios reguladores, a pretensão à verdade", a retórica filosófica orientando-se "por uma 'lógica' não de exclusão mas de natureza, ou de vocação, englobante" (cf. p.79). Essa nova concepção, ao envolver a substituição da referência lógica pela referência retórica, implica "a substituição das exigências de *validade* pelas de *inteligibilidade*" (cf. p.102).

A perspectiva pragmática-interrogativa de Carrilho é uma denúncia *sui generis* dos dogmatismos tradicionais, empenhada em mostrar a fragilidade de sua postura proposicionalista e da pretensão à aceitabilidade e à verdade de suas teses, que a essa postura se associa. E, de fato, o que o ceticismo chama de "dogmatismo" é de algum modo estigmatizado por Carrilho – ainda que não nestes termos – como uma grande e milenar ilusão da filosofia ocidental. Recusa-se decididamente para o filosófico a dimensão que o dogmatismo lhe atribuiu, donde resulta dissipar-se qualquer alegada necessidade de buscar uma *solução* definitiva, positiva ou negativa, dos problemas filosóficos.

Mas se poderia, então, perguntar se cabe ainda empenhar-se homem em buscar *respostas* para problemas filosóficos. Com efeito, pareceria que tal não mais cabe. E isto porque se adquiriu a consciência da relatividade de problemas e respostas aos jogos de racionalidade em que estão inseridos, de sua total historicidade e contextualidade: mesmo se, tendo-nos reconhecido profundamente imersos no contexto histórico e cultural que é o nosso, por isso mesmo incapazes de a ele refugir, decidimos aceitar essas limitações e nos dispomos a operar dentro delas, aparentemente não teremos como nem por que optar por um qualquer dos inúmeros jogos de racionalidade que o atravessam e adotá-lo como o nosso, preferindo jogar apenas este e não aquele ou aquele outro, sobretudo porque somos particularmente atentos à sua "dinâmica conflitual" e à insuperabilidade de seus conflitos. Nossa consciência crítica invalidando qualquer opção a que alguma tentação nos quisesse atrair.

Desenha-se, assim, para nós, uma situação que tem algo de semelhante à que os céticos pirrônicos descreveram como de *isosthéneia*, de equilíbrio entre as doutrinas dogmáticas em conflito. Mas não esqueçamos que a *isosthéneia* de que falavam os céticos se estabelecia num registro proposicionalista e dizia respeito unicamente à igualdade de força persuasiva de teses opostas. A *isosthéneia* de Carrilho, ao contrário, conceituada de modo muito mais complexo e elaborado, diz respeito a "processos de racionalização diferenciados, heterogêneos, conflituais, regulados por matrizes diversas". De qualquer modo, parece, também aqui, seguir-se análoga impossibilidade de opção crítica, o que, à primeira vista, deveria conduzir a uma análoga suspensão de juízo.

Mas não é o que acontece e a postura suspensiva dos céticos não tenta Carrilho. É que, sob sua ótica, a questão tradicional, *dogmática tanto quanto cética*, que pergunta primordialmente pelas soluções dos conflitos, não mais se coloca.[22] Isso precisamente porque o autor, como vimos, entende a filosofia como uma atividade eminentemente problematizadora, que para os problemas com que lida propõe, não exatamente soluções, mas respostas que os tematizam. Respondendo à nossa dificuldade, ele nos dirá, com certeza, que sua perspectiva mantém plenamente abertos todos os caminhos para a investigação filosófica e que cabe plenamente continuar a buscar respostas para os problemas levantados. Esta investigação concebe-se agora como consistindo substancialmente na exploração de problemas que se desenham no interior dos diversos jogos de racionalidade – consistindo, nesse sentido, na exploração da riqueza e complexidade interna desses mesmos jogos – e as respostas, entendidas como tematizadoras dos problemas que as suscitam, são elementos importantes dessa tarefa exploratória. Inventar e desenvolver problemas, propor respostas que contribuam para melhor analisá-los e precisá-los e que, por sua vez, engendrarão novos problemas, essa a atividade infinita da filosofia. O autor poderia, talvez, acrescentar que a opção por trabalhar dentro de um particular jogo de racionalidade e não de tal outro se faria eventualmente por razões meramente pragmáticas, conforme os interesses intelectuais do investigador. Seja como for, não há, então, por que falar em suspensão de juízo, porque não se tem mais como objetivo a proposição de um juízo. E devemos convir em que uma tal réplica seria plenamente coerente com toda a postura assumida.

8. Essa coerência tem, entretanto, o seu preço e me pergunto se Carrilho estaria disposto a pagá-lo. Uma vez privilegiada a função problematizadora da filosofia, concebido agora o filosófico sob uma ótica inteiramente outra, as possibilidades que se lhe abrem são – mais que nunca, se se me permite assim falar – infinitas e Carrilho fala com razão do "jogo infinito da contingência". Infinita é a capacidade criadora da imaginação filosófica, seus recursos são inesgotáveis, ela pode infindavelmente inventar

---

22 O tratamento adequado desta questão, consoante a perspectiva introduzida pelo autor, exigiria que considerássemos mais detidamente o tema da crítica ao proposicionalismo e o papel decisivo que Carrilho atribui à assimilação entre proposição e problema no desenvolvimento da racionalidade ocidental, ao mesmo tempo em que insiste, em sentido contrário, na importância de que essas noções sejam claramente distinguidas (cf. CARRILHO, M. M. 1994, p.28-9). Mas não dispomos aqui de espaço para tanto.

problemas, construir perspectivas e ângulos para abordá-los, produzir métodos para com eles lidar, descobrir para eles todo tipo de respostas e, sobretudo, inventar novas regras para os jogos. Mas aqui cabe perguntar, fingindo ingenuidade e dissimulando a maldade: por que jogaríamos tais jogos? Por que jogar os jogos de racionalidade, quando sabemos que os problemas não são, a rigor, suscetíveis de serem resolvidos? Por que enveredar pelos caminhos das intermináveis problematizações? Ou, para ser mais direto, por que ainda faríamos filosofia?

Uma resposta seria dizer que o jogo filosófico é para nós, para aqueles que experienciamos a vocação do filosófico, uma fonte inesgotável de prazer intelectual, um exercício sublime de nossa capacidade de pensar. Ninguém que seja verdadeiramente filósofo, qualquer que seja sua postura filosófica, negará que assim experienciamos a filosofia. Mas será apenas isso a filosofia, um jogo inteligente e fascinante? A atividade filosófica não passaria, então, de uma atividade meramente lúdica? Se assim fosse, não vejo por que um cético teria algo a objetar contra as práticas filosóficas, nem vejo mesmo por que se deveria ele abster de participar dos jogos da filosofia. Já que os fantasmas do juízo não mais rondam por perto...

Ou ainda se poderia, talvez, dizer que a perspectiva pragmático-interrogativa *nolens volens* implica, em última análise, uma assimilação da filosofia à arte, mais particularmente à literatura. A investigação filosófica se verá como um trabalho de criação artística, isto é, de produção literária, ainda que de uma natureza *sui generis* e toda especial, porque levada a cabo, seguindo a esteira de uma veneranda tradição, conforme estritas exigências de inteligibilidade e mediante o uso de técnicas argumentativas. E diremos, então, que a obra filosófica é instaurada à maneira da obra de arte e goza também do estatuto privilegiado desta última. Para quem a contempla e estuda, ela se fará objeto de fruição estética. Ninguém que seja verdadeiramente filósofo, qualquer que seja sua postura filosófica, ousará recusar o valor estético dos grandes sistemas filosóficos, ou mesmo de obras menos abrangentes. E o mesmo filósofo cético se deixa gostosamente fascinar pela beleza de muita construção filosófica. Mas será apenas isso a filosofia, uma forma sublime de arte? Se assim fosse, não vejo por que um cético teria algo a objetar contra as práticas filosóficas, nem vejo mesmo por que, se para isso tivesse a disposição e algum talento, se absteria ele de delas participar.

De um modo ou de outro, Carrilho se teria tornado um grande aliado do ceticismo. Estaria ele disposto a reconhecê-lo? Temo que não. Mas então...? Por outro lado, não resisto à tentação de, enveredando por outra linha de pensamento, formular o que me parece representar uma outra importante dificuldade para a perspectiva pragmático-interrogativa. Trata-se, por certo, de uma perspectiva metafilosófica, de uma reflexão sobre a especificidade do filosófico e sobre a natureza do discurso filosófico. O que Carrilho nos oferece é uma filosofia das filosofias, uma filosofia que explicita claramente e justifica os pontos de vista que assume, positiva ou negativamente. Recusa-se o proposicionalismo, substitui-se a noção de verdade pela de inteligibilidade, o discurso filosófico considera-se integralmente relativo à historicidade e ao contexto, recusa-se a intemporalidade dos problemas filosóficos, rejeita-se a unidade e a universalidade da razão, afirma-se uma natureza conflitual das filosofias, faz-se da interrogatividade uma função operatória essencial do pensamento filosófico e adota-se um decidido pluralismo na concepção da racionalidade, decorrência aliás obrigatória da própria noção de jogos de racionalidade.

Qual o estatuto desse discurso metafilosófico? Deve ele dizer-se uma mera construção retórico-discursiva particular, em meio a outras, limitada por nosso contexto histórico-filosófico? Um modo apenas, entre outros, de jogar um jogo de filosofia? Participando da "dinâmica conflitual" que sempre atravessa os jogos de racionalidade, colidindo com outras orientações metafilosóficas e a elas se opondo num, como sempre, insolúvel conflito? Pareceria que a perspectiva pragmático-interrogativa deveria desse modo a si mesma coerentemente tematizar-se. Assim fazendo, no entanto, *ipso facto* ela estaria dramaticamente reduzindo seu alcance, pretensão e... encanto. Esse excesso de relativização nos faria pena! E, por outro lado, voltando à tecla em que já tocamos, por que se preferiria esse discurso metafilosófico a algum de seus muitos rivais?

Mas é óbvio, por outro lado, que essa perspectiva se proíbe – e tem de proibir-se – de construir seus pontos de vista, aqueles todos por exemplo que acima enumerei e que ela articuladamente compõe em seu discurso, como *dógmata*, no sentido tradicional do vocabulário cético. Ela não pode permitir-se um discurso tético, ela tem de tomar suas respostas como meras tematizações de seus problemas, ela não pode propor-se a fornecer soluções, ela não pode permitir-se juízos. Em suma, é-lhe absolutamente vedado, pela lógica interna de seu próprio discurso, constituir-se como uma metafilosofia dogmática.

Fica obscuro então, para mim, o estatuto que o discurso de Carrilho a si próprio se confere. Ele se propõe, claramente, preservar a legitimidade da problemática filosófica. Para fazê-lo, ele recusa o valor de face do dogmatismo tradicional e o proposicionalismo que lhe é via de regra inerente, operando essa recusa através de uma nova concepção, não apenas do filosófico, mas da mesma racionalidade. Mas como enfrentaria o problema de sua própria autolegitimação?

Quanto ao cético pirrônico, este não endossa teses antiproposicionalistas, tanto quanto não endossa o proposicionalismo. Não assume que o discurso filosófico seja primordial e essencialmente problematizador, do mesmo modo como não assume que sua natureza seja basicamente assertiva. Não se vê compelido a defender um pluralismo filosófico, mas nem por isso defende uma concepção monista da razão e da racionalidade. Não vê como preservar a legitimidade dos problemas tradicionais da filosofia (embora também não veja como mostrar sua ilegitimidade). Também sobre essas questões, entre as teses do velho dogmatismo tradicional e as que eventualmente as

244 RUMO AO CETICISMO

contradigam, o cético se sente uma vez mais condenado a suspender seu juízo... E segue desconfiado. Estamos de volta ao ponto onde nos tínhamos detido.

IV

9. Vimos acima por que se pode entender o ceticismo de inspiração pirrônica como um questionamento radical da mesma legitimidade dos problemas filosóficos próprios à filosofia tradicional e dogmática. Dever-se-á então dizer que o ceticismo somente lida com problemas filosóficos para deles construir sua denúncia, que seu tratamento deles é meramente dialético, que ele se vê obrigado, em decorrência de sua mesma postura, a renunciar a todo empenho "positivo" na solução de todo e qualquer problema filosófico? Procurarei aqui mostrar que, por paradoxal que isso possa parecer, esse não é de modo algum o caso. Que, muito pelo contrário, toda uma infinda gama de problemas filosóficos se podem reconhecer pelo ceticismo como legítimos, que uma filosofia plenamente cética pode e deve ocupar-se com examiná-los, discuti-los e tentar solucioná-los. *Porque são problemas que se situam compreensivelmente fora do escopo da suspensão pirrônica de juízo.*

Para tanto, cumpre-nos primeiramente rever ainda uma vez a conhecida distinção pirrônica entre dogma (*dógma*) e fenômeno (*phainómenon*, o que aparece), distinção da maior importância na doutrina cética. O discurso dogmático se propõe a exprimir a natureza mesma das coisas, a descobrir-nos sua essência e natureza, a capturar e dizer sua realidade em si mesma, fazendo-se o instrumento obrigado de um conhecimento transcendente e absolutamente verdadeiro, definitivamente para além de todas as aparências, isto é, de todo o conteúdo de nossa experiência imediata.[23] Nesse sentido, ele nos revela e para nós instaura o absoluto – ou nos instaura no absoluto –, tal é, ao menos, a sua pretensão. E não menos na esfera ontológica que na epistemológica. Ao suspender o cético seu juízo sobre os discursos dogmáticos, resta-lhe no entanto toda a esfera fenomênica,[24] onde reconhece quanto lhe aparece de modo sensível ou inteligível, crendo em quanto se oferece à sua imediata experiência e experienciando as "certezas" práticas do seu cotidiano,[25] vivendo adogmaticamente a vida comum e compartilhando-a com os outros seres humanos, utilizando os ensinamentos daquelas disciplinas (*tékhnai*) todas que organizam e sistematizam os fenômenos para o benefício de todos. Porque o cético entende que a *tékhne*, em plena continuidade com os procedimentos da vida

---

23   Cf. "Sobre o que Aparece", p.126; também "Ceticismo e Argumentação", p.147-8.

24   Sobre a noção de fenômeno e seu amplo escopo na filosofia cética, cf. "Sobre o que Aparece"; também "Ceticismo e Argumentação", p.160s.

25   Sobre o sentido das "crenças" e das "certezas" de um cético, cf. "Sobre o que Aparece", p.134-5.

comum, que ela apenas sistematiza e submete a um método mais rigoroso e crítico, vem ensejar uma exploração positiva do mundo fenomênico, que ela procura submeter aos interesses e ao bem-estar dos homens.[26]

Assim, reconhecendo que o fenômeno é sempre relativo – o que aparece aparece a alguém aqui e agora e, manifestamente, não são necessariamente as mesmas coisas que aparecem aos distintos sujeitos –, reconhece o cético também que muitas coisas de modo idêntico a muitos de nós aparecem, os "fenômenos comuns";[27] e que nosso mundo se nos apresenta como a todos nós comum e como amplamente suscetível também, em muitos ao menos de seus aspectos, de descrições consensuais: o intersubjetivo aparece-nos recobrir muito do fenomênico. E do cético cabe dizer que, "conforme o espírito das *tékhnai*, das quais se fez defensor, confortado pelos resultados inegáveis da experiência passada, ele apostará no aprimoramento progressivo da imagem comum do mundo, desse mundo que de modo insistente lhe aparece como suscetível de uma descrição consensual. Sob esse prisma, pode dizer-se que se delineia algo como uma *objetividade para nós*, definida precisamente pelo acordo intersubjetivo. E o cético se aliará de bom grado ao esforço comum por ampliar continuamente o escopo dessa objetividade relativa".[28]

Atendo-se ao fenômeno, o cético serve-se do discurso comum. Isto é, do discurso de que se servem cotidianamente todos os seres humanos, agora porém expurgado de conotações dogmáticas. Esse discurso fenomênico exprime a experiência cotidiana, reflete a vida comum, usa-se também para descrevê-la, ele é, aliás, o discurso da *tékne*. Discurso que continuamente se rearticula e se reforma com vistas a fazê-lo cada vez mais adequado à contínua ampliação e enriquecimento de nossa experiência do mundo. É nesse discurso que o cético pensa, nele ele se exprime, nele ele se comunica com os outros homens e dialoga com eles.[29] Nesse discurso não tético, exprime o cético sua visão do mundo.[30] Ao expor-nos em que sentido se pode dizer que o cético, mantendo coerência com toda a sua postura, possui uma doutrina, Sexto Empírico nos falava desse *lógos* conformado aos fenômenos que, de um lado, nos mostra como é possível parecer viver corretamente, enquanto, de outro, articula os procedimentos que deverão levar à suspensão de juízo (cf. H.P. I, 17).

---

26 Cf., ibidem, p.141-2 e os textos de Sexto aí referidos na nota 14; também "Ceticismo e Argumentação", p.163.

27 Em "Verdade, Realismo, Ceticismo" comentei vários textos de Sexto Empírico que tematizam os fenômenos comuns, cf. p.196-7.

28 Transcrevo essa passagem de "Verdade, Realismo, Ceticismo", cf. p.210.

29 Sobre o uso pelos céticos do discurso comum, cf. "Sobre o que Aparece", p.125-6; também "Ceticismo e Argumentação", p.161-2.

30 Sobre por que cabe plenamente falar de uma visão cética do mundo, cf. "Sobre o que Aparece", p.136s.

Essa distinção entre *o registro dogmático* e o *registro fenomênico* da linguagem é absolutamente fundamental para a compreensão adequada da postura cética. O cético, no entanto, a vê como decorrência necessária da postura dogmática, por ela exigida, mesmo quando não explicitamente tematizada pelo pensamento que se quer transcendente. O registro dogmático é o *locus* do absoluto, do transcendente, do extramundano – ou, pelo menos, assim pretende o dogmático. O registro fenomênico, que o dogmático no mais das vezes explícita ou implicitamente desdenha do ponto de vista filosófico, é o do nosso discurso ordinário de todos os dias, do discurso de nossa experiência vivida. E é nesse registro que o cético fala de filosofia e desenvolve a sua filosofia. É nele, então, que o cético organiza seu questionamento da filosofia dogmática. É certo que, na prática do método das antinomias, opondo discurso dogmático a discurso dogmático para manifestar a equipotência (*isosthéneia*) entre eles, o cético é muitas vezes levado a produzir, ele próprio, argumentos dogmáticos, que obviamente não endossa, mas que são dialeticamente úteis para a produção do fim colimado.[31] Mas, inclusive nestes casos, o uso dialético de argumentos dogmáticos, puramente instrumental, de um modo geral se insere num discurso contextual fenomênico, onde o cético comenta seu mesmo procedimento, avalia seus resultados e eventualmente explica como e por que se segue a suspensão de juízo. Em inúmeras outras ocasiões, aliás, mesmo a polêmica contra o dogmatismo se efetua através de movimentos argumentativos e procedimentos inferenciais que se desenvolvem unicamente no nível da experiência dos fenômenos.[32] E, *no interior do discurso fenomênico* – esse me parece um ponto importante a ser devidamente compreendido –, o cético caracteriza o dogmatismo, comenta a própria distinção entre os registros dogmático e fenomênico e exprime sua crescente desconfiança quanto à legitimidade da mesma postulação de um registro dogmático,[33] conduzido por sua investigação filosófica a suspeitar de que este não passe de quimera e ficção.

O que é absolutamente crucial, no que concerne a essa temática, é, então, compreender que *a epokhé* diz apenas respeito ao uso pretensamente transcendente da linguagem, aos discursos pertinentes ao registro dogmático. Está inteiramente fora de seu escopo o registro fenomênico da linguagem, na mesma medida em que estão, por definição, fora de seu escopo o que nos aparece e a esfera inteira da fenomenicidade. O que significa que não há por que falar em suspensão de juízo acerca das naturais divergências entre pontos de vista que têm lugar no interior da esfera fenomênica, quando, uma vez afastada toda pretensão ao conhecimento e à verdade absolutos, se trata tão somente de exprimir o que nos aparece.

---

31   A esse respeito, cf. "Ceticismo e Argumentação", p.158-9.

32   Sobre esse ponto, cf. "Ceticismo e Argumentação", p.166s, particularmente, p.170.

33   Pertence, assim, inteiramente ao registro fenomênico, leitor atento, este discurso que você agora está lendo. Ele exprime o que aparece, aqui e agora, a quem o escreve e eu espero contribuir para que estas coisas também apareçam assim a você.

E os céticos reconhecemos que o diálogo, a discussão e a argumentação frequentemente levam a que mudemos nossos pontos de vista, a que eventualmente adotemos os de nossos interlocutores aos quais antes nos opúnhamos, ou a que, ao contrário, nossos interlocutores sejam às vezes por nós persuadidos e abandonem seus antigos pontos de vista, passando a compartilhar os nossos. Essas adoções de pontos de vista, essas divergências, esses debates, esses trabalhos de persuasão e essas eventuais modificações de nossas crenças em decorrência de todo um processamento argumentativo, essas preferências e mudanças de preferência por tal ou qual posição, se situam todos, quando foi explícita ou implicitamente removida toda conotação dogmática dos termos utilizados, no interior da esfera fenomênica. Como o homem comum, pode então também o cético tranquilamente argumentar, tentar persuadir, persuadir ou ser persuadido, optar por uma posição após exame e discussão, sobretudo se vigiou e cuidou, como de um cético se exige, de manter-se adstrito aos fenômenos, de impedir que ingredientes dogmáticos se viessem misturar a seu discurso.[34] Aqui não se aplicam, não entende o cético que se apliquem, os conceitos céticos tradicionais de *diaphonía*, de *isosthéneia*, ou de *epokhé*.[35]

Disso é, então, necessária decorrência haver plenamente lugar, no interior da esfera fenomênica, para divergências de pontos de vista *também entre céticos*. Uma mesma situação fenomênica pode, obviamente, aparecendo a distintos céticos sob diferentes perspectivas, ser objeto de diferentes pontos de vista. E esses céticos, precisamente porque valorizam o consenso intersubjetivo ao mesmo tempo que reconhecem a unicidade da situação que em comum experienciam, podem empenhar-se num diálogo que eventualmente pudesse conduzi-los – e que esperam possa conduzi-los – a unificar suas perspectivas e a lograr sobre tal situação um ponto de vista comum. Podem, então, empenhar-se em argumentar e contra-argumentar, em tentar um ao outro persuadir, e pode eventualmente ocorrer que um deles seja pelo outro

---

34   Sobre o uso cético da argumentação "fenomênica", cf. toda a seção 5 de "Ceticismo e Argumentação", p.164-6; nesse texto, insisti na necessidade de se atentar para o fato de que o cético questionou tão somente a argumentação dogmática, de que ele a nenhum momento vinculou a argumentação, enquanto tal, ao discurso dogmático e tético e de que, em verdade, recuperou integralmente o valor comunicacional da argumentação, cf., ibidem, p.166.

35   Ou, se assim se preferir, se dirá que *diaphonía* se diz em dois sentidos, num primeiro sentido dizendo respeito às controvérsias dogmáticas, cujo exame conduz sempre a uma situação de equilíbrio e equipotência (*isosthéneia*) entre as teses conflitantes e acarreta sempre a suspensão de juízo (*epokhé*); num segundo sentido, um sentido "fraco", dizendo respeito a divergências quaisquer de opiniões e pontos de vista, divergências estas que, quando concernem tão somente a aparências fenomênicas, no mais das vezes não envolvem uma equipotência dos opostos, permitindo por conseguinte definições e opções relativas; situações às vezes podem, é certo, ter lugar, nas quais uma eventual equipotência entre os pontos de vista conflitantes (*isosthéneia*, portanto, num sentido "fraco") conduzirá a uma suspensão provisória de juízo (*epokhé*, em sentido "fraco").

persuadido. Como também pode ocorrer que, após exame, discussão e argumentação, preservem no entanto suas posições originais; ou que elaborem uma terceira posição sobre a qual finalmente se acordem.

10. Feito esse breve excurso através da temática do *lógos* cético, relembrados agora alguns tópicos importantes para nossos propósitos, podemos retomar nosso tema dos problemas filosóficos. Que o discurso fenomênico lide com problemas, na vida cotidiana ou na esfera da *tékhne* e da "ciência cética",[36] é, por certo, trivialmente verdadeiro. No que concerne, então, a esse discurso, uma proposição se diz problemática, ela constitui problema, quando, havendo de nossa parte interesse em sua verdade ou falsidade – estamos aqui considerando verdade e falsidade de um ponto de vista exclusivamente fenomênico[37] –, não dispomos, inicialmente, de meios para atribuir-lhe um valor de verdade, seja porque ninguém lhe conferiu ainda um valor qualquer, seja porque lhe são atribuídos por diferentes pessoas valores opostos, uns dizendo-a verdadeira, outros falsa; seja ainda porque, ainda que algum valor de verdade lhe tenha sido atribuído, tal atribuição é considerada por outros duvidosa e não fundada.[38] Situações como essas são obviamente das mais comuns.

Que também o cético pode, a propósito de qualquer desses problemas, aderir a pontos de vista, propor possíveis soluções, discutir, argumentar, optar por este ou aquele posicionamento, parece-nos claramente decorrer de tudo quanto acima dissemos sobre o uso cético do discurso fenomênico. Somente nos resta estabelecer se se pode legitimamente falar de problemas filosóficos pertinentes à esfera fenomênica, com que possa o cético "positivamente" lidar, ele que permanentemente proclama sua total desconfiança com relação aos problemas de que a filosofia dogmática se ocupa. Comporta acaso problemas filosóficos a esfera fenomênica?

Não precisamos de critérios precisos de demarcação entre o filosófico e o não filosófico para responder a essa pergunta, bastando-nos que possamos caracterizar certos problemas como inegavelmente filosóficos, isto é, como manifestamente

---

36 Sobre a postura do ceticismo pirrônico com relação à ciência, que a meu ver confere plenamente sentido à expressão "ciência cética", cf. "Sobre o que Aparece", seção 13, p.141s., e "Ceticismo e Argumentação", p.163. Cf. também "Verdade, Realismo, Ceticismo", p.197.

37 No artigo "Verdade, Realismo, Ceticismo" defendi a legitimidade e a necessidade de redefinir-se o conceito de verdade em termos conformes à postura pirrônica, cf. particularmente p.202s. Conforme as considerações que desenvolvo a seguir, todo aquele texto pode tomar-se como uma discussão e equacionamento, no registro fenomênico, do problema filosófico da verdade.

38 Cf. ARISTÓTELES, *Tóp.* I, 11, 104 b1-5: "Problema dialético é um objeto de investigação que se direciona ou para a escolha e rejeição ou para a verdade e conhecimento e ou por ele próprio ou como auxílio para algo outro dessa natureza, a cujo respeito ou não têm opinião ou têm opiniões contrárias a maioria com relação aos sábios ou os sábios com relação à maioria ou cada um destes grupos em seu mesmo interior".

merecedores de que se lhe chame de "filosóficos", no sentido costumeiro e tradicional do termo. Ora, se assim é, uma multidão inumerável de problemas – *que se podem articular no interior da esfera fenomênica e equacionar num discurso fenomênico*, já que é apenas dessa esfera e desse discurso que estamos aqui falando – facilmente nos ocorrem, que somente poderemos dizer "filosóficos". Isso, por exemplo, devido a seu escopo extremamente amplo, de muito excedendo as "regiões" em que operam as disciplinas particulares, ou devido à sua clara afinidade e analogia com problemas filosóficos tradicionais com que tem sempre lidado a filosofia dogmática.

Creio ser pertinente à nossa reflexão demorarmo-nos por alguns momentos na indicação de uns poucos desses problemas, que podemos formular sob forma de interrogação. Uns deles dirão respeito diretamente ao tema mesmo do pensamento filosófico: é possível uma demarcação razoavelmente precisa entre o filosófico e o não filosófico? Em que extensão e dentro de que limites se pode desenvolver uma investigação filosófica que se proíbe de recorrer ao discurso dogmático? Pode falar-se, ou não, de uma continuidade entre a vida comum, a ciência fenomênica e a filosofia? E assim por diante.

Outros problemas, por exemplo, dirão especificamente respeito à noção mesma de fenômeno: que fronteiras se podem traçar entre o dogma e o fenômeno, entre o pretensamente absoluto e o que nos aparece? É sempre possível claramente distinguir entre o discurso dogmático e o fenomênico? O fenômeno está, ou não, associado sempre a conteúdos proposicionais? Que relações existem entre as aparências fenomênicas e o chamado senso comum? É possível falar da contribuição da tradição e dos costumes para a produção das aparências fenomênicas? Como equacionar a aceitação dos fenômenos comuns e o recurso à intersubjetividade com o caráter em aparência primordialmente privado de toda aparência fenomênica?

Muitos problemas, definidos sempre numa perspectiva fenomênica, serão pertinentes a certas áreas tradicionais da filosofia: cabe falar em conhecimento, se se renunciou a toda pretensão a um conhecimento absoluto? Cabe ainda falar em verdade e, particularmente, em verdade correspondencial, quando se suspendeu o juízo sobre o discurso do realismo metafísico? Por outro lado, cabe preservar certas distinções tradicionais como, por exemplo, a distinção entre percepção sensível e entendimento? Como lidar, numa perspectiva fenomênica, com as noções tradicionais de espírito, ou alma, ou mente, e corpo? Na descrição do que nos aparece, têm acaso os eventos costumeiramente chamados de "mentais" um lugar privilegiado? E assim por diante.

Na área habitualmente denominada "filosofia da ciência": cabe falar de demarcação, de um ponto de vista fenomênico, entre ciência e filosofia? Cabe distinguir entre proposições observacionais e proposições que exprimem as aparências fenomênicas? Pode uma ciência que se quer livre de todo compromisso com o dogmatismo (no sentido que o ceticismo empresta ao termo), postular entidades teóricas ou inobserváveis? Ou deverá limitar-se a alguma forma de instrumentalismo? Como caracterizar, numa perspectiva fenomênica, as teorias científicas? O que entender por aceitação de uma teoria científica? Que sentido conferir ao uso, na ciência empírica, de métodos probabilísticos? Como definir o papel da explicação em ciência? Que estatuto se definirá em ciência para as assim chamadas relações de causa e efeito entre fenômenos?

Para concluir, escolhamos alguns exemplos no domínio da ética. Quando se deixou de lado toda perspectiva dogmática, cabe ainda falar em valores morais, em ação moral, em agente moral? Se positiva a resposta, como se entenderão essas noções? Como relacionar moral, direito e política? Numa perspectiva assumidamente fenomênica e não dogmática, cabe falar de racionalidade política? Da preferibilidade racional de um determinado regime político?

Poderíamos, salta aos olhos, continuar indefinidamente. Talvez um último exemplo de problema filosófico fenomênico mereça ser aqui mencionado: o da existência e legitimidade dos problemas filosóficos. Esta reflexão inteira não é mais que uma tentativa de propor uma solução para esse problema no âmbito de um discurso filosófico fenomênico.

11. Muitos dos exemplos que dei, a maioria talvez deles, são manifestamente problemas com que lidou e lida a filosofia dogmática. O que o pirronismo faz, nestes casos, é nitidamente *deslocá-los* para o interior da esfera fenomênica e com eles trabalhar no registro fenomênico do discurso. Isso de nenhum modo significa que caiba um tal deslocamento – ou "*tradução*", se assim se prefere dizer – para *todos* os problemas filosóficos dogmáticos, ou mesmo, não hesito em dizer, para a maior parte deles. Quando um problema dogmático, por exemplo, concerne tão somente à existência e às propriedades de entidades ou processos transcendentes postulados e definidos no interior do discurso dogmático, sem nenhuma referência direta a entidades ou processos que se reconhecem no mundo fenomênico, ou quando diz respeito às alegadas relações de tais entidades e processos uns com os outros ou mesmo com aparências fenomênicas, não se vislumbra em geral como possa o cético "traduzir" tal problema no discurso da fenomenicidade. Pela sua mesma natureza, esses problemas parecem totalmente internos ao discurso especulativo. Mas a maioria dos que acima mencionei como exemplos podem claramente ser formulados, se cuidamos de dar-lhes uma formulação adequada, num ou noutro registro.

Assim, para retomar apenas um entre eles, podemos postular a existência de relações causais absolutas entre eventos tomados como absolutamente reais por si mesmos e investigar problemas concernentes à exata natureza e escopo dessas relações; discutir e examinar a pertinência, ou não pertinência, de conceber nosso universo físico, tomado como absolutamente e por si mesmo real, sob a perspectiva de um determinismo (ou de um indeterminismo) radical etc.; nossas problematizações e nosso discurso todo são aí obviamente dogmáticos. Mas podemos também, com base em nossa experiência comum, descrever de modo sistemático e crítico as situações em que costumeiramente nos servimos do vocabulário da causalidade, assim como nossa compreensão e concepção "natural" e costumeira dos processos ditos causais; a partir daí investigar, por exemplo, se a referência a causas é, ou não, imprescindível para a constituição de uma ciência voltada para a experiência, se cabe ou não falar – e em que sentido – de necessidade nas relações ditas causais etc.; esses e outros problemas se podem manifestamente formular – e tentar resolver –, mantendo-nos no interior do registro fenomênico. Uma remissão a Sexto Empírico é aqui oportuna: Sexto nos preservou os oito tropos de Enesidemo contra as etiologias dogmáticas (cf. H.P. I, 180-5) e também desenvolveu extensamente, ele próprio (em A.M. IX, 195-330), toda uma argumentação contraditória acerca da causalidade, cuidadosamente expondo os argumentos com que os dogmáticos defendem a existência da causa, assim como aqueles que dialeticamente os céticos lhes opõem em favor da tese contrária, insistindo, como de hábito, em sua igual força e capacidade de persuasão (cf., ibidem, p.207); o mesmo procedimento é repetido de modo mais resumido em H.P. III, 17-29, passagem em cujo final, após relembrar a igual plausibilidade dos argumentos numa e noutra direção, o filósofo conclui pela "necessidade de suspender o juízo também sobre a realidade substancial da causa, dizendo que uma causa não mais existe que não existe, no quanto respeita ao que é dito pelos dogmáticos (*hóson epì toîs legoménois hypò tôn dogmatikôn*)". O que não impede o filósofo de, ao lidar com a doutrina dos signos e, em particular, dos signos rememorativos, desenvolver toda uma teoria "humeana" da conjunção constante entre fenômenos observados,[39] reintroduzindo inclusive o vocabulário da causalidade num uso não dogmático (cf. A.M. V, 103-4). Suspenso o juízo no que concerne ao discurso dogmático sobre a causa, o filósofo cético, entretanto, aborda, discute e tenta solucionar o problema da causalidade, agora deslocado para a esfera fenomênica. O problema é, por assim dizer, recuperado sob outra roupagem.

No que concerne, aliás, a esse processo de "tradução" do discurso filosófico dogmático no discurso fenomênico, é também oportuno lembrar que frequentes vezes se utilizam os mesmos termos do discurso dogmático, como se um outro índice lhes fosse aposto: o cético critica a doutrina dogmática do critério (de realidade e verdade) e suspende o juízo sobre a existência de critérios, mas diz orientar-se por critérios (práticos), cf. H.P. I, 21-4; A.M. VII, 29s; ele critica o caráter doutrinário do discurso dogmático, mas diz possuir uma doutrina (fenomênica), cf. H.P. 16-7; ele suspende o juízo sobre as opiniões e crenças dogmáticas e critica, como de algum modo dogmatizantes, as crenças dos neoacadêmicos, mas reconhece ter crenças e opiniões

---

39   Sobre a doutrina cética dos signos rememorativos e sua extraordinária afinidade com a doutrina humeana da causalidade, cf. "Ceticismo e Argumentação", p.162-3.

(fenomênicas), cf. H.P. I, 13-5; 229-30; ele, como há pouco vimos, questiona a doutrina dogmática da causalidade, mas se permite falar em causas (fenomênicas). É como se o cético, a propósito desses termos, nos propusesse distinguir entre critério-índice 1 e critério-índice 0, doutrina-1 e doutrina-0, crença-1 e crença-0, causa-1 e causa-0.[40] Foi em consonância com essa linha de pensamento que, em "Verdade, Realismo, Ceticismo", propus, para usar esse modo de expressão, a distinção entre verdade-1 e verdade-0, entre realismo-1 e realismo-0. Assim como proponho que se introduza a distinção entre ciência-1 e ciência-0. Sexto Empírico, por certo, não introduziu estas últimas distinções, fazê-lo é no entanto plenamente conforme ao espírito do pirronismo.

Mas talvez devamos corrigir nosso modo de exprimir-nos. Estamos falando de "tradução" do discurso filosófico dogmático no discurso fenomênico, deveríamos antes, pelo menos em muitos casos, falar de "retradução". Ou, mais diretamente ainda e com mais propriedade, de *retorno* ao discurso comum. Pois, na mesma medida em que o discurso comum é anterior, cronológica e logicamente, ao discurso dogmático, na mesma medida em que foi a filosofia dogmática que se apropriou de termos da linguagem comum e lhes acrescentou significados pretensamente transcendentes – estes, em verdade, se tornaram, para nós, filósofos, e para quantos receberam uma formação influenciada pela tradição filosófica, de tal modo costumeiros que tendemos a esquecer o fato de que foram sobrepostos pela filosofia aos significados originais da linguagem comum –, nessa medida caberia antes dizer que, no quanto concerne ao uso de muitos dos termos que emprega, foi o dogmatismo que empreendeu uma "tradução" do discurso comum no discurso dogmático que instaurou. O que o cético agora se propõe é a fazer o caminho inverso, recuperando o discurso da fenomenicidade, isto é, o discurso da vida comum expurgado de quaisquer conotações dogmáticas.[41]

Devemos, então, compreender que muitos dos problemas filosóficos – certamente apenas uma parte deles – com que se ocupou e ocupa a filosofia dogmática não

---

40   Como assinalei em outro contexto (cf. "Verdade, Realismo, Ceticismo", p.204-5 e n.35; também p.214). Sexto Empírico utiliza com frequência as palavras *hóson epì* seguidas do dativo de certas expressões (por exemplo, como em *hóson epì toîs legoménois hypò tõn dogmatikõn*, na passagem de H.P. III, 29, que acabo de citar; ou em construções semelhantes em H.P. II, 22 (sobre o conceito de homem), H.P. II, 104 (sobre o conceito de signo), H.P. III, 13 (sobre o conceito de causa), passagens estas que acima citei no início da seção 4), para qualificar e restringir o questionamento e a consequente suspensão pirrônica de juízo, indicando que este questionamento e esta suspensão somente incidem sobre usos, comentários ou interpretações *dogmáticas* dos termos e noções discutidas, *preservando-se portanto o uso fenomênico dos mesmos termos e noções*. Recorde-se, por exemplo, que é nesse sentido – e cabe acrescentar: apenas nesse sentido –, isto é, enquanto a questão se pretende equacionar através do *lógos* ou razão dogmática, que a *epokhé* cética incide sobre a existência dos objetos ditos exteriores: "nós suspendemos o juízo, no quanto respeita à razão (*hóson epì tô lógo*), sobre os objetos exteriores" (H.P. I, 215).

41   Na seção 11 de "Verdade, Realismo, Ceticismo" (cf. p.212s.), defendi a ideia de que ao chamado "realismo de senso comum" – que pode ser lido como um "realismo fenomênico", expressão que

representam outra coisa senão o deslocamento de problemas fenomênicos para o espaço extramundano por ela pretensamente constituído. Problemas que se formularam, ou ao menos se poderiam ter formulado, anteriormente à sua "tradução" no discurso dogmático. Problemas pertinentes à esfera do fenômeno e à investigação que o homem-filósofo, que se libertou do dogma, pode legitimamente sobre ela empreender. E, nesse caso então, parte importante do tratamento desses problemas no registro dogmático pode ser amplamente aproveitada pela filosofia cética em sua exploração do mundo fenomênico, bastando que se opere a devida "retradução". Aparece-me, com efeito, que importantes análises, discussões, hipóteses de trabalho, construções argumentativas e, mesmo, propostas de soluções para os problemas aventados que foram desenvolvidas pelos filósofos dogmáticos em verdade não estão, muitas e muitas vezes, vinculadas de modo necessário à interpretação transfenomênica e dogmática que eles lhes associaram, por isso mesmo sendo eventualmente suscetíveis de serem utilizadas num contexto estritamente fenomênico. Tal parece-me ser o caso com um número extraordinariamente grande de discursos filosóficos em áreas tão diferentes como as da filosofia moral, teoria da ação, filosofia política, teoria do conhecimento, filosofia da lógica, filosofia da ciência etc.

É como se, na história do pensamento filosófico, no que concerne a tais discursos, a adoção de uma perspectiva dogmática tivesse sido mera contingência histórica – insistente, duradoura, milenar, nem por isso menos contingência –, explicável pelas características próprias às constelações culturais em cujo interior essas formas de pensamento se produziram. Ou, dirá o filósofo cético se quiser adotar um tom algo provocativo e exprimir-se de um modo que Aristóteles desaprovaria, um recorrente acidente de percurso... Esse ponto parece-me extremamente importante porque permite dissipar um compreensível temor que se pode apossar de quem, sensível embora ao questionamento cético das filosofias dogmáticas, poderia talvez relutar em assumir a postura cética, temeroso de que fazê-lo devesse significar uma dolorosa renúncia a tudo quanto se contém nos discursos todos de nossa tradição filosófica, a maior parte da qual inegavelmente se construiu no registro dogmático. Mas essa renúncia é totalmente desnecessária e, mais que isso, é injustificável e, mesmo, inaceitável, se examinada à luz de um ceticismo consequente. Sob exteriores dogmáticos se escondem, nessa tradição, tesouros preciosos que cumpre integralmente recuperar. É mais um desafio para o neopirronismo.

12. Perguntar-se-á acaso se não se podem repetir, a respeito dos problemas filosóficos fenomênicos, os mesmos percalços que vimos comprometer os problemas

---

pretendo traduza a postura cética diante do mundo de sua experiência – veio sobrepor-se, ao longo de séculos de filosofia, o realismo metafísico. Ao suspender seu juízo sobre o discurso dogmático deste último, o filósofo cético recupera o discurso originário da mundanidade, a introdução do vocabulário do aparecer cumprindo esta função: distinguir entre ser-1 e ser-0, substituir o Ser dos filósofos pelo ser do mundo.

dogmáticos. Mas eles não se podem de fato repetir, porque se erradicou a causa que os gerava, a qual, em última análise, não era outra se não o fato mesmo de formularem-se os problemas e tentar-se resolvê-los num registro pretensamente transfenomênico. Em primeiro lugar, a formulação de muitos dos problemas dogmáticos tem claramente pressupostos filosóficos específicos, tais problemas dependem estritamente da aceitação de certas perspectivas filosóficas particulares e de perspectivas, não seria preciso acrescentar, claramente dogmáticas; enquanto isso evidentemente não ocorre com os problemas fenomênicos, cuja formulação se propõe inteiramente no registro fenomênico e não decorre, direta ou indiretamente, de qualquer postura filosófica particular.

Por outro lado, os problemas filosóficos fenomênicos, ao contrário do que ocorre com os dogmáticos, são formulados exclusivamente em termos da linguagem fenomênica, mesmo se enriquecida e sofisticada, cujas significações sempre remetem à experiência da vida comum e são, nessa medida, ao menos potencialmente, objeto de reconhecimento consensual. Porque não se trata de significações pretensamente transcendentes, porque suas definições implícitas ou explícitas não estão vinculadas a nenhuma perspectiva filosófica, as dificuldades semânticas que afligem as formulações filosóficas dogmáticas não ressurgem aqui.

As premissas sobre as quais se construirão as inferências argumentativas próprias aos problemas filosóficos fenomênicos não poderão, por definição, exprimir senão o fenômeno comum, intersubjetivamente reconhecido. A plena consciência de que a investigação filosófica não pode progredir, se não se busca o acordo em torno das premissas utilizadas, e de que somente as que exprimem o fenômeno comum são candidatas a serem objeto de um tal consenso torna o filósofo cético particularmente atento ao modo e aos termos com que as formula. Ele confere grande importância a qualquer eventual objeção que venha impugnar o caráter fenomênico comum, que ele assume como reconhecido, de uma premissa qualquer de seu discurso. E ele não entende – nem poderia, como cético, entender – que sua linguagem fenomênica seja essencialmente e por natureza apta a exprimir de modo preciso as aparências fenomênicas. Ao cético aparece que a significatividade da linguagem é meramente convencional[42] e que torná-la adequada à expressão da vida e do mundo comum é um empreendimento coletivo continuado e sem fim. Ele sabe também, por experiência, que muito dogma sub-repticiamente se dissimula em meio à linguagem cotidiana e nem sempre facilmente se detecta. Por essas razões todas, ele está permanentemente disposto a rever e refazer sua linguagem, a propor novas formulações para seu pensamento, a levar cuidadosamente em conta quantas impugnações se lhe oponham.

---

42 Sobre tal perspectiva convencionalista do ceticismo pirrônico sobre a linguagem, cf. "Verdade, Realismo, Ceticismo", p.203 e notas n.33 e 34.

De outro lado, na construção fenomênica da argumentação filosófica, o fenômeno a que se recorre não servirá de ponto de embarque para nenhuma viagem transcendental. E se manterá sempre viva a consciência da relativa precariedade das inferências construídas. É forçoso reconhecer que, conforme a complexidade da temática envolvida, não se dispõe de antídotos seguros para garantir a preservação das mesmas significações dos termos nas diferentes proposições que se utilizam ao longo do desenvolvimento do discurso argumentativo. Além disso, as inferências se constroem de acordo com a lógica "natural" da linguagem comum e o filósofo cético está plenamente consciente de que os desenvolvimentos inferenciais da linguagem comum não comungam da demonstratividade própria às linguagens formalizadas com que lida a lógica formal.

Eis porque o filósofo fenomênico – permitamo-nos assim falar – terá sempre de considerar as soluções propostas para os problemas de que se ocupa como soluções meramente tentativas, como necessariamente hipotéticas. Mais ainda que no caso das premissas, ele se obriga a submeter seus resultados, que sabe intrinsecamente precários, ao crivo de seus pares. A busca de um possível consenso intersubjetivo em torno de suas conclusões é para ele de muita importância, donde o seu necessário empenho em estabelecer um diálogo aberto com os que condescenderem em examiná-las, debatê-las e criticá-las, sem fazer valer nesse exame, debate e crítica, razões quaisquer de ordem dogmática. Porque, sendo cético, nosso filósofo teme, mais que tudo, ser vítima da precipitação que vitima os dogmatismos. Ele permanentemente considera que somente uma eventual aceitação, pelos outros, de seus resultados tenderá a indicar que conseguiu superar os caprichos de sua subjetividade. Caso lograda, essa aceitação, conseguida por via de argumentos, poderá configurar um passo de alguma importância para a obtenção de um certo progresso, mesmo se precário e relativo, em torno de problemas concernentes a nosso mundo fenomênico. De qualquer modo, o filósofo cético aposta na comunidade da razão humana, toda a sua experiência o induz a essa aposta.

Mas o filósofo está também plenamente consciente de que obstáculos inúmeros naturalmente estorvam – e estorvarão sempre – a consecução de tais acordos, mesmo entre sujeitos identicamente empenhados em utilizar tão somente um discurso fenomênico, entre sujeitos firmemente decididos a não se deixar recontaminar pelo vírus dogmático. Para não falar da grande raridade de interlocutores não dogmáticos... E, por outro lado, não é tranquilo, mesmo para os céticos, o empreendimento de superação das particularidades idiossincráticas dos pontos de vista individuais em direção à concretização de uma perspectiva fenomênica comum, devido, entre outras causas, à própria complexidade de grande parte dos problemas enfrentados. Uma exploração mais profunda do mundo fenomênico compreensivelmente exige um trabalho de aprimoramento crítico e uma reelaboração inventiva permanente dos recursos linguísticos a serem utilizados, sobretudo quando se renunciou à ilusão de uma adequação espontânea e natural da linguagem ao conteúdo rico e em permanente evolução de nossa experiência comum. E as circunstâncias físicas, sociais e culturais tornam problemática a ocorrência de situações que facilitem a consulta e o diálogo permanentes, condições entretanto imprescindíveis para levar a cabo uma investigação que se desejaria fosse empreendida num esforço comum e compartilhado. A filosofia dogmática privilegiou sempre as individualidades e a "livre" operação de sua inventividade imaginosa. Entretanto, por sua própria natureza, o progresso da investigação filosófica fenomênica depende grandemente de uma interação fecunda entre os que a ela se resolvam dedicar. Certamente, não tem sido essa a regra de nosso filosofar. Ao propô-la, estaremos acaso dando apenas expressão a um pensamento desejoso? Talvez não devamos ser tão pessimistas...

De tudo isso resulta claramente que divergências de pontos de vista muito compreensivelmente se deverão manifestar na construção de uma filosofia fenomênica e cética, estou obviamente falando de divergências entre pensadores céticos que comungam da mesma postura fenomênica básica. Entretanto, se essa é efetivamente sua postura, se seus pontos de vista não estão por isso mesmo associados a nenhuma opção dogmática, não se fazem então presentes os obstáculos que condenam o pensamento dogmático, sempre e em cada caso, a uma indecidível *diaphonía*. Pois o que assegura o equilíbrio sempre encontrado no debate dogmático entre as teses conflitantes parece precisamente ser a "liberdade criadora" do *lógos* que, decididamente refugindo de qualquer limitação oriunda da experiência fenomênica, se faz sempre suficientemente poderoso para modelar e interpretar argumentos ao sabor de suas ficções. Nesse sentido, divergências no interior da esfera fenomênica, necessariamente circunscritas e limitadas pelas exigências da fenomenicidade comum, nada têm a ver com a *diaphonía* entre dogmas, não exibem habitualmente uma situação de *isosthéneia* e não têm por que tender a uma suspensão de juízo. Ainda que em muitos casos, obviamente, situações de equilíbrio possam ocorrer e suspensões de juízo se possam eventualmente produzir.[43] Os problemas filosóficos fenomênicos não comungam dos vícios que afetam os problemas dogmáticos e não têm por que compartilhar do destino que a experiência tem a estes costumeiramente reservado.

Sexto Empírico disse ser o ceticismo, nisso residindo sua diferença básica com relação às filosofias dogmática e acadêmica, uma filosofia da investigação (*zétesis*) permanente (cf. H.P. I, 1, também I, 7). Ele tinha em mente o caráter sempre pontual e precário da atitude suspensiva, o fato de que a nenhum momento pretende o cético ter encontrado uma solução, positiva ou negativa, para a busca dogmática da verdade, a nenhum momento pretende ter alcançado resultados definitivos, qualquer que seja a natureza desses resultados, com relação à problemática instaurada pela filosofia

---

43   Cf. nota n.35.

tradicional. Por isso mesmo, porque a tentação do absoluto é ameaça sempre recorrente e não há nem pode haver como erradicá-la, porque não há como dispensar seu contínuo questionamento, a *zétesis* cética, denúncia e questionamento do absoluto, é uma tarefa sem fim.

Eu proponho, no entanto, que se acrescente um outro sentido à expressão. Isto é, que se fale de *zétesis* também a propósito da investigação e exploração filosófica da fenomenicidade, estendendo e em alguma medida corrigindo o uso sextiano. Procurei esboçar acima, com algumas rápidas pinceladas, um perfil dessa proposta de investigação, inteiramente adstrita à esfera fenomênica, lidando com problemas filosóficos formulados, equacionados e por vezes tentativamente solucionados no interior do registro fenomênico do discurso. Também aqui se trata, mas por razão bem diferente, de uma tarefa sem fim: é que não há por que supor faça algum sentido aspirar a uma imagem definitiva do mundo fenomênico. O que de nenhum modo, entretanto, exclui que se façam avanços e que por vezes se fale, com boas razões, em progresso.

Toda essa temática me parece de muita importância. É preciso rejeitar de vez mal-entendidos seculares que distorcem o significado e alcance filosófico de uma postura cética de inspiração pirrônica. Eu tentei mostrar aqui, sob um prisma integralmente cético, por que me parece impossível recusar a legitimidade de problemas filosóficos. Na esperança de que isso represente alguma contribuição para o bom equacionamento de um dos problemas mais candentes – e mais legítimos – da filosofia em nossos dias.

10

Ainda é preciso ser cético[1]

Ainda é preciso ser cético. Ainda é preciso falar de ceticismo. Por quê?

Permita-se-me relembrar o que entendo por cético. Desde já advirto que é o cético pirrônico que tenho em mente. Assim, não entrarei na controvérsia sobre o ceticismo, ou não ceticismo, da Nova Academia, a de Arcésilas e Carnéades. Tampouco me ocuparei do ceticismo moderno. O pirronismo dele difere substancialmente, muitos estudos recentes têm-se encarregado de mostrá-lo. O ceticismo moderno está antes centrado na subjetividade, tal não é certamente o caso com o pirronismo. O primeiro exibe, por isso mesmo, penso eu, uma grande vulnerabilidade, que não afeta o segundo. Vou desconsiderar também as inúmeras e caricatas figurações do filósofo cético e do ceticismo inventadas pela filosofia moderna e contemporânea ao longo de sua história: cada filósofo fabrica seu inimigo cético particular e atribui-lhe esdrúxulas doutrinas, *ad hoc* forjadas de modo a que melhor sejam refutadas. Pouco parece importar a quem assim procede que ao suposto adversário cético e à doutrina que alegadamente professa absolutamente nada, ou quase nada, corresponda no tempo presente ou no tempo da história. Ficarei, pois, com o cético pirrônico e me permitirei, mesmo, proceder algo paroquialmente neste texto, usando como sinônimos os termos "ceticismo" e "pirronismo". Aliás, defino-me como cético pirrônico. Embora talvez seja melhor dizer-me neopirrônico, já que, guardando embora grande fidelidade às concepções básicas originárias do pirronismo, me permito repensá-lo à luz da problemática filosófica moderna e contemporânea, eventualmente enriquecê-lo e até mesmo corrigi-lo, onde quer que isso me apareça necessário. É uma das maneiras de fazer a história da filosofia servir à filosofia. Mas voltemos ao filósofo cético e

---

1   Conferência inaugural do IX Encontro Nacional de Filosofia da Anpof, realizado em Poços de Caldas, MG, de 3 a 7 de outubro de 2000. O texto foi publicado em *Discurso* n.32, São Paulo, 2001.

tentemos dele dar um sucinto perfil. O ceticismo pirrônico tem duas faces complementares, uma exibindo seu potencial dialético e negativo; a outra, a positiva, propõe uma filosofia prática. Sua primeira face lida com a razão teórica e o dogma, a segunda lida com o mundo das aparências e a vida comum. Ambas as faces estão intimamente interligadas, a perspectiva prática que a segunda assume de algum modo decorre do percurso aporético que a primeira perfaz.

1. Comecemos com a primeira. Cabe supor que o filósofo cético jamais se propôs a ser cético. Provavelmente ele se pôs a filosofar como muitos outros homens o fizeram (cf. Sexto Empírico, H.P. I, 12), preocupado com conhecer, explicar, interpretar o Mundo de sua vida cotidiana. Ansiava pela Verdade, perseguia Certezas, buscava Princípios, Fundamentos. Dominava-o o fascínio pelo Absoluto. Nessa busca filosófica, eventualmente foi tentado por algumas doutrinas, deu possivelmente sua adesão a uma ou outra entre elas, terá acaso contribuído com ideias originais. Mas seu amor ao rigor e ao espírito crítico, rigor e espírito crítico que as filosofias desde sempre proclamaram cultivar, conduz ao fracasso seu empreendimento filosófico original. Não encontra o que buscava. Não obstante trabalhosa e demorada investigação, o Absoluto lhe é sempre inacessível. Ele é levado a questionar e a descrer de todas as filosofias que se apresentam como portadoras da Verdade, que pretendem dizer as coisas *como elas, em si mesmas, são*. É levado a desconfiar de todo discurso *tético*, de todo discurso que quer pôr e instaurar o Real. Verdades, Certezas, Fundamentos, Princípios, ele não mais vê como seria possível encontrá-los. Não desiste, por causa disso, da investigação filosófica, o processo de sua investigação permanece ainda aberto. Por isso, chama-se a si mesmo de cético, isto é, de investigador ou pesquisador, no sentido grego do termo (cf. H.P. I, 7).

Ele não se julga capaz de demonstrar a falsidade ou falta de sentido das doutrinas filosóficas que investigou. De fato, ele se reconhece incapaz de fazê-lo mas, por outro lado, não tem por que nem como aceitá-las. E igualmente lhe parece que, se os partidários dessas doutrinas que ele foi levado a pôr sob suspeição as aceitam, é porque não se demoraram, como ele, a examinar as credenciais de aceitabilidade que elas pensam poder oferecer; é porque, por mil e variadas razões, esses filósofos se precipitaram temerariamente em seus juízos filosóficos, não levando até as últimas consequências as exigências de uma racionalidade crítica. O cético denuncia, então, a temeridade e precipitação (*propéteia*) de tais filósofos (cf. H.P. I, 20; II, 17, 21 etc.), chama-os, como se sabe, de "dogmáticos". Não porque eles não argumentem ou não ofereçam pretensos fundamentos para suas doutrinas – em verdade, eles o fazem quase sempre –, mas precisamente por causa dessa *propéteia* que os caracteriza, levando-os a dar injustificável assentimento às teses que avançam, a seus *dógmata*. O cético julga poder manifestar, com uma forte argumentação contrária, a vulnerabilidade radical dos alegados fundamentos e da lógica interna dessas filosofias. Ele mostra que não pode nem tem como acolhê-las, ao mesmo tempo que reconhece não ter como definitivamente refutá-las. O dogmatismo negativo não o tenta. A controvérsia sobre critérios de realidade ou verdade, tanto quanto todas as outras controvérsias em que se enreda a filosofia especulativa, se lhe apresenta como indecidível (cf. H.P. II, 18-20).

O pirronismo antigo usou a parte maior de sua energia na crítica ao pensamento dogmático. Utilizou os ensinamentos da Sofística, a postura dubitativa dos pré--socráticos com relação aos dados dos sentidos, o método socrático de pôr à prova as verdades aceitas, os recursos todos da dialética investigativa de Aristóteles, a argumentação contraditória da Nova Academia, a doutrina estoica da suspensão de juízo pelo Sábio sempre que as circunstâncias não lhe ofereciam ocasião para uma autêntica ciência, enfim todos os argumentos e métodos que a filosofia anterior e contemporânea punha à sua disposição, que ele ampliou, organizou e enriqueceu, para construir um formidável arsenal de guerra contra os sistemas filosóficos. Onze livros de Sexto Empírico, em verdade a maior parte do que nos restou de sua obra, atestam a extensão e minúcia das arremetidas céticas contra o dogmatismo. Contra o dogmatismo epistemológico, contra as ontologias metafísicas, contra as pretensões absolutistas das ciências, contra o dogmatismo moral.Vários são os métodos da argumentação cética. Não cabe aqui expô-los. Lembremos apenas que importante entre eles é o que consiste em mostrar como se pode relativizar as proposições dogmáticas, mostrando como exprimem pontos de vista próprios a condições, situações, estados particulares, como se associam a particulares hábitos, costumes, tradições.[2] Não menos conspícua é a prática cética de sempre manifestar o caráter antinômico da razão especulativa, capaz de engendrar discursos contraditórios igualmente persuasivos sobre cada um dos temas sobre que ela se debruça. Sexto Empírico insistiu repetidamente sobre o uso cético da dialética das antinomias (cf. H.P. I, 8-10; 12, 18, 31 etc.), apropriando-se da tradição protagórica e das práticas argumentativas de Arcésilas e Carnéades. Lembrou com alguma frequência que os argumentos opostos dialeticamente pelos céticos às diferentes doutrinas de fato valem tanto, ou tão pouco, quanto os argumentos positivos das doutrinas adversárias (cf. H.P. II, 79; A.M. VII, 443; VIII, 159 etc.).

A descoberta e constatação desse estado de coisas é responsável pela suspensão cética do juízo. Que não é algo que o cético faz, mas antes um estado em que ele acaba por encontrar-se, após investigação longa e aprofundada. O estado de *não* poder fazer opções especulativas justificadas, de *não* poder assentir às proposições e teses doutrinárias (cf. H.P. I, 10, 196; A.M. VII, 157). Nesse sentido falei de uma face *dialética e negativa* do ceticismo, que exprime seu confronto com a especulação

---

2   Os dez tropos de Enesidemo, de que Sexto se ocupa longamente no livro I das *Hipotiposes* (cf. 36-163), lidam com os vários aspectos sob os quais se pode relativizar uma asserção. Sexto diz explicitamente que todos esses tropos se subordinam ao da relação (cf. I, 39).

filosófica sobre o Absoluto. O exercício dialético da razão teórica conduz o cético tão somente à *epokhé*. O cético não opta pelo ceticismo, ele não se faz cético, *ele é feito cético* por sua investigação. Para o cético, proclamar a *epokhé* é contar como se não sucumbiu à tentação do pensamento absolutista. É relatar a ouvintes ou leitores o resultado, ainda que negativo e sempre provisório, de sua experiência da filosofia especulativa.

Essa experiência é uma experiência de dessacralização do *lógos*. O filósofo não se reconhece como oráculo do divino. Mostrar que não se logra coincidir pelo pensamento com as coisas em si mesmas, descobrir o caráter antinômico da razão teórica é, de fato, humanizar o *lógos*, reconhecê-lo como artefacto nosso, ao mesmo tempo que se adquire uma plena consciência de seu prodigioso potencial argumentativo. O cético revela a natureza eminentemente retórica do discurso filosófico. Abandona-se a pretensão de possuir a perspectiva de Deus sobre o mundo, a perspectiva desde lugar nenhum se torna impensável.

Que é, então, conforme aquela primeira face do pirronismo, o filósofo cético? É tão somente o filósofo que experiencia dialeticamente a inacessibilidade do Absoluto. Essa experiência, aliás, ele a tem somente como um evento empírico de sua biografia intelectual, que ele se compraz em relatar, para edificação do próximo. Ele confessa nem mesmo saber se se trata apenas de uma inacessibilidade de fato, que testemunha dos limites de nossa razão, ou se o Absoluto não passa de um grande mito, ficção plasmada pelo pensamento filosófico ao longo de sua história, ilusão de transcendência (cf. H.P. II, 70, 222; A.M. VIII, 156-7). E o cético chega a desconfiar de que talvez não faça mesmo nenhum sentido o secular empreendimento de buscá-lo. Talvez o Absoluto não seja mais que um mero produto da engenhosidade verbal dos filósofos dogmáticos. De qualquer modo, uma só e a mesma é a consequência prática: o Absoluto não mais comparecerá no pensamento e linguagem do filósofo, ele não interferirá na visão que o cético tem do mundo nem em sua filosofia prática.

2 Sim, porque, além de sua dimensão negativa e dialética, o ceticismo pirrônico exibe uma face "positiva", ela diz respeito a uma prática filosófica centrada na experiência do fenômeno. Sexto Empírico, é verdade, desenvolveu substancialmente menos a exploração dessa face do ceticismo, tendo-se demorado bem mais na polêmica antidogmática. Mas, de qualquer modo, desenvolveu-a parcialmente e nos deu indicações precisas e substanciosas sobre ela.

Tendo o juízo sempre suspenso sobre os dogmas da filosofia especulativa, não pode o cético, no entanto, deixar de reconhecer que temos uma experiência de mundo, que *epokhé* nenhuma vem afetar. A dogmática grega distinguira entre Ser e Aparecer, entre a Realidade que a filosofia se dá como tarefa em si mesma apreender e aquilo que nos aparece e que mais diretamente experienciamos. Diferentes foram as tematizações dogmáticas da relação entre o Ser e o Aparecer. Este é dito manifestar o Ser, ou ocultá-lo; participar do Ser ou ser mera ilusão; ser ponto de partida para nosso conhecimento do Ser, ou ser tão somente obstáculo a ser removido para que tal conhecimento se nos torne possível. O cético, nós o sabemos, questiona o pretenso conhecimento do Ser e seu vocabulário metafísico, vê-o como matéria de indecidível controvérsia e sobre esta confessa nada ter a dizer. Mas não pode não ter a experiência do que aparece, o *phainómenon*, que filosofia nenhuma, aliás, põe em causa. O que aparece se lhe dá de modo irrecusável, num *páthos* que ele pode apenas relatar (cf. H.P. I, 13, 15, 19, 22, 197).

O fenômeno recobre toda a esfera do sensível e do inteligível, envolve conteúdos proposicionais. Exemplos talvez sejam aqui mais elucidativos (cf. A.M. VII, 336; VIII, 362-3; H.P. I, 4, 15, 190-1, 197, 208 etc.). O cético dirá, por exemplo, que lhe *aparece* que os filósofos dogmáticos se pretendem capazes de exprimir no discurso a realidade mesma e em si das coisas; ou que lhe *aparece* que há uma controvérsia indecidível sobre a noção de critério. Isto é, é fenômeno para o cético que os dogmáticos..., que há uma controvérsia... Se me demoro um pouco aqui, é porque esse uso do termo "fenômeno" não tem paralelo no vocabulário da filosofia moderna ou contemporânea. Por isso, se não nos apercebemos da especificidade do uso e sig-nificado pirrônico do termo, um dos mais básicos no jargão do pirronismo, corremos sério risco de nada entender de sua postura filosófica.

Por outro lado, uma segunda observação importante se faz aqui necessária, que também concerne ao vocabulário cético e que complementa aquela primeira. O cético jamais pretendeu que sua postura filosófica fosse indissociável de tal ou qual das formulações linguísticas de que ele se serve. Muito ao contrário, Sexto insiste em que o cético está sempre disposto a reformular suas proposições, modificar sua linguagem (cf. H.P. 191, 195, 207), sempre que isso se faça necessário para a boa compreensão de sua mensagem ou para evitar falácias puramente verbais em que os dogmáticos tentem eventualmente enredá-lo. Eis porque me permito dizer que o pirrônico de nossos dias não tem a obrigação de preservar a todo custo tal ou qual formulação antiga, no limite nem mesmo tem de privilegiar, como se fosse intocá-vel, o mesmo vocabulário do aparecer. De fato, não vejo por que abandoná-lo. Entretanto, por certo desde que a significação originária da doutrina[3] se preserve, até isso poderá fazer-se, se porventura a adequação desta doutrina aos hábitos lin-guísticos da filosofia contemporânea assim o exigir, para que se possa lograr uma inteligência melhor do discurso cético.

Voltemos ao fenomenismo cético. Servindo-me do vocabulário filosófico contem-porâneo, digo que a fenomenicidade que o cético confessa não ter como recusar é o que se pode chamar de uma *experiência de mundo*. Se deixamos de lado as controvérsias

---

3   Lembremos que Sexto resgata um sentido não dogmático para o termo "doutrina" (cf. H.P. I, 16-7).

da razão absolutista, resta-nos sempre – e isso não podemos negar ou recusar – que nos *aparece* que coisas e eventos *estão aí*, que nos envolvem e que neles estamos mergulhados. Isso é o *mundo*. E essa experiência de mundo se acompanha de uma *visão de mundo* (alguns preferirão falar em *teoria de mundo*; evitarei o termo, porque temeroso de suas conotações possivelmente dogmáticas), de um discurso que diz aquela experiência e que, aliás, não conseguimos dela inteiramente distinguir. As filosofias especulativas nos oferecem explicações e interpretações dessa experiência de mundo. O cético *crê* nesta experiência, mas isto quer apenas dizer que ele não pode não reconhecer que a experiencia. Mas o cético, nós o vimos, tem o juízo suspenso sobre aquelas explicações e interpretações. Ele experiencia o fenômeno e nos conta seu *páthos*, ele não interpreta filosoficamente o fenômeno, como fazem os dogmáticos (cf. H.P. I, 19-20; A.M. VIII, 357s). Nesse sentido, a irrecusável experiência fenomênica não se justifica filosoficamente, nem vemos como poderia justificar-se, a partir das categorias do Absoluto.

Não se vê como justificar e também não se vê como consistentemente tematizar o mundo fenomênico a partir dessas categorias. O pirrônico não identificará fenômeno e representação, nem proporá uma forma qualquer de fenomenalismo. Não falará de dados imediatos dos sentidos ou da consciência. Não confundirá o mundo fenomênico com o *lógos*, não dira que sua experiência de mundo é *apenas* uma visão de mundo ou uma teoria sobre o mundo. O idealismo não o tentará, mas tampouco o tentará uma metafísica realista. Dos fenômenos, não dirá que *são*, no sentido forte e metafísico da palavra, mas apenas que *aparecem* (cf. A.M. VIII, 368). Seu fenomenismo, di-lo-á metafísica e epistemologicamente neutro. Tudo isso é manifesto e óbvio, já que estamos em *epokhé*, mas dizer o óbvio é sempre bom, quando fazemos filosofia.

O discurso do cético conta o fenômeno. O cético insiste em deixar manifesto como seu discurso se distingue do discurso dogmático. Este põe e instaura, por assim dizer, o Real (cf. H.P. I, 14-5). É um discurso *tético*, que se propõe a ir além do *mero* fenômeno, ele se apresenta como veículo da transcendência, ele se propõe de certo modo a exprimir algo como uma intuição do Absoluto. O discurso fenomênico do cético não se aventura nunca para além do fenômeno, não se pretende jamais transcendente. Ele é o discurso do mundo, do *nosso* mundo. Em *epokhé*, o mundo dos fenômenos é, na prática, para nós, o mundo *todo*. Não conhecemos outro. E desistimos de tentar dele sair.

Tocamos aqui num ponto que eu considero absolutamente fundamental para a compreensão do ceticismo pirrônico. Porque aquilo que espontaneamente nos *aparece* e nos é dado em nossa experiência desassistida de dogmas e de especulações filosóficas é, insiste o pirronismo, um mundo físico e *humano*, isto é, um mundo de que fazemos parte com outros seres humanos, um mundo de que temos uma experiência comum. Se abandonamos os artifícios do pensamento especulativo e nos voltamos tão somente para nossa experiência, por assim dizer, não filosófica, o que temos é a vida cotidiana e comum em que estamos mergulhados. Deixado o dogma de lado, somente tenho o mundo da vida, o mundo dos homens, sou apenas um destes. E uns com os outros nos comunicamos sobretudo pela linguagem e falamos do mundo. A experiência do mundo se faz intersubjetiva. O fenômeno cético não alenta nenhum solipsismo, nem mesmo metodológico. Nem se abre espaço para um Sujeito, somente para o ser humano no mundo. Sexto dizia que falar do fenômeno é falar de uma experiência *humana* (cf. H.P. I, 203). Donde o caráter central, na doutrina cética do fenômeno, da noção de *vida comum* (*koinòs bíos*) (cf. I, 237). Não me apareço como substância pensante, mas como um *zôon* em meio à vida comum, um *zôon politikón*, como dizia o sábio de Estágira. O cético passa espontaneamente do "aparece-me que" ao "aparece-*nos* que". A consciência do "nós" é, digamos assim, imediatamente vivida na experiência do fenômeno.

O cético vive, seguindo o fenômeno, a vida comum (cf. H.P. I, 23, 231; II, 246) em que se reconhece inserido. Como o comum dos homens, ele se serve de seus sentidos e inteligência, experiencia instintos e paixões, se pauta por tradições e costumes, se serve dos ensinamentos das artes e técnicas. Tal é a orientação de sua natureza humana, o cético pirrônico não se furta ao uso não dogmático do termo "natureza". O cético pratica adogmaticamente (*adoxástos*) a observância não filosófica da vida comum (cf. A.M. XI, 165-6). E, se a filosofia dogmática investe contra a vida comum, se tenta contestá-la, ou substituir-se a ela, ela encontrará o cético militando ao lado da vida comum, fazendo-se desta o advogado (cf. A.M. VIII, 157-8; H.P. II, 102). Ser pirrônico é conferir o primado à vida comum, diante de eventuais investidas da filosofia. Relembrando com bom-humor as falácias dos dialéticos, Sexto ri-se deles e invoca contra elas o senso comum e a sabedoria prática dos homens da *tékhne* (cf. H.P. II, 236 e seg.). Menciona com simpatia e de modo algo gaiato o procedimento das pessoas comuns que, ante o questionamento filosófico da realidade do movimento ou da geração, continuam tranquilamente a caminhar e a fazer filhos.

Tendo questionado as formas dogmáticas do saber em seus vários domínios, tendo o juízo suspenso sobre toda *epistéme*, o cético pode fazer a apologia das *tékhnai*, de que são exemplos, entre outros, a medicina, a agricultura, a astronomia empírica. As *tékhnai* não se preocupam com o Real das filosofias dogmáticas, elas lidam com os fenômenos, que elas observam e sistematizam, procurando detectar suas regularidades e encadeamentos (cf. A.M. VIII, 291). Sobre tal base apoiadas, eles constroem suas previsões e produzem seus ensinamentos, visando o que é útil e benéfico para os homens. E Sexto, que era médico e ligado à assim chamada medicina Metódica, uma das ramificações da medicina Empirista grega de sua época, não hesita em comparar a prática filosófica do ceticismo à metodologia Metódica na medicina (cf. H.P. I, 236-41). Vemos, assim, como o ceticismo substitui coerentemente o pretenso saber teórico pelo saber da experiência, pela *empeiría*. Não temos mais uma Realidade a conhecer (demos, na prática, nosso adeus a esse mito), o que temos é um mundo experienciado com o qual precisamos lidar: diante dele e de seus desafios, não podemos permanecer inativos (cf. H.P.I, 23, 226-7; A.M. VII, 29-30).

Tendo em mente essa valorização da *empiria* – perdoe-se-me o neologismo – e o primado que esta necessariamente assume na visão cética do mundo, podemos, parece-me, falar de um *empirismo* cético. Pois o cético não vê como poderia a razão consistentemente aventurar-se além da *empiria* e transcendê-la, ele chama precisamente de "dogmáticas" as aventuras verbais que desastradamente tentam operacionalizar uma tal transcendência. Todo o nosso saber é saber do fenômeno, isto é, é saber empírico, *empeiría*. Esta se descobre como a necessária referência de todo discurso cognitivo. Mas se trata de um empirismo sem dogmas. Pôr em xeque a razão dogmática e privilegiar a *empiria* são as duas faces de uma mesma moeda. Reconhecer o primado da vida, substituir o pretenso saber da *epistéme* pelo saber da experiência é privilegiar a ação sobre a teoria. Ou melhor, tratar o produzir teoria como uma forma particular de ação, como uma prática teórica. Sexto diz textualmente: o fenômeno não é critério de verdade ou realidade, o fenômeno é critério de ação (cf. H.P. I, 21; A.M. VII, 29-30). No mundo fenomênico, somente há lugar para a razão prática. "Ceticismo" é nome que se dá a uma prática filosófica. Tematizando o discurso do cético, Sexto nos diz (cf. H.P. I, 17) que ele, de um lado, é discurso que nos capacita para a *epokhé*, de outro é discurso que nos mostra como parecer viver corretamente, no sentido lato dessa expressão. De um lado, é o instrumento dialético de questionamento do dogmatismo, de outro é instrumento prático a serviço de uma vida melhor. De um lado, trata-se de libertar o homem da alienação dogmática; de outro, de voltar-se o homem para o homem, isto é, de pôr-se a serviço de si próprio.

Poder-se-ia aqui perguntar se se trata do homem-indivíduo ou do homem-espécie. O que o filósofo cético nos expõe sobre a vida comum, sobre as *tékhnai* e a proximidade entre elas e o ceticismo, me parece fortemente sugerir que se trata *também* da espécie humana. Lembremos os termos em que Sexto comenta a insistência cética na argumentação antidogmática: "O cético, por amar a humanidade, quer curar pelo discurso, na medida de suas forças, a presunção e a precipitação dos dogmáticos." (H. P. III, 280). Não encontramos no texto nenhuma justificação do amor cético pela humanidade. Tudo se passa, parece-me, como se o filósofo que amava o Absoluto e suas categorias, que buscava os universais da filosofia especulativa, após a *epokhé* tivesse sido levado, em decorrência de sua mesma vocação e impulso filosófico, a espontaneamente dirigir seu olhar omniabrangente e totalizador de filósofo para o novo universo da filosofia, para a vida humana em sua totalidade, a raça humana inteira. A razão filosófica continua a ocupar-se de tudo. Mas tudo agora é o mundo dos homens.

Tendo adquirido a consciência de seus limites, de sua incapacidade de mover-se consistentemente no imaginário reino do absoluto, tendo desistido de suas inclinações metafísicas, a razão humana reencontra seu lugar no interior do mundo fenomênico, se reconhece escrava, não das paixões, mas da vida; descobre, enfim, que sua autêntica vocação é a de orientar a utilização do mundo da experiência para o bem dos homens.[4] Tal parece ser a necessária consequência da vivência cética da *epokhé*.

Um último tópico parece-me necessário sucintamente abordar, nesta tentativa de figurar, com algumas poucas pinceladas, a dimensão positiva do pirronismo. É o fato de o pirronismo trazer todas as filosofias de volta para o espaço da vida comum. Porque o cético entende que, em que pesem a letra e a intenção de seus discursos, é neste espaço que elas se digladiam, na praça quineana do mercado. O cético as situa no cenário da vida cotidiana, sob o prisma desta as aprecia e as relativiza. As filosofias dogmáticas, também elas, são coisas de homem, artefactos humanos produzidos, ao que tudo parece indicar, por uma prática teórica alienada. O registro tético do discurso não parece ser mais que o efeito de um sonho desejoso. Eis porque um pirrônico contemporâneo somente pode ver com bons olhos os estudos rigorosos e sérios que, sob um prisma antropológico e socioeconômico, se propõem a fazer-nos conhecer o processo de produção das teorias filosóficas dogmáticas, a manifestar-nos sua natureza ideológica.

Também o ceticismo, obviamente, é tão somente um episódio, que aqui e ali se repete, da vida intelectual dos seres humanos. Sua oposição ao dogmatismo e suas propostas positivas são eventos históricos contingentes, como é o caso, segundo o cético, com todas as filosofias. O discurso cético se autotematiza, como todo discurso filosófico sério deve fazer. Reconhece seu caráter eminentemente confessional. É um contar aos outros uma experiência fenomênica, sugerindo que se faça uma experiência semelhante, a qual eventualmente levará a semelhantes resultados. O ceticismo proclama tranquilamente sua própria precariedade e contingência, que é a própria precariedade e contingência de todo discurso, no final das contas a própria precariedade e contingência da razão e de tudo que é humano. O cético é coerentemente cético com relação a seu mesmo ceticismo.

E o neopirrônico dirá que à filosofia cética positiva compete explorar sob um prisma mais amplo e mais geral o mundo fenomênico de que as *tékhnai* – ou as ciências, vamos assim chamá-las, já que as *epistêmai* foram exorcizadas – se ocupam sob prismas mais restritos. Não há por que nem como introduzir distinções de essência entre as várias manifestações do saber humano. A visão filosófica cética do mundo não é mais que um saber empírico *geral* em permanente construção, evolução e aperfeiçoamento. Felizmente condenada a continuamente autocorrigir-se. O que agora nos aparece talvez não apareça depois, outras coisas virão a aparecer-nos de que agora não podemos sequer suspeitar.

---

4   Tudo quanto vimos sobre o direcionamento da prática e do discurso céticos para o que é bom e útil para o homem indica uma razoável afinidade entre o pirronismo e o pragmatismo filosófico do século XX. Devo a Paulo Margutti o ter-me chamado a atenção, anos atrás, para esse ponto.

Que é, então, conforme aquela segunda face do pirronismo, o filósofo cético? É o filósofo que, conduzido à suspensão de juízo sobre os discursos da filosofia especulativa, descobre no espaço do fenômeno e da vida comum o lugar da prática filosófica. Vive a experiência do mundo e constrói e aperfeiçoa sua visão do mundo a partir dos recursos que lhe fornece essa experiência, vê-se obrigado a conferir à ação o primado que antes conferia à razão puramente teórica, substitui a *epistéme* pela *tékhne*, se reconhece como membro de um "nós" que se estende a toda a raça dos homens, fazendo de seu discurso um instrumento a serviço do que é útil e bom para a humanidade. E entende toda essa orientação prática de seu pensamento como o corolário, por assim dizer, natural da atitude suspensiva que resultou de seu confronto com a razão dogmática. As duas faces do pirronismo assim se completam e se complementam.

3. Fiel à postura básica do pirronismo grego, é isso o que eu entendo por ceticismo. E é fácil dar-se conta de que estamos bem longe do ceticismo moderno. E a distância ainda muito maior das bobices que se associam à conotação do termo "cético" no folclore intelectual do senso comum "filosófico" de nosso tempo. Mas não percamos nosso tempo com elas. Digamos apenas que o ceticismo moderno tem alguma culpa na disseminação dessas tolices.

O que cabe antes realçar é o caráter moderno e contemporâneo da postura filosófica do pirronismo. Servi-me acima de palavras modernas, é certo, mas as ideias são antigas, remontam aos fins do helenismo. Parte muito considerável do que expus é autenticamente pirrônico e grego, mesmo se apresentado sob roupagens novas. Uma pequena parte é neopirrônica, digamos assim, mas é o que resulta de modo quase necessário daquela postura, quando defrontada com os desafios próprios à nossa atual problemática filosófica. Espero ter deixado isso razoavelmente claro.

Algo que me parece, então, saltar aos olhos é o caráter eminentemente cético de uma parte considerável do pensamento filosófico do século XX. Porque, como sabemos, boa parte deste é extremamente desconfiado com relação ao Absoluto e ao que considera seus pseudoproblemas, em verdade é mesmo decididamente e às vezes enfaticamente antiabsolutista. Para alguns autores e movimentos de ideias, é tão tranquila e natural essa postura que nem mesmo se julga dever perder tempo combatendo doutrinas que o pirronismo chamaria de "dogmáticas". Para eles, tudo se passa como se a filosofia séria já tivesse superado essa fase, podendo agora instalar-se despreocupadamente no espaço a que acima chamei de "mundo do fenômeno e da *empiria*". Recusam-se dogmatismos metafísicos, científicos, epistemológicos, morais. Relativiza-se, por exemplo, a noção de conhecimento e a de moral, introduzem--se concepções falibilistas, convencionalistas, instrumentalistas, "naturaliza-se" a epistemologia. Ou se confere a primazia à filosofia da ação, define-se uma concepção pragmática da razão, põe-se ênfase na intersubjetividade, privilegia-se a linguagem ordinária, ou a ideia de comunicação etc. Orientações essas por certo muito diferentes umas das outras, frequentemente em muitos e importantes pontos umas com as outras conflitantes, mas que se apresentam todas, explícita ou implicitamente, como formas de pensamento que se constroem sobre as ruínas da filosofia especulativa.

É certo que essas filosofias não se servem do vocabulário pirrônico. Mas eu enfatizei acima a liberdade que o cético se permite em suas formulações linguísticas, nenhuma das quais é para ele sacrossanta. De inúmeras e muito diferentes maneiras se pode exprimir a postura cética, que não está amarrada a nenhum jogo de linguagem particular. Comprender esse ponto é, aliás, condição necessária para que se entenda adequadamente em que consiste o pirronismo. Direi, pois, que é "pirronizante" a orientação básica daqueles movimentos filosóficos, que aquelas doutrinas estão, em grau maior ou menor, próximas ao ceticismo pirrônico, direi mesmo que são pirrônicas muitas de suas propostas positivas (ainda que não todas, é claro). Não é, por certo, o caso de desenvolver aqui aspectos particulares dos diferentes parentescos que aproximam tais doutrinas do ceticismo.[5] Acredito, no entanto, que a imagem do cético que acima desenhei sugere fortemente esses parentescos.

Mas, de qualquer modo, sabemos todos que essas várias doutrinas *não* se consideram céticas, que muito frequentemente seus autores criticam bastante explicitamente o ceticismo. É fácil explicar a origem dessas profissões de fé contra o ceticismo. O que esses autores têm em vista, na maioria dos casos, é o ceticismo moderno, nascido direta ou indiretamente da *1ª Meditação* de Descartes. Ou então, aquelas figurações simplistas e muitas vezes caricatas do filósofo cético a que acima me referi. O ceticismo pirrônico foi, de um modo geral, secularmente ignorado até algumas décadas atrás, quando muitos pesquisadores, em diferentes países, se puseram a estudá-lo e a resgatar o autêntico significado histórico de sua filosofia. Excelentes progressos se têm feito nesse campo, mas eles não estão ainda suficientemente difundidos de modo a permitir a generalização, no meio filosófico, de uma nova maneira (isto é, daquela maneira muito antiga e grega...) de entender o ceticismo. Assim, o ceticismo que se combate não é, de fato, o pirronismo, o qual simplesmente se ignora. Há razões para crer que esse estado de coisas está começando a mudar.

Como explicar, porém, que filosofias tão "céticas" estejam tão presentes no cenário da filosofia contemporânea, malgrado essa ignorância histórica a respeito do pirronismo? Explicar esse fato somente por uma influência, mesmo indireta, do pirronismo histórico parece insuficiente. É indubitável que a influência difusa da chamada crise pirrônica do Renascimento, assim como a influência importante, esta direta, da tradição cética humeana sobre o pensamento moderno e contemporâneo,

---

5 Julgo do maior interesse que se proceda a estudos sobre esses parentescos. Tanto o pirronismo como as doutrinas "céticas" contemporâneas teriam muito a ganhar com tais estudos, ganhariam bom esclarecimento muitas ideias filosóficas de nosso tempo.

tiveram suas consequências e produziram seus frutos. Ainda que não conhecesse diretamente o pirronismo e mesmo o criticasse, o pensamento de Hume tem, como já se mostrou,[6] um forte conteúdo pirrônico e ele marcou profundamente a filosofia posterior. Mas tais influências não explicam tudo e dizem respeito tão somente a certos aspectos do pirronismo.

Parece-me que a explicação da disseminação inegável de uma atitude pirrônica no pensamento contemporâneo tem uma explicação mais fácil e mais simples, também mais verossímil. É que o pirronismo não é um conjunto de dogmas nem uma estrutura conceitual sistemática, ao contrário do que é o caso com um grande número de filosofias. É antes, como acima tentei delinear, uma postura crítica e suspensiva diante da razão especulativa, que se complementa por uma prática filosófica inteiramente orientada para as coisas da vida. Tal postura e tal prática não exigem nenhuma formulação linguística especializada, nenhum jargão particular. Seu efetivo exercício pode concretizar-se de diferentes maneiras, assumir diferentes feições. Pode, portanto, dar origem a distintos movimentos de ideias, todos comungando de uma mesma orientação básica, comportando porém diferenças grandes, seja nos detalhes da investigação dos tópicos estudados, seja mesmo na própria escolha deles e na ênfase posta nuns ou noutros entre eles. Em outras palavras, onde quer que a filosofia venha a exercer uma postura crítica mais rigorosa e, em decorrência dela, se disponha a deixar de lado os fantasmas do Absoluto e a voltar-se inteiramente para a vida dos homens, sejam quais forem os fatores que a isso a tenham impulsionado – razões histórico-filosóficas, valores culturais, influências da metodologia das ciências da natureza, resultados obtidos pelas ciências sociais e humanas, decisivos condicionamentos sócio-histórico-econômicos –, aí está sempre ressurgindo, natural e espontaneamente, o pensamento cético.

Pois este, no final das contas, não é mais que a necessária consequência do exercício da *razão crítica*, levado até suas últimas consequências. Por isso mesmo, julgo caber afirmar que o ceticismo se faz o representante mais autêntico, o legatário mais fiel da proposta mais fundamental e mais básica da filosofia do Ocidente. E fica também manifesto que o ceticismo é totalmente incompatível com toda e qualquer forma de irracionalismo.

4. Perguntaram-me uma vez por que insisto em falar do ceticismo pirrônico e em tentar mostrar a postura pirrônica de boa parte do pensamento filosófico contemporâneo, como acima fiz, se eu mesmo reconheço que o pirronismo, tal como o entendo, é uma forma de pensamento que espontaneamente ressurge em determinadas situações e momentos, independentemente do uso do vocabulário pirrônico originário,

---

6   Plinio Smith elaborou bem esse ponto, cf. SMITH, P. J. 1995, part. p.267s.

de qualquer influência direta, ou mesmo indireta, do pirronismo histórico e independentemente, também, do conhecimento de que se está de fato repetindo uma atitude filosófica que pela vez primeira apareceu nos tempos do helenismo. Se assim é, a pergunta sugeria, não haveria maior interesse em relembrar algo que nada de novo acrescentaria à problemática filosófica de nosso tempo. A pergunta parece-me manifestamente impertinente. Se me resolvo a explicitamente a ela responder, é porque fazê-lo me fornece a ocasião de acrescentar algumas observações que julgo importantes acerca do pirronismo e de sua relação com a filosofia contemporânea.

Em primeiro lugar, consideremos a perspectiva histórico-filosófica. É obviamente importante e reconhecidamente fundamental para quem faz filosofia o debruçar-se sobre sua história, compreender a problemática das filosofias do passado e aprender com elas para alimentar e enriquecer o nosso pensamento de hoje. Nesse sentido, todo estudo que aperfeiçoa nosso conhecimento daquelas filosofias é oportuno e bem-vindo, por razões que vão bem além do interesse meramente histórico, que em si mesmo já é certamente digno da maior consideração. No que concerne particularmente ao pirronismo, uma reavaliação correta de seu significado abrangente e de suas dimensões filosóficas maiores é, não somente pertinente, mas um evidente ato de justiça historiográfica, dada a extraordinária ignorância de que, por causas diversas, ele foi secularmente vítima. E essa reavaliação pode ser fecunda para a reflexão filosófica atual, se estou certo ao apontar sua estreita afinidade, sob muitos e diferentes aspectos, com influentes movimentos filosóficos de nossos dias.

Em verdade, o interesse de uma releitura da filosofia pirrônica me parece particularmente importante. Porque essa releitura lança luz, não somente sobre uma entre outras manifestações do helenismo, mas, num certo sentido, sobre a filosofia grega como um todo. Se a interpretação que proponho é correta – estou, é claro, convencido de que ela o é –, o pirronismo constituiu uma revolução radical no pensamento antigo e seu ponto culminante. Em verdade, isso nos convida a uma perspectiva inteiramente nova também sobre toda a história da filosofia, nos sugere que a pensemos como um eterno embate entre duas formas antagônicas e irreconciliáveis do filosofar: de um lado, a dogmática que nos quer fazer adentrar o reino do Absoluto e, de outro lado, a cética, que rejeita a primeira e nos quer voltados sobre nós mesmos, nossa vida comum e nossos interesses mundanos. De um lado, a razão especulativa, de outro a racionalidade crítica. De um lado, o ponto de vista dos deuses, de outro o ponto de vista humano, simplesmente humano. Ouso dizer que a oposição conceitual dogmatismo *versus* ceticismo nos fornece as categorias mais básicas para a reflexão da filosofia sobre si mesma e sobre sua história. E ela nos enseja um esquema particularmente adequado para pensar o movimento das ideias filosóficas no século XX.

Faltou ao pirronismo um pensador do quilate de um Carnéades, Sexto foi certamente um filósofo menor, não foi capaz de explorar o tesouro conceitual que tinha em mãos. E a barbárie logo se abateu sobre o império Romano, com as nefastas consequências que se conhecem para a vida do pensamento. Sabemos quantos séculos foram necessários para que o pensamento grego pudesse finalmente de verdade renascer. A antiguidade grega não teve o tempo necessário para desenvolver e explorar suas últimas conquistas filosóficas.

Em segundo lugar, restabelecer plenamente o significado antigo originário do termo "ceticismo" me parece importante porque isso nos permite melhor detectar o caráter de fato dogmático da maioria das manifestações do assim chamado ceticismo moderno. Sexto insistiu em distinguir o ceticismo de qualquer negativismo epistemológico (cf. H.P. I, 1-4, 226) e o ceticismo moderno é epistemologicamente negativista. Além de, no mais das vezes, privilegiar decididamente a subjetividade. Esse negativismo epistemológico e esse subjetivismo dissimulam mal uma postura dogmática que, obviamente, não se reconhece como tal. Não somente se é por vezes cético sem saber, por vezes é-se também dogmático sem querer. Isso torna o chamado ceticismo moderno algo incoerente e bastante vulnerável às objeções dos adversários. E acarreta inevitáveis confusões sobre a própria noção de ceticismo. O ceticismo moderno obscureceu e obscurece ainda a compreensão do ceticismo grego.

Mas há outro ponto talvez mais importante que esse e que diz respeito precisamente aos desenvolvimentos "céticos" daquela parte considerável da filosofia contemporânea de que acima falei, que é cética sem saber. Justamente porque neles não está presente uma autoconsciência cética, são, também eles, frequentemente impregnados de dogmatismo. Por isso mesmo, falta-lhes, por vezes, uma certa consistência que somente uma visão pirrônica de conjunto pode conferir-lhes. Essa mesma visão de conjunto tenderá, aliás, a tornar possíveis a coordenação e a eventual compatibilização de tendências e pontos de vista aparentemente dispersos que nesses diversos desenvolvimentos "céticos" se manifestam. Por outro lado, o pirronismo tem tudo a ganhar com a exploração filosófica da natureza "cética" desses movimentos. Todo um arsenal de problemas, pontos de vista, conceitos, argumentos e formas de expressão linguística se põe à sua disposição e lhe proporciona material considerável para um fecundo enriquecimento doutrinário. Proporciona-lhe também úteis instrumentos para um necessário *aggiornamento*, com que melhor enfrentará os desafios do mundo filosófico contemporâneo.

Antes de terminar, uma pequena digressão. Somente para lembrar que o próprio pirrônico não se pretende vacinado contra toda forma de dogmatismo. Ele reconhece que parte do que lhe aparece pode estar impregnada por um dogmatismo dissimulado e oculto. Crenças aparentemente inocentes e de origem aparentemente fenomênica parecem impor-se à sua aceitação espontânea, as quais no entanto não passam de vestígios de formas de pensamento dogmático disseminadas de modo difuso no senso comum e a ele incorporadas. A tarefa cética de "desdogmatização" do discurso nunca se pode dar por definitivamente concluída. Os pirrônicos antigos dedicaram muita energia ao desenvolvimento de uma dialética capaz de questionar o dogmatismo aberto das doutrinas filosóficas. Parece-me que um pirrônico contemporâneo poderia, antes, dedicar mais atenção à detectação dos dogmas escondidos. Escondidos nos discursos dos outros e, talvez, em seu próprio discurso. Estes dogmas são bem mais traiçoeiros. Sexto já advertira que tão enganador é o *lógos* que ele quase arrebata os próprios fenômenos de sob nossos olhos (cf. H. P. I, 20).

E uma observação derradeira. Acabo de falar de dogmas camuflados. Mas devo advertir que isso nada tem a ver com certos usos comuns e expressivos da linguagem cotidiana de que todos os filósofos se servem e, como eles, também os pirrônicos, usos esses que eventualmente poderiam sugerir dogmatismo, particularmente a ouvintes ou leitores rabugentos. É costumeiro, na linguagem cotidiana, proferirmos sentenças tais como "É evidente que...", "Estou certo de que...", "Em verdade, podemos dizer..." etc. São formulações linguísticas enfaticamente assertivas, daquela ênfase assertiva própria ao adequado comportamento verbal das pessoas face às necessidades do dia a dia. Mas é totalmente impertinente interpretar essas expressões como instâncias de uma postura absolutista, isto é, como dogmáticas no sentido pirrônico deste termo. Sigamos aqui o exemplo de Hume no *Tratado* (cf. Hume, 1992, p.274). Expliquemos de uma vez por todas que nos servimos de tais expressões pela força do hábito e lembremos que, com um mínimo de esforço, qualquer leitor será capaz de parafraseá-las de modo adequado numa linguagem mais rigorosa, onde fique claro o caráter não dogmático do que estamos dizendo. Não temos de ficar a policiar-nos sem necessidade o tempo todo, para dar satisfação àquelas rabugices.

Concluo. O conflito entre o dogmatismo e o ceticismo nos apareceu acima como a vida mesma da filosofia. O dogmatismo sempre renasce, tal como seu incansável adversário, sob mil e distintas formas e roupagens. Nada nos faz esperar que esse confronto venha a ter um fim. A razão crítica não poderá jamais ensarilhar suas armas. Eis por que se terá de repetir a cada momento que *ainda é preciso ser cético*.

11

A autocrítica da razão
no mundo antigo[1]

1. Um outro modo de ler a filosofia grega

O milagre grego não produziu somente a sabedoria racional que se tornou um legado precioso de nossa civilização ocidental. Um importante elemento que se poderia chamar de "irracional" teve, também, uma presença manifesta e influente na cultura antiga. Mas é somente da sabedoria racional dos gregos que vou aqui falar. E, sobretudo, de sua filosofia.

Com muita frequência, quando se escreve a história da filosofia grega, se põe ênfase especial nas doutrinas especulativas que se pretenderam capazes de ensinar aos homens a Verdade, de encaminhá-los em direção à apreensão da Realidade das coisas em si mesmas, de desvendar os segredos do Ser e do Conhecer. Daí muitas vezes resulta que se dá atenção preferencial ao estudo do platonismo, do aristotelismo, do estoicismo.

Não se pode, entretanto, ignorar que uma tal história do pensamento filosófico antigo é, originalmente, uma história *cristã* dele. O cristianismo "cristianizou" a filosofia grega, estudou-a e comentou-a para pô-la a serviço de sua Verdade revelada. O platonismo (e o neoplatonismo) e o aristotelismo foram reconhecidamente os objetos prioritários desse empreendimento de "cristianização", a filosofia medieval se construiu sobre eles, ela buscou conciliá-los com a fé. Se a filosofia moderna se constituiu, num certo sentido, num processo de ruptura com o pensamento medieval, não é menos verdade que muito da postura própria a este foi por ela mantido. O

---

1   Conferência inaugural do 12º Encontro Mundial de Estudos Clássicos, proferida em Ouro Preto, Minas Gerais, em 25.08.2004. Publicada em SILVA FILHO, W. J. 2005, p.23-44.

Renascimento permitiu certamente uma volta ao mundo antigo e aos textos não "cristianizados". Mas toda uma tradição racionalista se construiu, que preservou o que se poderia chamar de "paradigma grego-cristão": uma concepção da razão como faculdade capaz de um conhecimento efetivo do Real. Esse paradigma, mesmo se posto em xeque na filosofia contemporânea, ainda conserva, nos dias de hoje, algo de sua força e tradição.

Um outro paradigma, entretanto, se lhe tem oposto de modo vigoroso: o do empirismo, que teve suas origens modernas na filosofia britânica dos séculos XVII e XVIII, com Hobbes, Locke, Berkeley e Hume. Se, na época moderna e contemporânea, esse embate entre racionalismo e empirismo é por demais manifesto para ser ignorado, esse embate secular entre, de um lado, os defensores de uma concepção absolutista do conhecimento e da verdade e, de outro, os que valorizaram decididamente a experiência e criticaram um tal absolutismo, os estudiosos do pensamento antigo entretanto, de modo geral, não me parecem ter-se dado suficientemente conta de que a aventura secular da filosofia grega, longe de ter sido precipuamente a história dos grandes sistemas que aspiraram ao conhecimento absoluto da Realidade e da Verdade, foi em verdade, também ela, a história de um grande e continuado confronto entre os cultores do *Lógos* e os críticos do *Lógos*, entre a crença numa Razão "divinizada" e a prática de uma racionalidade mais humana, consciente de suas limitações e adversária firme daquela crença.

O que eu quero, sobretudo, aqui fazer é apontar para a necessidade e o interesse de ler-se o pensamento antigo à luz desse confronto. Vou aqui propor algumas indicações nessa direção, concentrando-me em três momentos, por certo os mais importantes, da história do antidogmatismo, a saber: a sofística, a medicina empirista e o ceticismo. Chamando a atenção para o fato inegável de que a razão grega, se ela enveredou na busca de espaços extramundanos, foi também capaz de refletir criticamente sobre suas próprias ambições, de zombar de si mesma e de fazer sua autocrítica.

2. O significado histórico da sofística

A sofística grega foi duramente atacada, ridicularizada mesmo, por Platão e Aristóteles. Em verdade, apenas no século XX iniciou-se um processo de revalorização de sua importante contribuição para a cultura grega e ocidental. Antes de comentarmos alguns aspectos dessa contribuição, lembremos alguma coisa da filosofia pré-socrática anterior, ou mesmo contemporânea, ao surgimento da sofística.

A primeira filosofia jônica propusera explicações naturais dos fenômenos, reconhecera as necessidades naturais, compreendera o mundo como uma unidade, substituíra explicações míticas por tentativas de explicações racionais. O pensamento de Heráclito já nos permite deparar, no entanto, com o surgimento do processo milenar de *sacralização* da razão: aos *lógoi* particulares dos homens ele opõe um *lógos* comum, em verdade uma razão cósmica que é um fogo sempre vivo e governa todas as coisas, submetidas a um eterno fluxo e transformação. São, assim, postuladas uma "legalidade" e uma racionalidade objetivas.

Em Parmênides, cuja filosofia é totalmente contrária ao heraclitianismo e a ele irreconciliavelmente oposta, o processo de absolutização da razão é ainda mais exacerbado: desenha-se uma oposição radical entre a percepção sensorial, tida como ilusória e enganadora, e o pensamento, por meio do qual se atinge a Verdade, isto é, o ser uno, eterno, imutável. Ainda no eleatismo, os argumentos famosos de Zenão procuram reduzir ao absurdo as noções de movimento e de multiplicidade. Posteriormente, com o atomismo, uma certa forma de conciliação se estabelece entre o heraclitianismo e o eleatismo, conciliação a que já tinham de algum modo procedido as doutrinas de Anaxágoras e Empédocles: aceita-se a existência do vazio, enquanto a realidade imutável e eterna do ser eleático é conferida a múltiplos objetos inobserváveis, os átomos invisíveis e inalteráveis, cuja reunião e separação explicam a variedade e as mudanças; o conhecimento sensorial, bastardo, corresponde à esfera da opinião e da aparência, enquanto o conhecimento genuíno e verdadeiro diz respeito ao acesso pela inteligência (*diánoia*) à realidade dos átomos e do vazio.

Nesses autores pré-socráticos, podemos, então, assistir à aurora da metafísica do Ocidente, acompanhar a crescente glorificação da Razão e da Verdade absolutas, a oposição entre a pretensa objetividade da razão e a precariedade e contingência da opinião, ao lado de uma certa desqualificação, quando não a desqualificação radical, da experiência sensorial. Ainda que num filósofo como Xenófanes, mais ou menos contemporâneo de Heráclito, já encontremos, ao lado da crítica às representações tradicionais dos deuses, na tematização da oposição filosófica entre opinião e conhecimento, a ideia de que os homens não podem ir além da opinião, a negação de um critério de verdade, a tese de que o máximo a que podemos pretender é a verossimilhança.

É sobre esse pano de fundo que tem lugar a revolução intelectual representada pela sofística. Privilegiando a eficácia prática das doutrinas, os sofistas se atribuem como tarefa primeira a educação e a formação dos jovens, frequentemente ao arrepio dos valores tradicionais, propondo-se a neles desenvolver a capacidade de pensar, falar e agir. Se, por um lado, a sofística complementa a filosofia jônica, abordando a cultura e a problemática humanas, por outro, adota uma atitude crítica com relação a todo pensamento metafísico.

O mais importante de todos os sofistas foi, por certo, Protágoras, em verdade um pensador notável. Tenho para mim que sua grande e principal descoberta foi a do poder de argumentação do *lógos*. Ele foi o primeiro a dizer que, sobre todo e qualquer assunto, há sempre dois *lógoi* que se contrapõem, é sempre possível argumentar numa ou noutra direção (*in utramque partem*, como se dirá posteriormente). A força da razão é sua capacidade discursiva, seu poder é eminentemente retórico, ela é uma capacidade de persuadir. Em seu principal escrito, *Verdade* (ou *Discursos Demolidores*), Protágoras propôs sua famosa doutrina do homem como medida das coisas, das que são e das que não são, dizendo isso respeito tanto às impressões sensoriais como aos valores, individuais ou coletivos. O que me aparece é para mim tal como me aparece, o que a ti aparece é assim para ti. Se a uma cidade parece que tais e tais coisas são justas e belas, assim elas o são enquanto a cidade assim julgá-las. É a noção de relatividade da verdade que é introduzida, contra toda uma tradição filosófica da Verdade absoluta. Os seres humanos não podem senão exprimir suas *opiniões* e suas opiniões somente podem exprimir aquilo que eles experienciam. Protágoras propõe, em consonância com essa sua doutrina, uma nova concepção de sabedoria: a sabedoria não se encontra nos que pretendem ter acesso à natureza das coisas, mas, sim, nas *tékhnai* (artes) inventadas pelos homens para transformar as coisas em seu benefício. Assim, a medicina age no sentido de criar sensações e disposições benéficas e saudáveis para os doentes, em substituição às sensações e disposições perniciosas que a doença lhes causava. E o orador político sábio faz que pareçam justas às cidades as coisas que são benéficas para elas, em lugar das que lhes são maléficas.

Análoga é a tarefa da educação sofística: criar na alma dos jovens disposições benéficas e opiniões conformes a tais disposições. E algo será benéfico e bom para os indivíduos e para as cidades enquanto assim lhes parecer. É também a relatividade do bem que Protágoras assim introduz, em lugar do Bem absoluto. Ele relativiza as leis e os costumes, não lhes reconhece autoridade absoluta, considera-os criações da cultura humana, variando no espaço e no tempo, de uma comunidade para outra. Mas nem por isso menos necessários para a organização e a sobrevivência da *pólis*: não existindo por natureza, leis e costumes complementam a natureza e tornam possível uma adequada e necessária convivência entre os homens: se a um homem faltar o sentimento da moralidade social, deve a comunidade dele livrar-se, como de uma doença.

Merece também menção especial o nome de Górgias. Originalmente interessado pela filosofia, Górgias abandonou-a pelo estudo e prática da arte oratória, em que se tornou famoso no mundo grego. Conheceu a retórica em contato com a escola siciliana de Córax e Tísias e dela adotou a ideia de que o discurso retórico busca, em lugar da verdade, a verossimilhança. Segundo Platão, Górgias entendeu a retórica como uma criadora de persuasão (*peithoûs demiourgiké*), capaz de produzir o maior bem para os homens, que confere a liberdade a quem o possui e o domínio sobre os outros na *pólis*. Esse bem supremo é o poder de persuadir os outros, os juízes nos tribunais, os membros dos conselhos e assembleias, ou qualquer reunião de cidadãos. No celebrado *Elogio de Helena*, em que faz, perante os gregos, a defesa de Helena de Troia, diz Górgias, entre outras coisas, que, se ela agiu como agiu com relação a Menelau e aos gregos porque foi persuadida por palavras, não cabe condená-la. Isso porque *lógos dynástes mégas estin* (o *Lógos* é um grande Senhor), que, com seu corpo pequenino e invisível, realiza as obras mais divinas; e tamanho é seu poder de fascínio e encantamento que ele arrebata o ouvinte, como se este estivesse submetido à coação e à necessidade.

Não deixarei de mencionar, ainda que de passagem, o famoso tratado gorgiano *Sobre o Não Ser ou Sobre a Natureza*, cuja interpretação é objeto de grande desacordo entre os historiadores da sofística. O tratado contém, por certo, uma paródia engenhosa e irônica da doutrina eleática do Ser, mas ele é bem mais do que isso. Na longa argumentação que propõe as teses paradoxais de que nada é; de que, mesmo se algo é, é inapreensível pelo homem; e de que, mesmo se apreensível, não se pode comunicar nem explicar aos outros, expõe-se uma crítica contundente, não apenas da teoria do Ser absoluto dos eleatas, mas de toda pretensão ao conhecimento objetivo das coisas, de toda a filosofia dos "físicos"; aí também encontramos a recusa decidida de qualquer identificação entre o que é pensado e a realidade, assim como a tese de que o discurso que estabelece a comunicação entre os homens é algo bem distinto das coisas exteriores e irredutível a elas, o que torna impossível que uma eventual apreensão delas se possa comunicar através das palavras. Toda essa argumentação pode ser entendida como mais uma afirmação da doutrina gorgiana do *lógos*: a tarefa deste é a de persuadir e convencer, não a de proporcionar-nos a posse da realidade sonhada pelos filósofos.

Se comparamos as obras desses dois grandes sofistas, Protágoras e Górgias – e eu me contentarei aqui em falar apenas desses dois –, percebemos que lhes é comum o empreendimento de *humanizar* o *lógos*. Investindo contra a tradição filosófica anterior, eles entendem a razão humana como capacidade de produção e organização da linguagem, não como uma faculdade divina de conhecer a realidade última das coisas. O *lógos* é um instrumento humano a serviço dos interesses dos homens. Um instrumento que compete aos homens utilizar para seu próprio benefício, individual e coletivo. Essa reflexão crítica sobre a razão e a linguagem constitui, a meu ver, uma extraordinária contribuição da sofística para a filosofia de todos os tempos.

Platão e Aristóteles "demonizaram" a sofística e sua relativização do saber humano. Em seus sistemas, a filosofia é saber do Ser e a dialética, compreendida por certo de modo bem diferente em uma e outra filosofia, tem por missão conduzir a alma humana ao conhecimento do Objeto, em sua mesma Realidade. Aristóteles desenvolveu toda uma teoria da ciência, que ele concebe fundamentada sobre princípios necessários e absolutos, cognoscíveis em si mesmos e causas primeiras dos objetos do conhecimento científico. E, posteriormente, o estoicismo, já no período helenístico, formulou o mais acabado sistema filosófico do pensamento grego, sob a forma de um panteísmo materialista e dinâmico que se oferece à ciência do Sábio. Em todos esses sistemas, assistimos ao grande triunfo da Razão absoluta. A filosofia cética empreenderá, no entanto, uma denúncia severa dessa concepção de conhecimento, retomando a velha tradição crítica da sofística e dando sequência ao secular conflito. Antes, porém, de abordar o ceticismo, convém demorarmo-nos um pouco sobre o papel desempenhado pela medicina empirista na evolução da filosofia grega.

3. A medicina empirista grega

A partir do século V, a medicina grega tinha-se tornado uma disciplina intelectualmente respeitável e, em lugar dos antigos praticantes incultos, surgiram médicos dotados de uma certa cultura e familiarizados também com os escritos dos filósofos, os quais tinham revelado grande interesse pelas questões médicas e pelo estudo fisiológico dos seres humanos. Essa medicina culta tendeu a assumir que se podia determinar pelo uso da razão a natureza de uma doença, conhecer suas causas e, a partir daí, encontrar o tratamento médico conveniente para seus pacientes. Já cedo, entretanto, alguns médicos formularam objeções contra aqueles outros que se deixavam influenciar pelas teorias filosóficas.

A partir do século III a.C. e ao longo dos séculos seguintes, uma grande polêmica veio a opor duas grandes escolas de médicos e autores de obras sobre medicina, a dos *logikoí* (racionalistas) e a dos *empeirikoí* (empiristas). A medicina empirista emergiu como uma reação contra a medicina anterior. Os empiristas, que a si mesmos assim se chamaram, sustentaram, contra a tendência antes dominante, que todo conhecimento médico era matéria de mera experiência e que essa experiência somente podia ser adquirida na prática efetiva da medicina. Negaram que se pudesse obter conhecimento do que não é observável, entenderam que a medicina deve ser apenas busca do que é útil para os pacientes, não de conhecimento.

Com o desenvolvimento dessa polêmica, torna-se explícita a divisão entre racionalistas e empiristas e se passa a falar de uma escola racionalista e de uma escola empirista de medicina. Os racionalistas entendiam que a medicina devia ir além da experiência e confiavam numa teoria médica construída pelo uso da razão, graças ao qual se podia passar do que era observável ao inobservável e atingir a realidade mesma das coisas, conhecendo causas e naturezas ocultas, inacessíveis à observação. Admitiam inferências e provas. Os empiristas, ao contrário, afirmaram a impossibilidade de a reflexão racional capacitar-nos a conhecer a verdade das proposições teóricas e universais defendidas por seus adversários; afirmaram também que a profusão de diferentes teorias médicas racionalistas fazia surgir um conflito teórico entre elas, sobre o qual a prática médica não tinha como decidir. E procuraram estudar, através da experiência, as relações mais ou menos sistemáticas e regulares entre eventos médicos observáveis, a partir daí fazendo predições para a experiência futura.

No século I a.C., surge a escola dos Metódicos que, embora mais afins com os empiristas (de que eram como uma dissidência), desafiaram empiristas e racionalistas. Entenderam que tudo que é de interesse para a medicina se passa no domínio do observável, tornando desnecessário qualquer recurso a teorias racionalistas. Mas criticaram os empiristas, porque estes afirmavam dogmaticamente que as entidades ocultas dos racionalistas eram inexistentes ou absolutamente incognoscíveis. Aceitaram explicitamente um certo uso da razão, mas uma razão, por assim dizer, embutida na própria experiência. E não se recusaram a falar em conhecimento (*gnôsis*), a respeito da relação entre sua doutrina e os eventos médicos.

Todo esse debate, de natureza em última análise epistemológica, entre as diferentes correntes da medicina grega se desenvolveu fora das escolas filosóficas, ainda que diferentes autores de tratados sobre medicina tenham abordado, em seus escritos, não apenas problemas específicos de sua área, mas também problemas mais gerais de teoria do conhecimento. Coube, porém, ao ceticismo grego a incorporação dessa epistemologia empirista ao campo da filosofia propriamente dito. O principal representante do ceticismo na Antiguidade foi Sexto Empírico, médico e filósofo, que viveu provavelmente na segunda metade do século II d.C. e é nossa principal fonte para o conhecimento da filosofia cética.

Sabemos, pelas fontes antigas, que, no século II d.C., os principais representantes do ceticismo da época (Menódoto, Theodas e o próprio Sexto) eram também os principais representantes da escola empirista de medicina; e também nos é dito que Menódoto e Sexto deram grande contribuição a essa escola. Sexto Empírico menciona um livro seu, que não nos chegou às mãos, intitulado *Empeirikà Hypomnémata* (*Comentários Empiristas*) e, em vários tratados médicos da época, seu nome aparece frequentemente nas listas dos empiristas importantes. Numa passagem conhecida de uma de suas obras, Sexto afirma explicitamente a afinidade do ceticismo com a medicina dos Metódicos. Falemos, então, do ceticismo grego.

4. O pensamento cético

Pirro de Élis acompanhou Alexandre em sua expedição à India. De volta, fundou uma escola de filosofia em sua cidade natal. Nada deixou por escrito; celebrado como um sábio, seu nome foi rapidamente cercado de lendas. Toda a interpretação de seu pensamento é necessariamente precária e, tradicionalmente, os fragmentos que nos restaram de seu discípulo Timão são usados na tentativa de reconstituir sua doutrina. Pirro, tendo posto a felicidade (*eudaimonía*) como objetivo da vida humana, afirmou que as coisas são indiferentes, incomensuráveis e indecidíveis, nossos sentidos e nossas opiniões sendo incapazes de verdade e falsidade. Eis por que em nada devemos neles crer, permanecendo sem opinião (*adoxástous*), sem inclinação e inabaláveis diante de cada coisa, nada asseverando positiva ou negativamente a seu respeito. Desse modo, não pronunciando-nos sobre as coisas, obtemos um estado de tranquilidade (*ataraxía*). Segundo Timão, Pirro valorizou tão somente o que nos *aparece*, o fenômeno (*tò phainómenon*), aquilo que se oferece imediatamente à nossa experiência e, assim, se impõe à nossa aceitação. Timão louva Pirro por ter escapado à servidão da *dóxa* (*opinião*) dos homens. Os fragmentos das obras de Timão que nos chegaram sugerem que Pirro repudiou a especulação filosófica; que sua filosofia, de caráter eminentemente moral, propôs a renúncia a toda teoria especulativa sobre a natureza das coisas e a volta às coisas práticas da vida, nisso residindo a condição para a obtenção da felicidade.

No primeiro século antes de Cristo, Enesidemo, filósofo pertencente à Academia, que fora fundada por Platão e se tinha tornado, nessa época, fortemente influenciada pelo pensamento estoico, dela se separa e, invocando a figura lendária de Pirro, dá origem a um movimento filosófico, que a si mesmo se chamou de *Sképsis*, termo que literalmente significa "observação", "exame", "reflexão" e que viria a traduzir-se, posteriormente, por "ceticismo". Seus partidários a si mesmo se designaram como *skeptikoí* (literalmente "os que observam", "os que examinam", "os que refletem"), isto é, como "céticos". Mas também se denominaram "pirrônicos", invocando o patrocínio do velho Pirro, cujos ensinamentos em alguma medida retomaram e incorporaram à sua orientação filosófica. Com Enesidemo nasce assim o ceticismo grego que também se conhece como "ceticismo pirrônico" ou "pirronismo". O movimento se associou posteriormente ao empirismo médico e teve em Sexto Empírico, como vimos, um de seus principais representantes.

Antes, porém, de discorrer um pouco sobre o ceticismo pirrônico, quero lembrar que, anteriormente à sua impregnação pelo estoicismo, a Academia de Platão viveu, nos séculos III e II a.C., uma fase que também se costuma classificar como "cética". Os principais nomes desse "ceticismo acadêmico", como ele é costumeiramente chamado na literatura especializada, foram Arcésilas (contemporâneo de Timão) e Carnéades. Em verdade, é bastante controversa a interpretação da doutrina do ceticismo acadêmico. De qualquer modo, há indicações suficientes nas fontes para atribuir-lhe a negação de todo e qualquer critério de verdade: nem a razão nem a sensação nem a representação (*phantasía*) são confiáveis no que concerne à apreensão do verdadeiro, donde não dispormos senão de um critério de ordem prática para a orientação da vida cotidiana.

Arcésilas foi o primeiro filósofo a propor a suspensão de assentimento ou juízo (*epokhé*) sobre todas as proposições que se pretendem verdadeiras. E tanto ele como Carnéades desenvolveram a prática dialética das antinomias, mostrando que se podem propor argumentações igualmente boas em direções opostas e contraditórias, de onde precisamente resulta a impossibilidade de dar assentimento a qualquer uma das teses conflitantes. Assumiram, pois, a doutrina protagoriana da existência, em qualquer assunto, de dois discursos opostos. O pirronismo, que retomou e desenvolveu a doutrina de Pirro sobre o fenômeno, herdou da assim chamada Nova Academia (a de Arcésilas e Carnéades) a dialética das antinomias e a suspensão de juízo.

O ceticismo pirrônico exibiu uma primeira face explicitamente polêmica com relação à maioria das filosofias precedentes, tanto pré-socráticas como clássicas ou helenísticas, por exemplo o epicurismo e, sobretudo, o estoicismo. O que nelas os céticos criticaram foi sua comum pretensão de conhecer as coisas em sua mesma natureza e essência, sua alegada capacidade de revelar-nos como as coisas realmente e em si mesmas são. Essas filosofias, pretendendo explicar os fenômenos com que lidamos na vida ordinária, postularam entidades que não nos são evidentes, coisas em si mesmas inobserváveis a que teríamos acesso por meio da reflexão filosófica. A esse assentimento dos filósofos a coisas não evidentes (*ádela*) os céticos chamaram "dogmas" (*dógmata*), por isso a esses filósofos chamaram de "dogmáticos" (*dogmatikoi*). Essas filosofias se estruturavam conforme uma lógica argumentativa própria, seus *dógmata* resultavam de argumentos construídos com base em certas proposições primeiras tidas como verdades por si mesmas evidentes e que de si mesmas se imporiam à nossa aceitação. Mas os céticos se empenharam em mostrar que é injustificável a pretensão dessas filosofias ao conhecimento e à verdade.

No intuito de abalar as certezas dogmáticas e manifestar sua efetiva carência de justificação racional, os céticos organizaram todo um imenso arsenal de argumentos, cuja exposição ocupa grande parte das obras de Sexto Empírico. Contentar-me-ei com relembrar dois entre eles, que me parecem particularmente importantes. Um deles é o da relatividade: os céticos mostram que a percepção dos objetos sensíveis ou inteligíveis é sempre relativa ao sujeito que os percebe, ao que juntamente com eles também é percebido, às circunstâncias em que são percebidos, também às regras de conduta, hábitos, crenças etc.; é possível dizer como as coisas *aparecem* a tal e tal sujeito, em tais e tais circunstâncias, conforme tais e tais situações, mas não é possível mostrar, a partir dessas aparências todas, umas com as outras muitas vezes conflitantes, qual é verdadeiramente a realidade do que é experienciado.

O segundo, também extremamente importante e a meu ver decisivo, é o argumento da *diaphonía* (desacordo, discordância), isto é, o argumento que chama nossa atenção para o indecidível conflito entre as teorias filosóficas. Cada filósofo apresenta sua doutrina como a única verdadeira e desqualifica como falsas todas as doutrinas rivais. Para cada um deles, sua doutrina é como uma "edição" do Verdadeiro e do Real, a expressão adequada da natureza mesma das coisas. A infindável e insuperável divergência entre os filósofos se estende a todo o mundo sensível e inteligível, diz respeito à existência dos corpos e das almas, à existência e propriedades das divindades, aos princípios materiais e à causalidade, à existência e natureza do espaço e do tempo, ao movimento, às noções de conhecimento e de ciência, aos objetos mesmos e aos métodos de cada ciência particular. Nenhum acordo se estabelece tampouco entre os filósofos sobre critérios que eventualmente se pudessem utilizar para superar o conflito de suas doutrinas, eles divergem sobre a noção mesma de critério e sobre sua natureza, sobre o alcance e o valor dos sentidos, sobre a natureza da razão e de suas faculdades, sobre a noção e a definição de verdade, sobre a nature-za da ciência da lógica, sobre a natureza e o alcance dos instrumentos lógicos, sobre o significado e o valor da indução, sobre a natureza e a definição das demonstrações. Os filósofos não se põem de acordo sobre coisa alguma.

Por outro lado, os céticos exploraram a fundo, contra as doutrinas dogmáticas, a dialética acadêmica da argumentação *in utramque partem*. Aos argumentos com que os filósofos sustentavam suas doutrinas opuseram argumentos em sentido contrário, de igual força persuasiva, mostrando a impossibilidade de uma opção filosófica entre as teses em conflito. Dessa equipotência dos argumentos assim opostos resultando, assim, a suspensão de juízo (*epokhé*), que definiram precisamente como um estado da *diánoia* (pensamento, inteligência) em que se vivencia uma tal impossibilidade.

O ceticismo grego consagrou boa parte de sua energia a essa polêmica contra as doutrinas dogmáticas. Entre estas se incluíam também as teorias científicas do mundo antigo, solidárias com as posições filosóficas e com estas indissociavelmente ligadas, já que cada ciência (*epistéme*) se considerava uma parte da filosofia. As diferentes ciências se concebiam, de modo geral, como conhecimento verdadeiro e certo das "regiões" do Real que tomavam por seus objetos: tal era o caso da lógica ou teoria do conhecimento, da física, da geometria, da aritmética, da astronomia teórica, da ética etc. Todas elas produziam seus *dógmata*, no sentido acima definido, postulando entidades transcendentes para além da prática empírica. Justificavelmente, então, as baterias céticas eram assestadas também contra elas.

Esse forte questionamento da pretensão dos dogmáticos ao conhecimento abso-luto, filosófico ou científico, constituiu a face "negativa" do empreendimento filosófico do ceticismo grego. Coerentemente com sua denúncia do pensamento especulativo, os céticos se abstiveram de proclamar quaisquer certezas, quaisquer verdades, quaisquer conhecimentos, acerca da assim chamada "realidade" das coisas, acerca de sua "essência" ou "natureza". Abstiveram-se de qualquer proferição de cunho "metafísico". Mas entenderam que sua postura crítica com relação a qualquer dogmatismo os impedia igualmente de dar assentimento a qualquer doutrina ou proposição que, do lado oposto, afirmasse, de modo absoluto, a inapreensibilidade dos objetos transcendentes; a qualquer teoria que se pretendesse capaz de demons-trar a impossibilidade do pensamento "metafísico", ou a impropriedade ou falta de significatividade do discurso especulativo. Porque uma tal postura se configurava, aos olhos dos céticos, tão somente como um dogmatismo negativo, por assim dizer um dogmatismo de sinal trocado, que incidia nos mesmos problemas e dificuldades das doutrinas dogmáticas positivas.

Toda essa dinâmica cética é um exercício de dessacralização do *lógos*. O filó-sofo não se reconhece como oráculo do divino. Mostrar que não se logra coincidir pelo pensamento com as coisas em si mesmas, descobrir o caráter antinômico da razão teórica, equivale, de fato, a retomar a postura de *humanização* do *lógos* assumida pela antiga sofística. O ceticismo põe a nu a natureza eminentemente retórica do discurso filosófico. Abandona-se a pretensão de possuir a perspectiva de Deus sobre o mundo.

O filósofo cético experiencia dialeticamente a inacessibilidade do Absoluto. Essa experiência, aliás, ele a tem somente como um evento empírico de sua biografia intelectual, que ele se compraz em relatar, para a edificação do próximo. Ele confessa nem mesmo saber se se trata apenas de uma inacessibilidade de fato, que testemunha dos limites de nossa razão, ou se o Absoluto não passa de um grande mito, ficção plasmada pelo pensamento filosófico ao longo de sua história, ilusão de transcendência. E o cético chega a desconfiar de que talvez não faça mesmo nenhum sentido o secular empreendimento de buscá-lo. Talvez o Absoluto não seja mais que um mero produto da engenhosidade verbal dos filósofos dogmáticos.

É fundamental, porém, insistir em que, além de sua dimensão "negativa" e dialética, o ceticismo pirrônico exibe uma face "positiva", ela diz respeito a uma prática filosófica centrada na experiência do fenômeno. Tendo o juízo sempre suspenso sobre os dogmas da filosofia especulativa, o cético, no entanto, se confessa obrigado a reconhecer que temos uma *experiência de mundo*, que *epokhé* nenhuma vem afetar. A dogmática grega distinguira entre Ser e Aparecer, entre a Realidade que a filosofia se propõe a apreender e, de outro lado, aquilo que nos aparece e que mais diretamente experienciamos. Diferentes foram as tematizações dogmáticas da relação entre o Ser e o Aparecer, diferentes foram as interpretações filosóficas do mundo fenomênico. O cético, nós o sabemos, questiona o pretenso conhecimento do Ser e seu vocabulário metafísico. Mas ele não pode não ter a experiência do que *aparece*, o *phainómenon*, que filosofia nenhuma, aliás, põe em causa. O que aparece se lhe dá de modo irrecusável, num *páthos* que ele pode apenas relatar. O fenômeno, que no mais das vezes envolve conteúdos proposicionais, recobre toda a esfera do sensível e do inteligível. Mas o cético não se propõe a interpretar filosoficamente o fenômeno, seu fenomenismo é epistemologicamente neutro. Ele faz, porém, do fenômeno, seu critério para a prática da vida.

O cético, seguindo o fenômeno, vive a vida comum e cotidiana, em que se reconhece inserido. Como o comum dos homens, ele se serve de seus sentidos e inteligência, experiência, instintos e paixões, se pauta por tradições e costumes, se serve dos ensinamentos das artes e técnicas. Tal é a orientação de sua natureza humana e o cético pirrônico não se furta ao uso não dogmático do termo "natureza". O cético pratica adogmaticamente (*adoxástos*) a observância não filosófica da vida comum. E, se a filosofia dogmática investe contra a vida comum, se tenta contestá-la, ou substituir-se a ela, ela encontra o cético militando ao lado da vida comum, fazendo--se desta o advogado. A filosofia pirrônica confere o primado à vida, não à filosofia.

Tendo questionado as formas dogmáticas do saber em seus vários domínios, tendo o juízo suspenso sobre toda *epistéme* (ciência), o cético pode fazer a apologia da *tékhne* (arte, disciplina). Exemplos, entre outros, de *tékhnai* são a medicina, a agricultura, a astronomia empírica. As *tékhnai* não se preocupam com o Real das filosofias dogmáticas, lidam com os fenômenos, que elas observam e sistematizam, procurando detectar suas regularidades e encadeamentos. Sobre tal base apoiadas, eles constroem suas previsões e produzem seus ensinamentos, visando ao que é útil e benéfico para os homens. Assim, o ceticismo substitui coerentemente o pretenso saber teórico pelo saber da experiência, pela *empeiría* (experiência). Não temos mais uma Realidade a conhecer – demos, na prática, nosso adeus a esse mito –, o que temos é um mundo experienciado com o qual precisamos lidar: diante dele e de seus desafios, não temos como permanecer inativos.

Tendo em mente essa valorização da *empeiría* e o primado que esta necessariamente assume na visão cética do mundo, podemos falar de um *empirismo* cético. Pois o cético não vê como poderia a razão consistentemente aventurar-se além da *empiria* (perdoe-se-me o neologismo) e transcendê-la, ele chama precisamente de "dogmáticas" as aventuras verbais que desastradamente tentam operacionalizar uma tal transcendência. Para o cético, tudo que sentimos e pensamos provém da *empiria* e a ela necessariamente remete. Todo o nosso saber é saber do fenômeno, isto é, é saber empírico. Mas se trata de um empirismo sem dogmas. Pôr em xeque a razão dogmática e privilegiar a *empiria* são as duas faces de uma mesma moeda.

Eu lembrei, há pouco, que Sexto Empírico afirmou a proximidade entre a orientação filosófica cética e os procedimentos da medicina Metódica, que comungava, com a medicina empirista grega, da valorização da *empiria* médica e da oposição à medicina racionalista. O que vimos sobre a face "positiva" do ceticismo mostra-nos por que ele podia fazer essa aproximação. Vou mais longe: em verdade, julgo válido dizer que o ceticismo da "escola sextiana" foi o resultado histórico do feliz casamento entre dois movimentos do pensamento grego: de um lado, uma tradição pirrônica revivida e desenvolvida por Enesidemo, que reunira a dialética argumentativa e antinômica da Nova Academia de Arcésilas e Carnéades a uma postura de valorização antidogmática do fenômeno, remontando ao lendário Pirro; de outro, a teoria e a prática antirracionalistas das escolas Empirista e Metódica de medicina. E essa associação com o Empirismo e o Metodismo médico ensejou ao pirronismo a assunção de uma postura epistemológica consistente com sua orientação fenomenista originária e tornou-o capaz de integrar no universo cético as práticas "cognitivas" das *tékhnai* gregas. Arrisco-me a dizer que o nascimento do empirismo como orientação filosófica teve lugar, não na modernidade, mas na filosofia helenística grega, no pirronismo dos médicos-filósofos dessa época.

5. Considerações finais

Espero ter ficado evidente o caráter eminentemente moderno e contemporâneo da postura filosófica do ceticismo grego. Em contrapartida, penso que a ninguém pode escapar que o ceticismo grego tem, em verdade, muito pouco a ver com o que se tem entendido por "ceticismo" no mundo contemporâneo. Mas não é aqui o momento de examinarmos as razões históricas que explicam essa espantosa divergência entre a postura filosófica dos céticos antigos e a representação costumeira do ceticismo, por vezes caricatural, que todos conhecemos.

O ceticismo pirrônico constituiu uma revolução radical na filosofia da Antiguidade e foi seu ponto culminante. Mas, como sabemos, essa filosofia e toda a cultura clássica greco-romana foram vítimas da barbárie que se abateu sobre o Império Romano. E não temos a mínima condição de conjecturar como teria evoluído o pensamento antigo, se tal catástrofe não tivesse ocorrido. O que é certo é que a razão grega não teve o tempo necessário para explorar, no campo da filosofia e no campo da ciência, as consequências da revolução cética. O que, no entanto, me parece que podemos tranquilamente sustentar é que o ceticismo grego foi o apogeu do grande *empreendimento da autocrítica da Razão* no mundo antigo. Empreendimento de que a sofística e a medicina empirista tinham sido dois momentos importantes.

A perspectiva histórica que propus parece-me sugerir fortemente que leiamos a história inteira da filosofia – da filosofia grega, em particular, e da filosofia ocidental, como um todo – como a história de um embate permanente entre a razão especulativa e a racionalidade crítica, entre uma filosofia dogmática que nos acena com a visão do Absoluto e, de outro lado, uma orientação antidogmática e cética, que nos quer voltados sobre nós mesmos e nossa vida comum. Essa perspectiva lança uma luz diferente sobre a história da filosofia. Essa extraordinária história da razão ocidental, que foi sempre capaz, desde os seus mesmos começos, de rir-se de si mesma.

12

Empirismo e ceticismo[1]

Introdução

Em 1887, V. Brochard publicava sua notável obra intitulada *Les Sceptiques Grecs*,[2] até hoje uma referência obrigatória para os estudiosos do ceticismo antigo, ainda que muitas de suas interpretações dos autores céticos tenham certamente de ser revistas, à luz dos estudos contemporâneos. Brochard dedicou a última parte de sua obra (cf. p. 309s) ao que ele denominou "ceticismo empírico", o ceticismo dos médicos-filósofos tais como Menódoto, Theodas e Sexto Empírico, representantes da última fase do ceticismo grego. No estudo de sua doutrina – e na de Sexto Empírico em particular –, Brochard distinguiu duas partes (cf. p.310), uma "negativa ou destrutiva", outra "positiva ou construtiva", e entendeu haver lugar, nesse "ceticismo empírico", para distinguir entre o ceticismo e o empirismo (cf. p.331). Isso porque, enquanto, de um lado, a parte destrutiva teria representado tão somente uma retomada do "ceticismo dialético" da fase anterior (cujas principais figuras foram Enesidemo e Agripa), por certo com alguma inovação e aprimoramento e com mais sistematicidade,

---

1 Uma primeira versão deste texto foi apresentada, em abril de 2004, na conferência inaugural do Colóquio sobre Ceticismo realizado em Salvador, BA, e reapresentada numa palestra proferida em junho no I Curso Abril de Filosofia, organizado em São Paulo pela Editora Abril. Uma versão mais desenvolvida foi submetida a discussão e debate no Seminário de Epistemologia da Universidade São Judas Tadeu, em setembro do mesmo ano. Também no 7º Encontro Internacional sobre o Pragmatismo, realizado na PUC-SP em novembro. Sou agradecido a Plinio Smith por sugestões e críticas que me levaram a reescrever várias passagens do texto. Este texto foi publicado em *Discurso* n.35, São Paulo, 2005.

2 Uma edição da obra foi publicada em 1959 e é essa edição que tomo aqui como referência, cf. BROCHARD, V. 1959.

desenvolvendo a polêmica secular dos céticos contra as filosofias "dogmáticas", por outro lado a parte "positiva" da doutrina, que endossou os ensinamentos e a prática do empirismo médico grego, estaria em franca contradição com aquele combate ao dogmatismo: formulando proposições gerais, introduzindo o vocabulário da causalidade, ela teria de algum modo conferido um caráter de universalidade e de necessidade aos fenômenos observados, indo além de sua simples constatação; teria introduzido um elemento racional no conhecimento, indo além do fenomenismo cético. O que teria configurado "uma espécie de dogmatismo". E Brochard julgou não haver como conciliar essas duas partes da doutrina (cf. p.374-5).[3] O que não o impediu de valorizar sobremaneira os "ceticos empíricos", em quem viu "ancestrais do positivismo" moderno, responsáveis por um progresso significativo e importante que antecipou o espírito moderno, ao terem tentado fundar "uma arte prática totalmente análoga ao que hoje chamamos "a ciência positiva" (cf. p.378).

Em 1941, R. Chisholm publicou, na revista *Philosophy of Science*, v.8, n.3 (p.371-83), um artigo intitulado "Sextus Empiricus and Modern Empiricism". Ele principia o artigo, dizendo

> Ainda que seja difícil exagerar as similaridades entre as doutrinas filosóficas de empiristas científicos contemporâneos e aquelas que foram expostas por Sexto Empírico..., Sexto parece não ter sido tido a atenção da maioria dos historiadores do empirismo.

E aponta, a seguir, para aquelas que teriam sido, em sua opinião, as três contribuições mais significativas da doutrina sextiana para o pensamento empirista: uma teoria "positivista e comportamentalista" dos signos, uma discussão do fenomenalismo e da relação entre este e as pretensões do senso comum ao conhecimento e, em terceiro lugar, uma exposição da controvérsia sobre o princípio da extensionalidade na lógica. A teoria sextiana dos signos teria sido "uma clara enunciação dos princípios essenciais do positivismo, pragmatismo e behaviorismo" (cf. p.373). O autor entende que "a discussão de Sexto sobre nosso conhecimento do mundo exterior sugeriria uma epistemologia puramente fenomenalista" (cf. p.376). Chisholm curiosamente omite qualquer discussão sobre a relação entre o empirismo que atribui a Sexto Empírico e a doutrina cética que o filósofo expõe e defende ao longo de suas obras, nas quais estão contidas as passagens todas em que se detectaria uma clara postura empirista.

Charlotte L. Stough publicou em 1969, pela University of California Press, seu *Greek Skepticism-A Study in Epistemology*. No cap. 5, consagrado a Sexto Empírico,

---

3 Segundo o autor, os "céticos empíricos" teriam deixado seu dogmatismo não confessado "em segundo plano, sentindo bem que aí estava o ponto fraco do sistema" (cf. ibidem, p.359).

ela nos diz (cf. p.107) que "a filosofia de Sexto, como a de seus predecessores céticos, se distingue por sua ênfase na experiência como o fator mais importante em nosso conhecimento do mundo material" e "nos apresenta o que é, talvez, a enunciação mais consistente de uma teoria empirista do conhecimento na filosofia grega" (cf. p.106). Stough aborda rapidamente a doutrina sextiana do fenômeno e da representação para concluir que a filosofia de Sexto culmina numa "forma extrema de empirismo", para a qual "os dados da experiência são sensações (impressões), que são privadas para o sujeito e não fornecem nenhuma informação sobre o mundo externo", o percipiente tendo acesso somente a suas impressões (cf. p.125).

Uma contribuição decisiva para o estudo da dimensão empirista do ceticismo pirrônico foi dada por Michael Frede. Seu artigo "Des Skeptikers Meinungen" (título posteriormente traduzido por "The Skeptic's Beliefs")[4] de 1979 criticou a interpretação tradicional do ceticismo, segundo a qual não haveria nenhuma doutrina especificamente cética, o cético não teria nenhum tipo de crenças e recusaria assentimento a qualquer proposição (cf. Frede, 1987, p.179). O autor defende no texto a posição contrária: o cético poderia ter crenças, mas suas crenças não seriam dogmáticas, ele creria apenas nos fenômenos, no que lhe aparece; sua suspensão de juízo diria respeito tão somente aos discursos que se propõem falar de uma realidade para além do que aparece, pretensamente revelada pela razão; o que distinguiria o cético do não cético não seriam as crenças, mas sua atitude com relação a elas. Em total consonância com essa interpretação da filosofia pirrônica, Frede, a partir de 1983, consagrou à antiga medicina grega, sobretudo ao empirismo médico grego, uma série de valiosos artigos, nos quais estuda particularmente os vínculos estreitos entre o ceticismo pirrônico de médicos-filósofos como Menódoto e Sexto e, de outro lado, o empirismo médico. Sobretudo em "The Ancient Empiricists" (cf. Frede, 1987, p.243-60), o autor desenvolveu suas teses sobre a existência de um empirismo pirrônico moldado sobre a postura teórica e prática do empirismo médico, sobre a total compatibilidade entre a filosofia pirrônica e a formulação de uma epistemologia empirista, também sobre a aceitabilidade, para o cético pirrônico, de uma noção de "conhecimento" construída a partir dos padrões "cognitivos" das pessoas comuns.

Curiosamente, toda essa "tradição" de estudos sobre o parentesco entre o ceticismo pirrônico da escola sextiana (e dos médicos e filósofos céticos que imediatamente a precederam) e o empirismo médico da Antiguidade foi bastante desconsiderada pela abundante literatura historiográfica que, nas últimas décadas do século passado, se debruçou sobre o ceticismo antigo – e sem dúvida produziu notáveis resultados

---

4   O artigo faz parte da coletânea de seus trabalhos intitulada *Essays in Ancient Philosophy*, cf. FREDE, M. 1987. As citações dos artigos de Frede que faço neste texto têm por referência essa edição.

na elucidação de muitos de seus aspectos –, fazendo justiça à sua importância histórica e à sua extraordinária significação filosófica, por tantos séculos esquecidas. Estudaram-se questões relevantes como a distinção entre fenômeno e dogma, a relação entre fenômeno e representação, o significado e alcance da suspensão cética do juízo, a concepção cética da vida comum, a relação entre o pirronismo e a filosofia da Nova Academia (a de Arcésilas e Carnéades) e muitas outras. Mas, via de regra, não se preocuparam os autores em integrar suas interpretações desses pontos todos numa compreensão mais global da problemática pirrônica e sextiana, que, ao mesmo tempo, desse também conta da afinidade proclamada pelo próprio Sexto Empírico entre o ceticismo e a medicina empirista ou Métodica (aliás corroborada de modo consistente pelas fontes antigas[5]) e das numerosíssimas passagens de suas obras, nas quais inegavelmente se revela uma postura empirista.

Assim, a distinção brochardiana (por certo extremamente questionável, *nos termos em que o autor a desenhou*) entre um ceticismo negativo e propriamente cético e, de outro lado, um ceticismo construtivo, empirista e, segundo Brochard, algo dogmático não foi retomada nem discutida. O artigo (sem dúvida simplista e exagerado em suas teses) de Chisholm foi praticamente esquecido. A tese de Stough (que, em verdade, deu um tratamento insatisfatório à relação entre ceticismo e empirismo), embora muitas vezes citada, não foi, de fato, levada em muita consideração. E o notável trabalho pioneiro de Frede de modo nenhum teve a atenção e a repercussão merecida. É verdade que esse autor, via de regra, não recorreu a uma análise e comentário das numerosas passagens da obra de Sexto que poderia ter mobilizado para dar base textual e a necessária corroboração à sua leitura do pirronismo. Entretanto, a partir de sua cuidadosa investigação sobre os textos da medicina grega e de seu amplo domínio da filosofia sextiana, ele abriu certamente um caminho, mas um caminho que poucos, no entanto, têm seguido.

Esse estado de coisas na historiografia sobre o ceticismo grego exige, penso eu, uma reflexão sobre a questão da metodologia historiográfica. Porque me parece que uma exigência fundamental de um método rigoroso de investigação historiográfica é a de que, na tentativa de plenamente compreender uma doutrina que se estuda, se busque descobrir como as diferentes ideias e teses do autor se podem umas com as outras compatibilizar, que significados se lhes deve atribuir para que possam compor uma unidade doutrinária coerente, como se estrutura a ordem interna do discurso filosófico. Se se logra, inclusive recorrendo a indicações que o autor eventualmente forneça sobre o sentido e alcance de sua doutrina (a serem corroboradas pela análise exaustiva de sua obra), chegar a uma hipótese interpretativa que se afigure como plausível, cabe ler à sua luz passagens eventualmente mais problemáticas, ou aparen-

---

5   Cf., adiante, seção 2.

temente ambíguas. E a coerência "sistemática" não é própria apenas aos grandes "sistemas" filosóficos, dogmáticos e especulativos. Ela, em verdade, caracteriza todo discurso racionalmente ordenado, que se define precisamente por ela. Ela se tem de postular em toda e qualquer orientação ou postura filosófica, também mesmo em uma doutrina cética, se uma filosofia é mais do que um conjunto de proposições entre si desconexas. Por isso mesmo, uma metodologia "estruturalista"[6] se tem de aplicar a toda e qualquer doutrina filosófica, uma certa unidade coerente da doutrina estudada se tem metodologicamente de buscar, assumindo-se algo como um "princípio metodológico de caridade" para com seu autor.[7]

No caso particular da filosofia sextiana, o bom método exige, então, que se persiga uma interpretação que dê conta de todos os aspectos e elementos doutrinais que ela encerra, que confira unidade coerente a toda a obra, que acomode e concilie entre si as mais variadas passagens e textos do autor, que revele, no discurso pirrônico, a "lógica interna" própria a todo discurso racional. Assim, partindo de uma tal perspectiva, o que Sexto nos diz, por exemplo, sobre dogmas e fenômenos, sobre suspensão de juízo ou sobre o uso cético da argumentação, deverá necessariamente ser lido e interpretado, se se usa de um método rigoroso de leitura e interpretação, de maneira que essas passagens todas se concilie com tudo quanto Sexto diz sobre a vida comum de que o cético participa, sobre a evidência (*enárgeia*), sobre a *empeiría* em geral, sobre como o cético se posiciona com relação às artes e disciplinas (*tékhnai*), sobre a afinidade que proclama entre o ceticismo e o empirismo médico. Ora, é preciso reconhecer que uma tal metodologia foi pouco adotada na literatura historiográfica sobre o ceticismo pirrônico, ainda que se tenham logrado excelentes resultados pontuais que iluminaram partes importantes da doutrina. Essa menor preocupação

---

6   Que não se pode nem deve confundir com uma *metafilosofia* estruturalista.

7   Se de um tal esforço de interpretação resultar uma doutrina una e articulada e coerente, caberá provisoriamente aceitar tal resultado, na consciência necessária de que se trata tão somente de uma *hipótese* interpretativa. Com frequência poderá, no entanto, ocorrer que algumas passagens da obra filosófica estudada exibam alguma "resistência" à interpretação global que se terá proposto e aceito, e que, nesse sentido, sua inteligência permaneça problemática. Nesse caso, registrar-se-á o fato e se chamará a atenção para ele, sem que isso, no entanto, necessariamente represente um obstáculo maior para a interpretação proposta, sobretudo se tais passagens forem pouco numerosas. Num sentido aceitável do termo, a análise interpretativa das obras filosóficas pode dizer-se uma prática "teórico-empírica" e as reconstruções das teorias interpretadas se podem, *mutatis mutandis*, de algum modo assemelhar às teorias científicas que, nas diferentes ciências, se propõem e aceitam, a despeito de alguns fatos empíricos "recalcitrantes" que eventualmente não as corroborem. O valor de uma análise interpretativa na historiografia filosófica se medirá *também*, entre outras coisas, pela sua capacidade de explicar adequadamente as mais variadas passagens e textos da obra estudada (eventualmente até mesmo de "predizê-los"), os quais se entenderão, então, como instâncias corroboradoras da interpretação proposta.

com a questão metodológica levou, com alguma frequência, ao estudo privilegiado de alguns temas, em detrimento de certos outros. Por isso, tambem a dimensão empirista do ceticismo pirrônico foi, via de regra, menos trabalhada. Ou, em alguns casos, simplesmente desconsiderada.

Uma das poucas exceções foi o excelente artigo que Roberto Bolzani Filho, em 1990, publicou na revista *Discurso* (n.18, p.37-67), sob o título "Ceticismo e Empirismo". Esse texto representou uma contribuição deveras importante para o estudo da relação entre empirismo e ceticismo pirrônico e constitui, por isso, um ponto obrigatório de referência para os que vierem a lidar com essa temática. Com base nos textos de Sexto Empírico, que lê e interpreta com rigor metodológico, Bolzani se propõe a "mostrar que o ceticismo pirrônico é detentor de uma dimensão positiva que sustenta estreitas afinidades com o modelo científico desenvolvido pelo empirismo inglês" (cf. p.37). Ele analisa, ao longo do artigo, a doutrina sextiana do fenômeno e da representação, aborda a problemática cética da vivência empírica e fenomênica da vida comum, mostra como nela se vem inscrever a atividade das *tékhnai*. E demora-se no estudo destas últimas, analisando seu modo de funcionamento, seu uso dos signos rememorativos e das generalizações empíricas, sua sistematização da observação e sua busca do que é útil para os homens. Em seu texto, Bolzani mostra como, no ceticismo pirrônico, o ideal teórico de conhecimento consubstanciado na concepção de *epistéme* é substituído pela valorização da *tékhne* e do conhecimento empírico. Explicando de modo pertinente por que é correto falar de um "empirismo cético", o autor se demora em realçar (cf. p. 51s) as estreitas semelhanças entre essa postura ao mesmo tempo cética e empirista dos pirrônicos e as concepções de conhecimento e ciência de Berkeley e Hume (cf. p.54), o que lhe permite concluir (cf. p.60) que "em sua parte "positiva", o pirronismo possui as condições necessárias para assumir-se como um programa empírico-fenomênico de investigação científica, num sentido moderno desse termo".

Em 1991, Plinio Smith concluiu seu importante e alentado estudo sobre a filosofia humeana, desenvolvido nos anos anteriores e publicado em 1995 sob o título *O Ceticismo de Hume.*[8] Embora o ceticismo pirrônico não esteja no foco central de sua investigação, Smith passa em revista, na seção consagrada ao tema "Ceticismo mitigado e ceticismo pirrônico" (p.267-88), diferentes tópicos da doutrina cética de Sexto Empírico (a valorização da "lógica" ou teoria do conhecimento, a relação entre a experiência sensível e o pensamento, a doutrina do signo rememorativo e a noção fenomenista da causalidade, a concepção sextiana da *tékhne*, o primado da utilidade para a vida), para mostrar como Hume retoma a filosofia de Sexto e a

---

8 Cf. SMITH, P. J. 1995. Esse trabalho foi a tese de doutoramento do autor, defendida no Departamento de Filosofia da USP em 1991.

prolonga em suas análises positivas (cf. p.278), assim como a presença, na obra de Sexto, de uma doutrina empirista, que não é meramente dialética (cf. p.269-70), também de uma concepção empírica da ciência, partilhada com Hume (cf. p.284). Tendo antes indicado (cf. p.276) que, nas quatro regras da conduta da vida do cético, se encontram tanto elementos "naturalistas" quanto elementos "empiristas", aspectos esses que "são da maior importância para a compreensão do pirronismo e de seu parentesco com o pensamento de Hume", Smith argumenta em favor da existência, não apenas de um empirismo, mas também de um naturalismo no ceticismo sextiano (cf. p.286). O ceticismo pirrônico já exibindo, assim, a íntima associação entre ceticismo, naturalismo e empirismo, os mesmos três elementos que Hume intimamente associou em sua filosofia (cf. p.282).

Ao ocupar-me neste texto dos mesmos problemas, retomo e desenvolvo alguns dos resultados dos trabalhos de Bolzani e de Smith, acrescentando um ou outro item novo, introduzindo talvez um pouco mais de sistematicidade. Repetindo e endossando a maioria de suas teses, ao mesmo tempo avançando algumas outras. Não retomo, entretanto, a aproximação feita por esses autores entre a postura pirrônica e o empirismo clássico britânico, com que estou de inteiro acordo. Ouso propor uma formulação mais ambiciosa, como o leitor verá. Mas comecemos pelo começo.

1. Os termos "empirismo" e "ceticismo"

É muito difícil definir certos "ismos" filosóficos, tais como "realismo", "idealismo", "naturalismo", "pragmatismo" e outros termos dessa espécie. O mesmo se pode dizer do termo "empirismo". Uma razão para essa dificuldade é o fato de que os filósofos que se têm declarado empiristas ao longo da história da filosofia propuseram doutrinas bastante diferentes umas das outras, ainda que se possa vislumbrar certa afinidade entre elas. E os dicionários de termos filosóficos registram o caráter vago dos usos correntes desse termo. Por isso, procederei a uma necessária simplificação e, como fio condutor para este texto, usarei o termo "empirismo" para caracterizar toda doutrina filosófica ou teoria do conhecimento segundo a qual *todo conhecimento humano deriva, direta ou indiretamente, da experiência*, implicando também que todas as nossas ideias ou conceitos têm primordialmente sua origem na experiência. Lembro também que se costuma, na literatura filosófica, opor empirismo a racionalismo, aplicando-se este último termo, de modo geral, a toda teoria filosófica que, privilegiando a razão entre as faculdades humanas, vê nela o fundamento de todo conhecimento possível. Ao falar-se da época clássica, é habitual opor-se o racionalismo de Descartes, Leibniz, Espinosa, por exemplo, ao chamado empirismo britânico, em que são incluídas as filosofias de Hobbes, Locke, Berkeley, Hume. Lembremos que a tradição empirista britânica se viu continuada no século XX pelo assim chamado empirismo lógico, para o qual todo conhecimento de matéria de fato se deve conectar com a experiência de tal modo que se torne dele possível uma verificação ou confirmação, por via direta ou, pelo menos, indireta.

Também o termo "ceticismo" se usa no vocabulário filosófico em diferentes sentidos. Vou considerar o termo aqui somente com referência ao pirronismo grego, doutrina que se desenvolveu no século I antes de Cristo e nos primeiros séculos de nossa era. Nossa principal fonte para o estudo do pirronismo é a obra de Sexto Empírico, que provavelmente viveu na última metade do século II. Os pirrônicos se chamaram a si mesmos de "céticos" (*skeptikoí*, em grego) e esse termo, aparentado ao verbo *sképtomai*, tão somente significava "aqueles que observam", isto é, "aqueles que examinam, consideram com atenção". O nome "pirrônicos" lhes foi dado porque invocavam o nome do lendário filósofo Pirro, contemporâneo e companheiro das expedições de Alexandre, como inspirador de sua doutrina. O ceticismo pirrônico exibiu uma primeira face explicitamente polêmica com relação à maioria das filosofias precedentes, tanto pré-socráticas como clássicas (o platonismo, por exemplo) ou helenísticas, como o epicurismo e, sobretudo, o estoicismo.

O que nelas os céticos (doravante usarei este termo para referir-me aos céticos pirrônicos) criticaram foi sua comum pretensão de conhecer as coisas em sua mesma natureza e essência, sua alegada capacidade de revelar-nos como as coisas realmente e em si mesmas são. Essas filosofias, pretendendo explicar os fenômenos com que lidamos na vida ordinária, postularam entidades não evidentes (*ádela*), a que teríamos acesso unicamente por meio da reflexão. Ao assentimento dos filósofos a uma coisa não evidente os céticos chamaram "dogma" (*dógma*), por isso a esses filósofos chamaram de "dogmáticos" (*dogmatikoí*).[9] Essas filosofias se estruturavam conforme uma lógica argumentativa própria, seus *dógmata* resultavam de argumentos construídos com base em certas proposições primeiras tidas como verdades por si mesmas evidentes e que de si mesmas se imporiam à nossa aceitação.[10] Atentemos, pois, em que o uso do termo "dogmas" não tem aí a conotação hoje corrente do termo, a conotação de proposições aceitas sem fundamentação racional. Ao contrário, as filosofias chamadas de "dogmáticas" pelos céticos propunham para seus dogmas toda uma fundamentação logicamente ordenada e racionalmente construída.

---

9   Em H.P. I, 13, Sexto diz que os céticos entendem por "dogma" o "assentimento a uma das coisas não evidentes investigadas pelas ciências". Pouco antes, em I, 2-3, ele definira como dogmáticos aqueles filósofos que pretendem ter descoberto a verdade. Cf. I, 14: "o que dogmatiza põe como real a coisa sobre a qual se diz que ele dogmatiza".

10 Em H.P. II, 97-9, Sexto aborda a distinção feita pela filosofia dogmática entre coisas evidentes (*pródela*) e coisas não evidentes (*ádela*). Os dogmáticos diziam "evidentes" "as coisas que de si mesmas vêm a nosso conhecimento" (cf. H.P. II, 97), "as coisas que caem imediatamente sob os nossos sentidos e intelecto" (cf. A.M. VIII, 141).

Mas os céticos argumentaram para mostrar que toda essa fundamentação e ordenação lógica era incapaz de legitimar a pretensão dessas filosofias ao conhecimento e à verdade. Aos olhos dos céticos, seus dogmas, seu assentimento ao não evidente, não eram suscetíveis de justificação.

E os céticos insistiram em que, quando filósofos dogmáticos propõem seus argumentos para sustentar doutrinas e dogmas, os outros dogmáticos não aceitam tais argumentos e não se deixam por eles persuadir. Impugnam a pretensa verdade das proposições que os adversários dizem impor-se de si mesmas à nossa aceitação, dispensando uma prova demonstrativa. E opõem-lhes suas próprias "verdades" pretensamente imediatas que os adversários, por sua vez, também desqualificam e recusam. Rejeitam a pretensa força demonstrativa dos argumentos rivais e formulam, por sua vez, seus próprios argumentos em sentido contrário, também estes aliás condenados a receber dos outros idêntico tratamento. Em sua polêmica antidogmática, os céticos mostraram, retomando o ensinamento de Protágoras, que a todo discurso se pode sempre opor um discurso igual, isto é, um discurso de igual força persuasiva. E elaboraram um método de estabelecer antinomias,[11] desenvolvendo, contra as argumentações desenvolvidas pelos filósofos para sustentar suas teses, argumentações igualmente fortes para sustentar outras teses, contradizendo aquelas. Muitas vezes, não precisavam dar-se ao trabalho de elaborar essa dialética de contradição, já que a própria literatura filosófica disponível lhes oferecia tais argumentações conflitantes. Em face do conflito infindável das filosofias,[12] da equipotência dos argumentos que as sustentavam, da impossibilidade de encontrar um critério de verdade aceito para decidir por uma qualquer entre as teses propostas, por uma ou por outra doutrina, os céticos proclamaram e confessaram não ter como efetuar uma opção, não dispor de instrumentos para uma definição filosófica. A esse estado de impotência para uma definição e opção filosófica fundamentada chamaram de *epokhé*, conotando a retenção ou suspensão de juízo.[13]

No intuito de abalar as certezas dos dogmáticos e manifestar sua efetiva carência de justificação e a inaceitabilidade de suas postulações de entidades alegadamente

---

11 Em H.P. I, 8-11, Sexto caracteriza o ceticismo por sua *dýnamis antithetiké*, sua capacidade de construir antinomias. Em I, 10, refere-se ao igual poder de persuasão, à *isosthéneia* dos argumentos mobilizados nessa dialética de contradição.

12 O argumento da *diaphonía* (discordância) entre as doutrinas filosóficas, utilizado com extrema frequência na discussão das posições dogmáticas ao longo das obras de Sexto Empírico, foi tradicionalmente atribuído ao filósofo cético Agripa, sobre o qual bem pouco se sabe. Sexto inclui esse argumento entre os cinco tropos ou modos elaborados pelos "céticos mais recentes" (cf. H.P. I, 164s).

13 Sobre a *epokhé* cética, definida como estado da mente conforme ao qual nada se nega nem se "põe", cf. H. P. I, 8.

transcendentes ao mundo empírico, os céticos organizaram todo um imenso arsenal de argumentos, cuja exposição ocupa as obras de Sexto Empírico. O ceticismo grego consagrou boa parte de sua energia à polêmica contra as doutrinas dogmáticas. Entre estas se incluíam também as teorias científicas do mundo antigo, solidárias das posições filosóficas e com estas indissociavelmente ligadas. Todas elas produziram seus *dógmata*, postulando entidades transcendentes para além da prática empírica. Compreensivelmente, então, as baterias céticas foram assestadas também contra elas. Sexto Empírico dedicou à crítica das *epistêmai* onze livros *Pròs Mathematikoús* (*Adversus Mathematicos* na conhecida transcrição latina), isto é, *Contra os Homens do Saber*.

Esse forte questionamento da pretensão dos dogmáticos ao conhecimento absoluto, filosófico ou científico, constitui a face negativa do empreendimento filosófico do ceticismo grego (veremos adiante que ele comporta uma face complementar e positiva). Coerentemente com sua denúncia do pensamento especulativo, os céticos se abstiveram de proclamar quaisquer certezas, quaisquer verdades, quaisquer conhecimentos, acerca da assim chamada "realidade" das coisas, acerca de sua "essência" ou "natureza". Abstiveram-se, se quisermos usar o termo, de qualquer proferição de cunho "metafísico". Sua postura crítica com relação a qualquer dogmatismo também os impedia compreensivelmente de dar assentimento a qualquer doutrina ou proposição que, do lado oposto, proclamasse a inapreensibilidade dos objetos transcendentes, a qualquer teoria que se pretendesse capaz de demonstrar a impossibilidade do pensamento "metafísico", ou a impropriedade ou falta de significatividade do discurso especulativo. Porque uma tal postura se configurava aos olhos dos céticos tão somente como um dogmatismo negativo, por assim dizer um dogmatismo de sinal trocado, que incidia nos mesmos problemas e dificuldades das doutrinas dogmáticas positivas.[14] Os céticos (pirrônicos) se proclamaram, portanto, incapazes de refutar definitivamente as teses dogmáticas. Mas, já que seu percurso investigativo lhes descobria a impossibilidade de justificadamente assumi-las, a elas na prática renunciaram. Sua postura crítica e seus resultados, eles nô-los transmitiram num discurso de natureza confessional, tão somente como um relato de uma experiência intelectual, suscetível de ser por todos nós eventualmente refeita e revivida. O vocabulário absolutista da verdade e da realidade obviamente nele não podia ter lugar.

Se nos perguntamos, agora, se um filósofo cético, no sentido grego do termo, pode professar a doutrina empirista, parecer-nos-á que a resposta teria de ser negativa. O empirismo habitualmente sustenta que todo conhecimento humano deriva,

---

14   Sexto atribuía essa postura aos filósofos da Nova Academia (cf. H.P. I, 2-3), que, a partir do primeiro quarto do século III e até o século I a.C., deram à velha escola de Platão a orientação que hoje estudamos sob o nome de "ceticismo acadêmico".

direta ou indiretamente, da experiência e recusa enfaticamente a concepção raciona-lista da razão humana como fundamento de todo conhecimento possível. Poder-se-ia dizer que frequentemente assume, de modo absoluto, como absolutamente verdadeira, uma tese epistemológica que pretende exprimir adequadamente a natureza do conhe-cimento, ao mesmo tempo que proclama, não menos firmemente, a inapreensibili-dade do real pela mera reflexão de uma razão especulativa. Isso parecer-nos-ia mais que suficiente para caracterizar o empirismo como doutrina filosófica dogmática, a respeito da qual não poderia o cético grego ter outra atitude que não a da suspensão de seu juízo, como sempre procede a respeito de todo dogmatismo. Na polêmica entre racionalismo e empirismo, o ceticismo não poderia tomar posição.

2. Racionalismo *versus* empirismo na medicina grega

As coisas não são, porém, assim tão simples. Comecemos por lembrar alguns fatos históricos. A medicina grega antiga conheceu, a partir do século III a.C. e ao longo dos cinco séculos seguintes, uma grande polêmica que opôs duas grandes escolas de médicos e autores de obras sobre medicina, a dos *logikoí* (racionalistas) e a dos *empeirikoí* (empiristas).[15] A medicina empirista emergiu no século III a.C. como uma reação contra a medicina anterior. A partir do século V, a medicina se tor-nara uma disciplina intelectualmente respeitável e, em lugar dos antigos praticantes incultos, surgiram médicos dotados de uma certa cultura e famliarizados também com os escritos dos filósofos, os quais, desde cedo no mundo grego e em função de sua preocupação com explicar, em geral, os fenômenos da natureza, tinham revelado grande interesse pelas questões médicas e pelo estudo fisiológico dos seres humanos. Essa medicina culta tendeu a assumir que se podia determinar pelo uso da razão a natureza de uma doença, conhecer suas causas e, a partir daí, encontrar o tratamento médico conveniente para seus pacientes. Já cedo, entretanto, alguns médicos for-mulavam objeções contra aqueles outros que se deixavam influenciar pelas teorias filosóficas. Os empiristas, que a si mesmos assim se chamaram, vieram a sustentar, contra a tendência até então dominante, que todo conhecimento médico era matéria de pura experiência e que essa experiência somente podia ser adquirida na prática

---

15 Baseei-me, para redigir toda esta secção, no que diz respeito à história antiga da medicina grega e ao conflito que nela se desenhou entre racionalistas e empiristas, nos excelentes artigos que Michael Frede dedicou a essa temática. Quatro deles constam dos *Essays in Ancient Philosophy* (cf. FREDE, M. 1987). Também importantes são "The Empiricist Attitude Towards Reason and Theory" e "An empiricist view of knowledge: memorism", cf. FREDE, M. 1988 e 1990, respecti-vamente.

efetiva da medicina. Negaram que se pudesse obter conhecimento do que não é observável, entenderam que a medicina deve ser apenas busca do que é útil para os pacientes, não do conhecimento. E, numa reação radical contra as tendências antigas, chegaram a condenar os estudos de fisiologia e, mesmo de anatomia.

Com o desenvolvimento dessa polêmica, surge a divisão explícita entre racionalistas e empiristas e se passa a falar de uma escola racionalista e de uma escola empirista de medicina. Os racionalistas entendiam que a medicina devia ir além da experiência e confiavam numa teoria médica construída pelo uso da razão, graças ao qual se podia passar do que era observável ao inobservável e atingir a realidade mesma das coisas, conhecendo causas e naturezas ocultas, inacessíveis à observação. Admitiam inferências e provas e a capacidade racional de capturar relações de compatibilidade e consequência, ou de incompatibilidade, entre estados de coisas. Os empiristas, ao contrário, afirmaram a impossibilidade de a reflexão racional capacitar-nos a conhecer a verdade das proposições teóricas e universais defendidas pelos seus adversários; afirmaram também, dada a grande profusão de teorias médicas racionalistas no mais das vezes incompatíveis entre si, que o método racionalista apenas levava a um conflito entre doutrinas, a respeito do qual a prática médica era totalmente incapaz de decidir. Ao invés da razão, muitos foram os empiristas que privilegiaram a percepção e a memória, entendendo como assunto de memória os casos de generalização empírica. E procuraram estudar, através da experiência, as relações mais ou menos sistemáticas e regulares entre eventos médicos observáveis, a partir daí construindo predições para a experiência futura. Como base importante para a sua atuação, recorreram à história (*historía*) da prática médica, aos relatos dos médicos anteriores sobre suas observações e os resultados conseguidos no tratamento dos pacientes. É preciso ressaltar que nem todos os empiristas foram assim radicais na condenação do uso da reflexão racional. Sobretudo a partir de Heráclides de Tarento, famoso médico empirista que atuou no primeiro quarto do século I a.C., os empiristas passaram a conferir um certo lugar à razão, como algo distinto da percepção e da memória.

No século I a.C, surge a escola dos Metódicos que, embora mais afins com o Empirismo médico (de que eram como uma dissidência), desafiaram empiristas e racionalistas. Entenderam que tudo que é de interesse para a medicina se passava no domínio do observável, tornando desnecessário qualquer recurso a teorias racionalistas. Mas criticaram os empiristas, porque estes afirmavam dogmaticamente que as entidades ocultas dos racionalistas eram inexistentes ou incognoscíveis. E aceitaram explicitamente um certo uso da razão, mas não como fonte de conhecimentos teóricos, não como propiciadora de uma pretensa passagem do observável ao inobservável que nos poria em condições de explicar os fenômenos observados. Reconheceram, por assim dizer, uma razão embutida na própria experiência. Entenderam a medicina como um conhecimento de "generalidades" manifestas, usando o termo "generalidade" (*koinótes*) para designar traços recorrentes dos fatos observáveis, cuja existência ou inexistência se poderia determinar empiricamente. Entenderam também que todas as artes se ocupam de "generalidades", a arte médica dizendo respeito àquelas que eram importantes para a saúde. Para os Metódicos, as doenças eram, por assim dizer, indicativas de seu próprio tratamento e eles afirmaram que todas as doenças (internas) eram formas de contração ou dilatação ou ambas, que exigiam, para ser curadas, as formas correspondentes de dilatação ou contração ou ambas. Dada uma doença particular, ficaria, por assim dizer, imediatamente evidente para o médico experiente o que precisava ser feito para curá-la. Tiveram da linguagem uma concepção bastante pragmática, sem pretender que ela fosse capaz de exprimir de modo totalmente adequado os fenômenos observáveis. Não se recusaram a falar em conhecimento (*gnôsis*) a respeito da relação entre sua doutrina e os eventos médicos.

Por que nos era importante lembrar esses fatos históricos da medicina grega? Em primeiro lugar, porque, numa passagem importante de suas *Hipotiposes Pirrônicas* (que são uma longa exposição, em três livros, da filosofia cética), Sexto Empírico afirma explicitamente a afinidade entre o ceticismo e a medicina dos Metódicos (cf. H. P. I, 236-41). Por outro lado, sabemos, pelas fontes antigas, que, no século II d.C., os principais representantes do ceticismo pirrônico (Menódoto,[16] Theodas e o próprio Sexto) eram também os principais representantes da escola empirista de medicina; e também nos é dito que Menódoto e Sexto deram grande contribuição a essa escola. Um autor antigo, Agathias, apresenta Sexto como um expoente do "empirismo cético".[17] Os empiristas posteriores ao surgimento do pirronismo com frequência nele basearam explicitamente suas doutrinas. O próprio Sexto menciona (cf. A. M. I, 61) um livro seu, que não nos chegou às mãos, intitulado *Empeirikà Hypomnémata* (*Comentários Empiristas*)[18] e, em vários tratados médicos da época, seu nome aparece frequentemente nas listas dos empiristas importantes. Não é também sem importância lembrar que seu nome era *Séxtos Empeirikós* e que o termo *empeirikós* significava também "empirista". Natural é, então, que nos perguntemos sobre como conciliar todos esses fatos com a postura filosófica antidogmática dos céticos.

Voltemos nossa atenção para o texto das *Hipotiposes* que acima mencionei, o de H. P. I, 236-41, que vou agora resumir. Sexto principia por dizer-nos que, segundo

---

16 Brochard conjectura que Menódoto, anterior a Sexto Empírico de uma geração, foi o primeiro a unir estreitamente o empirismo e o ceticismo, tendo "dado a esta última doutrina um sentido e um alcance totalmente novo" (cf. BROCHARD, V. 1959, p.313).

17 Retiro as informações históricas contidas neste parágrafo do artigo de Michael Frede "The Ancient Empiricists" (cf. p.252), que faz parte dos *Essays in Ancient Philosophy*, cf. FREDE, M. 1987, p.243-60.

18 Em A.M. VII, 202, Sexto se refere também a um livro seu de comentários médicos (*Iatrikà Hypomnémata*), que poderia ser a mesma obra intitulada *Empeirikà Hypomnémata*.

alguns, o ceticismo se identifica ao empirismo médico, o que não é o caso, já que essa escola afirma, ao contrário dos céticos, a inapreensibilidade das coisas não evidentes (*ádela*). Aos céticos conviria antes assumir a doutrina (*haíresis*) dos Metódicos, já que céticos e Metódicos têm em comum uma postura contrária à precipitação do julgamento sobre as coisas não evidentes. Ambas as orientações seguem o fenômeno (*phainómenon*), aquilo que nos aparece e, a partir dele, buscam o que é tido como útil. Sexto relembra já ter dito anteriormente, na mesma obra (cf. H. P. I, 23-4), que o cético se serve da vida comum (*ho bíos ho koinós*) em seus quatro aspectos: a orientação da natureza (*hyphégesis phýseos*), o caráter necessário das afecções (*páthe*), a tradição das leis e costumes e os ensinamentos das artes e disciplinas (*tékhnai*). Em particular, o ceticismo e a medicina Metódica são levados pela necessidade das afecções e impulsos a buscar seus correlatos naturais (por exemplo, a fome leva à busca do alimento e a prática médica busca a dilatação para curar uma contração); as coisas estranhas por natureza (*tà phýsei allótria*) compelem à busca de sua remoção, veja-se o caso do cão que remove o espinho que o espetou. Sexto pensa, aliás, que tudo que os Metódicos dizem se pode subsumir sob a necessidade das afecções, as naturais (*katà phýsin*) e as contrárias à natureza (*parà phýsin*). E acrescenta que é comum a ambas as orientações (*agogaí*) o uso não dogmático (*adóxaston*) e indiferente (*adiáphoron*) das palavras: é de modo não dogmático e indiferente que o cético diz, por exemplo, "nada determino" ou "nada apreendo", assim como a medicina Metódica usa termos como "generalidade" (*koinótes*) ou "indicação" (*éndeixis*), com este último termo significando a orientação que, a partir das afecções aparentes naturais ou contrárias à natureza, aponta para as coisas que são tidas como seus correlatos. A partir destes fatos e de outros semelhantes, Sexto conclui que a orientação Metódica, mais que todas as outras doutrinas médicas, tem uma certa afinidade (*oikeiótes*) com o ceticismo.

Um texto como esse merece uma consideração toda especial. Com efeito, ele nos oferece uma imagem do ceticismo que, certamente, nada tem a ver com o que fomos acostumados a pensar sobre ele a partir do que correntemente se diz a seu respeito.[19] Entretanto, todos os pontos que Sexto aí aborda estão em total consonância com o que ele, em todas as suas obras, descreve como a filosofia dos céticos. Advirtamos, também, que, embora Sexto explicitamente recuse a identificação entre o ceticismo e o empirismo médico, somente uma proximidade bastante grande entre ambas as orientações poderia ter levado alguns a propor, como propuseram,

---

19   Na literatura filosófica contemporânea, se de um lado se fala do ceticismo de um Gassendi ou de um Hume, em cujas filosofias se descobre uma razoável afinidade com o ceticismo antigo, por outro lado se usa habitualmente o termo "ceticismo" de modo bastante vago e confuso, conotando uma postura de recusa generalizada de qualquer forma de crença, conhecimento ou certeza.

uma tal identificação. Identificando a filosofia cética com uma postura geral diante da teoria e da ação (na área médica), com um modo de pensar e agir no mundo, de lidar com problemas e buscar soluções para eles. Por outro lado, o texto deixa-nos manifesto que, de modo complementar à sua face negativa e polêmica contra o dogmatismo, a filosofia cética possuía toda uma dimensão positiva que claramente se manifesta naqueles vários pontos da passagem mencionada. Vamos agora considerá-los mais de perto, à luz de outras passagens da obra sextiana.

3. O *phainómenon* e a vida comum

Com o juízo suspenso sobre todas as doutrinas dogmáticas que examinou, confessando-se incapaz de pronunciar-se sobre a natureza das coisas e a chamada Realidade, não possuindo um critério de verdade, o cético dispõe, no entanto, de um outro critério, de um critério de ação, o fenômeno (cf. H. P. I, 21-2), pois ele não pode não reconhecer todas aquelas coisas que o levam involuntariamente ao assentimento, conforme uma representação passiva; e tais coisas são os fenômenos (*phainómena*), diz-nos Sexto Empírico (cf. H.P. I, 19). Os fenômenos são tudo quanto lhe aparece (*phaínetai*). E o que lhe aparece se lhe dá de modo irrecusável, numa afecção (*páthos*) que ele pode apenas relatar (cf. H.P. I, 13, 15, 19, 22, 197). O cético segue os fenômenos, ele se orienta por sua experiência deles, ele age, tomando-os por critério.[20]

A noção cética de "fenômeno" diz respeito tanto à esfera sensível como à inteligível (no que respeita ao fenômeno inteligível, cf. A.M. VIII 362-3; VII, 336; H.P. I, 4, 15, 190-1, 197 etc.). E o que aparece, seja sensível ou inteligível, se associa, de um modo geral, a um conteúdo proposicional, exprime-se numa proposição cuja aceitação se nos impõe. Aparece-me que o mel é doce, que o fogo queima, aparece-me que é noite agora, aparece-me que ceticismo e dogmatismo são posturas filosóficas distintas, que faz bastante tempo que Sócrates bebeu a cicuta etc. E a cada um de nós aparece que muito do que nos aparece também aparece em comum a outros homens. Aparece-nos que o mundo de que fazemos parte se dá a nós e a nossos semelhantes numa experiência comum, isto é, aparece-nos que nossa experiência de mundo e as experiências de mundo de outros seres a nós muito semelhantes, os humanos, se

---

20 Não vou deter-me aqui na complexa questão da relação entre os fenômenos e as representações ou impressões (*phantasíai*). De qualquer modo, quero esclarecer que discordo dos autores que, como já o fazia Stough em seu *Greek Skepticism* (cf. STOUGH, Ch. L. 1969, p.115-25), identificam fenômenos e representações na doutrina de Sexto. Stough entende que, para o filósofo, os dados da experiência são suas sensações (impressões) privadas, o que teria levado a filosofia sextiana a culminar numa "forma extrema de empirismo" (cf., ibidem, p.125).

interseccionam em larga escala e têm muito de comum. Em A.M. VIII, 8, Sexto nos relata ter Enesidemo (filósofo cético provavelmente do século I a.C., a quem se deve a revivescência da tradição pirrônica) dito que certas coisas aparecem de modo comum (*koinôs*) a todos, outras aparecem particularmente a alguém. Passagens numerosas em toda a obra de Sexto assumem esse caráter frequentemente comum dos fenômenos. Por isso, o cético passa espontaneamente do "aparece-me *que*" ao "aparece-*nos* que". Podemos dizer que a experiência do "nós" é imediatamente vivida na experiência do fenômeno. A experiência do mundo se nos dá, em bem grande medida, como intersubjetiva. O ceticismo grego nunca enveredou pelos caminhos do solipsismo, nem mesmo metodológico. Quando o cético descreve o que lhe aparece, o que lhe é fenômeno, ele diz estar descrevendo um *páthos* humano (cf. H.P. I, 203; D.L. IX, 102-3[21]), uma experiência que se nos dá de modo irrecusável.

Uma coisa é o fenômeno, outra o que se diz do fenômeno, no sentido de interpretá-lo filosófica ou especulativamente (cf. H.P. I, 19-20). Se os fenômenos são ou não reais, isso é um objeto da investigação dogmática (cf. A.M. VIII, 357). "Mas querer estabelecer que os fenômenos não apenas aparecem, mas são também reais, é próprio de homens que não se contentam com o que é necessário para o uso da vida, mas se esforçam por arrebatar também o possível" (cf. A.M. VIII, 368). O cético tem o juízo suspenso sobre a realidade dos fenômenos, ele não afirma que o que lhe aparece é real, no sentido forte e filosófico desse termo, ele não afirma que o discurso que descreve sua experiência fenomênica diz a verdade sobre o Mundo.

Costumo servir-me de uma comparação que me parece ilustrar bem a posição em que o cético se encontra, ao ter suspenso seu juízo sobre as questões especulativas que considerou. Suponhamos um estudante de filosofia que entrou em contato com diferentes doutrinas filosóficas e suas correspondentes versões da Realidade. Buscando embora a Verdade, nosso estudante não se definiu ainda por nenhuma doutrina, não se julga ainda capaz de uma opção filosófica. Por outro lado, seu contato com as filosofias lhe permitiu abandonar os traços dogmáticos que muitas vezes exibem as crenças das pessoas ordinárias, mormente na esfera religiosa e moral. Sua postura é, no momento ao menos, não dogmática, não comprometida com especulações filosóficas. Ele vive sua vida cotidiana, como qualquer um, ele a vive sem dogmas. Tal é a postura do cético pirrônico.

Essas poucas indicações parecem-me deixar claro que essa fenomenicidade que o cético diz ser irrecusável e que ninguém, de fato, recusa, se pode efetivamente chamar, numa linguagem conforme aos usos contemporâneos, de "*experiência de mundo*". Se deixamos de lado as controvérsias da razão absolutista, resta-nos

---

21 Sirvo-me, como de praxe, da sigla "D.L." para referir-me ao *Vitae Philosophorum* de Diógenes Laércio, historiador grego do século III d.C., uma das mais importantes fontes da doxografia antiga, cf. DIÓGENES LAÉRCIO, 1964.

sempre – e isso ninguém virá negar – que o que a nós nos aparece e se impõe são coisas e eventos que nos envolvem e em que estamos totalmente mergulhados. Isso é o *mundo*. O que o cético nos diz, portanto, é que, recusada embora nossa adesão aos discursos filosóficos especulativos e a seu vocabulário, descartadas as controversas noções de Verdade absoluta e de Realidade absoluta, reconhecemo-nos como fazendo parte de um mundo físico e humano, de que nos vemos como habitantes; reconhecemo-nos em meio às coisas e eventos que nos cercam, integrados também numa sociedade humana, numa experiência que se constitui e se prolonga ao longo dos anos de nossas vidas. E essa nossa experiência de mundo se acompanha de uma *visão de mundo*, que se exprime em nossa linguagem comum e serve de pano de fundo e de referencial constante para todo o nosso discurso e para nossa comunicação com nossos semelhantes.

Sobre esse tema cabe ainda uma observação, de caráter historiográfico. A filosofia dogmática grega distinguira entre o Ser e o Aparecer, entre o que, em si mesmo, *é (esti)* e que o pensamento especulativo toma por objeto de conhecimento e, de outro lado, o que nos aparece (*phaínetai*) e é o objeto de nossa experiência. Os filósofos trataram de diferentes maneiras a relação entre o Ser e o Aparecer. Para alguns, o que nos aparece manifesta o Ser, mesmo se apenas parcialmente, para outros ele o oculta; para uns, o que aparece é realmente verdadeiro, enquanto, para outros o que nos aparece é mera ilusão; para alguns, o que aparece é nosso ponto de partida para o conhecimento do Real, para outros deve a Razão ocupar-se diretamente deste último, removendo, isto é, desconsiderando o que não passa de mera aparência e pode apenas servir de impedimento e obstáculo para o conhecimento do realmente real. Os filósofos não questionaram o Aparecer, eles o reconheceram todos, mas se posicionaram de múltiplas maneiras com relação a ele; de um modo geral buscando explicá-lo, mas pretendendo, sempre ou quase sempre, transcendê-lo. O cético foi aquele filósofo que se confessou incapaz de trilhar o caminho dessa transcendência.

Atendo-se aos fenômenos, os céticos seguem a *vida comum* (ho *bíos ho koinós*), como eles nos dizem (cf. H.P. I, 237). Porque reconhecer é preciso que antes, durante e depois do filosofar, estamos sempre experienciando nossa vida. Nossa *experiência de mundo* é a experiência de nossa vida cotidiana. Uma experiência que os humanos todos compartilham. Seguir os fenômenos é seguir a vida. Como diz Sexto (cf. A.M. XI, 165), o cético não conduz sua vida conforme o discurso filosófico, mas pratica adogmaticamente a observância não filosófica da vida comum. Os filósofos frequentemente desconsideram a vida comum em suas filosofias, desprezam os conceitos comuns presentes no pensamento e na linguagem ordinária; o cético, ao contrário, não se posiciona contra a vida comum, mas dá adogmaticamente seu assentimento àquilo em que ela confia, enquanto se opõe às ficções "privadas" dos dogmáticos (cf. H.P. II, 102). Longe de conflitar com as noções comuns dos homens, ele se faz um advogado da vida ordinária, combate a seu lado (cf. A. M.

VIII, 157-8). Quando a dialética dogmática busca estabelecer com raciocínios engenhosos proposições que afirmam a impossibilidade do movimento ou da geração, se de um lado o cético suspende seu juízo sobre a verdade ou falsidade, em sentido absoluto, de tais doutrinas, em face da equipotência dos argumentos que se podem aduzir tanto a seu favor como contra elas, por outro lado ele confessa toda a sua simpatia pelo procedimento das pessoas comuns que, sem prestar qualquer atenção a tais sutilezas, continuam tranquilamente a mover-se e a fazer seus filhos (cf. H. P. II, 244-5).

Sexto, como vimos acima, destaca quatro aspectos importantes da vida comum (cf. H. P. I, 23-4; 237-8). Segui-la é, em primeiro lugar, seguir a "orientação da natureza" (*hyphégesis phýseos*), isto é, orientar-nos pela sensibilidade e razão de que a natureza nos dotou; em segundo lugar, é orientar-nos também pelas afecções, paixões, instintos e impulsos naturais, que nos conduzem à ação em vista de satisfazê-los: assim, a fome nos leva a buscar o alimento, a sede nos impele a beber para saciá-la; por outro lado, integrados que estamos no corpo social, educados e formados no quadro de suas instituições, pertence à prática comum da vida nossa integração nas práticas e comportamentos por elas moldados; finalmente, porque nossa vida civilizada é amplamente afetada pelas técnicas e disciplinas que nossa cultura criou e desenvolveu, faz parte natural da observância da vida comum a adoção e, eventualmente, a prática dos ensinamentos que delas nos advêm e dos procedimentos a elas conformes. Tal é a vida comum dos homens. Como diz Sexto (cf. H.P. II, 246):

> É, com efeito, suficiente, penso, viver empiricamente (*empeíros*) e adogmaticamente conforme as observâncias e as prenoções comuns, suspendendo o juízo sobre as coisas que se dizem a partir da sutileza dogmática e que estão muitíssimo afastadas do uso da vida.

E vimos acima que Sexto louva a escola Metódica de medicina por seguir de perto os fenômenos e a vida comum, como fazem os céticos.

4. O domínio da "evidência"

A filosofia dogmática introduziu a distinção entre o evidente (*enargés, pródelon*) e o não evidente (*ádelon*). Os dogmáticos disseram (cf. H.P. II, 97-9; A.M. VIII, 141, 145-8, 316-9 etc.) evidentes as coisas que vêm de si mesmas ao nosso conhecimento e de si mesmas se apreendem, que de modo involuntário percebemos a partir de nossas representações e afecções (por exemplo, que é noite (ou dia) agora, ou que aqui temos um ser humano); quanto às coisas não evidentes, distinguiram entre as que o são de modo absoluto (por exemplo, que as estrelas são em número par (ou ímpar), as ocasionalmente não evidentes, que são tais devido a circunstâncias externas (por exemplo, a cidade de Atenas, neste momento, para nós), e as naturalmente não evidentes, que não são por natureza capazes de dar-se à nossa percepção (por exemplo, os poros ou a existência da alma). No que concerne às coisas ocasionalmente não evidentes, disseram que elas podem ser apreendidas através de signos rememorativos (*hypomnestikà semeîa*): se duas coisas se deram frequentes vezes conjuntamente à nossa observação (por exemplo, a fumaça e o fogo), a presença eventual, devido a circunstâncias quaisquer, de apenas uma delas, nos traz a outra à lembrança e inferimos, então, sua presença, mesmo se não temos no momento experiência perceptiva dela: vendo a fumaça, inferimos o fogo; quanto às coisas naturalmente não evidentes, é sua doutrina que elas são significadas por coisas evidentes, a partir da natureza e constituição destas últimas, as quais servem assim de signos indicativos (*endeiktikà semeîa*) com relação àquelas, às quais desse modo temos acesso por via da razão (cf. H.P. II, 99-101; A.M. VIII, 143-55). Nesse sentido, as coisas evidentes, as coisas que nos aparecem, os *phainómena*, operam como uma espécie de visão (*ópsis*) das coisas não evidentes (cf. H.P. I, 138; A.M. VII, 374).

O cético, compreensivelmente, tem seu juízo suspenso sobre a realidade das coisas chamadas pelos dogmáticos de "naturalmente não evidentes": trata-se de entidades ocultas e não observáveis e a pretensa inferência racional que a elas supostamente conduziria inclui-se no rol dos procedimentos especulativos cuja validade, por todas as razões que acima lembramos, o cético não tem por que aceitar. De fato, ele vê os chamados signos indicativos como uma outra invenção forjada pelos dogmáticos (cf. H.P. II, 102). Mas diferente é sua posição com relação aos signos rememorativos. As pessoas comuns diuturnamente deles se servem, costumeiramente inferem, com base na experiência passada, a presença do fogo ao perceberem fumaça, a existência de uma ferida anterior, ao depararem com uma cicatriz. O cético, aqui como sempre, está do lado da vida comum, dando seu assentimento àquilo em que ela confia, orientando sua experiência de agora pela experiência passada e pelos signos rememorativos (cf. H.P. II, 102; A.M. VIII, 157-8).[22]

Os filósofos dogmáticos com frequência utilizaram o termo *phainómenon* para designar o que é observável, o que diziam "evidente". Há pouco lembramos que diziam operarem os *phainómena* como uma "visão das coisas não evidentes". A noção cética de "fenômeno" dizia respeito, já o vimos, tanto a coisas sensíveis como a coisas inteligíveis, a tudo quanto se impõe imediatamente à nossa aceitação e, nesse sentido, nos aparece. Mas, com frequência, no vocabulário sextiano, o termo *phainómenon* é usado também num sentido mais restrito, dizendo antes respeito à

---

22 Por não ter apreendido o exato significado e alcance da doutrina sextiana da experiência fenomênica e o papel que nela representa a temática da vida comum em que o cético plenamente se insere, Brochard viu, erroneamente, na adoção dos signos rememorativos pelo céticos e por Sexto, em particular, não apenas a base para uma "teoria" da *tékhne*, mas também o ponto de partida "de uma espécie de dogmatismo" (cf. BROCHARD, V. 1959, p.343).

esfera da percepção (cf. H.P. I, 8-9; A.M. VIII, 215-22 etc.). Esfera esta na qual é bem mais conspícua a ocorrência dos fenômenos comuns, aqueles que aparecem de modo muito semelhante a muitas pessoas. E o cético não hesitará em adotar o vocabulário da evidência (*enárgeia*). Lemos assim, em A. M. XI, 76, que "tudo que se experiencia através da evidência (*di'enargeías*) é naturalmente percebido de modo comum e concorde pelos que têm as percepções não impedidas, como se pode ver no caso de quase todos os fenômenos". E, em H. P. II, 10, lemos que o cético não está excluído de uma concepção que se produz em sua razão "a partir dos fenômenos que o afetam passivamente de modo evidente (*kat'enárgeian*)".

Evidentemente, a postura cética com relação à "evidência" é diferente da postura dogmática. Os dogmáticos entendem que a evidência nos apresenta a realidade mesma das coisas evidentes, à qual teríamos acesso imediato, as proposições que a exprimem (por exemplo, "agora é noite (ou dia)") sendo verdadeiras, em sentido absoluto.[23] O cético, porém, tem o cuidado de distinguir entre a evidência, de um lado, e, de outro lado, os argumentos dogmáticos que nela se apoiam para afirmar a realidade e a verdade das coisas evidentes; sobre esses argumentos e essa pretensão a um conhecimento absoluto o cético suspende seu juízo, assim como o suspende sobre proposições e argumentos contrários que negam a verdade e a realidade do evidente. Como todas as pessoas comuns, o cético contenta-se em reconhecer a evidência enquanto, por assim dizer, um traço constitutivo de sua experiência imediata, sem dela oferecer, entretanto, uma interpretação filosófica; ele apenas reconhece que o evidente aparece como tal numa experiência que é comum a ele e a outros seres humanos. Assim, lemos em H. P. III, 65, que o cético descobre a existência de um conflito equipotente entre o que é sustentado pelos que afirmam, apoiados nos *phainómena*, a realidade do movimento e os que a negam, apoiados numa argumentação filosófica; como consequência, ele tem seu juízo suspenso sobre uma e outra tese, *no quanto concerne às coisas que se dizem* (*epì toîs legoménois*); sob esse prisma, ele dirá o movimento "não mais" real que irreal. Muitos outros textos de Sexto se podem invocar que vão nessa mesma direção (cf. H.P. III, 81, 135 etc.).

Reconhecendo adogmaticamente a experiência comum, o cético se permite, então, dizer, por exemplo, que a proposição que afirma a ocorrência de aparências contrárias a partir das mesmas coisas[24] não configura um dogma, mas apenas relata

---

23   Contra a doutrina dogmática da evidência, Sexto dirá que "nada é evidente, ... pois não é possível apreender a verdade nos objetos" (cf. A.M. VII, 364). Atente-se, porém, em que não se trata da proposição de uma tese cética, mas do desenvolvimento da parte negativa de uma argumentação dialética de contradição própria ao método cético das antinomias.

24   Que as mesmas coisas oferecem aparências diferentes e contrárias, o que nos permite apenas descrever os fenômenos sem poder discernir a realidade do que aparece, é um ingrediente comum da argumentação cética nos dez tropos (ou modos) de Enesidemo, que Sexto Empírico longamente expõe em H.P. I, 31-163.

fato "que se dá à experiência (*hypopîpton*),[25] não apenas dos céticos, mas também dos outros filósofos e de todos os homens; pois ninguém ousaria dizer que o mel não é sentido como doce pelos sãos ou como amargo pelos que têm icterícia": trata-se de uma "prenoção" comum aos seres humanos, de uma "matéria comum" (*koinè hýle*) que todos experienciam (cf. H. P. I, 210-1). Ninguém contestará que o fogo derrete a cera, endurece a argila, queima a madeira (cf. A.M. VIII, 194-5). Um acordo unânime se configura a respeito dos fenômenos observáveis e ele se exprime em sentenças que poderíamos permitir-nos chamar, assim penso, "sentenças de evidência", mesmo se uma tal terminologia não faz certamente parte do vocabulário sextiano. Lembremos sempre, porém, que tais sentenças não se tomarão como indicadoras da Realidade ou da Verdade, mas tão somente como relatos da experiência fenomênica.

5. A observação da natureza e as *tékhnai*

Vimos que, entre os aspectos da vida comum destacados por Sexto, figura a "orientação da natureza", que age através de nossa sensibilidade e razão, e a necessidade natural de impulsos e afecções cuja satisfação naturalmente buscamos, num comportamento que a medicina Metódica observa e imita, em sua prática de tratamento das doenças. Isso não significa, por certo, que o cético assuma uma perspectiva especulativa sobre o que se chama de "natureza". Ao expor a argumentação cética acerca das diferentes e, por vezes, conflitante impressões que os sentidos em nós produzem,[26] Sexto se refere à teoria dogmática dos que conferem às nossas percepções sensoriais a capacidade de apreenderem adequadamente a realidade de seus objetos, postulando a comensurabilidade entre os sentidos e estes objetos engendrada pela Natureza (cf. H.P. I, 98). Mas o cético pergunta: de que natureza se trata? E lembra o conflito indecidível entre os dogmáticos acerca da realidade de uma tal Natureza. Entretanto, sua coerente suspensão de juízo sobre mais essa especulação filosófica não tem por que impedi-lo de reconhecer um comportamento regular e "espontâneo" – que ele, seguindo a vida comum, dirá "natural" – das coisas e dos seres vivos, dos humanos também, que habitam sua experiência fenomênica. Por isso, vimos o filósofo, ao atestar a afinidade entre o ceticismo e a medicina

---

25 Literalmente o verbo *hypopíptein* significa "cair sob" e, em usos como este, aliás, comuns na linguagem de Sexto, o verbo se aplica aos fenômenos que "caem sob" nós, que se nos apresentam (cf., por exemplo, H.P. II. 10 etc.). Atentemos em que a linguagem sextiana não dispõe de um termo cuja conotação corresponda a "experiência", no(s) sentido(s) em que estou aqui usando esse vocábulo, uma vez que o termo *empeiría* tem significado bem mais restrito. Sobre este último e seu uso no contexto do discurso sobre as *tékhnai*, veja-se a secção 5, a seguir.

26 Trata-se do terceiro tropo de Enesidemo, baseado nas diferenças entre os sentidos, exposto em H.P. I, 91-9.

310 RUMO AO CETICISMO

Metódica, endossar a distinção que ela efetua ente afecções conforme a natureza (*katà phýsin*) e afecções contrárias à natureza (*parà physin*) (cf. H. P. I, 240). E, atentando no comportamento humano em face das regularidades naturais, pode o cético detectar (cf. A.M. VIII, 288-9), no ser humano, a presença de algo como um senso de ordenação da observação (*teretikè akolouthía*), graças ao qual, tendo observado uma conjunção constante entre fenômenos, o homem tem a expectativa natural da repetição dessa conjunção, o que lhe permite espontaneamente inferir, ao perceber uma fumaça, a presença do fogo que eventualmente não está observando, ou a predizer, ao perceber um ferimento no coração, a iminência da morte (cf. A.M. VIII, 153-4). Temos, aqui, como vimos, a ideia de signo rememorativo. E a de um comportamento racional próprio ao homem (cf. A.M. VIII, 288), que difere dos outros animais por agir conforme uma representação transitiva (*phantasía metabatiké*) e uma concepção de sequência (*énnoia akolouthías*).

O caráter natural do uso de tais signos na prática da vida comum explica-nos por que mesmo pessoas sem maior instrução, mas familiarizadas com a experiência, tais como pilotos de barcos e agricultores iletrados, preveem a ocorrência, uns de ventos, tempestades e calmarias no mar, os outros de boas ou más colheitas, secas e chuvas no campo (cf. A.M. VIII, 270-1). O que parece aprimorar um comportamento que já em alguns animais se detecta, se lembramos que o cão segue as pegadas de alguma fera e o cavalo se põe a correr, ao ouvir o estalo de um chicote. Esse comportamento natural de observação e de predição da experiência futura que o homem comum exibe é continuado e aperfeiçoado pelas chamadas *tékhnai*, tais como a arte da navegação, a agricultura, a astronomia empírica, a medicina empirista. Lidando com os fenômenos, sistematizando as observações e tornando-as intencionalmente mais frequentes, registrando-as e historiando-as – e, isto sim, não é um procedimento comum –, as artes e disciplinas, isto é, as *tékhnai*, constroem seus *theorémata,* suas regras ou princípios (cf. A.M. VIII, 291).[27] Elas dominam, cada uma em seu campo, a sequência (*parakoloúthesis*) natural dos eventos (cf. H.P. II, 236), elas utilizam os signos rememorativos e exercitam uma capacidade de predição (*dýnamis prorretiké*) de eventos futuros (cf. A.M. V, 1-2), tendo como confiáveis somente as predições

---

27 Toda a doutrina sextiana da *tékhne* nos mostra claramente que Sexto usa o termo *theórema* para falar das generalizações empíricas formuladas pelas *tékhnai* a partir da observação, que não aspiram a um caráter de universalidade. Citando o *De Sectis* de Galeno, Brochard nos diz que o termo *theórema* foi empregado pela medicina empirista para conotar um conjunto de casos semelhantes detectados empiricamente (cf. BROCHARD, V. 1959, p.365). Não vejo, pois, qualquer fundamento para entender os *theorémata*, como o faz Brochard, como *leis gerais* que confeririam "um caráter de universalidade e de necessidade aos fenômenos observados", introduzindo assim na doutrina cética "uma espécie de dogmatismo" (cf. p.375). A esse respeito, Bolzani, muito adequadamente, fala da presença, nas *tékhnai*, de "enunciados gerais", de uma generalização sem pretensões de universalidade (cf. BOLZANI FILHO, R. 1990, p.50-1).

que se baseiam em conexões regulares entre eventos observadas e registradas em experiências anteriores (cf. A.M. V, 103-4). Eventuamente, como no caso da medicina Metódica, a observação do comportamento natural dos organismos, como por exemplo, a compulsão natural que leva os seres vivos à busca de alimentos e bebidas para satisfazer sua fome e sede, induz à utilização dos próprios movimentos naturais na prática da *tékhne,* à busca, por exemplo, da dilatação para curar um processo orgânico de contração (cf. H.P. I, 238). Pondo em prática o ensinamento aristotélico (cf. Fís. II, 2, 194 a21-2), "a *tékhne* imita a natureza".

A sistematização da observação permite constatar a regularidade e concordância das percepções sensoriais, na ausência de impedimento:

> pois todo objeto sensível é naturalmente experienciado e percebido de modo idêntico por todos os que estão numa disposição semelhante. Por exemplo, não apreendem a cor branca de um modo os gregos, de outro os bárbaros, e de um modo particular os que praticam as *tékhnai,* de modo diferente os leigos, mas a apreendem do mesmo modo os que têm seus sentidos não impedidos. (cf. A.M. VIII, 187-8)

Com base na observação e na experiência, as *tékhnai* estabelecem a distinção entre o normal e o patológico e explicam a diversidade na percepção dos fenômenos. A arte médica, por exemplo, nos pode ensinar que

> a cor branca, por exemplo, não é experienciada do mesmo modo por quem tem icterícia, por quem tem os olhos injetados de sangue e por quem tem uma condição natural (pois suas disposições são dessemelhantes e por essa causa (*par' hèn aitían*) a um aparece amarelo, a outro avermelhado, a outro branco); mas aos que estão numa mesma condição, isto é, aos sãos, somente aparece branco. (cf. A.M. VIII, 221-2)

Esta última passagem permite-nos constatar que as *tékhnai*, que o ceticismo endossa e de que faz a apologia, não rejeitam o vocabulário da causalidade. Aponta-se a dessemelhança entre as disposições dos sujeitos como causa de serem dessemelhantes as aparências que eles experienciam a partir dos mesmos objetos. Também na utilização pelas *tékhnai* dos signos rememorativos,[28] se falará eventualmente de um processo causal: a medicina dirá ser o ferimento do coração a causa da morte, que costumeiramente o segue (cf. A.M. V, 104). O que não significa qualquer condescendência com as teorias dogmáticas da causalidade, que Sexto considera demoradamente (cf. H. P. III, 13-29; A.M. IX, 195s): porque os argumentos da filosofia especulativa sobre a realidade absoluta das causas são contraditados por argumentos

---

28 Não examinarei aqui o problema, por certo importante, da relação entre a aceitação pelo filósofo cético do uso dos signos rememorativos e sua crítica da indução em H.P. II, 204. Stough discute o problema a p.137-9 de seu *Greek Skepticism*. E Bolzani nos oferece uma discussão sucinta, mas muito pertinente, da questão em seu artigo (cf. BOLZANI FILHO, R. 1990, p.49-50).

de igual força que a negam, também aqui o cético suspende seu juízo e não diz a causa mais existente que não existente (cf. H.P. III, 29; A.M. IX, 105). Mas isso não o impede de assumir a perspectiva fenomênica da vida comum e das *tékhnai* sobre a sequência regular e ordenada dos eventos que o vocabulário da causalidade conota.[29]

A observação e a análise sistemática dos eventos próprios ao "psiquismo" humano permitem também à *tékhne* mostrar a origem empírica de nossos pensamentos e ideias: "todo pensamento, com efeito, se produz a partir da sensação ou não de modo separado com relação a ela; e ou a partir da experiência ou não sem experiência (*kaì è apò periptóseos è ouk áneu periptóseos*)", mesmo no caso de representações falsas como as do sonho ou da loucura (cf. A.M. VIII, 56-7). "E, de um modo geral, nada é possível encontrar na concepção que não se possua e tenha conhecido pela experiência" (cf. VIII, 58), já que tudo que é concebido é concebido seja pela apresentação das coisas evidentes seja por uma transposição (*metábasis*) a partir delas, por recurso à semelhança, ou à composição, ou à analogia (aumento ou diminuição) com as coisas que se manifestam na experiência (cf. A.M. VII, 393-6; VIII, 58-60).[30] Criticando Demócrito e Platão por apenas reconhecerem a realidade dos objetos inteligíveis e, nesse sentido, rejeitarem os sentidos e os sensíveis, Sexto afirma que eles "subvertem as coisas e não apenas abalam a verdade dos seres, mas também a concepção deles" (cf. VIII, 56), "pois toda concepção deve ser precedida pela experiência através da sensação (*dià tês aisthéseos períptosin*) e, por esse motivo, se os sentidos são abolidos, necessariamente é conjuntamente abolido todo pensamento" (cf. VIII, 60-1).[31]

As *tékhnai* não visam o conhecimento da Realidade, mas a utilidade, o que pode satisfazer as necessidades dos seres humanos, tal é o móvel de sua exploração do mundo fenomênico: "com efeito, é manifesto que o fim de toda *tékhne* é muito útil para

---

29 Atente-se na grande proximidade entre o que os céticos dizem da causalidade na esfera fenomênica, associando-a aos signos rememorativos, e a doutrina humeana da causalidade e da conjunção constante; aliás, até mesmo alguns exemplos são idênticos em ambas as doutrinas.

30 Citando o *De subfiguratione empirica* de Galeno, Brochard lembra que Menódoto propôs o nome de epilogismo (*epilogismós*) para o raciocínio que permite passar do semelhante ao semelhante (*he toû homoíou metábasis*), mas sem pressupor "nem que o semelhante deva produzir o semelhante, nem que o semelhante reclame o semelhante, nem que os semelhantes se comportem de modo semelhante" (cf. BROCHARD, V. 1959, p.366-8). E o mesmo autor também nos informa (cf. p.374), ainda citando Galeno, que "Menódoto considerava o *epilogismo* como um excelente meio de refutar os sofismas".

31 No início de seu comentário sobre essa parte importante da doutrina sextiana, Stough escreve: "O "axioma empirista" de que o conhecimento tem sua origem na experiência sensorial recebe sua enunciação mais explícita nos escritos de Sexto..." (cf. STOUGH, Ch. L. 1969, p.107). E ela sustenta que o empirismo sextiano envolve, mesmo, "fortes sugestões de uma teoria empirista do significado" (cf. p.114).

a vida", algumas artes tendo sido introduzidas com a finalidade de evitar coisas prejudiciais, como é o caso da medicina, uma *tékhne* que busca curar e livrar-nos das dores; outras, para descobrir-nos coisas benéficas, como é o caso da arte da navegação, já que os homens necessitam do relacionamento com outras nações (cf. A.M. I, 50-2). Em H.P. I, 237, vimos acima Sexto elogiar a medicina Metódica por seguir os fenômenos e deles retirar o que é tido como útil, conforme a prática dos céticos.

O cético rejeita a ciência (*epistéme*) dos dogmáticos e Sexto investe, nos seus livros *Contra os Homens do Saber*, contra os gramáticos, retóricos, geômetras, aritméticos, astrônomos, teóricos da música, lógicos e teóricos do conhecimento, físicos e teóricos da moral. A tônica de todas essas investidas é a mesma, trata-se de denunciar a pretensão, por parte dessas ciências, de conhecer, de modo absoluto, a realidade mesma de seus objetos, de formular princípios e proposições absolutamente verdadeiras que alegadamente exprimiriam a natureza mesma das coisas. O cético propõe que se substitua o sonho dessas doutrinas especulativas pela atuação concreta das *tékhnai*,[32] que exploram empírica e pragmaticamente o mundo dos fenômenos, que sistematizam e aperfeiçoam os procedimentos ordinários de observação e predição, que introduzem uma prática teórica que não se quer dissociar dessa mesma experiência que é seu ponto de partida.

Sexto observa (cf. A.M. I, 61-2) que, na linguagem comum, se usa o termo *empeiria* (prática empírica, familiaridade empírica com o objeto) com respeito às *tékhnai*, e se chamam, indiferentemente, as mesmas pessoas de *tekhnîtai* (profissionais da *tékhne*) e de *émpeiroi* (práticos empíricos); o termo *émpeiros* "é especialmente aplicado ao conhecimento (*epì tês gnóseos*) de muitas e variadas coisas, nesse sentido também dizemos experienciados na vida (*empeírous toû bíou*) os velhos que muitas coisas viram, muitas coisas ouviram". Em H.P. II, 236s, Sexto nos diz que, enquanto é inútil tentar resolver os sofismas com os quais lida a dialética dos filósofos, entretanto, com respeito àqueles cuja solução é útil, uma solução poderá ser dada, somente porém pelos que "em cada *tékhne* detêm a sequência das coisas". E acrescenta, em H. P. II, 258, que somente a prática empírica do que é útil em cada área de atividade (*he en hekástois empeiría toû khresímou*) permite resolver as ambiguidades da linguagem, a dialética especulativa sendo inútil mesmo com respeito àquelas outras ambiguidades próprias às opiniões dogmáticas e que não dizem respeito às práticas

---

32 Como diz Bolzani, com o pirronismo sextiano "a *tékhne* deixa de ser a parente menos nobre da *epistéme*" (cf. BOLZANI FILHO, R. 1990, p.58). Ler-se-á, com proveito, a excelente exposição que aí faz o autor sobre a concepção cética de *tékhne* (cf. p.46s). Bolzani mostra que ela "retoma o essencial da concepção aristotélica", numa "recriação que elimina, desse aspecto do aristotelismo, seus elementos "dogmáticos" " (cf. p.55). A reformulação cética do sentido de *tékhne* tendo significado "uma pré-edição ... daquela mesma concepção empírico-experimental de ciência que conta Berkeley e Hume entre seus principais reformuladores" (cf. p.58).

empíricas da vida (*biotikaì empeiríai*).[33] Lembremos que o filósofo usa, por vezes, o termo *empeiría* para designar o empirismo, isto é, a prática empírica da doutrina empirista da medicina (cf. H.P. I, 236; A.M. VIII, 191). E o advérbio *empeíros* (empiricamente, segundo a *empeiría*), a propósito do viver adogmaticamente seguindo os fenômenos, conforme as observâncias e prenoções comuns (cf. H.P. II, 246).

Na passagem de A.M. I, 61-2 que há pouco citei, vimos que Sexto se permite usar do termo "conhecimento" (*gnôsis*) a propósito dessa, por assim dizer, "familiaridade" empírica que se tem com os fenômenos e as coisas da vida cotidiana. Não se trata, por certo, de um conhecer (*eidénai*, *epístasthai*), no sentido dogmático. Mas não há por que não falar de *conhecimento*, se nos guardamos das interpretações especulativas. Enesidemo, relata-nos Sexto (cf. A.M. VIII, 8), falava de "conhecimento comum" (*koinè gnóme*) acerca dos fenômenos que aparecem em comum a todos. Diógenes Laércio põe também o vocabulário do conhecimento na boca dos céticos e, ao expor como os céticos pirrônicos se defendem da acusação de também eles dogmatizarem, ele os faz responder:

> com respeito às coisas que como homens experienciamos, estamos de acordo (*subentend.*: com o modo de falar de que se servem também os dogmáticos), pois reconhecemos (*diaginóskomen*) que é dia e que estamos vivos e muitas outras das coisas que se dão como fenômeno na vida cotidiana; mas, no que concerne às coisas que os dogmáticos afirmam positivamente em seu discurso, dizendo tê-las apreendido, sobre estas suspendemos o nosso juízo como sendo não evidentes, somente conhecemos (*ginóskomen*) nossas afecções. Pois concordamos que vemos e conhecemos (*ginóskomen*) que pensamos tal e tal coisa... (cf. D.L. IX, 103)

Ainda que talvez hesitantemente, o ceticismo introduziu, em contraposição à linguagem da ciência dogmática, a noção de "conhecimento empírico". Mas não ousou servir-se do velho termo *epistéme*, introduzindo para ele um novo sentido conforme a promoção filosófica da *tékhne* que empreendeu: o velho termo lhe terá aparecido por demais carregado de conotações dogmáticas.[34]

6. O *lógos* cético

Sexto Empírico dedica uma pequena secção de suas *Hipotiposes Pirrônicas* (cf. H.P. I, 16-7) à questão sobre se o ceticismo tem uma doutrina (*haíresis*). Ele nos

---

33 Como se pode ver, o termo grego *empeiría* tem significação bem mais restrita que o nosso termo "experiência", conotando, antes, a familiaridade, adquirida na prática com o mundo dos fenômenos.

34 Sobre essa relutância dos pirrônicos "em pensar a *tékhne* como *epistéme*", cf. BOLZANI FILHO, R. 1990, p.60.

diz que, se por "doutrina" se entende a adesão a um certo número de dogmas conjugados uns com os outros e com os fenômenos, não se pode obviamente falar de uma doutrina cética. No entanto, se pode e é correto falar de uma doutrina cética, se se entende por "doutrina" "a orientação que, de acordo com o fenômeno, segue um certo procedimento racional (*lógos*), um procedimento racional que indica como viver de uma maneira que se aceita como correta... e tende a nos capacitar para a suspensão do juízo. Pois seguimos um certo procedimento racional de acordo com o fenômeno, que nos mostra uma vida conforme os costumes do país, as leis, as instituições e as nossas próprias afecções." Assim, o discurso racional aparece ao cético, seja como instrumento de neutralização das doutrinas dogmáticas, seja como instrumento de organização e direcionamento de sua vida cotidiana. Um outro uso ainda se pode referir: o uso que o cético faz do discurso para contar, "anunciar" o que lhe aparece, suas afecções (*páthe*) e experiências (cf. H..P. I, 4, 197, 200). Precisamente porque não pode o cético, em suspensão de juízo sobre as doutrinas dogmáticas, pretender que seu discurso exprima a realidade, porque ele o vê necessariamente confinado ao domínio de sua experiência fenomênica, tem ele de apresentá-lo como um discurso, por assim dizer, *confessional*. Suas proposições não exibem a pretensão a uma significatividade absoluta, sua significação é necessariamente relativa, relativa a ele, cético (cf. H.P. I, 207). Todo o discurso cético sobre o mundo, sobre as coisas e pessoas, sobre as instituições e as *tékhnai*, sobre a própria doutrina e orientação cética, não pode o cético vê-lo de outra maneira que não como o relato de uma experiência fenomênica.

E, precisamente por isso também, o cético nos adverte de que ele usa suas proposições de modo indiferente (*adiaphóros*) e "frouxo" (*katakhrestikôs*) (cf. H. P. I, 191, 195, 207 etc.), já que ele não assume – nem pode assumir – que elas possam exibir qualquer adequação ou correspondência, natural ou construída, com a natureza mesma das coisas, isto é, que sejam verdadeiras, conforme o habitual uso dogmático deste termo. Daí naturalmente se segue a indiferença do cético (cf. H.P. I, 191: *adiaphoroûmen*) quanto ao uso desta ou daquela expressão para indicar o que lhe aparece, o *phainómenon*. Por isso mesmo, não convém ao cético *phonomakheîn*, brigar por palavras (cf. H.P. I, 194-5, 207). A busca da exatidão (a*kríbeia*) absoluta no uso da linguagem é própria das investigações dogmáticas que buscam alcançar a natureza mesma das coisas, enquanto a linguagem "frouxa" tem naturalmente lugar na vida e na prática comum da conversação (cf. A.M. VIII, 129: H.P. I, 195). Mas o discurso fenomênico dos céticos não tem a pretensão de ser superior ao discurso comum da vida. E vimos, em H. P. I, 240, que, entre os pontos que revelam a afinidade entre o ceticismo e a medicina Metódica, Sexto incluia o uso adogmático e "indiferente" da linguagem. É esse uso "catacréstico" e adogmático que permite ao cético recorrer a termos que a linguagem da filosofia especulativa tornou carregados de conotações dogmáticas, com as quais, no entanto, o cético não se compromete. Assim, ele pode falar em "doutrina" cética, em "critério" cético, em "conhecimento" das relações entre eventos fenomênicos, em "causas"; cuidando sempre, porém, de recordar que o emprego desses temos se está fazendo num outro registro, não no registro "tético" do discurso dogmático, mas no registro fenomênico do discurso cético.

É nessa linha de comportamento discursivo que o cético faz uso, no sentido "frouxo" e indiferente, até mesmo dos termos "verdade" e "verdadeiro", a despeito de sua continuada rejeição da pretensão das filosofias dogmáticas a apreender a Verdade sobre as coisas e sua Realidade. Assim, Sexto nos relata (cf. A.M. VIII, 8) que Enesidemo disse verdadeiros os fenômenos que aparecem em comum a todos, chamando adequadamente de "verdadeiro" o que não está oculto ao conhecimento comum. E, comentando o acordo generalizado que costumeiramente se constrói a respeito do que é evidente e manifesto (*tò pródelon kaì enargés*), enquanto o não evidente (*tò ádelon*) é naturalmente objeto de desacordo e disputa, Sexto diz (cf. A.M. VIII, 322-6) ser razoável que assim se passem as coisas, já que verdade e falsidade se dizem conforme a referência do discurso ao objeto acerca do qual ele foi introduzido (*katà tèn epì tô prágmati tô perì hoû kekómistai anaphorán*): aceita-se que o discurso é verdadeiro se se descobre concordante com o objeto (*sýmphonos tô prágmati*), mas que é falso, se discordante (*diáphonos*). Assim, se alguém declara que é dia, "então, referindo o que é dito ao objeto e conhecendo sua realidade que confirma o discurso (*oukoûn anapémpsantes tò legómenon epì tò prâgma, kaì gnóntes tèn toútou hýparxin synepimartyroûsan tô lógo*)", nós o dizemos verdadeiro. Donde, no caso dos objetos evidentes e manifestos, ser fácil dizer se um determinado discurso a seu respeito é verdadeiro ou falso. O que certamente não é o caso com as coisas não evidentes. E o filósofo não hesita também em dizer (cf. A.M. VII, 391), contra quem pretenda que toda representação (*phantasía*) é verdadeira, que isso é contrário aos fenômenos e à evidência (*enárgeia*), "já que muitas são inteiramente falsas (*pseudê*)": com efeito, num momento em que é dia, a proposição "é noite" aparece como dizendo algo irreal (*anýparkton*); o caso é o mesmo para uma proposição como "Sócrates está vivo".[35] Essas duas últimas passagens nos mostram que Sexto não apenas se permite, ainda que rara e ocasionalmente, usar os termos "verdadeiro" e "falso", mas também as mesmas noções de "realidade" e "irrealidade", num registro fenomênico. A distinção entre o registro tético (e dogmático) e o registro fenomênico da linguagem é absolutamente fundamental para a compreensão

---

35 Muitas outras passagens em Sexto se podem citar em que os termos "verdadeiro" e "falso" parecem estar sendo tranquilamente usados num registro fenomênico e não dogmático, cf., por exemplo, A.M. VIII, 222, 251 etc. Em H.P. II, 250, Sexto diz que, assim como não assentimos, como se fossem verdadeiros, aos truques dos prestidigitadores, sabendo que eles nos enganam, ainda que não conheçamos de que modo nos enganam, assim também não acreditamos em argumentos falsos que nos parecem persuasivos, ainda que não conheçamos de que modo eles cometem falácia.

adequada do discurso cético. Um texto como o de A.M. VIII, 2-3 se deve sempre ter em mente, no que respeita à problemática cética da verdade: ele nos diz que, se a controvérsia (*diaphonía*) entre os filósofos sobre a verdade leva o cético a afirmar dialeticamente contra eles que nada há de verdadeiro ou falso, ele o afirma apenas "no quanto concerne aos discursos dos dogmáticos" (*hóson epì toîs tôn dogmatikôn lógois*). É "no quanto concerne às coisas ditas pelos dogmáticos" (*hóson epì toîs legoménois hypò tôn dogmatikôn*) que os céticos dizem que "é irreal a verdade, insubsistente o verdadeiro" (cf. H. P. II, 80-1).[36]

A pretensa ciência dogmática da gramática se tinha pronunciado, ora em favor de uma tese naturalista do significado das palavras, entendendo que os nomes têm um significado particular por natureza (*phýsei*), ora em favor de uma tese convencionalista, entendendo que os nomes têm um significado posto pelos homens (*thései*) e que foi a eles, assim, convencionalmente atribuído, ora postulando que o significado dos nomes tem origem natural para alguns nomes, convencional para outros. A equipotência dos argumentos que se podem aduzir tanto a favor de cada uma dessas teses dogmáticas como contra cada uma delas (cf. A.M. I, 144-5) leva, por certo, o cético, a uma coerente suspensão de juízo quanto à sua pretensa verdade absoluta. No que concerne, porém, à esfera fenomênica, a sistemática das observações próprias às *tekhnai* permite ao cético assumir, na prática, uma postura convencionalista. Ele dirá que a significação foi posta pelos homens, que as expressões da linguagem são significativas *thései* (cf. H.P. II, 214, 256-7; A.M. I, 37-8). A compreensão do que significam as palavras está basicamente referida à "renovação", na mente, de uma experiência anterior que associou palavras a fatos experienciados (cf. A.M, I, 38); desse modo, a relação semântica entre palavras e coisas configura apenas um caso particular da associação fenomênica entre eventos, a doutrina convencionalista assim articulando-se com a noção de signo rememorativo.

---

36 Stough, erroneamente a meu ver, entende que Sexto rejeita de modo absoluto a posição de Enesidemo quanto ao uso do termo "verdadeiro" e, tendo seguido a tradição filosófica de assimilar o verdadeiro ao real, assume uma posição conservadora e proíbe qualquer nova aplicação da noção de verdade, o que teria sido, em parte, responsável por seu ceticismo (cf. STOUGH, Ch. L. 1969, p.140-6). Em "Verdade, Realismo, Ceticismo" (cf. p.173-217), argumentei em favor de uma noção cética de verdade fenomênica, que eu disse ser totalmente coerente com a postura pirrônica. Entretanto, parecia-me na ocasião que passagens de Sexto como as há pouco citadas (A.M. VIII, 322-6 e VII, 391), que contemplam o uso comum e não filosófico da noção de verdade, talvez devessem ser entendidas como avançadas pelo filósofo num contexto puramente dialético de discussão da filosofia dogmática e, por isso, não as utilizei. Cheguei mesmo a dizer (cf. p.204-5) que Sexto, embora tivesse expressamente restringido o questionamento cético da noção de verdade ao seu uso dogmático, não tinha chegado a propor um uso cético e fenomênico para a noção, como poderia consistentemente tê-lo feito. Hoje, penso e ouso afirmar que Sexto ousou dar esse passo.

E está sempre em nosso poder indicar e significar os objetos por outros nomes que queiramos (cf. H.P. II, 214). A capacidade dos profissionais de uma *tékhne*, como a medicina, de dissolver certas falácias linguísticas e sofismas que envolvem assuntos de sua área provém precisamente de eles terem a experiência do uso convencional dos termos – por eles criado – para denotar as coisas significadas (cf. H.P. II, 256).[37]

Essas considerações todas sobre a postura cética diante da linguagem permitem--nos compreender como não pode o filósofo cético, mesmo confessando não ter como refutar o discurso dogmático, mesmo tendo o juízo suspenso sobre as teses da filosofia especulativa, impedir que tais especulações de algum modo lhe apareçam como crenças míticas, como ídolos (*eídola*) e simulacros, produções oníricas ou mágicas forjadas pela imaginação fértil dos pensadores dogmáticos (cf. H.P. II, 70, 222; III, 156; A.M. VIII, 156-7). São construções verbais engenhosas (*euresilogíai*) (cf. H.P. II, 9, 84) que "se dizem a partir da sutileza (*periergía*) dogmática e são maximamente estranhas ao uso da vida" (cf. H.P. II, 246). Ao cético aparece que elas resultam de uma distorção do discurso (*parà tèn toû lógou diastrophèn*) (cf. A.M. XI, 148-9).[38]

7. O empirismo cético

Passemos rapidamente em revista alguns dos pontos acima tratados. Em primeiro lugar, lembremos a proximidade historicamente documentada entre o ceticismo pirrônico e o empirismo médico e a afinidade proclamada pelos próprios céticos entre sua orientação filosófica e a medicina Metódica (que, sob um certo prisma, se pode, aliás, considerar como uma dissidência reformista no interior do movimento médico empirista). Por outro lado, vimos a rejeição cética do pensamento dogmático, sua denúncia da filosofia especulativa, a desconfiança permanente do cético com relação às construções verbais e sutis dessa filosofia, que lhes aparecem como míticas e fabuladoras. O ceticismo valoriza a *empiria*, o mundo fenomênico, insiste na relatividade dos conteúdos fenomênicos à nossa experiência humana deles. Confere um sentido puramente empírico à noção de "evidência", valoriza a concordância intersubjetiva. Usa adogmaticamente o termo "natureza" com referência, sobretudo, à relativa regularidade aparente dos fenômenos que se nos oferecem. Faz a apologia das *tékhnai* e entende sua postura "científica" como uma continuação e aprimoramento dos procedimentos "cognitivos" naturais das pessoas comuns. Preconiza

---

37 Cito o texto grego: *tèn empeirían ékhontes autoì tês hyp' autòn pepoieménes tethikês khréseos tôn onomáton katà tôn semainoménon.*

38 A respeito desse caráter aparentemente mítico do discurso dogmático, cf. "O Ceticismo Pirrônico e os Problemas Filosóficos", p.233-5.

o primado da observação e do esforço por registrá-la, historiá-la, sistematizá-la, por organizar as predições com base na experiência passada. Propõe uma doutrina "causal" empirista e acena com a noção de "conhecimento" empírico. Desenvolve um pragmatismo empírico e põe ênfase na busca, pelas *tékhnai*, do que é útil e benéfico para os seres humanos. Atribui à experiência a origem de nossos conceitos e ideias, oferece uma explicação empírica da significatividade das palavras, endossa um ponto de vista convencionalista sobre a linguagem. Recusando o *lógos* especulativo, confere à linguagem um caráter instrumental e compreende seu uso a partir de uma confrontação humana com o entorno, entende a linguagem como um artefato humano. Insiste na sua necessária precariedade, na sua permanente corrigibilidade.

Temos aí um pequeno inventário, sucinto, mas impressionante, de diferentes pontos que atestam, de um modo que me aparece claramente como irrecusável, a natureza empirista da postura epistemológica do ceticismo antigo. É importante aqui acentuar que essa postura empirista não é pensada como uma recusa dogmática da especulação racional, uma afirmação dogmática de teses empiristas, mas como uma constatação, também ela empírica, da incapacidade de a especulação assegurar-nos resultados aceitos pela comunidade dos que se propõem a investigar as coisas e eventos do mundo. Como uma constatação, ela também empírica, de que não dispomos de outra base de apoio para o estudo dessas coisas e eventos, senão a experiência dos fenômenos, por precária e relativa que esta seja. Empiricamente se construirá, assim, toda a nossa postura epistemológica.[39] Ao perder a confiança na razão dogmática, não nos resta outra alternativa. Mas se pode certamente dizer que temos aqui um *empirismo sem dogmas*.

E creio ser válido também dizer que o ceticismo da "escola sextiana" foi o resultado histórico do feliz casamento entre duas tradições do pensamento grego: de um lado, uma tradição pirrônica revivida e desenvolvida por Enesidemo, que reuniu a dialética argumentativa e antinômica da Nova Academia de Arcésilas e Carnéades a uma postura de valorização antidogmática do fenômeno, remontando ao lendário Pirro, reverenciado pelos pirrônicos como um patrono de sua orientação filosófica; de outro lado, a teoria e prática antiracionalista das escolas Empirista e Metódica de medicina, que desenvolveram toda uma teoria empirista do conhecimento médico e estimularam, entre seus membros, uma considerável reflexão e produção filosófica, inclusive sobre temas epistemológicos mais gerais. A associação com a velha tradição pirrônica forneceu ao empirismo, não somente uma armação filosófica mais ampla, mas também uma postura cautelosamente adogmática que lhe permitiu não

---

39 Cf. FREDE, M. 1987, "The Ancient Empiricists", p.255: "Given the dogmatism of early Empiricism and the a priori character of certain modern Empiricists doctrines, it might deserve emphasis that the Pyrrhonean Empiricist's conception of knowledge and of how we attain knowledge is itself supposed to be merely a matter of experience."

incidir nos pronunciamentos dogmáticos que caracterizaram parte, ao menos, das doutrinas médicas empiristas anteriores. A associação com o empirismo e o Metodismo médico ensejou ao velho pirronismo a assunção de uma postura epistemológica consistente com sua orientação fenomenista originária e tornou-o capaz de integrar no universo filosófico as práticas "cognitivas" das *tékhnai* gregas. E arrisco-me a dizer que o nascimento do empirismo como orientação filosófica teve lugar, não na modernidade, mas na filosofia helenística grega, no pirronismo dos médicos-filósofos dessa época.

Esse empirismo antigo foi, reconheçamos, formulado de modo incipiente e pouco sofisticado;[40] nem se poderia esperar algo diferente de uma postura filosófica em sua primeira gestação, tanto mais quanto lhe faltou o concurso de grandes pensadores; seus maiores representantes certamente não possuíam a envergadura intelectual dos grandes nomes da filosofia grega. Por outro lado, as ciências gregas, de um modo geral, tanto as *epistêmai* dogmáticas quanto as *tékhnai* empíricas, não conheceram, como é sabido, o método experimental que viria a tornar-se, muitíssimo depois, a mola propulsora do extraordinário desenvolvimento científico da idade moderna. Elas não praticaram o método hipotético, de um modo geral desconheceram o valor heurístico das hipóteses teóricas, não buscaram produzi-las para submetê-las, através de predições metódicas e sistemáticas, ao confronto com uma experimentação que pudesse corroborá-las ou infirmá-las. É certo que as fontes históricas à nossa disposição sobre a história do empirismo médico grego parecem mostrar que, aqui e ali, se terá formulado a ideia de que a razão pode propiciar conjecturas e sugestões destinadas a serem submetidas à experiência médica e eventualmente por ela confirmadas.[41] De qualquer modo, uma tal ideia não foi integrada numa postura epistemológica consistente, nem dela resultou a proposta de uma metodologia com ela coerente. Foi necessário o advento do método experimental na ciência moderna para a incorporação da prática sistemática de hipóteses e conjecturas, tematizadas e reconhecidas como tais, à investigação científica entendida como plenamente empírica, independentemente de qualquer crença metafísica. Tematização e reconhecimento que se tornaram característicos da epistemologia empirista contemporânea.

Entretanto, não me parece haver, na postura empirista do pirronismo, qualquer obstáculo doutrinário à eventual aceitação da utilidade de considerações e investigações "teóricas" por parte de uma *tékhne*, da medicina por exemplo, para a

---

40 Para Bolzani, por obra do próprio ceticismo pirrônico, sobretudo empenhado na crítica das doutrinas dogmáticas, sua "positividade latente, embora explicitamente declarada às vezes, permaneceu em segundo plano em face da necessidade contínua de enfrentar um sempre renovado dogmatismo" (cf. BOLZANI FILHO, R. 1990, p.61).

41 Nos vários artigos que Michael Frede consagrou ao estudo das escolas médicas gregas se encontram, *passim*, interessantes indicações acerca desse ponto.

formulação de hipóteses e sugestões a serem confirmadas ou desconfirmadas pela experiência. Pois, sem qualquer comprometimento com uma postura dogmática, o cético pirrônico poderia reconhecer a função *pragmática* das "teorias" e invocar a experiência eventualmente bem-sucedida de suas consequências práticas para defender a sua utilização. Um neopirrônico contemporâneo parece-me poder tranquilamente caminhar nessa direção, sem trair sua fidelidade à matriz doutrinária do pirronismo antigo. Mas sempre reconhecendo que, em seu tempo, ela não comportou tais desdobramentos.[42] Ao contrário, os textos de Sexto parecem-me evidenciar uma cautela talvez excessiva no tratamento da contribuição da reflexão racional para a prática empírica das *tékhnai*, originada presumivelmente do temor algo exagerado de uma recaída na postura dogmática.

O advento da barbárie, que pôs fim ao mundo greco-romano da idade antiga, evidentemente também pôs fim ao seu florescimento filosófico. A civilização da cristandade vai recuperar, à sua maneira e conforme os seus interesses, o pensamento filosófico grego, sobretudo o platonismo e o neoplatonismo, mais tarde o aristotelismo. Os grandes sistemas da filosofia especulativa serão devidamente "batizados" e "cristianizados", por esse viés a razão dogmática grega será parcialmente recuperada. Quanto ao ceticismo, ele somente voltará efetivamente à tona por ocasião da "crise pirrônica" do Renascimento.[43] Mas não é aqui o lugar para discorrermos sobre a aventura moderna do ceticismo que então se inicia.

No mundo filosófico contemporâneo, o empirismo ocupa reconhecidamente um lugar eminente e exerce decisiva influência no campo da epistemologia. Ele se sofisticou sobremaneira e gerou, sob a forma de livros e artigos, uma literatura extraordinariamente vasta. Ele ecoa, por certo, sob muitos aspectos, o empirismo cético de Hume. Mas o empirismo de hoje ignora inteiramente o ceticismo e o empirismo grego e, de fato, desconsidera a dimensão cética do empirismo humeano. Frequentemente, os autores empiristas rejeitam explicitamente algo que definem como "ceticismo", embora muito frequentemente nenhuma doutrina se possa encontrar, na história do pensamento filosófico, que corresponda ao sentido que conferem ao termo.

Estou convencido de que seria do maior interesse que se procedesse a um exame aprofundado da epistemologia empirista contemporânea à luz de uma postura cética pirrônica (ou neopirrônica). Não somente porque se poderia mostrar – parece-me

---

42   Frede parece-me ir um pouco longe, ao dizer que, para os pirrônicos, a experiência mostrara ser a razão capaz de prover os médicos de conjecturas razoavelmente confiáveis que se deveriam confirmar pelos resultados dos tratamentos, cf. "The Ancient Empicists", em FREDE, M. 1987, p.256.

43   A revivescência do pirronismo na época do Renascimento e o papel crucial que ela desempenhou na criação da atmosfera intelectual de que emergiu filosofia moderna foram amplamente tematizados na bela obra de Popkin que revolucionou os estudos historiográficos sobre o ceticismo, cf. POPKIN, R. H. 1979.

que facilmente – serem totalmente compatíveis com o ceticismo as linhas gerais mais básicas da orientação empirista que parte importante da epistemologia contemporânea tem assumido, mas também porque isso permitiria libertar o empirismo de formulações dogmáticas que estão frequentemente presentes em seu discurso e o tornam desnecessariamente vulnerável em face de argumentações adversárias. Porque o empirismo pode facilmente prescindir de tais acréscimos dogmáticos, que sua "lógica interna" não exige. E descobriríamos que o pensamento de muitos autores empiristas (um Quine, por exemplo) é bem mais "cético" do que eles estão dispostos a admitir. Por outro lado, a própria investigação filosófica cética teria muito a ganhar. Isso porque o aprofundamento notável das questões epistemológicas levado a cabo pela filosofia empirista em nossos dias propiciou análises e resultados que a epistemologia cética pode coerentemente utilizar e incorporar, com eles adquirindo maior consistência e riqueza. É manifesta a necessidade de o pensamento neopirrônico trabalhar sobre a problemática do empirismo contemporâneo, não menor que a necessidade de os teóricos do empirismo refletirem sobre a contribuição que a visão pirrônica do mundo pode oferecer-lhes.

Relendo este texto, dou-me conta de quão ambicioso ele é em sua proposta mais geral. Aconteceu, porém, que somente me propus a dizer aqui o que me aparecia. E me (a)pareceu que dispunha de alguns bons argumentos para afirmar que o pirronismo grego, ao incorporar ao ceticismo uma postura empirista, foi diretamente responsável pelo nascimento histórico do empirismo filosófico, de um empirismo que nasceu – como convinha – nu e despido de qualquer roupagem dogmática.

13

O argumento da loucura[1]

I. Introdução

Há muito tempo formulei esse argumento. Mas não tenho nenhuma pretensão à originalidade. É um argumento que pode ocorrer a qualquer um, ele deve ter ocorrido a muita gente. E, sobretudo, ele já deve ter ocorrido a muito filósofo, possivelmente já foi desenvolvido e publicado em alguma revista de filosofia. Talvez somente a minha ignorância faça que eu não saiba se isso aconteceu, ou não. De qualquer modo, como não sei se isso aconteceu, ou não, vou desenvolvê-lo aqui, sem maiores escrúpulos. É um argumento cético, ele serve bem ao empreendimento cético de pôr em xeque as certezas dogmáticas. Mas desconheço qualquer texto cético que o tenha efetivamente trabalhado. O argumento tem um perfil antes cartesiano, articula-se na perspectiva da primeira pessoa e não se enquadra na linha de argumentação própria ao ceticismo pirrônico. Na Antiguidade, parece-me que Platão poderia tê-lo excogitado, mais talvez que qualquer outro filósofo daquela época. Entendo, com efeito,

---

1   Uma primeira versão deste artigo foi apresentada sob forma de palestra, que foi proferida no Seminário de Epistemologia da Universidade São Judas Tadeu em São Paulo, dirigido por Plinio Smith, a 15 de agosto de 2002. Sou agradecido a Cicero Romão de Araújo, Plinio Smith e Roberto Bolzani Filho, por observações importantes e ponderáveis objeções que então formularam e que me obrigaram a reformular, em várias passagens, o texto original. Agradeço também a João Paulo Monteiro e José Arthur Giannotti, por sua leitura cuidadosa daquela primeira versão e por seus comentários; a Luiz Henrique Lopes dos Santos, pelas observações pertinentes que me levaram a reescrever com mais clareza a seção IV; a Julio Noto, pela contribuição importante que me deu, indicando-me bibliografia psiquiátrica, cuja consulta se me fazia absolutamente necessária; e a Danilo Marcondes Filho, por ter-me assinalado imprecisão de linguagem que pude, assim, corrigir. O texto foi publicado em *Manuscrito*, v.26, n.1, Campinas, 2003, p.11-43.

que não teria sido incompatível com a prática filosófica de seu personagem Sócrates desenvolver considerações segundo as linhas principais do argumento da loucura. E, se tal fosse nosso propósito, creio que poderíamos, sem maior dificuldade, até mesmo esboçar o tipo de resposta que o Sócrates platônico lhe daria, tentando refutá-lo.

O argumento da loucura se enquadraria aparentemente muito bem no processo de investigação filosófica proposto por Descartes no início de suas *Meditações*. Entretanto, pretendo aqui mostrar como e por que, se introduzido logo no início do empreendimento cartesiano da dúvida radical, o argumento da loucura, tal como o entendo, paralisaria o desenvolvimento mesmo das *Meditações* e não permitiria a emergência do *Cogito*, tal como Descartes o entende. Contrariamente, aliás, ao que poderia parecer à primeira vista, o argumento não é uma versão "psicológica" do argumento do deus enganador, em verdade é bem mais contundente que esse argumento e o torna, aliás, dispensável.

Na *Primeira Meditação*, antes de desenvolver o argumento do sonho, Descartes faz alusão aos pensamentos dos loucos. Ele acabara de lembrar sua experiência passada de enganos dos sentidos e formulara a regra prudente de não confiar inteiramente em algo que já nos tenha uma vez enganado. Mas argumenta em seguida que, apesar desses enganos ocasionais, acerca de coisas que afetam mal nossos sentidos e muito afastadas, há talvez muitas outras, conhecidas também por meio dos sentidos, sobre as quais uma dúvida não seria razoável. E introduz nesse momento o seu exemplo famoso: o fato de que ele ali está, sentado ao pé do fogo, vestido com uma *robe de chambre*, tendo entre as mãos o papel em que escreve. Cito o que vem logo depois:

> E como poderia eu negar que essas mãos e esse corpo sejam meus? A menos que eu me compare a esses insensatos, de quem o cérebro está de tal modo perturbado e ofuscado pelos negros vapores da bile, que eles asseveram constantemente que são reis, ainda que sejam muito pobres; que estão vestidos de ouro e de púrpura, quando estão completamente nus; ou imaginam serem cântaros, ou terem um corpo de vidro. Mas o que? São loucos e eu não seria menos extravagante, se me guiasse pelos seus exemplos. (cf. Descartes, 1953, p.268)

E, dito isso, Descartes passa ao argumento do sonho, que ele completa pelo do deus enganador, levando a cabo sua dúvida hiperbólica. A loucura não mais reaparecerá nas *Meditações*.

Vemos que não passa pela mente de Descartes invocar a possibilidade da loucura para desenvolver o "ceticismo" metodológico, que com o *Cogito* quer refutar. Descartes nota enfaticamente que os enganos ocasionais dos sentidos são totalmente insuficientes para fundamentar qualquer dúvida consistente sobre as coisas sensíveis que, imediatamente a ele próximas, se oferecem à sua experiência. Aos olhos de Descartes, nessa etapa inicial de sua reflexão, duvidar do testemunho dos sentidos por razão que lhe parecia tão magra seria insensato e comparável ao procedimento dos loucos. A dúvida radical precisou de razões que ele julgou bem mais fortes.

Antes de pôr fim a esta breve introdução, quero prevenir que tenho aqui em mente, sobretudo, algumas disposições e atitudes e certos comportamentos linguísticos muitas vezes associados ao que se chama ambiguamente de "loucura" na linguagem corrente, em alguns ao menos dos múltiplos usos desse termo. Para o propósito que tenho em vista, o uso desse termo vulgar, "loucura", me é bastante e penso não ser necessário demorar-me em considerações sobre o caráter relativamente vago de seu significado, mesmo reconhecendo seu escasso valor científico, que se deve precisamente à sua vagueza, ambiguidade e extrema generalidade. Quero antecipar que, contrariamente ao tratamento costumeiro e mais restrito dado à temática da loucura na filosofia tradicional, o argumento, tal como vou desenvolvê-lo neste texto, entende a loucura como capaz, em seus desvarios, não apenas de distorcer o testemunho dos sentidos e perturbar as assim chamadas evidências perceptivas, mas também de produzir falsas evidências intelectuais, além de travar o trabalho do próprio entendimento, por vezes desvirtuando o discurso inferencial. Em outras palavras, é enfatizado o poder que a loucura tem de afetar profundamente as nossas faculdades cognitivas e prejudicar o exercício inteiro da razão. Para tanto, não me pareceu indispensável examinar aqui os ensinamentos da psicopatologia, mas cuidei por que os vários e diferentes comportamentos "cognitivos" atribuídos aos "loucos" ao longo do texto fossem pelo menos compatíveis com esses ensinamentos, no que concerne à caracterização de certas enfermidades "mentais" tais como a demência, a esquizofrenia e outras mais, a que de algum modo corresponde, no uso corrente, o termo "loucura".[2]

---

2   Consultar-se-á com interesse e proveito o v.I da excelente obra intitulada *Psiquiatria* de Nobre de Melo (cf. NOBRE DE MELO, A. L. 1970, sobretudo o cap. XII (p.455-500) sobre a *Psicopatologia dos delírios* (devo a Julio Noto a indicação dessa obra). Apoiando-se em Karl Jaspers e em outros especialistas da psicopatologia, o autor distingue dois sentidos básicos do termo "delírio", empregado "quer para denominar, genericamente, aqueles *desvarios*, que acompanham, não raro, as perturbações da consciência, próprias das psicoses agudas e subagudas, ligadas a infecções, intoxicações, traumatismos etc... quer quando aludimos a determinadas *falsificações da realidade*, que expressam *alterações do juízo* (ou *dos julgamentos*) e definem desvios mórbidos do pensar, peculiares às psicoses endógenas, de tipo paranoide, paranoico e parafrênico." (cf. p.456) O delírio, nesse segundo sentido, fenômeno *primário* porque pressupõe a existência de um *processo*, diz respeito a experiências psíquicas totalmente estranhas para o homem normal, por vezes comunicadas através de *juízos*, patologicamente falseados, que "trazem o timbre da *certeza subjetiva absoluta*, da *convicção interior inamovível* e este é outro caráter imanente da ideia delirante verdadeira – a sua *ininfluenciabilidade* psicológica, sua *irredutibilidade* e *incorrigibilidade*, tanto por meio da persuasão lógica mais irresistível, como até mesmo através da evidência esmagadora dos fatos, trazidos em contrário." (cf. p.459) Tais características são próprias das vivências delirantes que formam o substrato do delírio primário e "indicam, por sua presença, em um quadro

Por outro lado, para lidar com a questão filosófica cuja solução este argumento da loucura tem em mira não é relevante examinar a problemática social e política que envolve a classificação pejorativa como loucos dos membros de uma parte minoritária das comunidades humanas. Isso porque o tratamento aqui dado ao argumento se pode plenamente preservar – ao menos é o que me parece –, independentemente de como se venha a equacionar essa problemática, por certo de inegável e reconhecida importância para a sociologia do conhecimento. Isso explica por que não julguei necessário recorrer, por exemplo, à história foucaultiana da loucura.

Passemos, então, ao "argumento da loucura".

II O argumento

A experiência de minha vida passada tinha-me brindado com ocasiões inúmeras em que eu não conseguia explicação satisfatória para as coisas e eventos que experien-

---

clínico, o caráter *processual* da psicose." (cf. p.462) Nobre de Melo expõe longamente (cf. p.465s) a posição de Jaspers, que diz serem três os fenômenos que identificam a existência, em um quadro clínico, das vivências delirantes primárias: *percepções delirantes* ("o mundo perceptivo circundante do enfermo passa a encher-se de significações ocultas, dantes inexistentes, abrangendo coisas, objetos, animais, pessoas, um universo, enfim, de *significações novas*, que os doentes se esforçam em vão por aclarar"), *representações delirantes* (consistindo "na atribuição de significações extravagantes, inverossímeis e surpreendentes, a certas reminiscências" (cf. p.469)) e *cognições delirantes* (estas, "em contraste com as anteriores, ... prescindem, por completo, de conexões significativas com quaisquer dados perceptivos ou representativos concretos, ocorrendo antes à guisa de *intuições puras atuais*.", por vezes acompanhadas de uma "certeza que se instala sob a forma de uma evidência interna imediata, isto é, que não lhe advém de qualquer interpretação, suposição ou reflexão crítica ou lógica, referente a acontecimentos vividos". (cf., ibidem)). Procedendo a uma *Classificação Geral dos Delírios* (cf. p.479-84), em cujos detalhes não entrarei aqui, o autor distingue (cf. p.479), no que concerne à *substância* constitutiva primordial, entre delírio *intuitivo* ("constituído por intuições mórbidas espontâneas, por bruscos e estranhos pressentimentos e convicções, tão descabidas quanto arraigadas"), delírio *imaginativo* ("nutrido ou fomentado por intensa atividade fabulatória, fantástica, a que não faltam geralmente as ilusões e alucinações da memória"), delírio *interpretativo* ou *de observação* ("constituídos por surpreendentes e absurdas *relações* de significado entre fatos e objetos, corretamente percebidos"), delirio *sensorial* ou *alucinatório* e delírio *onírico* ou *confuso-onírico*. No que respeita à estrutura dos delírios, Nobre de Mello relembra (cf. p.480) a distinção tradicional entre os delírios ditos *sistematizados* ("pressupõem uma reelaboração total do conhecimento da realidade e transcorrem geralmente com relativa claridade de consciência, havendo aqui coerência interna entre a premissa e os demais elementos constitutivos da fábula delirante (psicoses paranoicas e parafrênicas)") e os delírios ditos *não sistematizados* ("carecem desses caracteres, mostrando-se, via de regra, frouxos, fragmentários, descosidos, desarticulados, sem concatenação e sem lógica (psicoses esquizofrênicas paranoides)"). A leitura deste artigo deixará manifesto que os vários e distintos comportamentos possíveis nele considerados e atribuídos a "loucos" se conformam às caracterizações psicopatológicas de alguns tipos de delírio acima mencionados.

ciava. A "anomalia"[3] da vida cotidiana, a que a maioria dos mortais são talvez insensíveis, me angustiava muito, sobretudo porque não era capaz de conviver com ela. No decorrer de uma reflexão continuada que meu desejo de conhecer melhor o mundo a meu redor sempre realimentava, dera-me conta da precariedade de minhas crenças e certezas. Eu queria saber se elas eram, ou não, racionalmente legítimas, queria saber o que é possível realmente conhecer, mas dúvidas cada vez maiores assolaram minha mente, para as quais não encontrava solução adequada. E descobria que, dado o caráter muito geral dessas dúvidas e seu amplo escopo, as ciências não podiam resolvê-las. Tinha recorrido às filosofias, mas esbarrara com uma enorme dificuldade: os filósofos propunham respostas muito diferentes para elas, que entre si conflitavam. Não sabia como lidar com esses conflitos, nem via como aderir a uma dessas filosofias, se queria proceder com espírito realmente crítico. Minhas dúvidas persistiam sempre, mas eu não desistia da investigação filosófica.

Um dia ocorreu-me dúvida terrível. É que eu me perguntei se era justificada a confiança que eu espontaneamente depositava em minha razão, em minha faculdade de pensar. Refletindo sobre meu próprio empreendimento de investigação filosófica, sobre meus pensamentos e argumentos, perguntei-me se deveria realmente confiar na minha capacidade de raciocinar com rigor e de modo seguro, de indagar de modo pertinente e lúcido sobre as questões que me preocupavam, de bem compreender minhas mesmas dúvidas, assim como as respostas tentativas que para elas tentava formular. Porque, disse-me eu, eu posso estar louco, eu não tenho como excluir a possibilidade de estar louco, eu não tenho como saber que não estou louco.

Por certo, parecia-me que eu não estava louco. E eu tinha, de fato, aquela disposição a confiar espontaneamente na própria sanidade mental que é comum, suponho, à grande maioria dos mortais (inclusive a boa parte dos loucos). Na minha prática cotidiana, na experiência subjetiva passada e presente das ideias e pensamentos que ocupavam minha mente, nenhum sinal era detectável que apontasse em direção a uma possível loucura. Assim, eu não pensava que estivesse louco, eu não vivenciava qualquer temor de que pudesse estar louco. Entretanto, não bastava que meu discurso e raciocínio me parecessem corretamente articulados. Meu problema era que eu não conseguia sequer vislumbrar qualquer critério que viesse a propiciar-me uma certeza absoluta de que não estava louco, uma confiança absoluta na sanidade de minha razão.

Não adiantava minha "consciência" de estar pensando lógica e coerentemente, tal convicção não tinha por que presumir-se infalível. Ela precisava ser justificada e eu não via como isso fosse possível, não via como reconhecer-lhe qualquer ob-

---

3   Sexto Empírico, filósofo pirrônico provavelmente da segunda metade do século II d.C., usava o termo grego *anomalía* para falar das opiniões contraditórias acerca da experiência da vida cotidiana que motivavam os homens mais talentosos a dedicar-se à filosofia em busca de uma avaliação de sua verdade, cf. H.P. I, 12.

jetividade. Pois eu sabia que muitos loucos constroem com frequência raciocínios bastante rigorosos, logicamente bem encadeados, que por vezes utilizam para inferir proposições totalmente absurdas (ou que nós, pelo menos, assim consideramos), sem se aperceberem da falsidade de suas premissas e do absurdo de suas conclusões. E que, vezes outras, as ideias dos loucos são, ao contrário, totalmente desconexas, sua ordem é ilógica e incoerente, sem que, também nesse caso, eles se apercebam de quão insano é o seu pensamento. Num e noutro caso, não cabe, por certo, exigir de um louco a consciência de sua insanidade. Nem há por que estranhar sua eventual errônea convicção de uma sanidade inexistente.

Lembrei-me, aliás, de haver loucos que pensam, discursam e "filosofam" (deveria pôr estas aspas?) e nos propõem à consideração suas teses e argumentos, que lhes parecem – e a nós mesmos muitas vezes também parecem – bastante razoáveis. Não temos por que excluir que alguns desses loucos eventualmente também admitam a possibilidade de estarem loucos. Ora bem, por que nós não poderíamos fazer também parte desse seleto conjunto? Não me venha alguém com a ideia maluca de que, se filosofamos, estamos logicamente condenados a não duvidar de nossa sanidade mental. O que essas considerações pareciam mostrar-me era a falta de confiabilidade absoluta do testemunho de minha assim chamada consciência, no que concernia a essa estranha questão de minha eventual loucura. Também, portanto, no que concernia à questão da eventual ilogicidade e incoerência de meus pensamentos. Não era absolutamente impossível que muitos de meus pensamentos fossem objetivamente desconexos, que meus raciocínios fossem muitas vezes incoerentes, ainda que me parecessem bem articulados e coerentes. Como também não podia excluir que proposições despropositadas e objetivamente absurdas me aparecessem falsamente como intuitivamente evidentes. Eu não dispunha de garantia plena de que o que me parecia evidente ou inferencialmente bem construído assim o fosse realmente, ficaram portanto em xeque toda intuição e toda inferência que eu quisesse seguras e definitivas. Todas as minhas argumentações (ou as de outrem, que me acontecia aceitar), sem exceção alguma, a meus próprios olhos ficaram suspeitas. De nada mais me servia meu reconhecimento subjetivo de sua validade. Os loucos me tinham ensinado que não pode homem legitimamente invocar o testemunho da própria subjetividade acerca de sua pretensa sanidade mental.

De nada me serviria, pensei também, recorrer à intersubjetividade, ao testemunho eventualmente concorde dos outros sobre mim, ao seu julgamento sobre meu estado mental. Se eu podia estar louco, poderia interpretar de modo insensato o seu testemunho. Ou eles poderiam, eles também e eles todos, ser loucos. Ou ter sido submetidos pela comunidade política ou religiosa a um longo processo de lavagem cerebral. E eu me disse que, ainda mesmo que eu fosse capaz de corretamente interpretar o que os outros julgassem a meu respeito, não tinha, entretanto, como conferir qualquer valor absoluto ao seu testemunho, fosse a favor de minha sanidade mental, ou contra ela.

Cheguei a perguntar-me se o fato mesmo de duvidar de minha sanidade e de me interrogar sobre a possibilidade de estar louco não era, paradoxalmente, um indício de minha sanidade. Eu estava fazendo uma distinção nítida entre loucura e sanidade, não era isso algo de que a loucura é incapaz? Mas certamente não. Essa e outras distinções semânticas podem muito bem ser feitas – e eventualmente feitas de modo correto – por um louco, em que pese seu estado geral de insanidade. Por que não poderiam? Assim como não se tem por que excluir que possa um louco, em dado momento, interrogar-se sobre sua sanidade mental. Não há por que pretender que tal questionamento necessariamente constitua um ato de sanidade. E, mesmo se assim fosse, momentâneos lampejos de sanidade não poderiam impedir que a loucura viesse a prevalecer, não detectada, em outros momentos, subvertendo razão e consciência. Estas, portanto, estariam sempre em xeque, uma vez admitida a possibilidade da loucura.

E eu dei-me plenamente conta de que a possibilidade de minha loucura minava irremediavelmente, desde o início, qualquer argumentação com que acaso pretendesse demonstrar minha sanidade, pelo fato mesmo de não mais poder confiar em meu poder de argumentar, em minha capacidade de intuir e de inferir. Assim, eu descobri que não podia mesmo saber que não estava louco.[4] E, por analogia, pareceu-me também que não haveria como pudesse mortal algum assegurar-se de sua eventual não loucura. Mesmo se filósofo. Ou, pensei eu então, sobretudo se filósofo. Pois me lembrei de que muitas vezes experimentara irreprimível espanto face a certas metafísicas famosas, que me apareciam como esplendidamente delirantes. E não esquecia a frequente reação das pessoas comuns a certos ditos de filósofos, que elas com alguma razão consideram bem malucos...

Porque não consegui descobrir meio algum de assegurar-me de não estar louco, toda a investigação filosófica em que me engajara pareceu-me irremediavelmente comprometida. Meu projeto filosófico pareceu-me condenado a uma total paralisia. Não mais fazia sentido a busca de fundações sólidas para todo conhecimento, para a construção (ou reconstrução) de certezas e convicções, que uma ordem segura de razões viesse a estabelecer a partir de premissas absolutamente verdadeiras e evidentes. Antes, "eu queria estabelecer alguma coisa de firme e de constante nas ciências" (cf. Descartes, 1953, *Méditations*, p.267). Mas minha reflexão sobre a loucura fizera-me perder a fé no poder de minha razão. Os antigos caminhos para a busca da verdade

---

4 João Paulo Monteiro entende que eu não posso também excluir, de modo absoluto, entre outras possibilidades, a de ser, por exemplo, um androide que acaba de ser acionado. E que considerar uma tal possibilidade seria ainda mais contundente filosoficamente que considerar apenas a possibilidade da loucura. Eu preferi, no entanto, restringir o escopo de minha dúvida "radical" a situações que, mesmo se raras, podem efetivamente ter lugar na vida comum, sem recorrer a ficções "científicas" ou a outras ficções fantasiosas.

me apareceram impraticáveis, eu estava agora proibido de tentar percorrê-los. O argumento da loucura os interditava com sua lógica cruel. Mesmo se fosse apenas uma possibilidade remota essa possibilidade de a loucura estar realmente afetando e pervertendo minha mente, não seria, ainda assim, insensato apostar muito numa reflexão forçosamente insegura, porque corroída por dúvida tão cruel? Merecia acaso algum crédito uma razão possivelmente louca?

Eu lera e relera muitas vezes as *Meditações*. Foi natural, por isso, que a lembrança de Descartes me tenha feito por um momento pensar que poderia ainda haver uma saída à minha disposição para escapar de meu grave impasse filosófico. Não poderia eu tentar ainda recorrer, apesar de tudo, a algo como o *Cogito* cartesiano? Se eu duvidava de minha sanidade mental, se desenvolvia toda aquela argumentação acerca de minha possível loucura, se isso exacerbava e multiplicava potencialmente todas as minhas dúvidas, não haveria no entanto uma coisa, ao menos, de que seria impossível duvidar: o fato mesmo de que eu duvidava e argumentava e, portanto, pensava? De que eu era, portanto, uma coisa existente e pensante? Não era isso uma certeza primeira e absoluta a que nenhuma contestação era possível? Uma verdade avassaladora que nenhum argumento podia desmentir?

Essa aparente saída se me manifestou depressa como uma falsa saída. Porque, se eu podia estar louco, não fazia nenhum sentido tentar ainda recorrer, em desespero de causa, ao velho *Cogito*. Experimentar essa solução era querer reavivar a antiga confiança em intuições e inferências que eu tinha precisamente desarmado. Era tentar voltar a algo já superado. Era, de fato, tentar fingir que os antigos caminhos da verdade absoluta me estavam ainda abertos. A possibilidade da loucura que minha argumentação introduzira, uma vez relembrada, celeremente desfazia qualquer nova arremetida ensaiada por uma postura filosófica construtiva. Perante uma razão possivelmente enlouquecida, a reflexão que culminava no *Cogito* e a aparente evidência deste se tinham, de fato, tornado impotentes. A loucura possível destruía, implacável e inexoravelmente, a pretensa certeza absoluta do *Cogito*, assim como irresistivelmente minava o percurso inteiro que a ele conduzia.

Não pude deixar de pensar que, se Descartes tivesse recorrido ao argumento da loucura no mesmo início do processo de dúvida radical, em vez de desconsiderar a hipótese de sua própria insanidade e de desprezar, sem mais, a extravagância dos loucos e dela dissociar-se, como o vimos fazer, seu empreendimento filosófico não teria podido progredir. Teria desaparecido qualquer critério de legitimação do *Cogito* cartesiano, clareza e evidência que porventura se quisessem insinuar não seriam senão subjetivas e possivelmente enganosas.[5] A instauração do *Cogito* necessaria-

---

5 Em março de 2003, ao apresentar este texto num seminário realizado no Departamento de Filosofia da Pontifícia Universidade Católica do Rio de Janeiro, tive a grata ocasião de conhecer Ney Marinho, que me informou da existência de um texto escrito por ele e por Fernanda Marinho,

mente pressupunha uma confiança absoluta na razão. Em sua capacidade de intuir e inferir com absoluta segurança. A instauração cartesiana do *Cogito* era bem outra coisa que não o mero reconhecimento "empírico" de um eu pensante, que mesmo um cético jamais pensou em questionar.

Por outro lado, eu dei-me conta de que a admissão da possibilidade de minha loucura parecia ter um efeito ainda mais devastador. Ela não afetava apenas o meu filosofar, ela pareceu-me atingir também toda a minha postura de senso comum diante da vida cotidiana: que confiança poderiam doravante merecer as minhas crenças mais banais, as minhas certezas práticas de todo momento, os pensamentos por certo inocentes que minha mente continuadamente produzia, como era o caso com qualquer outro ser humano? Como crer em minhas faculdades ditas "cognitivas", como aceitar o pretenso testemunho mesmo de meus sentidos? Eu estava ali sentado diante de minha escrivaninha, "tendo este papel entre as mãos",[6] meu querido cachorro Zeca[7] estava a meus pés, como sempre. Como saber porém, como estar realmente seguro de que isso estava de fato ocorrendo? Loucos têm com frequência extravagantes e insensatas fantasias, mas em suas alucinações muitas vezes imaginam também situações em tudo semelhantes às da vida comum, entretanto irreais. E se aquela situação que eu estava então experienciando fosse uma delas? E se de fato não existissem aquela escrivaninha, aquele papel, aquele cachorro? E se as coisas não fossem como me parecia que eram? Percepção, memória, entendimento, minhas faculdades todas pareciam-me estar sob irremovível suspeita.

Natural foi, portanto, que eu me sentisse como se sentiu Hume, ao experienciar a extraordinária crise e despero intelectual que descreve com cores fortíssimas quase ao fim do livro I do *Tratado* (cf. Hume, 1992, p.267-9). Uma análise implacável do funcionamento de seu entendimento tendo-lhe indicado que, agindo sozinho, este "se subverte inteiramente a si próprio e não deixa o menor grau de evidência em

---

intitulado "Le Dieu Trompeur – Notes on "Private Knowledge" in Descartes, Wittgenstein and Borges" (cf. MARINHO, N.; MARINHO, F., 2002). Ney Marinho proporcionou-me o acesso ao texto, no qual os autores tematizam a desconsideração, por parte de Descartes, da questão do "engano na vigília, que atribui aos loucos" (cf. p.25) e o privilégio por ele conferido ao campo das ideias ou representações, privilégio esse que, dizem os autores, "abre caminho para borrar a distinção entre o racional e o irracional" (p.36). E também relembram a caracterização das "ideias delirantes" por Karl Jaspers, particularmente a *"extraordinária convicção* que equivale a uma *certeza subjetiva*, incomparável" e a *impossibilidade de sua modificação* pela *experiência* ou *argumentos cerrados"* (ibidem). Assim, embora não se demorem sobre essa questão, fica implícito no texto que, para os autores, uma consideração mais aprofundada da questão da loucura por parte de Descartes teria representado um sério obstáculo para a doutrina do *Cogito*.

6   Seguindo, a meu modo, um percurso de estilo cartesiano, permito-me copiar palavras do próprio Descartes, cf. DESCARTES, R. 1953, *Méditations*, p.268.

7   Zeca era o apelido, seu nome completo era José Ricardo Porchat Pereira.

qualquer proposição, seja na filosofia, ou na vida comum", incapaz de decidir entre a subversão inteira do entendimento humano e os manifestos absurdos que decorreriam da rejeição de todo raciocínio mais refinado e elaborado, Hume se deu conta de não ser-lhe "nenhuma escolha deixada, a não ser entre uma falsa razão e absolutamente nenhuma". Donde sua confusão e desespero. Fiz minhas as suas palavras: "Estou confuso com todas essas questões e começo a figurar-me na mais deplorável condição imaginável, cercado pela mais profunda escuridão e totalmente privado do uso de todo membro e faculdade".

III Tentando objetar contra o argumento

Aconteceu, porém, que me veio um dia à mente objeção que, de início, me pareceu séria e digna de toda consideração, talvez capaz de desarmar meu argumento da loucura. Eu admitira, porque se me afigurou como impossível não admitir, a possibilidade de estar louco. E daí inferira a impossibilidade de confiar plenamente em qualquer inferência ou evidência, portanto em qualquer argumentação, o que me levara à crise intelectual que descrevi. A conclusão fundamental do argumento poderia formular-se da seguinte maneira: "nenhuma proposição, nenhum argumento são confiáveis de modo absoluto". Ora, essa proposição necessariamente implicava, dizia a objeção, que ela própria não era confiável de modo absoluto e, assim, ela se autodemolia. Se não posso ter como absolutamente provada a conclusão de qualquer argumento, não posso ter como absolutamente provado tudo quanto conclui meu argumento da loucura. Se nenhuma argumentação é digna de fé, não o é também esse mesmo argumento. Nele não poderia, então, depositar nenhuma confiança absoluta. Tal a consequência, aparentemente inexorável, que dele mesmo decorria. Parecia, assim, que o argumento a si mesmo irremediavelmente se invalidava, no ato mesmo de sua completação. Se ele minava minha confiança absoluta em qualquer procedimento argumentativo, se ele me descobria que eu não tinha como saber de modo absoluto que quanto me aparecia evidente ou lógica e corretamente inferido assim era objetivamente, essa falta de legitimidade garantida necessariamente afetava o discurso mesmo que o articulava. O argumento da loucura *ipso facto* estaria então, também ele, condenado. E foi, assim, que meu argumento da loucura pareceu voltar-se um dia contra si próprio. Ao formulá-lo, meu discurso parecia ter enveredado por um processo dialético de autodestruição.

Propus-me, pois, a descobrir algum erro na objeção. Antes, porém, que o fizesse, uma segunda objeção me ocorreu, que me pareceu ainda mais contundente que a primeira. Ao desenvolver o argumento da loucura, partindo da admissão inicial da possibilidade de estar louco, eu me pusera a raciocinar e argumentar, a discutir e examinar consequências que pareciam decorrer da admissão dessa possibilidade, a analisar dificuldades e problemas e a tentar resolvê-los. E meu argumento da loucura se construíra, sem dúvida, como uma reflexão filosófica sobre o tema, levada a cabo com aparente rigor e sem que nela eu encontrasse falha. Eu levara a sério essa argumentação, tomando-a implicitamente como bem articulada e correta, confiando nela. Isto é, sobre a possibilidade de minha loucura, eu continuara a refletir e discorrer, como se admiti-la de nenhum modo afetasse essa mesma reflexão que estava empreendendo. Mas tinha eu acaso o direito de fazê-lo, se eu podia estar louco? De deixar confiantemente minha argumentação caminhar, tomando como seguro cada um de seus movimentos? Para que a construção do argumento merecesse minha total confiança, não era acaso necessário que minha sanidade mental e minha capacidade de raciocinar corretamente fossem por mim pressupostas durante o desenvolvimento todo da argumentação? E não era isso que eu estivera sub-reptícia e "desonestamente" pressupondo?

Tendo admitido a possibilidade de minha loucura, se a tivesse tido bem presente à mente desde o preciso momento em que a admiti e a nenhum momento a esquecesse, eu deveria ter reconhecido que não mais dispunha de qualquer justificação para deixar meu raciocínio progredir, por já estar destruída sua confiabilidade absoluta. Meu discurso, sem que eu o percebesse, já podia estar começando enlouquecido. A perversão de minha razão pela loucura já podia ter obnubilado e confundido minha mente. Admitir seriamente *ali e então* a possibilidade da loucura, pareceu-me agora, deveria ter paralisado totalmente minha investigação a partir *dali e de então*. Eu não atentara nisso, ao desenvolver aquela minha reflexão sobre a loucura. Esta foi a segunda objeção que formulei. E ela quase chegou a convencer-me.

Em verdade, esta segunda objeção objetava contra a construção inferencial do argumento a partir da admissão inicial da possibilidade de eu estar louco. Ela não punha em xeque essa admissão inicial da possibilidade da loucura – como excluí-la? –, ela pretendia tão somente dela extrair uma consequência radical, a paralisia de toda atividade pensante. Admitindo a possibilidade de estar louco, eu teria de impor-me o absoluto silêncio intelectual, recusar-me simplesmente a pensar. Aliás, toda essa reflexão sobre a loucura, que tão intensamente tinha ocupado minha mente, estava mesmo a parecer-me agora bastante confusa e inconsequente. Eu vi a Razão perigosamente ameaçada pela loucura possível.

Tudo se precipitou, então, para um rápido desenlace. Minha crise intelectual se exacerbou, se fez mais que humeana. Agravaram-se sobremaneira a perturbação e confusão produzidas em mim pelo argumento da loucura. Eu senti-me como se o argumento, de um modo misterioso, se tivesse expandido e tivesse engolfado todo o meu pensamento. Como se ele insidiosamente tivesse de algum modo incorporado aquilo mesmo que eu lhe estivera objetando. Comecei a preocupar-me pelo estado de minha mente e passei a temer, não a loucura possível, mas a loucura real. E, para não enlouquecer, pareceu-me de melhor alvitre renunciar à loucura da filosofia e voltar-me decididamente para a vida cotidiana, onde os homens não se preocupam com teorias do conhecimento ou com filosofias. E, sobretudo, resolvi esquecer integralmente, na prática da vida, todo esse argumento da loucura.

IV A salvação pelo ceticismo

Ele, porém, não me esqueceu. Permaneceu, por certo, atuante em meu subconsciente. E o que o trouxe novamente à baila foi a lembrança de passagens das *Hipotiposes* de Sexto Empírico, que um dia me ocorreu. Tive a impressão, de início fugaz, de que, à luz dessas passagens, a problemática toda do argumento se poderia reformular sob uma luz diferente, o que de fato aconteceu, quando fiz sua releitura (cf. H.P. I, 14-5; 206-8; A.M. VIII, 480-1). Em primeiro lugar, revi a metáfora cética dos purgantes. Ao comentar o uso pelos céticos de sentenças tais como "nada é verdadeiro", o filósofo nos explicara que tais formulações se enunciam de modo a se destruírem a si mesmas: "nada é verdadeiro" proclama sua própria falsidade assim como a de todas as outras proposições, também ela é por si própria cancelada (cf. H.P. I, 14-5). Assim como os purgantes, uma vez tomados, não somente expelem os fluidos do corpo, mas com eles também se fazem expelir, assim também as fórmulas céticas, tais como "nada é verdadeiro" e outras semelhantes, ao destruir as verdades dogmáticas, a si próprias se destroem, juntamente com aquelas (cf. H.P. I, 206). Isto é, elas também se incluem naquelas coisas a que seu questionamento se aplica, elas se negam a si próprias qualquer valor absoluto; o cético não está fazendo, ao proferi-las, qualquer asserção positiva sobre sua verdade absoluta. Analogamente, ao concluir, após argumentação, que nada pode ser demonstrado, o cético de bom grado concede que seu argumento contra a demonstração, tendo destruído toda demonstração, também a si mesmo se cancela (cf. A.M. VIII, 480), isto é, suprime seu mesmo poder demonstrativo.

E revi também a metáfora cética da escada (cf. A.M. VIII, 481), que Wittgenstein retomaria e faria famosa: assim como não é impossível a um homem, que subiu por uma escada a um lugar alto, deitar fora a escada com o pé, depois de ter subido, também pode o cético, tendo utilizado um argumento "demonstrativo" como um meio de acesso à conclusão da inexistência da demonstração, reconhecer em seguida que seu argumento é também atingido pela força de sua própria conclusão e, nesse sentido, é deitado fora.

Mais importantes ainda pareceram-me os comentários que Sexto acrescenta à sua exposição do caráter autodestrutivo das proposições céticas: elas não têm qualquer significado absoluto, mas tão somente um significado "relativo e relativo aos céticos" (cf. H.P. I, 207); ao proferi-las, o cético diz o que lhe *aparece* (*tò phainómenon*) e anuncia, sem dogmatizar, sua própria experiência, sem nada asserir positivamente acerca da real natureza das coisas (cf. H.P. I, 15; 208). Suas proposições exprimem sempre sua experiência, não buscam – nem têm a pretensão de – dizer o real, o que quer que esta palavra possa significar em seu uso filosófico. Ele não as profere como se fossem absolutamente verdadeiras. Seu significado e seu alcance são inteiramente relativos a essa mesma experiência a que remetem. Uma experiência que não pode senão reconhecer aquele que a experiencia. Seu conteúdo é o *aparecer* que as proposições céticas dizem.

Vi claramente que também cabia reler de modo algo semelhante meu argumento da loucura. Ao desenvolver o argumento da loucura, eu não podia ter a pretensão de estar avançando inferências absolutamente seguras nem a de estar-me apoiando sobre intuições infalíveis. A nenhum momento podia julgar que estivesse oferecendo uma demonstração absoluta do que estava propondo. Eu devia dizer que, deixando-me impelir por uma natural tendência a pensar e raciocinar, eu estava, à maneira dos céticos, apenas exprimindo o que me aparecia, "sem nada asserir positivamente acerca da real natureza das coisas". Pensando, raciocinando e argumentando, eu não mais fazia que exprimir uma experiência que então vivenciava. Meu discurso todo remetia a essa experiência e era relativo a ela. E isso, por certo, não me era vedado. Aliás, admitindo desde o início a possibilidade de minha loucura, por certo não poderia ter alimentado aquelas pretensões.

Por outro lado, admitir essa possibilidade de nenhum modo implicava a não confiabilidade absoluta de todo argumento e raciocínio. Não decorria, do fato de eu poder estar louco, que todos os meus raciocínios estivessem necessariamente perturbados pela loucura. Não me aparecia que tal fosse o caso e, uma vez reconhecida a relativa precariedade de meu discurso, não havia por que não apostar em sua também relativa confiabilidade. Aliás, tanto quanto me aparecia que não podia excluir de modo absoluto a possibilidade da loucura, também me aparecia, desde o início, que não estava louco. E aparecia-me que minha argumentação procedia satisfatoriamente, embora me aparecesse ao mesmo tempo que ela não era confiável de modo absoluto. Mas era precisamente essa renúncia ao absoluto que lhe permitia caminhar, inferir e tirar certas conclusões, que me apareceram como aceitáveis. Contrariamente ao que pretendia a última objeção que acima considerei, da admissão da possibilidade da loucura não se deveria seguir a paralisação da minha atividade pensante. Nem minha condenação ao silêncio intelectual.

Com a ajuda de Sexto, o argumento da loucura podia também resistir a contento à objeção anterior. Pois cabia aplicar-lhe, analogicamente, as metáforas dos purgantes e da escada. Tal como os purgantes, a conclusão do argumento, destruindo a confiabilidade absoluta de qualquer proposição, destruía *ipso facto* sua própria confiabilidade absoluta. E, tal como a escada cética, a argumentação que me mostrava a precariedade de toda argumentação, ao fazê-lo proclamava também sua mesma precariedade. Do argumento da loucura decorria que ele próprio tinha tanta validade *absoluta* quanto qualquer outra argumentação, isto é, nenhuma. Nesse sentido, ele era como uma escada que se podia deitar fora, após ter por ela subido.[8] Mas, acautelado contra insanas aspirações, ele permanecia relativamente confiável.

Eu salvara o argumento. Mas dei-me também rapidamente conta de que nenhuma crise intelectual, nenhuma angústia filosófica tinha por que daí resultar. O argumento da loucura servira para libertar-me do fascínio do absoluto. Graças ao argumento da loucura, eu descobrira que não posso pôr fé absoluta em minha capacidade de conhecer. Entretanto, apareceu-me também que me basta ter, em minha razão, uma confiança relativa, apenas humana. Não posso ter certezas definitivas, nem delas preciso. Não posso provar minha absoluta sanidade mental, nem preciso prová-la. Uma prova definitiva somente seria necessária – tão necessária quanto impossível –, se eu continuasse a alimentar a pretensão de obter certezas absolutamente seguras, absolutamente confiáveis. Eu aprendi a dispensá-las, confiando pragmaticamente em minha sanidade mental, e isso me bastou.

Em verdade, o que me apareceu como louca foi a razão dogmática, sua aspiração ao saber absoluto, à certeza derradeira, às provas absolutamente conclusivas. Dei razão a Montaigne, quando disse: "A impressão de certeza é um testemunho certo de loucura e incerteza extrema" (cf. Montaigne, 1962, p.522). Em seu insensato desejo do Absoluto, os filósofos de algum modo enlouquecem. E é a razão louca que exige uma demonstração de sua não loucura. Mas ela não consegue demonstrar que não é louca. É contra ela o argumento da loucura, somente contra ela tem ele força. Uma sadia razão comum pode dispensar o argumento da loucura, o qual, aliás, de fato não a atinge. Ficou-me *a posteriori* manifesto que eu precisara fazer apelo à possibilidade filosófica da loucura tão somente para conseguir livrar-me das loucas pretensões da razão dogmática.

Minha investigação filosófica poderia doravante desenvolver-se e progredir, assumindo sua necessária contingência para trilhar outros caminhos. Porque tão somente o valor absoluto conferido pela filosofia especulativa ao exercício da razão tinha sido posto em xeque pelo argumento da loucura. Ele, em verdade, resultava na paralisação da Razão louca pela razão sadia. Porque, com ele, a confiabilidade da razão pretensamente absoluta, esta sim, ficava sob suspeita irremediável. E, nesse sentido, toda tentativa de empreender uma fundamentação do conhecimento ficava

---

8 É assim também que entendo a metáfora da escada em A.M. VIII, 481. Por *demonstração* (*apódeixis*), a lógica aristotélica e estoica entendia uma inferência absolutamente válida, que manifestava a verdade absoluta de sua conclusão. Ao "demonstrar" que não há demonstração, o cético mostrava que sua "demonstração", também ela, não era realmente uma demonstração. Que sua aparente demonstratividade era enganosa e podia, portanto, ser desprezada, "deitada fora". O próprio argumento se descobria tão somente como uma inferência de natureza precária e relativa, como qualquer inferência. O que, entretanto, plenamente lhe bastava.

comprometida. Mas "conhecimento" se pode dizer em muitos sentidos e a problemática do conhecimento continuava aberta à investigação. Agora eu podia tranquilamente abordá-la, assumindo sem temor minha condição humana.

E o que era sobretudo importante: minha vida cotidiana poderia prosseguir como de hábito. Minhas certezas inocentes, minhas crenças banais, meus pensamentos e raciocínios pouco exigentes do dia a dia não eram verdadeiramente atingidos pelo argumento da loucura, contrariamente ao que eu supusera em meio à crise intelectual em que antes me enredara, como acima relatei. Não tinha por que não ter uma relativa confiança em meus sentidos, em minha percepção, em minha memória. Aparecia-me, como antes, que minha escrivaninha, este papel e o Zeca estavam ali (meu fiel amigo passava seus dias ali). Continuei a naturalmente guiar-me por minha sensibilidade e meu entendimento. Lendo Sexto, eu tinha, aliás, aprendido que os céticos, seguindo o fenômeno, vivem sem dogmatismo a vida comum (cf. H.P. I, 23-4; 231; 237-8), também sem sobressalto. Uma vez libertado do fascínio do Absoluto, não havia por que continuar a vivenciar na vida cotidiana a possibilidade filosófica da loucura, seria despropositado e insensato continuar a preocupar-me seriamente com ela. Aliás, natureza e preocupações da vida cotidiana me impeliam fortemente em direção oposta.[9] Não me aparecendo que estivesse louco e continuadamente aparecendo-me, ao contrário, que minha mente estava sã, segui tranquilamente o que me aparecia.

Refletindo sobre toda essa experiência filosófica, pude comprender que esse meu argumento da loucura era, de fato, um argumento cético. Buscando a Verdade, eu fora levado a questioná-la e pô-la sob inarredável suspeita. Uma vez levado a descrer da eficácia do exercício da razão especulativa que tantos filósofos tinham proclamado, eu não podia senão suspender meu juízo sobre seus alegados resultados. O cético apareceu-me como o único filósofo que, consistentemente, não tem por que ter medo da loucura. Mas o argumento da loucura não fora usado pelos pirrônicos, que dele, aliás, não precisavam. Os tropos de Enesidemo e Agripa e o método das antinomias[10] lhes tinham sido suficientes para esgrimir contra os adversários dogmáticos. Nem por isso meu argumento deixou de aparecer-me como um exercício feliz de dialética cética. De uma dialética cética moderna.

---

9   Sexto explicou-nos que, seguindo a observância da vida comum, o cético se orienta também pela natureza e pelas paixões e instintos, cf. H.P. I, 23-4. Não se trata, obviamente, da noção dogmática de natureza, sobre a qual há grande e indecidível controvérsia entre os filósofos (cf. H.P. I, 98) e que configura, aos olhos do cético, algo de problemático e não evidente.

10   Os tropos céticos de Enesidemo e Agripa são expostos por Sexto Empírico em H.P. I, 36-103 e 164-77, respectivamente. Sobre o uso do método das antinomias na argumentação cética contra o dogmatismo, cf. H.P. I, 8s, 12, 202-5; A.M. VIII, 159-60. Cf. também "Ceticismo e Argumentação", p.156s.

V Falando ainda de Descartes

Esse é meu argumento da loucura. Até que ponto ele não é apenas a exacerbação dramática de uma argumentação sobre a falibilidade da razão? Reavivando fortemente em nós a consciência devida de que confiamos por vezes em aparentes intuições, as quais entretanto se nos poderão revelar mais tarde como enganosas, o que talvez já nos tenha acontecido. Intuições aparentes a que recorremos também em nossas investigações filosóficas, que outros filósofos virão talvez a desqualificar, como costumeiramente fazem uns com os outros. Consciência também de que por vezes fazemos inferências aparentemente válidas, que outros poderão eventualmente recusar, inferências cujas deficiências e erros talvez nós próprios venhamos posteriormente a descobrir. Consciência, enfim, de que não possuímos antídoto plenamente eficaz contra nossa natural falibilidade. Precisamente porque sabemos que, no passado, muitas vezes nos enganamos e fizemos inferências incorretas e tivemos falsas intuições. E sabemos que com os outros isso também aconteceu e acontece, mesmo com os filósofos. Pois eles de fato explicitamente se acusam, também com frequência, dessas mesmas fraquezas. E eles fariam bem em seguir a regra que nos diz ser prudente "nunca fiar-se inteiramente naqueles que nos enganaram uma vez" (cf. Descartes, 1953, *Méditations*, p.268).

Descartes teria feito bem, penso eu, em obedecer de modo mais radical à sua própria regra. Como procurei deixar claro, parece-me que ele bem poderia ter introduzido o argumento da loucura logo no início de sua primeira *Meditação*. Ou melhor, deveria tê-lo feito, se pretendia, como disse, desfazer-se de todas as suas antigas opiniões e "estabelecer alguma coisa de firme e de constante nas ciências". Buscando encontrar um fundamento racional sólido e inabalável para todo saber filosófico e científico, não poderia ter-se contentado com o exame crítico do que aprendera "dos sentidos, ou pelos sentidos" (cf., ibidem). Era-lhe também imperativo proceder ao escrutínio rigoroso de sua confiança costumeira na própria razão e de quanto se pudesse eventualmente contra ela objetar.[11] Não o fez. Se o tivesse

---

11 Frankfurt (cf. FRANKFURT, H. 1970, p.28-9) diz, muito corretamente a meu ver, que a investigação filosófica que Descartes empreende nas *Meditações* somente pode ser levada a cabo, tal como o filósofo a concebe, se conjugada com a confiança na razão e comprometida com ela. E que, dada a tarefa a que Descartes se propõe, "a autoridade da razão está... embutida na própria concepção de sua empresa". (cf., ibidem, p.28) O autor entende, porém, erroneamente a meu ver, que esse compromisso com a razão é provisório, que se trata apenas de uma "hipótese de trabalho cuja sustentabilidade deve, ela própria, ser testada pela investigação que ele empreende" (cf., ibidem, p.29) e que o que salva toda a argumentação de uma petição de princípio é a disposição do filósofo de eventualmente aceitar, se tal viesse a ser o resultado da investigação, que aquela confiança na razão não é justificável.

feito, seu ceticismo não teria sido apenas metodológico e nos teria poupado da genialidade falaz do *Cogito*.[12]

Creio que o próprio argumento do sonho poderia ter sido proposto numa versão que o assemelharia ao argumento da loucura. Se é possível que eu esteja sonhando, não tenho por que confiar de modo absoluto, não apenas em meus sentidos, mas também em meu próprio pensamento e raciocínio, não tenho como pôr fé absoluta em intuições ou inferências. As próprias verdades das matemáticas me aparecerão – *pace* Descartes – como "muito duvidosas e incertas", não me é possível mais dizer, com absoluta segurança, que essas ciências "contêm alguma coisa de certo e de indubitável".[13] Mas confesso que, mesmo com essa versão, o argumento do sonho me seduz bem menos que o da loucura. Ele me aparece como bem mais problemático e penso que a questão precisa ser melhor analisada. O recurso à possibilidade de se estar sonhando tem sido, como se sabe, objeto de grande controvérsia na literatura filosófica contemporânea. Por outro lado, também não me furto a dizer que me parece bem mais fácil louco argumentar corretamente que alguém desenvolver, sonhando, sérios argumentos. Ainda que não seja por experiência própria que o digo...

Quanto ao argumento do deus enganador, poderíamos, por certo, refazê-lo de modo a nele incorporar o argumento da loucura.[14] Um deus enganador pode ter-nos enlouquecido e, se isso pode ter ocorrido, não temos mais como confiar, de modo absoluto, em nossas capacidades cognitivas. Isso, entretanto, não seria senão uma versão fantasiosa – e em verdade totalmente desnecessária – do argumento da loucura. Por outro lado, se alguém me perguntar por que não tratei do problema filosófico da realidade do mundo exterior, responderei que, *tal como formulado pela filosofia moderna e contemporânea na esteira de Descartes*, esse não é um problema que um cético pirrônico, ou mesmo um cético neopirrônico, como eu, se permitiria levantar. Porque sua formulação tem pressupostos que o pirronismo não pode aceitar. Mas aqui não é o lugar para falar disso.

Por outro lado, fique claro que o argumento da loucura poderia ter sido inteiramente desenvolvido segundo suas linhas centrais e levado até sua conclusão cética sem nenhuma referência ao pensamento cartesiano. Mas é evidente de qualquer modo que, uma vez proposto o argumento da loucura, as certezas cartesianas não mais poderiam ser obtidas. Entendo que a referência aqui feita ao procedimento de Descartes nas *Meditações* é pertinente. Se faço estas observações, é porque me parece

---

12   Penso que outras sérias objeções filosóficas se podem fazer ao *Cogito* cartesiano, que não é aqui o lugar de expor.

13   Tomo essas expressões entre aspas de empréstimo à *1ª Meditação* (cf. DESCARTES, R. 1953, p.270), para usá-las contra Descartes.

14   Cf. MARINHO, N.; MARINHO, F., 2002, p.35: "é no fenômeno da loucura, delírio ou psicose, que o "Deus Enganador" se manifesta da forma mais cruel".

oportuno lembrar que um eventual questionamento da crítica acima delineada à construção do *Cogito* não afetaria o argumento da loucura propriamente dito.[15]

VI O argumento da loucura e as filosofias do absoluto

Quero acrescentar uma observação que me parece importante. Um dos méritos do argumento da loucura, a meu ver, é que ele nos faz refletir sobre um tema que é bastante sério, mas que muitos filósofos costumam desconsiderar. É o fato de que o exercício da filosofia especulativa, em seu caminho para a obtenção de conclusões que se querem definitivas e absolutas – o que, reconheçamos, é felizmente cada vez menos frequente nos tempos que correm –, necessariamente exige algo como uma intuição intelectual e, de direito, infalível da verdade. Aliás, não apenas intuição da verdade de certas proposições, mas intuição também da correção lógica de encadeamentos proposicionais. Tal é o preço que o Absoluto tem de cobrar para ser alcançado e possuído. Essas intuições puramente intelectuais se projetariam, então, e se exprimiriam psicologicamente numa postura de certeza absoluta acerca das proposições verdadeiras e dos argumentos logicamente bem construídos, que se apresentariam à nossa mente e forçariam de modo irresistível nosso assentimento, eliminando qualquer possibilidade de dúvida.

Filósofos ilustres, que representaram tal postura especulativa ao longo da história da filosofia, tematizaram explicitamente esse ponto. Um notável exemplo, ainda na filosofia clássica grega, foi Aristóteles. Ele concebeu a ciência[16] como conhecimento

---

15 Este texto já tinha sido entregue ao editor quando J-P Margot gentilmente me fez chegar às mãos seu excelente artigo "Michel Foucault y la exclusión de la locura por la ratio cartesiana", publicado em seus *Estudios Cartesianos*, México, UNAM, 2003. Margot discute nesse artigo a polêmica entre Foucault e Derrida a respeito do problema da loucura nas *Meditações* de Descartes e deste oferece uma interpretação original e filosoficamente rica. Contra Foucault, que entende ter Descartes excluído a loucura do itinerário de sua dúvida por um *coup de force* que anuncia e é emblemático de toda a postura da idade clássica, ao reduzir ao silêncio as vozes da loucura (cf. FOUCAULT, M. 1972, p.56-8), Margot acompanha e aprofunda a posição contrária de Derrida, negando tal exclusão e afirmando a presença da problemática da loucura nos argumentos do sonho e do gênio maligno e ao longo de todo o percurso da dúvida cartesiana. Minha posição neste trabalho, parcialmente coincidente com a de Foucault, foi diametralmente oposta à de Derrida e Margot. De qualquer modo, porém, não era minha intenção discutir detalhadamente aqui, do ponto de vista da interpretação historiográfica, o texto de Descartes. Quem quer que doravante o faça, terá certamente de levar em conta o texto de J-P. Margot.

16 Aristóteles expôs sua concepção de ciência (*epistéme*) nos *Segundos Analíticos*. Consagrei ao estudo dessa concepção meu livro *Ciência e Dialética em Aristóteles*, cf. PORCHAT PEREIRA, O., 2001.

absoluto e verdadeiro de objetos reais e necessários, apreendidos segundo a determinação objetiva de sua produção causal. Entendeu o processo de conhecimento, expresso através de cadeias silogísticas, como um efetivo desdobramento das articulações mesmas do real em nossa alma, que de algum modo as espelharia. Mas, para que uma tal ciência seja possível, explicou-nos o filósofo, necessário é que ela se construa a partir de princípios primeiros que exprimam a própria essência do gênero-objeto particular de que cada ciência se ocupa e sirvam de base para a construção dedutiva do discurso científico. Ainda que toda uma investigação dialética propedêutica se faça necessária, nas ciências outras que não as matemáticas, para preparar a apreensão desses princípios, esta somente ocorrerá quando, por fim, conseguirmos ter deles uma intuição noética,[17] através da qual o objeto mesmo se faz formalmente presente em nós, nossa alma então de algum modo coincidindo com o objeto intuído.[18] Assim pensou Aristóteles e bom número de filósofos posteriores, também na modernidade e no mundo contemporâneo, seguiu seus passos nessa direção, mesmo se aqui e ali introduzindo inovações importantes ou desenvolvendo e aprofundando, por vezes longamente, tais ou quais pontos. De qualquer modo, em Aristóteles e nesses outros filósofos, a concepção básica do conhecimento foi essencialmente a mesma, no que aqui nos importa. Ainda que em versões variadas e com contornos distintos.

A noção de conhecimento absoluto pressupõe, assim, momentos decisivos nos quais certezas psicológicas de natureza subjetiva remeteriam misteriosamente a certezas intelectuais que consubstanciariam o ato pleno de uma pura – e quase divina – racionalidade. A precariedade do sujeito humano sendo superada e transposta. O sujeito transmudando-se em Sujeito, um Sujeito que de algum modo se funde com seu Objeto. O conhecimento, para além de toda contingência, sendo feito transcendente.

Mas a investigação filosófica tem sempre lugar no seio da vida ordinária. É nesta que homem se pergunta quem é e o que pode conhecer. É nela que um sujeito

---

17 Cf. ARISTÓTELES, *Seg. Anal.* I, 33 e *Ét. Nic.* VI, 6. Estudei a problemática aristotélica da intuição dos "princípios" da ciência no cap. VI e último de *Ciência e Dialética em Aristóteles*. As referências desta nota aos textos aristotélicos tomam por base a edição crítica de W. D. Ross dos *Analíticos* (Oxford, Clarendon Press) e a edição crítica de I. Bywater da *Ethica Nichomachea* na Scriptorum Classicorum Bibliotheca Oxoniensis (Oxonii, E Typographeo Clarendoniano), respectivamente.

18 Para Aristóteles, a verdade, no que concerne às quidades, é tão somente um *noeîn*, um intuir que é um entrar em contato com o objeto, cf. *Met.* IX, 10, 1051b 22s; ao entrar em contato com seu objeto inteligível e intuí-lo, o intelecto (*noûs*) dele participa e se torna inteligível, identificando-se ao objeto, "de modo que intelecto e inteligível são a mesma coisa" (*hóste tautòn noûs kaì noetón*), cf. *Met.* XII, 1072b 18-21; a mesma doutrina reaparece em *De Anima* III, 4, 430a 2s. Cf. também *Ciência e dialética em Aristóteles*, p.389-90. As referências que faço aos textos da *Metafísica* e do *De Anima de Aristóteles* têm por base as edições críticas de W. D. Ross dessas obras (Oxford, Clarendon Press).

empírico se põe a pensar e a refletir e a filosofar. O exercício da investigação filosófica é algo que depende, por certo, também de seu psiquismo, um psiquismo necessariamente precário e contingente. O argumento da loucura explora vicissitudes de nossa vida psíquica, procura mostrar que não temos como ultrapassar essa precariedade e contingência. Não temos como ascender de certezas subjetivas a certezas objetivas, de intuições psicológicas a intuições intelectuais, de conhecimentos empíricos a conhecimentos absolutos. Não temos como substituir a nossa subjetividade empírica por uma subjetividade transcendente. Nossa mente não sai para fora de si mesma. A não ser nas asas do mito.

Sempre me espanta o fato de que o argumento da loucura não tenha sido com frequência exposto e discutido, inclusive numa formulação análoga à que acima lhe dei, já que ele me parece bastante simples e a qualquer filósofo poderia ter ocorrido. Entretanto, o que se discutiu infindavelmente na literatura filosófica foi o argumento do sonho, que sempre me pareceu de escopo bem mais acanhado. Pergunto-me então, se a razão pela qual os filósofos não se debruçaram mais, como entendo que deveriam ter feito, sobre a problemática do argumento da loucura não terá sido o fato de que ele questiona de modo contundente, já no mesmo início da investigação filosófica, a confiabilidade absoluta da razão filosofante. Insistindo na humanidade de nossa razão, lembrando sua congênita fraqueza. E ocorre-me que, por isso, muitos filósofos o teriam abominado. E muitos com certeza o abominarão. Retomando a velha e gasta imagem, é como se o argumento cortasse demasiado cedo as asas da ave de Minerva, forçando-a a permanecer em terra. Mas eu sempre pensei que filosofar em terra é preciso.

VII Considerações finais

Expus o argumento propriamente dito numa forma, por assim dizer, autobiográfica. Devo aqui advertir que assim fiz mais por uma questão de estilo. Julguei que essa era uma forma adequada de expô-lo. E que fazia também justiça a sua conformação cartesiana. Se é certo que o tenho desde há muito em mente, é verdade também que eu já era um cético pirrônico, mesmo quando nele pensei pela primeira vez. Isto para dizer que, de fato, minha trajetória filosófica não se desenvolveu segundo as linhas que o modo de exposição deste texto pareceria descrever.

Por outro lado, tenho plena consciência de que a proposição deste argumento, nos termos em que a faço, pode ser julgada por alguns como insensatamente ousada. E sei também que leitores menos lenientes me acusarão de louca pretensão: a de tentar ensinar a Descartes como ele deveria ter escrito sua primeira *Meditação*; de uma maneira, aliás, que o teria condenado a não poder mais escrever as outras cinco. O que devo responder? Eu hesito. Vem-me, porém, à lembrança ter muitas vezes dito a meus estudantes que se deve ter a coragem de pensar com a própria cabeça e que não há autoridades em filosofia.

Faz, em verdade, muito tempo que formulei uma primeira versão do argumento da loucura. E a ele várias vezes voltei no posterior decurso de minhas peripécias filosóficas. Mas ele sempre me desconcertava e eu não encontrava para ele um tratamento adequado, as respostas que tentava dar-lhe não me satisfaziam. Quero, porém, confessar que, se de um lado é verdade que julgo ter finalmente conseguido dar ao argumento uma articulação que me satisfaz e parece apropriada, de outro lado não é menos verdade que, sinceramente, ainda não sei bem como julgá-lo. Não me sinto ainda capaz de avaliar seu exato escopo e alcance, seu real interesse, seu poder de persuasão, sua força e valor. Muito menos sua sensatez. Mas é claro que não posso estar seguro de que ele seja absolutamente sensato... Seria ele um pouco desatinado? E, se for, há algum mal nisso? Fico à espera, caridoso leitor, de sua reação ao argumento da loucura.

Referências bibliográficas

ARISTÓTELES *Aristotelis Ars Rethorica*. ROSS, W. D. (Ed.). Scriptorum Classicorum Bibliotheca Oxoniensis; Oxonii, E Typographeo Clarendoniano, 1959.

_____. *Aristotelis Categoriae et Liber de Interpretatione*. MINIO-PALUELLO, L. (Ed.). Scriptorum Classicorum Bibliotheca Oxoniensis; Oxonii, E Typographeo Clarendoniano, 1956.

_____. *Aristotelis Ethica Nichomachea*. BYWATER, I. (Ed.). Scriptorum Classicorum Bibliotheca Oxoniensis; Oxonii, E Typographeo Clarendoniano, 1962.

_____. *Aristotelis Fragmenta Selecta*. ROSS, W. D. (Ed.). Scriptorum Classicorum Bibliotheca Oxoniensis; Oxonii, e Typographeo Clarendoniano, 1958.

_____. *Aristotelis Topica et Sophistici Elenchi*. ROSS, W. D. (Ed.). Scriptorum Classicorum Bibliotheca Oxoniensis; Oxonii, E Typographeo Clarendoniano, 1958.

_____. *Aristotle's Metaphysics* – texto revisado com introdução e comentários de W. D. Ross. Oxford: Clarendon Press, 1953.

_____. *Aristotle's Physics* – texto revisado com introdução e comentários de W. D. Ross. Oxford: Clarendon Press, 1936.

_____. *Aristotle's Prior and Posterior* Analytics – texto revisado com introdução e comentários de W. D. Ross. Oxford: Clarendon Press, 1949.

_____. *Protreptikós, Aristotelis Fragmenta Selecta*. ROSS, W. D. (Ed.). Scriptorum Classicorum Bibliotheca Oxoniensis; Oxonii: e Typographeo Clarendoniano, 1958, p.26-56.

_____. *De Anima* – editado com introdução e comentários de Sir David Ross. Oxford: Clarendon Press, 1961.

AUSTIN, J. L."Truth", *Philosophical Papers*, 3rd ed. Oxford: Oxford University Press, 1979, p.117-33.

BENSUSAN, H.; SOUZA, P. A. G. "Sobre o que Não Aparece (ao Neopirrônico)", *Discurso* n.23; São Paulo: 1994, p.53-70.

BOLZANI FILHO, R. "Ceticismo e Empirismo", *Discurso* n.18; São Paulo: 1990, p.37-67.

BROCHARD, V. *Les Sceptiques Grecs.* Paris: Librairie Philosophique J. Vrin. 1959.

BURNYEAT, M. F. "Can the Skeptic Live His Skepticism", em Burnyeat, Myles (Ed.). *The Skeptical Tradition.* Berkeley: University of California Press, 1983, p.117-48.

_____. "Idealism and Greek Philosophy. What Descartes Saw and Berkeley Missed", *The Philosophical Review*, XCI n.1, Jan. 1982, p.3-40.

CARRILHO, M. M. *Jogos de Racionalidade. Porto:* Asa, 1994.

_____. *Rhétoriques de la Modernité.* Paris: Presses Universitaires de France, 1992.

CHISHOLM, R. M. "Sextus Empiricus and Modern Empiricism", *Philosophy of Science*, v.8, n.3, 1941, p.371-83.

CICERO *De Natura Deorum-Academica.* Cambridge, Massachussets: Harvard University Press – London: William Heinemann, 1979.

CLARK, M. *Nietzsche on Truth and Philosophy.* Cambridge: Cambridge University Press, 1990.

DANTO, A. C. *Analytical Philosophy of Knowledge.* Cambridge: Cambridge University Press, 1968.

DAVIDSON, D."Reality Without Reference", *Inquiries into Truth and Interpretation.* Oxford: Clarendon Press, 1985, p.215-25.

_____. "Semantics for Natural Languages". *Inquiries into Truth and Interpretation.* Oxford: Claredon Press, 1953, p.55-64.

DESCARTES, R. *Discours de la Méthode, Oeuvres et Lettres*, Bibliothèque de la Pléiade. Paris: Gallimard, 1953, p.123-79.

_____. *Méditations, Oeuvres et Lettres.* Bibliothèque de la Pléiade. Paris: Gallimard, 1953, p.253-334.

DIELS, H. – KRANZ, W. (Eds.). *Die Fragmente der Vorsokratiker.* Berlin-Neuköln: Weidmannsche Verlagsbuchhandlung, 1956.

DIÓGENES LAÉRCIO *Diogenis Laertii Vitae Philosophorum.* LONG, H. S. (Ed.). Oxonii, e Typographeo Clarendoniano, 1964. Para referir-me a essa obra, uso, como de praxe, a sigla "D.L.".

FERRAZ, T. S. "A filosofia como discurso aporético". PRADO JR., B.; PORCHAT PEREIRA, O.; FERRAZ, T. S. *A filosofia e a visão comum do mundo.* São Paulo: Brasiliense, 1981, p.23-35.

FOUCAULT, M. *Histoire de la Folie à l'Âge Classique.* Paris: Gallimard, 1972.

FRANKFURT, H. *Demons, Dreamers and Madmen.* Indianapolis/New York: The Bobbs--Merrill Company, 1970.

FREDE, M. *Essays in Ancient Philosophy.* Oxford: Clarendon Press, 1987.

_____. "The Ancient Empiricists", *Essays in Ancient Philosophy.* Oxford: Clarendon Press, p.243-60.

_____. "An empiricist view of knowledge: memorism", em EVERSON, S. (Ed.). Companions to Ancient Thought 1 – *Epistemology*. Cambridge: Cambridge University Press, 1990, p.225-50.

_____. "The Empiricist Attitude Towards Reason and Theory", em HANKINSON, R. J. (Ed.). *Method, Medicine and Metaphysics.* Edmonton: Academic Printing and Publishing, 1988, p.225-50.

FREDE, M. "Philosophy and Medicine in Antiquity". *Essays in Ancient Philosophy.* Oxford: Clarendon Press, 1987, p.225-42.

_____. "The Skeptic's Beliefs", *Essays in Ancient Philosophy.* Oxford: Clarendon Press, 1987, p.179-200.

_____. "The Skeptic's Two Kinds of Assent and the Question of the Possibility of Knowledge". *Essays in Ancient Philosophy.* Oxford: Clarendon Press, 1987, p.201-21.

GELLNER, E. *Legitimation of Belief.* Cambridge: Cambridge University Press, 1974.

_____. *Words and Things.* London: Routledge & Kegan Paul, 1979.

GOLDSCHMIDT, V. "Temps Historique et Temps Logique dans l'Interprétation des Systèmes Philosophiques", *Histoire de la Philosophie: Méthodologie, Antiquité et Moyen Âge – Actes du XIème Congrès International de Philosophie,* v.XII, Amsterdam: North-Holland Publishing Company – Louvain: Éditions Nauwelaerts. Uma tradução desse texto foi publicada em apêndice a GOLDSCHMIDT, V. *A religião de Platão.* São Paulo: Difusão Européia do Livro, 1963.

GUÉROULT, M. *Descartes selon l'Ordre des Raisons.* Paris: Aubier, 1956.

_____. "Le Problème de la Légitimité de l'Histoire de la Philosophie", em *La Philosophie de l'Histoire de la Philosophie.* Roma: Istituto di Studi Filosofici, Roma – Paris: Librairie Philosophique J. Vrin, 1956.

GRAYLING, A. C. *An Introduction to Philosophical Logic.* London: Duckworth, 1990.

HAACK, S. *Philosophy of Logic.* Cambridge: Cambridge University Press, 1978.

HEIDEGGER, M. *Qu'est-ce que la philosophie?* (trad. por Kostas Axelos e Jean Beaufret). Paris: Gallimard, 1967.

HUME, D. *Dialogues concerning Natural Religion.* New York & London: Hafner Press, 1948.

_____. *An Enquiry concerning Human Understanding* em *Enquiries concerning Human Understanding and concerning the Principles of Morals.* SELBY-BIGGE, L. A. (Ed.). 3rd ed., texto revisado e notas de P. H. Nidditch. Oxford: Clarendon Press, 1983, p.5-165.

_____. *An Enquiry concerning the Principles of Morals,* em *Enquiries concerning Human Understanding and concerning the Principles of Morals.* SELBY-BIGGE, L. A. (Ed.) 3rd ed., com texto revisado e notas de P. H. Nidditch. Oxford: Clarendon Press, 1983, p.167-323.

_____. *A Treatise of Human Nature.* SELBY-BIGGE, L. A. (Ed.) 2nd ed., (texto revista por P. H. Nidditch. Oxford: Clarendon Press, 1992.

KANT, I. *Critique of Pure Reason* (traduzido por Norman Kemp Smith). Macmillan, 1992 (como de praxe, as siglas "A" e "B" remetem, respectivamente, à primeira e à segunda edição da *Crítica*).

LAKATOS, I. "Changes in the problem of inductive logic", *Mathematics, science and epistemology (Philosophical papers,* v.2). Cambridge: Cambridge University Press, 1980, p.128-200.

_____. "Falsification and the Methodology of Scientific Research Programmes" (*Philosophical papers,* v.1). Cambridge: Cambridge University Press, 1978, p.98-101.

_____. "Newton's effect on scientific standards", *The Methodology of scientific research programmes (Philosophical papers,* v.1). Cambridge: Cambridge University Press, 1978, p.193-222.

LAZEROWITZ, M. "Moore's Paradox", SCHILPP, P. A. (Ed.). *The* Philosophy *of G. E. Moore*. The Library of Living Philosophers. Evanston & Chicago: Northwestern University, 1942.

MARGOT, J.-P. "Michel Foucault y la exclusión de la locura por la ratio cartesiana", *Estudios Cartesianos*. México: UNAM, 2003, p.169-209.

MALEBRANCHE, N. *De la Recherche de la Vérité*. RODIS-LEWIS (Ed.). Paris: Vrin, 1976.

MARINHO, N.; MARINHO, F."Le Dieu Trompeur – Notes on 'Private Knowledge' in Descartes, Wittgenstein and Borges", *Variaciones Borges – Journal of Philosophy, Semiotics & Literature*. Aahrus, 2002, p.23-40.

MONTAIGNE "Apologie de Raimond Sébond", *Oeuvres Complètes*. Bibliothèque de la Plêiade. Paris: Gallimard, 1962, p.415-589.

MOORE, G. E. "A Defence of Common Sense", *Philosophical Papers*. New York: Collier Books, 1966, p.32-59.

_____. "Hume's Philosophy", *Philosophical Studies*. London: Routledge and Kegan Paul, 1970, p.147-67.

_____. "Proof of an External World", *Philosophical Papers*. New York: Collier Books, 1966, p.126-48.

_____. "Wittgenstein's Lectures in 1930-33", *Philosophical Papers*. New York: Collier Books, 1966, p.247-318.

NOBRE DE MELO, A. L. *Psiquiatria*. São Paulo: Atheneu, 1970.

PERELMAN, Ch.; OLBRECHTS-TYTECA, L. *La Nouvelle Rhétorique – Traité de l'Argumentation*. Paris: Presses Universitaires de France, 1958.

PLACE, U. T. "Is counciousness a brain process?", Borst, W. C. (Ed.). *The Mind-Brain Identity Theory*. London: The Macmillan Press, 1970.

PLATÃO. *Phèdre (Fedro)* – texto estabelecido e traduzido por Léon Robin. Paris: Société d'Édition Les Belles Lettres. 1954.

_____. *Théétète (Teeteto)* – texto estabelecido e traduzido por Auguste Diès. Paris: Société d'Édition Les Belles Lettres, 1955.

POPKIN, R. H. *The History of Scepticism from Erasmus to Spinoza*. Berkeley: The University of California Press, 1979.

POPPER, K. On the Sources of Knowledge and of Ignorance", *Conjectures and Refutations*. 5th ed. London: Routledge and Kegan Paul, 1974, p.3-30.

_____. "Truth, Rationality and the Growth of Scientific Knowledge". *Conjectures and Refutations*. 5th ed. London: Routledge and Kegan Paul, 1974, p.215-50.

_____. "Two Faces of Common Sense", *Objective Knowledge*. Oxford: Clarendon Press, 1981, p.32-105.

PORCHAT PEREIRA, O. *Ciência e dialética em Aristóteles*. São Paulo: Editora Unesp, 2001.

_____. *Vida comum e ceticismo*. São Paulo: Brasiliense, 1993.

PRADO Jr., B. "Por que rir da filosofia?", PRADO JR., B.; PORCHAT PEREIRA, O.; FERRAZ, T. S. *A filosofia e a visão comum do mundo*. São Paulo: Brasiliense, 1981, p.59-97.

PUTNAM, H. *Meaning and the Moral Sciences*. Boston: Routledge & Kegan Paul, 1978.

_____. *Realism with a Human Face*. Cambridge: Harvard University Press, 1990.

PUTNAM, H. *Reason, Truth and History.* Cambridge: Cambridge University Press, 1981.

QUINE, W. van O. "Epistemology Naturalized", *Ontological Relativity and Other Essays.* New York/ London: Columbia University Press, 1969, p.69-90.

_____. *Pursuit of Truth.* Cambridge: Harvard University Press, 1990.

_____. *Word and Object.* Cambridge, Massachussets: The M. I. T. Press, 1960.

RABOSSI, E. A. *Análisis Filosófico, Lenguaje y Metafísica.* Caracas: Monte Ávila Editores, 1975.

RORTY, R. *Philosophy and the Mirror of Nature.* Oxford: Basil Blackwell, 1980.

RYLE, G. *The Concept of Mind.* London: Hutchinson & Co., 1949.

SCHILPP, P. A. (Ed.) *The* Philosophy *of G. E. Moore.* The Library of Living Philosophers. Evanston & Chicago: Northwestern University, 1942.

SEXTO EMPÍRICO. *Sextus Empiricus*, in four volumes. BURY, R. G. (Ed.) The Loeb Classical Library. Cambridge, Massachusetts: Harvard University Press – London: William Heinemann Ltd., 1976. Conforme a praxe, uso as siglas "H.P." e "A.M." com referência, respectivamente, às *Hipotiposes Pirronianas* e aos onze livros *Adversus Mathematicos*.

SILVA FILHO, W. J. (Org.) *O ceticismo e a possibilidade da filosofia.* Ijuí: Editora Unijuí, 2005.

SMITH, P. J. *O ceticismo de Hume.* São Paulo: Loyola, 1995.

_____. "Wittgenstein e o Pirronismo: Sobre a Natureza da Filosofia", *Analytica*, v.I, n.1, 1993, p.153-86.

STOUGH, Ch. L. *Greek Skepticism.* Berkeley: University of California Press, 1969.

STRAWSON, P. F. *Individuals – An Essay in Descriptive Metaphysics.* London: Methuen, 1964.

STRIKER, G."The Ten Tropes of Enesidemus", em BURNYEAT, M. (Ed.). *The Skeptical Tradition* Berkeley: University of California Press, 1983, p.95-115.

TARSKI, A. "The Concept of Truth in Formalized Languages, *Logic, Semantics and Metamathematics – Papers from 1923 to 1938* (trand. por J. H. Woodger). Oxford: Clarendon Press, 1956, p. 152-278.

_____ "The Semantic Conception of Truth", em LINSKY, L. (Ed.). *Semantics and the Philosophy of Language.* Urbana: University of Illinois Press, 1952, p.11-47.

WILLIAMS, M."Scepticism without Theory". *The Review of Metaphysics*, v.XLI, n.3, March 1988.

WISDOM, J. "Moore's Technique", em SCHILPP, P. A. (Ed.). *The* Philosophy *of G. E. Moore.* The Library of Living Philosophers. Evanston & Chicago: Northwestern University, 1942.

WITTGENSTEIN, L. *Philosophical Investigations* (trand. por G. E. M. Anscombe), 3rd ed. New York: The Macmillan Company, 1968.

SOBRE O LIVRO

Coleção: Prismas
Formato: 16 x 23 cm
Mancha: 27,5 x 46 paicas
Tipologia: Times 10/13
Papel: Off-set 75 g/m² (miolo)
Cartão Supremo 250 g/m² (capa)
1ª edição: 2007
1ª reimpressão: 2012

EQUIPE DE REALIZAÇÃO

Edição de Texto
Nair Kayo (Revisão)
Carina de Lima Carvalho (Atualização Ortográfica)

Editoração Eletrônica
Casa de Ideias (Diagramação)

Impressão e acabamento